보건의료와 개인정보

이화여자대학교 생명의료법연구소
이원복 편

박영사

　　보건의료법 연구에서 선도적인 역할을 하고 있는 이화여자대학교 생명의료법연구소는 "보건의료와 개인정보"를 출간하게 된 것을 기쁘고 자랑스럽게 생각합니다.

　　초연결성을 기반으로 하는 소위 4차 산업혁명 시대가 연일 언론의 헤드라인을 장식하고 있습니다. 인간의 모든 활동에 영향을 미칠 4차 산업혁명은 보건의료의 패러다임을 바꾸고 있으며, 사회 구성원들 개개인에서 유래되는 폭발적인 양의 건강 정보, 의료 정보, 생체 정보 등 개인 정보의 생성·분석·공유가 그 변화의 중심에 있음을 우리는 목도하고 있습니다.

　　우리나라의 개인정보 보호법이 2011년 제정된 지 10년이 지나는 동안 이 법에 대한 매우 많은 연구와 분석이 있어 왔습니다. 그러나 상거래 정보, 금융정보, 위치정보 등 다른 다양한 영역의 개인정보와는 달리 보건의료 영역에서의 개인정보 보호법제에 관한 논의는 상대적으로 소홀했을 뿐만 아니라, 논의가 있었다고 하더라도 "이대로는 곤란하고 개선이 필요하다."는 추상적인 선언이었거나 아니면 일선 의료기관들의 현행 법규 준수 요령이 주를 이루어 왔습니다. 보건의료 영역에서 개인정보 보호법제에 관한 깊이 있는 논의가 부족했음은, 정밀의료·인공지능·차세대 유전체 분석 등 떠오르는 혁신적인 보건의료 기술이 국내 개인정보 보호법제와 정면으로 충돌하고 있지만 이에 대한 마땅한 대책이 나오지 못하고 있는 상황에서도 알 수 있습니다.

　　이에 저희 생명의료법연구소는 개인정보를 연구하는 연구자들과 이를 현장에서 활용하는 실무가들이 개인정보 보호법제를 제대로 이해하고 개선 방향을 모색하는 역량을 가질 수 있도록, 이 분야의 첫 법학전문서적을 출간하게 되었습니다.

　　보건의료와 개인정보라는 난해한 문제의 핵심을 겨냥한 이 책이 부디 보건의료 영역에서의 개인정보 보호법제 담론 형성에 한 획을 긋게 되기를 희망합니다.

이화여자대학교 생명의료법연구소
대표편집자 이원복

[총론]

[각론]

[부록]

총론

개인정보 보호법 개관

구태언 / 법무법인 린 변호사

Ⅰ. 개인정보 보호법 개괄적 정리

A. 헌법상 기본권으로서 '개인정보자기결정권'

인간의 존엄과 가치, 행복추구권을 규정한 헌법 제10조 제1문[1]에서 도출되는 일반적인 인격권 및 헌법 제17조의 사생활의 비밀과 자유[2]에 의하여 보장되는 개인정보자기결정권은 자신에 관한 정보가 언제 누구에게 어느 범위까지 알려지고, 또 이용되도록 할 것인지를 그 정보주체가 스스로 결정할 수 있는 권리를 말한다. 정보주체가 개인정보의 공개와 이용에 관하여 스스로 결정할 권리라고도 정의할 수 있다.

B. 개인정보 보호법의 주요내용

개인정보 보호법은 개인정보를 취급할 시에 공공기관과 민간분야 모든 사업자에게 모든 분야에 있어서 적용되며,[3] 특별법이 있는 경우 특별법이 우선 적용된다.

개인정보 보호법상 의무규정은 대부분 '관리적 보호조치'와 관련되어 있다.

---

1) 헌법 제10조 모든 국민은 인간으로서의 존엄과 가치를 가지며, 행복을 추구할 권리를 가진다. 국가는 개인이 가지는 불가침의 기본적 인권을 확인하고 이를 보장할 의무를 진다.
2) 헌법 제17조 모든 국민은 사생활의 비밀과 자유를 침해받지 아니한다.
3) 개인정보 보호법 제2조(정의) 이 법에서 사용하는 용어의 뜻은 다음과 같다.
    5. "개인정보처리자"란 업무를 목적으로 개인정보파일을 운용하기 위하여 스스로 또는 다른 사람을 통하여 개인정보를 처리하는 공공기관, 법인, 단체 및 개인 등을 말한다.

특히 개인정보 처리에 관한 '정책' 결정, '내부 관리계획' 수립 및 시행, 수탁자 등 '관리/감독', '위기대응'은 관리적 성격이 강하다. 예를 들어서, 방화벽 관련 솔루션 도입 및 관리 그 자체는 '기술적 보호조치'이지만, 구체적인 '방화벽 정책'이나 '접근통제의 범위' 설정은 관리적 보호조치의 성격을 겸비하고 있다.

1. 관리적 보호조치의 중요성

'관리적 보호조치'와 '기술적 보호조치'를 명확하게 구분하는 것은 사실상 불가능하다. 어떠한 관리적 보호조치를 도입/유지하고, 특정 정책을 적용하며, 어떠한 방법과 시기로 관리/감독할 것인지에 관한 결정과 계획은 '관리적 보호조치' 성격을 겸비한다. 반면에, 어떠한 관리적 보호조치를 IT를 통해 시행하고, 취약점을 분석·대응하며, 유출사고 등 발생 시에 원인을 분석하는 것은 '기술적 보호조치'와 불가분의 관계에 있기 때문이다.

2. 관리적 보호조치 관련 리스크

관리적 보호조치 위반 시에 민사/형사/행정/법외적 리스크가 발생한다. 최근 대규모 개인정보 유출사고의 발생으로 인하여 개인정보보호에 관한 법령과 정책이 강화되었다. 개인정보 유출 또는 오남용으로 인한 형사/행정 제재와 손해배상청구소송이 증가되고 있으며 개인정보 유출 사고로 인한 기업이미지 훼손 및 주가 하락 등 재정적/법외적 피해가 발생하고 있다.

개인정보를 유출하고 오·남용할 시에 적용되는 민사책임을 살펴보면, 개인정보 보호 의식 향상에 따라 손해배상청구소송이 증가되고 있다. 법정/징벌적 손해배상 제도 도입에 따라 손해배상 리스크가 급증하고 있다. 형사/행정 제재를 살펴보면 개인정보 유출 사고로 인해 과태료, 과징금, 형벌이 상향되었고 징벌적 과징금 제도가 도입되어 운영 중이다. 과징금도 정액제에서 정률제로 바뀌었다. 더불어 CEO 징계 권고 제도로 인하여 CEO risk로 확산되었고, 법인 양벌 규정이 존재하고 위반자 공표제도도 완화되어 시행되고 있다.

개인정보 유출과 오남용으로 인한 손해로 개인정보 유출 통지 및 언론보도를 통한 이미지 훼손과 금융기관의 경우 제재 내용에 따라 신 사업이 제한되는 것을 들 수 있다. 처리절차는 수집·이용·제공(동의 징구)·위탁(관리/감독)·파기의 절차를 거치며 유출될 시에는 정보주체에 통지해야 하며 전문기관에 신고하여야 한다.[4] 분쟁이 발생할 시에는 집단분쟁조정 또는 단체소송을 통하여 법정손해배상을 받거나 징벌적 손해배상을 받을 수 있으며 개인정보처리자가 증명책임을 부담해 책임이 강화되어 있다.

C. 일반법과 특별법의 공존

개인정보 보호법은 개인정보의 보호에 있어서 일반법으로서 다른 법률에 특별한 규정이 있는 경우를 제외하고는 우선하여 적용(개인정보 보호법 제6조)된다. 과거 우리나라는 개인정보 보호에 관한 일반법이 없는 상황에서 정보통신망 이용촉진 및 정보보호 등에 관한 법률 등의 개별법령을 2001년 먼저 제정하여 개인정보를 보호하던 중 일반법의 형태인 개인정보 보호법을 2011년 뒤늦게 제정하여 시행하면서 정보통신망법 등 특별법을 정비하지 않아 혼란이 발생하고 있었다. 따라서 같은 개인정보임에도 유통공간이 온라인이냐 오프라인이냐에 따라서 적용되는 법률이 달라지는 문제가 생겼다. 그러다가 2020년 정보통신망법의 개인정보 보호 관련 규정들이 전부 개인정보 보호법으로 이관되면서 이제는 온라인과 오프라인에서 통일된 규제를 기대할 수 있게 되었다. 하지만 여전히 개인정보 중 신용정보의 수집, 조사, 처리, 유통, 이용, 관리 부분에 관하여는 신용정보의 이용 및 보호에 관한 법률이, 연구맥락에서의 개인정보의 처리에 관하여는 생명윤리 및 안전에 관한 법률이 개인정보 보호법보다 우선 적용된다.

---

4) 개인정보 보호법 제34조(개인정보 유출 통지 등) ① 개인정보처리자는 개인정보가 유출되었음을 알게 되었을 때에는 지체 없이 해당 정보주체에게 다음 각 호의 사실을 알려야 한다.
　　1. 유출된 개인정보의 항목
　　2. 유출된 시점과 그 경위
　　3. 유출로 인하여 발생할 수 있는 피해를 최소화하기 위하여 정보주체가 할 수 있는 방법 등에 관한 정보
　　4. 개인정보처리자의 대응조치 및 피해 구제절차
　　5. 정보주체에게 피해가 발생한 경우 신고 등을 접수할 수 있는 담당부서 및 연락처
　③ 개인정보처리자는 대통령령으로 정한 규모 이상의 개인정보가 유출된 경우에는 제1항에 따른 통지 및 제2항에 따른 조치 결과를 지체 없이 개인정보 보호위원회 또는 대통령령으로 정하는 전문기관에 신고하여야 한다.

D. 최근 개인정보 유출 사례의 특징

최근 개인정보 유출 사례의 특징을 살펴보면 과거에는 보안시스템의 부재와 한계가 원인이 되어 발생하는 절도형이 빈번했던 것에 비해, 최근에는 오남용 또는 횡령형이 늘어나고 있다. 이러한 변화의 원인을 살펴볼 때에 교육과 훈련 부족 및 개인정보 보호 문화가 정착되지 않은 것을 원인으로 꼽을 수 있다. 카드3사, 시중은행, 보험사 개인정보 유출사고의 경우도 수집된 개인정보가 횡령된 경우에 속한다.

1. 개인정보의 처리단계별 대표적 리스크

개인정보취급자가 유의해야 할 개인정보의 처리단계별 대표적 리스크에 대해 수집·이용·제공·유지관리·기타 단계 순으로 살펴보려고 한다. 먼저 수집단계에서는 개인정보 수집 시에 고지, 명시의무를 불이행하거나 사전 동의 없이 개인정보를 수집·이용[5]·제공[6]하거나 만14세 미만 아동의 개인정보를 부정 수집[7]하지 않도록 주의해야 한다.

이용·제공의 단계에서는 고지 범위를 초과한 목적 외에 이용·제공[8]하거나 개인정보처리 위탁 시 고지의무[9]를 불이행하는 경우가 대표적인 리스크를 겪는

---

5) 개인정보 보호법 제15조(개인정보의 수집·이용) ① 개인정보처리자는 다음 각 호의 어느 하나에 해당하는 경우에는 개인정보를 수집할 수 있으며 그 수집 목적의 범위에서 이용할 수 있다.
   1. 정보주체의 동의를 받은 경우
6) 개인정보 보호법 제17조(개인정보의 제공) ① 개인정보처리자는 다음 각 호의 어느 하나에 해당되는 경우에는 정보주체의 개인정보를 제3자에게 제공(공유를 포함한다. 이하 같다)할 수 있다.
   1. 정보주체의 동의를 받은 경우
7) 개인정보 보호법 제22조(동의를 받는 방법) ⑥ 개인정보처리자는 만 14세 미만 아동의 개인정보를 처리하기 위하여 이 법에 따른 동의를 받아야 할 때에는 그 법정대리인의 동의를 받아야 한다. 이 경우 법정대리인의 동의를 받기 위하여 필요한 최소한의 정보는 법정대리인의 동의 없이 해당 아동으로부터 직접 수집할 수 있다.
8) 개인정보 보호법 제19조(개인정보를 제공받은 자의 이용·제공 제한) 개인정보처리자로부터 개인정보를 제공받은 자는 다음 각 호의 어느 하나에 해당하는 경우를 제외하고는 개인정보를 제공받은 목적 외의 용도로 이용하거나 이를 제3자에게 제공하여서는 아니 된다.
   1. 정보주체로부터 별도의 동의를 받은 경우
   2. 다른 법률에 특별한 규정이 있는 경우
9) 개인정보 보호법 제26조(업무위탁에 따른 개인정보의 처리 제한) ② 제1항에 따라 개인정보의 처리 업무를 위탁하는 개인정보처리자(이하 "위탁자"라 한다)는 위탁하는 업무의 내용과 개인정보 처리 업

경우에 해당한다. 유지관리의 단계에서는 영업 양수도 등의 통지의무[10]를 불이행하거나 기술적 관리적 조치[11]가 미비 또는 개인정보관리자[12]가 부적격하거나 지정되지 않은 경우에 리스크가 있으며 기타의 경우로 개인정보의 동의를 철회하거나 파기[13]하는 경우와 개인정보의 유출, 도용, 침해에 대한 대응처리 시에 주의하여 다루어야 한다.

2. 관리적 보호조치 중점 점검 필요

최근 문제되고 있는 사례들은 대부분 '법에 대한 이해 부족 – 관리 부실'에 의해 발생된 경우가 많다. 그래서 사회적으로 관리적 보호조치 중점 점검이 필요하다는 의견이 나오고 있는 것이다. 문제되는 사례들을 살펴보면 기술적 보호조치 이행 수준은 여러 차례의 해킹 사건으로 인해 대부분 평준화되어 있는 것과 달리, 오히려 기초적 보안조치를 이행하지 않아 사고가 발생한 경우가 많다. 2014년 KT 정보유출 사건이 그 대표적인 예이다.

또한 접근권한 최소·차등 부여, 접근통제 등이 준수되지 않거나 개인정보 취급자의 인식 부족으로 내부자 또는 수탁자에 의한 유출 사고가 발생하는 경우도 있다. 경찰관이 부동산 거래 상대방의 인적 사항을 조회하여 사회적 파장을 일으

무를 위탁받아 처리하는 자(이하 "수탁자"라 한다)를 정보주체가 언제든지 쉽게 확인할 수 있도록 대통령령으로 정하는 방법에 따라 공개하여야 한다.
10) 개인정보 보호법 제27조(영업양도 등에 따른 개인정보의 이전 제한) ① 개인정보처리자는 영업의 전부 또는 일부의 양도·합병 등으로 개인정보를 다른 사람에게 이전하는 경우에는 미리 다음 각 호의 사항을 대통령령으로 정하는 방법에 따라 해당 정보주체에게 알려야 한다.
　　1. 개인정보를 이전하려는 사실
　　2. 개인정보를 이전받는 자(이하 "영업양수자등"이라 한다)의 성명(법인의 경우에는 법인의 명칭을 말한다), 주소, 전화번호 및 그 밖의 연락처
　　3. 정보주체가 개인정보의 이전을 원하지 아니하는 경우 조치할 수 있는 방법 및 절차
11) 개인정보 보호법 제29조(안전조치의무) 개인정보처리자는 개인정보가 분실·도난·유출·위조·변조 또는 훼손되지 아니하도록 내부 관리계획 수립, 접속기록 보관 등 대통령령으로 정하는 바에 따라 안전성 확보에 필요한 기술적·관리적 및 물리적 조치를 하여야 한다.
12) 개인정보 보호법 제31조(개인정보 보호책임자의 지정) ① 개인정보처리자는 개인정보의 처리에 관한 업무를 총괄해서 책임질 개인정보 보호책임자를 지정하여야 한다.
　　⑥ 개인정보 보호책임자의 지정요건, 업무, 자격요건, 그 밖에 필요한 사항은 대통령령으로 정한다.
13) 개인정보 보호법 제21조(개인정보의 파기) ① 개인정보처리자는 보유기간의 경과, 개인정보의 처리 목적 달성 등 그 개인정보가 불필요하게 되었을 때에는 지체 없이 그 개인정보를 파기하여야 한다. 다만, 다른 법령에 따라 보존하여야 하는 경우에는 그러하지 아니하다.
　　④ 개인정보의 파기방법 및 절차 등에 필요한 사항은 대통령령으로 정한다.

킨 것도 모두 관리적 측면에서 발생한 사고이다.

이러한 사례들을 볼 때 내부관리계획 및 하부 지침·절차 등 제·개정 시 관리적 측면이 강화될 필요가 있다. 이를 위해 내부 점검 절차를 강화하고 정기적인 교육을 통해 법령 및 지침에 대한 이해도를 제고하여야 한다. 이에 더불어 서버 위주의 기술적·관리적 보호조치뿐 아니라 개인정보취급자의 PC·노트북 등 '최종 사용자' 단계에서의 점검이 필요하다. 개별 한글·워드 파일, 엑셀 파일 등에 다양한 개인정보가 저장되어 있기 때문이다.

'개인정보의 안전성 확보조치 기준(개인정보 보호위원회 고시)'은 제7조 제1항에서 고유식별정보, 비밀번호, 바이오정보를 정보통신망을 통하여 송수신하거나 보조저장매체 등을 통하여 전달하는 경우 암호화하여야 한다고 규정하는 것과 동조 제7항에서 고유식별정보를 업무용 컴퓨터 또는 모바일 기기에 저장하여 관리하는 경우 암호화를 요구하도록 규정하는 점도 유의할 필요가 있다.

II. 개인정보 보호법에 대한 유감

A. 재식별 가능성 낮은 비식별정보도 개인(식별)정보라 정의

우리나라의 개인정보 보호법에서는 현실적 위험성과 상관없이 무조건 개인 관련 정보는 개인식별정보가 된다. 동일 처리자가 결합 대상 정보를 처리하고 있는지 여부를 불문하고 '잠재적 결합가능성'만 있으면 비식별정보도 이미 개인정보라고 정의되어버리는 것이다.

2020년 8월 5일 개정시행 전 개인정보 보호법 제2조 제1호는 "개인정보"란 성명·주민등록번호 및 영상 등을 통하여 개인을 알아볼 수 있는 정보, 해당 정보만으로는 특정 개인을 알아볼 수 없더라도 다른 정보와 쉽게 결합하여 알아볼 수 있는 정보 및 위와 같은 정보를 가명처리한 정보를 말한다고 규정하고 있었다. 현행 개인정보 보호법 제2조 제1호는 3목에 걸쳐 개인정보를 규정하고 있는데, 그중 나목은 '해당 정보만으로는 특정 개인을 알아볼 수 없더라도 다른 정보와 쉽게 결합하여 알아볼 수 있는 정보. 이 경우 쉽게 결합할 수 있는지 여부는 다른 정보의 입수 가능성 등 개인을 알아보는데 소요되는 시간, 비용, 기술 등을 합리적으로 고려해야 한다'고 개정되었다. 이는 과거 비식별 개인정보를 지나치게 확장하여 개인과 관련된 정보이기만 하면 비식별 상태에 있더라도 거의 특정 개인을 알아볼 수 있는 정보라 간주하여 개인정보의 정의를 지나치게 확대하여 온 해석론을 입법적으로 개선한 것이다. 그러나, 오랜 기간 비식별 개인정보를 확대하여 휴대전화번호나 차량번호마저도 개인정보라 간주해 온 관행 때문에 현행 개정법 시행 이후에도 고답적으로 법 개정 이전과 같이 비식별 개인정보를 해석하는 시각이 여전히 잔존하고 있다. 과거 정보통신망법 제2조에서 또한 개인정보 보호법 제2조 제1호는 "개인정보"란 성명·주민등록번호 및 영상 등을 통하여 개인을 알아볼 수 있는 정보, 해당 정보만으로는 특정 개인을 알아볼 수 없더라도 다른 정보와 쉽게 결합하여 알아볼 수 있는 정보 및 위와 같은 정보를 가명처리한 정보를 말한다고 규정하고 있다. 과거 정보통신망법 제2조에서 또한 "개인정보"란 생존하는 개인에 관한 정보로서 성명·주민등록번호 등에 의하여 특정한 개인을 알아볼 수 있는 부호·문자·음성·음향 및 영상 등의 정보(해당 정보만으로는 특정 개인을 알아볼 수 없어도 다른 정보와 쉽게 결합하여 알아볼 수 있는 경우에는 그 정보를 포함한다)를 말한다고 규정하고 있었으며, 신용정보법 시행령 제2조 제2항에서도 개인신용정보를 동일하게 규정하고 있다.

B. Opt-In(사전 동의)의 강화가 가져오는 문제점

우리나라의 개인정보 형식적 동의제도의 문제점과 이용자들의 불만이 늘어가고 있다. 우리나라의 개인정보 형식적 동의제도의 특징을 정리해 보자면, 이용자들에게 법정 고지사항을 제시하고, 각 동의 항목별로 개별적, 명시적으로 서명(클릭)을 받는 것인데, 이렇게 이용자들에게 동의를 받기만 하면 국가는 개입이 곤란해진다. 이러한 제도적 특징에 대해서 이용자들의 불만이 고조되고 있다.

이용자들의 불만이 증가되는 것은 필연적이라고 할 수밖에 없는 이유는 기업들은 이용자들에게 방대한 고지사항을 제시하고 법에 따라 동의를 요구하게 되는 시스템에 있다. 이용자들이 기업들의 개인정보 이용에 동의하지 않을 시에는 서비스 자체에 근접할 수가 없다. 그로 인해, 울며 겨자 먹기 식으로 이용자들이 서비스 제공을 받기 희망할 때에는 깨알같이 방대한 고지사항의 구체적인 내용에는 관심없이 묻지마 동의를 하게 될 수밖에 없다.

고지사항을 보여줄 수 없는 사물인터넷 기기 이용자 스스로 해당 장비가 어떠한 개인정보를 처리하는지 인지하기 어렵고, 동의서를 읽거나 "동의" 버튼을 클릭한다고 해도 실질적 동의가 되기 어려운 상황이 발생한다. 왜 국민이 눈을 부릅뜨고 자신의 손가락으로 개인정보를 보호하기 위해 고군분투해야 하는지에 대해 의문이다. 깨알같은 고지사항 속에 살아가는 현대 사회인들은 개인정보보호 의식에 둔감해질 수밖에 없다. 습관적인 동의를 수도 없이 반복해야 하기 때문이다. 더군다나 사물인터넷 서비스는 이용자의 행태를 관찰하는 사물이 자동으로 정보를 수집하여 처리하기 때문에 개인의 통제권행사가 매우 곤란하다. 현행법상 '고지와 동의' 원칙을 엄격하게 고수할 경우, 개인의 불편이 극심해짐은 물론 서비스의 편리성도 함께 떨어지고 결국 동의 남발로 이어져 개인정보보호가 형해화되는 상황이 명백히 예견된다. 노약자, 장애인, 문맹자 등 사회적 약자들의 'Privacy Divide'는 개인정보이용 동의제도로 해결이 될 수가 없다.

C. 국민이 마음 편히 서비스를 이용할 수 있는 환경조성의 필요성

개인정보보호를 실질화하고, 자기결정권의 본질로 돌아가고, 정부가 심사하는 방식으로 진정한 개인정보자기결정권을 확보할 수 있게 만들어야 한다. 개인정보인권을 실질적으로 보장하기 위해 패러다임을 바꾸어야 한다고 생각한다. 이를 위해서 먼저, 식별가능정보는 개인정보처리자가 '정보를 결합하여 개인을 식별할 때'부터 개인정보로 보고, 그전에는 동의 없이도 활용할 수 있게 해야 한다. 개별적, 구체적, 사전적 동의제도를 강요하는 것은 개인정보 공무원결정권이지 개인정보자기결정권이라고 볼 수 없다.

다음으로, 사소한 잘못이나 미처 생각하지 못한 잘못은 형사처벌보다는 시정명령을 해야 한다고 생각한다. 정부에서 먼저 개인정보보호표준을 제시하고, 개인정보보호정책을 심사하여 무효화 및 시정권고를 우선하는 정책으로 전환해 나가야 한다. 이를 위해서 개선방향은 크게 세 가지 관점에서 나아가야 한다고 본다. 첫째로, 개인정보 정의 개선으로 실질적으로 보호할 가치가 있는 정보만 보호해야 한다. 이를 위해서 개인정보 정의에 등장하는 식별정보, 식별가능정보를 2트랙으로 나누어 식별정보에만 동의하게 하는 제도를 적용해야 한다. 식별가능정보는 그 자체로 개인을 식별할 수 없는 정보라서 동의를 받을 수도 없으므로 동의제도 적용은 모순이니, 동의 적용 없이 그 자체로 이용하게 하되, 개인식별행위를 처벌하여 보완하는 방향으로 나아가야 한다고 생각한다.

두 번째로, 동의제도 선택제를 도입해야 한다. 정부가 동의방식을 강요하지 말고 개별적 사전동의형(opt-in)과 포괄동의(one click consent)+사후동의배제형(opt-out)을 정보주체가 선택할 수 있게 해야 한다. 개인정보에 대한 동의 여부가 형식적으로 이루어지는 것이 아니라 정보주체의 선택 속에서 이루어질 수 있도록 하는 것이 자기결정권이 실질적으로 보장받기 위해 밟아야 하는 첫 단추이기 때문이다. 세 번째로, 정부가 약관심사를 하듯이 개인정보처리방침을 심사하고, 개인정보처리방침이 최적화되고 표준화될 수 있도록 해야 한다. 정보주체에게 깨알같은 고지사항들을 필수적으로 읽게 하고 책임을 지우는 방식이 아니라 정부가 이를 먼저 심사하여 정보주체들이 읽고 싶을 때에만 고지사항들을 읽어도 되는 환경을 조성해야 한다.

Ⅲ. 의료빅데이터 활용의 양면성-개인정보 보호 관점에서-

A. 국내 관계부처의 서비스경제 발전 정책과제

2016년 7월에 국내 관계부처가 합동하여 서비스경제를 발전시키기 위한 정책과제[14]를 발표하였다. 전략별 주요 정책현황을 살펴볼 때 먼저 보건의료 관련 빅데이터 서비스를 추진하는 것에 초점이 맞춰진 것을 알 수 있다. 전략별 주요 정책과제는 크게 서비스-제조업의 융합 발전과 서비스경제 인프라 혁신으로 나뉜다. 서비스-제조업의 융합 발전에 있어서는 정밀의료와 핀테크 비즈니스 상용화 추진 등을 통하여 산업 간 융복합을 촉진시키는 정책이 눈에 띤다고 할 수 있다. 서비스경제 인프라 혁신은 서비스 R&D 투자 확대에 초점이 맞추어졌다. 서비스 기반 기술인 디자인 컨설팅 플랫폼과 의료·교육 분야 빅데이터를 구축하고, 7대 유망서비스 육성에 의료 포함 융복합 신의료 서비스를 창출해 내려 한다. 이로써

---

14) "서비스경제 발전전략", 정부 보도자료, 2016. 7. 5.

의사와 환자 간에 원격의료가 가능해지고 진료정보의 의료기관 간 교류를 이끌어 빅데이터 연계와 개방을 통한 신 산업을 창출하고, 맞춤형 정밀의료와 재생의료 서비스를 활성화시키는 것이 주요 목표라고 할 수 있다.

그러나 정부는 개인정보 규제, 전통산업 규제, 온라인 규제로 전 산업영역에서 3중으로 규제를 하고 있다. 이러한 정부의 규제총량에는 통제기능이 부재한 상태이다. 3중규제에 있어서 조금 더 자세히 설명해 보자면 개인정보에 있어서는 정부는 개인정보 보호법, 위치정보법, 신용정보법 등으로 규제하고 있다. 전통산업에 있어서는 금융산업의 경우에는 전자금융거래법, 전자금융감독규정, 금융기관검사 제재시행세칙, 금융지주회사법, 은행법, 대부업법, 자본시장법, 유사수신행위법 등으로 규제하고 있다. 또한 의료산업의 경우에는 의료법, 약사법, 국민건강보험법, 생명윤리 및 안전에 관한 법률로 규제하고 있다. 마지막으로 온라인 규제에 있어서는 개인정보 보호법, 전자상거래법, 통신비밀보호법 등으로 규제하여 정부의 개인정보에 대한 규제총량이 제어되지 않는 상태라는 것을 짐작할 수 있다. 이러한 3중규제 속에서 일자리를 창출할 혁신기업의 싹이 자랄 수 있을지에 대해서 의문이다.

B. 맹목적 개인정보보호규제의 획기적 완화 및 개선이 필요한 시점

2016년 7월에 정부는 '비식별조치 가이드라인'을 발표하였다. 그러나 정부는 오로지 정보인권 차원 개인정보 보호에만 집중하였다. 다른 기관이 보유하고 있는 데이터와 연계해야 하는 빅데이터 분석 기회를 차단해 버린 것이다. 현행법상 개인정보의 정의에 따르면 안전한 비식별조치는 달성이 불가능하다. 이는 융합되지 않은 단편적인 정부 규제의 대표적인 사례라고 볼 수 있다.

빅데이터 산업 경쟁력 강화를 위해서는 먼저, 개인정보보호규제에 있어서 실질적인 개선이 필요하다고 생각한다. 고지와 동의의 정형화된 시스템에 변화를 줄 필요성이 있다. 연구 목적의 공익성을 심의하고 이에 따른 예외적 허용이 가능한 기전이 무엇보다 필요하다. 정보주체와 데이터 소유자, 그리고 데이터 가공자 등에 대한 크래딧이 고려되어야 하며 국제적 상호 운용성(interoperability)을 고려한 개인정보 정책을 마련해야 한다.

C. 中 인터넷 병원, 1억 3천만 명 컨설팅, 한국의사들까지 섭외

의료산업 빅데이터 개인정보 관련 최근 이슈를 꼽아 보자면 중국의 의료혁신을 가장 먼저 말할 수 있다. 중국은 규제 없이 데이터를 모을 수 있어 4차 산업혁명 의료혁신을 주도하고 있는 중이다. 중국의 의료산업 빅데이터와 개인정보 보호 제도를 살펴보면 개인을 정확하게 식별할 수 있는 정보만을 개인정보로 보호하는 것이 큰 특징이다.

중국은 개인정보 보호에 있어서 소비자가 정보 활용을 거부한 경우에만 그 활용을 중단한다. 이러한 중국의 의료혁신과 발전 추세를 지켜볼 때 중국의 의료산업 혁신이 국내외 환자 데이터 확보로 이어지면 세계의 의료시장도 주도 가능하리라고 예측된다. 그러나 이와 대비되어 한국의 의료혁신은 지나친 정보보호에 막혀 불가능한 상태에 있다. 우리나라는 흩어진 환자 정보를 꿰어 맞출 수 있는 가능성만 보여도 개인정보 보호법 위반이라며 규제한다. 한국은 개인정보의 정의가 지나치게 추상적이고 포괄적인 것도 문제이다. 다른 나라와 비교해서 볼 때에도 한국은 의료데이터 혁명의 여건을 두루 갖췄지만 법과 제도가 뒷받침해 주지 못하는 경우에 해당하여 안타까울 따름이다.

중국과 한국의 의료혁신을 비교해 보면 그러한 차이가 극명하게 드러난다. 중국은 개인정보의 정의만 살펴봐도 개인정보와 비개인정보를 정확히 식별 가능하도록 정의하고 있다. 유전체정보 수집에 있어서도 손쉽게 수집이 가능하다. 의료혁신에서 중요하다고 볼 수 있는 데이터 공유체제도 병원 간 데이터가 호환되는 체제이며, 규제 없이 질병·유전체 데이터를 쉽게 공유 가능하다. 중국의 의료혁신의 최근 동향을 살펴보면 세계 최초로 인터넷병원을 설립한 것과 중국 암 환자 품 앗이치료 플랫폼을 설립한 것을 들 수 있다. 그러나 이와 비교해서 한국의 의료혁신을 살펴보면 먼저 한국의 개인정보의 정의는 앞에서도 언급했다시피 굉장히 모호하고 포괄적이어서 개인정보와 비개인정보를 정확하게 식별하기에 어려움이 많다.

유전체정보 수집에 있어서도 유전체정보를 제한적으로만 제공한다는 한계가 있다. 데이터공유에 있어서도 병원 간 정보 표준화가 되어 있지 않다. 공유되는 정보도 주로 질환 위주의 데이터에 그칠 뿐이다. 무엇보다 환자의 정보에 대한 지나친 보호로 이를 제대로 활용하지 못하고 있는 것이 현실이다. 한국의 의료혁신의 최근 동향을 살펴보면, 영리화 덫에 걸려 각종 의료산업정책이 답보되고 있으며 의사－환자 간 원격치료를 진행함에 있어도 사회적 합의의 실패로 어려움을 겪고 있다.

D. 해외의 헬스케어 분야에 있어서 빅데이터 개인정보의 활용

해외의 다양한 빅데이터 개인정보 활용서비스를 보면서 최근 국내에도 빅데이터 활용에 대한 관심이 높아지고 있다. 해외의 빅테이터를 활용한 서비스는 크게 환자/국민·의료기관·기업이란 세 가지 수요군 속에서 활발하게 제공되고 있다. 먼저 환자/국민에게는 개인의 유전체 분석을 통해 미래 발병 가능성이 높은 질환을 예측하고 적합한 병원 의료진을 추천해 주는 서비스를 제공한다.

의료기관에는 초고속 유전체 분석 서비스 및 관련 분야의 새로운 학술정보와 치료법 등을 의료진에게 통합 제공하는 서비스 및 의료진이 관심 있는 데이터를 추출하고 시각화하며 맵핑하여 클라우드 기반으로 제공하는 서비스가 있다. 대규모 비정형 의료데이터(녹음, 동영상, 사진 등)를 병원, 의료진 등이 원하는 정형 데이터 형태로 가공해 주는 서비스도 있으며 각 의료기관들로부터 임상, 병원경영, 재무경영 및 재무성과 등 방대한 자료를 수집 및 가공하여 병원, 의료진들이 원하는 데이터를 제공해 주는 서비스도 이루어지고 있다. 무엇보다 제약 및 의료기기 기업과 의료기관 등이 보유한 임상데이터를 결합하여 연구자들에게 데이터 Pool로 제공해 주는 서비스도 각광받는 중이다.

기업에는 동일 질병을 앓고 있는 환자 간에 축적되는 데이터를 기반으로 임상 또는 의약품, 의료기기의 수요 예측 정보를 생성하여 제공해 주는 서비스와 개인, 기업, 단체 등 다양한 집단으로부터 의약품, 의료기기 기업 등이 원하는 데이터를 수집하여 익명화, 표준화 등의 과정을 거쳐 제공하는 서비스가 빅데이터 활용 서비스로서 제공되고 있다.

E. 의료 빅데이터 개인정보 활성화 방향

개인정보보호에 대한 고민은 HOW의 문제이다. 비식별정보의 개념과 한계를 면밀하게 연구할 필요가 있다. 「개인정보 보호법」, 「생명윤리 및 안전에 관한 법률」 등에서 개인정보 보호를 소홀히 하지 않으면서, 정밀의료와 예방의학 발전을 위해 필요한 빅데이터의 본질을 규명할 필요가 있다. 개인정보와 비개인정보의 경계에 놓인 비식별정보를 면밀히 규명하는 데 소홀했던 부분을 우선적으로 개선해 나가야 한다.

개선되어야 할 부분을 구체적으로 논해 보고자 할 때, 첫째로, 우리나라의 개인정보의 모호한 정의 및 비식별정보를 개인정보로 인정하는 실무를 들 수 있다. 두 번째로, 개인정보의 형식적, 사전적, 개별적, 구체적 동의를 요하는 제도를 고쳐 나가야 한다. 셋째로, 보건의료 빅데이터를 다루는 부분에 있어서 보건의료 빅데이터 개념정의(eg. 식별자 정의)를 명확히 하고, 보건의료 빅데이터 관리 대상과 범위를 확정하여 보건의료 빅데이터가 공유되고 활용기반을 갖출 수 있도록 개선되어야 한다.

또한 비식별정보에 대한 '동의 요건'이 배제되어야 한다. 비식별정보에 있어서는 사전동의를 받을 수도 없는 정보이므로 '동의' 요건 배제되어야 한다고 생각한다. 이를 통해서 개인식별정보에 대한 동의제도가 개선될 수 있으리라 생각한다. 그에 더하여, 개별적 사전동의형(opt-in)의 방식에서 포괄동의(one click consent) + 사후동의배제(opt-out) 방식으로 바꾸어야 한다. 사후적으로는 정부가 약관심사를 하듯이 개인정보처리방침을 심사 및 시정명령을 내리는 방식으로 개인정보 보호가 이뤄져야 한다고 생각한다. 형사처벌 규정의 대폭 폐지는 두말할 나위도 없다.

참고문헌

[국내문헌]

대한간호학회, Healthcare에서의 빅데이터 활용 연구 자료.

"서비스 약관동의, 고객의 선택권은 있었나? -정보수집 동의 거부시 서비스 이용 못하는 실태 개선돼야-", 아이뉴스24, 2013. 3. 21.

"전 세계 웹캠 영상 무단 유출 러시아 사이트 적발", BBC, 연합뉴스, 2014. 11. 20.

정보통신기술센터, 국내외 보건의료 빅데이터 현황 및 과제, 2014. 7. 16.

정부 보도자료 "서비스경제 발전전략", 2016. 7. 5.

"KT, ICT로 암 유전자 분석, 맞춤치료 한다", 헤럴드경제, 2015. 2. 11.

"IoT 시대 개인정보 보호법 손본다", 머니투데이, 2015. 2. 9.

보건의료 개인정보의 특수성 및 연구 목적 이용과 관련한 문제점

이원복 교수 / 이화여자대학교 법학전문대학원

Ⅰ. 보건의료 개인정보의 특수성

A. 민감성

보건의료 영역에서 생성되는 개인정보는 민감한 내용을 담고 있는 경우가 많다. 개인정보 보호법도 "민감정보"를 별도로 구분하면서 그 보호를 더욱 두텁게 하고 있는데, 민감정보 가운데 건강에 관한 정보와 유전정보가 보건의료 영역에 속한다.[1] 외국의 다른 입법례도 마찬가지로 건강에 관한 정보와 유전정보를 특별히 민감하게 취급하고 있다. 예를 들어 2018년부터 시행되기 시작한 유럽연합의 General Data Protection Regulation(이하 "GDPR") 역시 인종 또는 민족을 드러내는 정보, 종교 또는 사상적 믿음, 노동단체 가입 사실, 유전정보, 생체정보, 건강에 관한 정보, 성생활 또는 성적 정체성에 관한 정보는 원칙적으로 처리를 금지한다.[2] 일본의 개인정보 보호법도 본인의 인종, 신조, 사회적 신분, 병역, 범죄의 경력, 범죄로 인해 피해를 입은 사실 등을 "요배려정보"로 분류하고, 미리 본인의 동의 없이는 취득하지 못하도록 하고 있다.[3]

---

1) 개인정보 보호법 제23조 제1항. 동 조항은 사상·신념, 노동조합·정당의 가입·탈퇴, 정치적 견해, 성생활에 관한 정보, 유전정보 등 역시 민감정보로 분류하고 있다.
2) GDPR Article 9, Paragraph 1.
3) 일본 個人情報の保護に関する法律 제17조 제2항.

　　그러나 민감 정보의 경우에도 예외적으로 처리가 허용되어야 하는 경우가 있다. GDPR에서는 진단, 의료보장의 실시, 공중보건에 필요한 경우 등 보건의료와 관련된 경우 예외적으로 건강에 관한 정보의 처리를 허용한다.[4] 또한 개별 국가는 유전정보, 생체정보, 건강에 관한 정보에 관하여 별도로 규제를 강화하거나 완화하는 것이 가능하다.[5] 일본은 생명·신체의 보호를 위하여 필요한 경우로서 본인의 동의를 얻기가 곤란한 경우, 공중위생의 향상을 위하여 필요한 경우로서 본인의 동의를 얻기가 곤란한 경우 등에는 예외적으로 본인의 동의 없이도 취득할 수 있도록 허용한다.[6] 이와 달리 우리 개인정보 보호법은 민감정보의 원칙적인 처리 금지에 대한 예외로서 정보주체의 동의가 있었던 경우와 법령에서 민감정보의 처리를 요구하거나 허용하는 경우 2가지만 두고 있으므로 너무 제한적이고,[7] 민간 정보에는 건강에 관한 정보가 포함되어 있음에도 불구하고 급박한 생명이나 신체의 이익을 위하여 필요한 경우에도 동의 없이 취득할 수 있는 예외가 인정되지 않는 것은 입법의 불비이다.

　　민감정보의 취득 제한에 관한 개인정보 보호법 제23조 제1항의 규정은 적법하게 수집한 민감정보를 최초 수집 시의 이용 목적 이외의 용도로 사용하거나 제3자에게 제공하는 경우에도 적용이 되는데,[8] 동조 소정의 예외사유 이외에도 개인정보의 목적 외 이용·제공 금지 원칙에 대한 예외를 규정한 제18조 제2항이 적용될 수 있는지의 문제가 있다. 이에 대하여는 견해가 대립되는데, 제18조 제2항이 민감정보에 대하여는 적용될 수 없다는 입장을 따르게 되면,[9] 예컨대 특이 질환을 앓고 있는 사람이 응급상황에 처하더라도 평소 이 환자를 진료하던 의료기관이 응급처치자에게 질병에 관한 정보를 제공할 예외조항이 없으므로, 오히려 정보주체의 복리를 충분히 보호하지 못하는 결과에 이를 수도 있다. 반면 제18조 제2항이 민감정보에 대하여도 적용될 수 있다는 입장을 취하면 제18조 제2항 제3호가 "정

---

4)　GDPR Article 9, Paragraph 2 (h), (i).
5)　GDPR Article 9, Paragraph 4.
6)　일본 個人情報の保護に関する法律 제17조 제2항.
7)　개인정보 보호법 제23조 제1항.
8)　개인정보 보호법 제23조 제1항이 "민감정보를 처리하여서는 아니 된다."라고 되어 있는데, 제2조 제2호에 의하면 "처리"란 개인정보의 수집, 생성, 연계, 연동, 기록, 저장, 보유, 가공, 편집, 검색, 출력, 정정, 복구, 이용, 제공, 공개, 파기, 그 밖에 이와 유사한 행위"를 의미한다.
9)　이동진, "개인정보 보호법 제18조 제2항 제4호, 비식별화, 비재산적 손해 — 이른바 약학정보원 사건을 계기로 —", 정보법학, 제21권 제3호, 한국정보법학회, 2017, 257–260쪽.

보주체 또는 그 법정대리인이 의사표시를 할 수 없는 상태에 있거나 주소불명 등
으로 사전 동의를 받을 수 없는 경우로서 명백히 정보주체 또는 제3자의 급박한
생명, 신체, 재산의 이익을 위하여 필요하다고 인정되는 경우"를 예외 사유로 인정
하고 있으므로, 민감정보도 이 예외 조항에 따라 정보주체의 급박한 생명이나 신
체의 이익을 위하여 필요하다면 동의 없이도 제3자에게 제공할 수 있게 된다. 해
석상 논란이 있으므로 법 개정을 통한 정비가 필요하다.

B. 방대한 분량

보건의료 영역에서 수집되는 개인정보의 양은 방대하여 그야말로 "빅데이터"
라는 용어를 사용하기에 충분하다. 이런 방대함은 인체에서 채취되는 조직, 병원
에서 유지하는 의료기록, 건강보험심사평가원과 건강보험공단이 관리하는 건강보
험 청구자료 등 보건의료가 전달되는 모든 대목에서 목격된다. 예를 들어 전국의
모든 의료기관이 건강보험료를 청구하기 위하여 건강보험심사평가원에 제출하는
청구명세서는 연간 10억 건을 넘고 2018년 초까지의 누적 분량은 33TB에 달한다
고 하며, 의약품의 생산·유통·구매에 관한 정보는 6TB, 의료기관 등 요양기관의
종합정보는 4.5TB에 달하는 등 매우 큰 분량이다.10) 병원이 유지하는 전자진료기
록의 분량도 상당한데, 환자에 대한 처치, X-ray나 CT와 같은 각종 영상, 검사결
과 등을 포함하면 병원의 규모에 따라 구체적인 용량이 다르겠으나 수백 TB의 분
량은 쉽게 도달할 수 있다.11) 사실 보건의료 빅데이터는 굳이 의료기관이나 건강
보험공단이 보유하는 개인정보까지 가지 않더라도 인체 자체가 빅데이터의 저장
고라고 볼 수도 있다. 23쌍 염색체로 이루어진 인간 유전체의 염기서열 분석 결과
의 용량이 약 3GB라고 하니 말이다.

---

10) 건강보험심사평가원, 데이터 현황 및 활용, 2016. 11.
11) 우리나라에는 존재하지 않는 형태의 의료기관인데, 의료보험과 진료를 모두 제공하는 managed care인
   Kaiser Permananente의 900만 가입자에 대한 정보는 40 페타바이트(1 페타바이트=1024 TB)에 달한다
   고 한다. Raghupathi, Wullianallur, and Viju Raghupathi, "Big Data Analytics in Healthcare: Promise
   and Potential", Health Information Science and Systems 2, 2014, p.3.

C. 비정형성

　빅데이터는 정형 데이터(structured data)와 비정형 데이터(unstructured)로 나뉜다. 정형데이터는 변수(필드)의 종류와 갯수가 일정하기 때문에, 데이터의 양이 늘어나더라도 입력, 관리, 검색 및 분석에 큰 어려움이 없다. 비유를 하자면 스프레드시트에서 일정한 숫자의 필드가 각 열에 배치되어 있고, 데이터가 늘어나면 행을 늘려 가면서 각 필드가 위치한 열에 해당 값을 채우면 그만이다. 은행계좌의 거래내역을 연상하면 된다. 아무리 거래를 하더라도 거래내역은 거래일자, 입금액, 출금액, 잔액, 비고란이라는 정해진 필드 이외의 데이터가 등장하지는 않는다.

　이에 반하여 비정형 데이터란 데이터마다 갖고 있는 필드가 워낙 다양해서 이처럼 필드의 종류를 미리 확정할 수 없는 데이터를 의미한다. 의료기관에서 보유하는 의무기록이 대표적인 예다. 의무기록에는 환자의 방문 시에 이루어지는 의사의 진료 내용, 각종 검사 의뢰 및 검사 결과, 수술 등 시술이 이루어질 경우에는 그 기록, 처방 및 투약 기록 등 매우 다양한 종류의 데이터가 존재할 뿐만 아니라, 상당수는 (동)영상 자료이다. 보건의료 영역의 개인정보는 비정형 데이터가 매우 많은 부분을 차지한다. 전체 보건의료 데이터 가운데 비정형 데이터가 차지하는 비율이 얼마나 되는지 정확하게 계산한 연구는 없고 이를 정확하게 계산하기도 불가능하지만, 전문가들은 전체 데이터 중 약 80%가 비정형 데이터일 것으로 추산한다.[12] 이는 보건의료 영역의 빅데이터를 취합하고 분석하는 작업이 기술적으로 간단하지 않음을 의미한다.

D. 풍부한 비(非)텍스트 정보

　보건의료 영역의 개인정보는 텍스트(text), 즉 문자를 기반으로 하는 정보도 많지만 텍스트를 기반으로 하지 않는 소위 비(非)텍스트 기반 개인정보도 매우 많다. X-ray나 CT 사진과 같은 영상정보라든가, 심전도와 같은 그래프 정보, 청진음 같은 음성정보 등이 쉽게 떠오르는 비(非)텍스트 개인정보에 해당한다. 텍스트

---

12) Murdoch, T.B. and Detsky, A.S., "The Inevitable Application of Big Data to Health Care", JAMA, vol. 309 no. 13, 2013.

를 기반으로 하지 않더라도 그 자체로 또는 다른 정보와 쉽게 결합하여 개인을 알 아볼 수 있으면 개인정보 보호법제가 보호하는 개인정보가 됨은 의문의 여지가 없 다. 개인정보 보호법도 개인정보를 "살아 있는 개인에 관한 정보로서 … 영상 등 을 통하여 개인을 알아볼 수 있는 정보"라고 정의하고 있으므로 영상정보가 개인 정보에 포함됨을 명시하고 있거니와, 개인정보를 보호하는 취지에 비추어 보더라 도 비(非)텍스트 기반 정보를 개인의 자기정보 결정권의 보호 범위 바깥에 위치한 것으로 볼 이유가 없기 때문이다.

그런데 텍스트를 기반으로 하지 않는 개인정보가 많다는 것은 텍스트에 대하 여 적용되는 정형적인 비실명화 기법이 효용을 발휘하기 어렵다는 의미가 된다. 국내 개인정보 보호법제의 적용을 받는 개인정보의 범위가 지나치게 넓거나 그 경 계가 모호하다는 국내 비판 여론이 거세지자, 국무조정실, 행정자치부, 방송통신위 원회, 금융위원회, 미래창조과학부, 보건복지부 등 6개 부처가 지난 2016년 6월 "개인정보 비식별 조치 가이드라인"을 공표한 바 있다. 이는 개인정보를 성공적으 로 비실명화하면 이제는 개인을 알아볼 수 없는 정보가 되고, 더 이상 개인정보 보호법상 개인정보가 아니므로 개인정보 보호법제의 적용을 받지 않는다는 논리 에 의지한 것이다. 이 가이드라인이 제시하는 비식별 조치 방법에는 가명처리,[13] 총계처리,[14] 데이터 삭제,[15] 데이터 범주화,[16] 데이터 마스킹[17] 방법 등이 있다. 이에 따라 주민등록번호/성별/연령/입원일/퇴원일/병명이 기재된 진료기록을 비실 명조치 하는 방법을 생각해 보자. 다양한 착상이 가능할텐데, 예컨대 주민등록번 호는 아예 삭제하고, 연령은 31－33세/34－37세/38－40세로 범주화하며, 입원일 과 퇴원일은 연도와 분기만 표시하는 것을 생각할 수 있다. 그 경우, 해당 의료기 관을 다녀간 환자의 숫자가 매우 적다거나 아니면 질병이 매우 특이하여 극히 소 수의 환자에게만 발생한 질병이 아닌 이상에는, 한 사람이 아니라 복수의 환자가

---

13) 예컨대 "홍길동, 35세, 서울 거주, 한국대 재학"을 "임꺽정, 30대, 서울 거주, 국제대 재학"으로 처리 하는 것을 의미한다.

14) 예컨대 "임꺽정 180cm, 홍길동 170cm, 이콩쥐 160cm, 김팥쥐 150cm"를 "물리학과 학생 키 합 : 660cm, 평균키 165cm"으로 처리하는 것을 의미한다.

15) 예컨대 "주민등록번호 901206－1234567"를 "90년대 생, 남자"로 처리하거나 개인과 관련된 날짜 정 보는 연단위로 처리하는 것을 의미한다.

16) 예컨대 "홍길동, 35세"를 "홍씨, 30~40세"로 처리하는 것을 의미한다.

17) 예컨대 "홍길동, 35세, 서울 거주, 한국대 재학"을 "홍○○, 35세, 서울 거주, ○○대학 재학"으로 처 리하는 것을 의미한다.

위와 같이 비식별화된 정보와 일치되는 정보를 갖게 될 것이다. 이렇게 비식별화 조치를 통하여 기존에는 어떤 특정인으로부터 유래된 정보가 이제는 한 사람이 아니라 여러 사람에게서 같이 나타나는 정보가 되는 것이다.

그러나 위와 같은 텍스트 기반의 필드에 흉부 X-ray 사진과 같은 비텍스트 기반의 필드가 추가되어야 하는 상황을 생각해 보자. 흉부 X-ray 사진과 같은 비텍스트 정보를 비식별화하기가 녹록치 않을 것이다. 일단 6개 부처의 개인정보 비식별 조치 가이드라인은 비텍스트 개인정보를 어떻게 비식별화할 수 있는지에 대한 아무런 조언을 제공하지 않고 있다. 또한 개인정보 비식별화 알고리즘에 관한 국내외 다른 문헌을 보더라도 대부분 텍스트 기반 정보를 대상으로 하고 있다. 물론 비텍스트 정보의 비식별화가 불가능한 것은 아니다. TV 뉴스에서 인터뷰 상대방을 익명화하기 위하여 음성을 변조하고 화면을 모자이크 처리하는 것을 생각해 보면 음성이나 영상의 비식별화가 충분히 가능하다. 그런데 문제는 비텍스트 정보의 경우에는 예컨대 음성변조나 모자이크 처리와 같이 해상도를 낮추게 되면 정보로서의 가치가 아예 사라질 수 있다. 예를 들어 특이한 환자의 X-Ray를 동료 의료인들에게 증례보고로 소개하는 의학계의 학술대회 현장을 떠올려 보자. 환자의 이름/연령/발병시기 등은 앞에서 나온 방법대로 비식별조치를 하더라도 정보의 전달에 아무런 지장이 없겠지만, X-Ray를 모자이크 처리한다면 과연 정보로서 무슨 가치가 있겠는가. 비텍스트 기반의 개인정보가 야기하는 문제점인 것이다.

E. 유전성

인간의 많은 신체적 속성은 유전자를 통해 부모에서 자식에게로 전해진다. 보건의료 개인정보 가운데는 이와 같은 유전성을 가진 정보가 다수 존재한다.[18] 예를 들어 유방암 유전자로 잘 알려진 17번 염색체의 BRCA1 유전자와 13번 염색

---

18) 여기서 말하는 유전성이란 "인간의 유전자와 관련이 있다(genetic)."는 의미가 아니라 "부모로부터 자식에게 세습되는(hereditary) 속성"의 의미로 사용된다. 우리말로는 genetic과 hereditary를 모두 유전성이라고 번역할 수밖에 없는데, 상황에 따른 구분이 필요하다. DNA에 담긴 인간의 유전자는 부모에게서 물려받은 이후에 후천적으로도 돌연변이를 일으킬 수 있는데, 그 경우 유전자에 생긴 돌연변이이므로 유전자에 관한(genetic) 문제임은 분명하나 그렇다고 하여 부모로부터 물려받은(hereditary) 문제라고 할 수는 없다. 여기서의 유전성이란 후천적인 돌연변이를 포함하여 유전자에 관한(genetic) 모든 속성을 지칭하는 것이 아니라, 오직 부모로부터 유전자를 통해 물려받는(hereditary) 속성을 지칭한다.

체의 BRCA2 유전자 보유 여부를 확인하는 유전자형 검사 결과라든가, 비용이 저렴해지고 처리 속도가 빨라지면서 점차 활용이 늘고 있는 전장 유전체 염기서열 분석 결과는 유전정보 그 자체이므로 당연히 유전성을 갖는다. 또한 유전정보 자체가 아니라고 하더라도 신체적 특성이라든가 질병 같은 개인의 형질 가운데 그 유전성이 잘 알려진 형질 역시 유전성을 가진 개인정보가 될 것이다. 예컨대 X 염색체를 통해 유전되는 것으로 알려진 혈우병 환자라는 정보는 X 염색체의 염기분석 결과와 상관 없이 유전성을 가진 정보에 해당한다.

유전성을 가진 개인정보는 어느 한 사람의 개인정보가 그 사람에 고유한 정보가 아니라 가까운 가족에게도 적용이 될 수 있는 정보라는 점에서 매우 특이한 성질이고, 다른 어떤 종류의 개인정보에서도 찾아보기 힘든 속성이며, 법적 및 윤리적 문제를 야기한다. 예컨대 어느 누군가가 혈우병 환자라는 사실이 알려지게 되면, 그 어머니가 혈우병 유전자의 보인자라는 사실, 남자 형제들 역시 혈우병 환자일 가능성이 1/2 정도라는 사실, 여자 형제는 혈우병 환자가 아니더라도 혈우병 보인자일 가능성이 1/2이고 그 여자 형제의 남자 자식들이 혈우병 환자일 가능성이 1/4 정도라는 사실이 수학적으로 결정되어 버린다.

이처럼 유전성을 가진 보건의료 개인정보의 공개가 가족들에게까지 영향을 미치는 것은 실은 어느 한 개인의 의사에 반하여 공개된 경우뿐만 아니라 그 개인이 자발적으로 공개를 하는 경우도 마찬가지라는 점에서 복잡한 윤리적 문제를 야기하기도 한다. 예컨대 본인이 유방암 유전자인 BRCA1 유전자를 보유하고 있다는 사실과 그래서 예방 차원에서 선제적으로 유방암 절제술을 받았음을 공개한 미국 여배우 Angelina Jolie의 발표는 본인의 부모 및 형제도 BRCA1 유전자를 보유하고 있을 수 있다는 사실을 공개한 것과 마찬가지의 효과를 야기한다. 심지어는 정자나 난자 공여를 통하여 태어난 사람이 자신의 유전정보와 정자기증자의 부모가 유전정보 공유 사이트에 올린 유전정보를 대조하여 자신의 친부나 친모를 추적하는 데 성공했다는 외국의 뉴스도 나온다.[19] 이러한 사례들은 유전성을 가진 의료정보의 수집, 이용, 공개가 정보주체 본인에게만 미치는 것이 아니라는 특수성을 잘 보여준다.[20]

---

19) CBC News, "Donor-conceived people are tracking down their biological fathers, even if they want to hide", (http://www.cbc.ca/news/technology/sperm-donor-dna-testing-1.4500517)

F. 높은 식별력

다양한 종류의 개인정보를 놓고 볼 때, 개인정보로부터 그 정보주체 본인을 파악할 수 있는 식별력은 정보마다 차이가 있다. 예를 들어 범죄현장의 CCTV에 얼굴이 설명하게 찍힌 범인의 모습은 식별력이 매우 높다고 할 것이다. 그에 반하여 생년월일은 개인정보에 해당하겠지만 그 자체의 본인 식별력이 매우 높다고 하기는 어려울 것이다. 생년월일이 어느 특정인과 1:1로 대응되지 않기 때문이다. 이처럼 다양한 개인정보의 식별력은 그 자체로 본인을 식별할 수 있는 강한 식별력을 한쪽 극단으로 하고 본인을 절대 식별할 수 없는 정보를 반대쪽 극단으로 하는 식별력 스펙트럼 사이의 어딘가에 존재할텐데, 그 스펙트럼을 다음과 같이 5가지 구역으로 구분할 수 있다: 특정인과 연결된 정보 - 특정인과 모호하지 않게 연결될 수 있는 정보 - 여러 사람에게 모호하게 연결될 수 있는 정보 - 어느 누구와도 연결될 수 없는 정보 - 개인에 관한 것이 아닌 정보.[21] 이 기준에 따르면 처음 두 개는 우리 개인정보 보호법상 "특정 개인을 알아볼 수 있는 정보"에 해당하고, 세 번째는 우리 정부 비식별화 조치에 따른 k-익명성을 취득한 정보가 그에 해당할 것이며, 마지막 2개는 개인정보 보호법상의 개인정보는 아니라고 할 것이다.

보건의료 영역에서는 특정인과 연결되어 있거나 특정인과 모호하지 않게 연결될 수 있는 정보, 즉 식별력이 있는 정보가 많이 처리된다. 보건의료 영역에서 개인정보가 수집되고 처리되는 경위는 의료기관에서 진료를 받고 진료비를 건강보험을 통하여 보장받는 것이 핵심을 이루는데, 그 과정에서 식별정보가 늘 수반되기 때문이다. 대표적인 것은 다음과 같다:

- 성명과 상세 주소
- 전화번호
- 주민등록번호, 의료기록번호, 건강보험번호

---

20) 자신의 유전정보를 타인과 공개하려는 자와 그로 인하여 불측의 피해를 볼 수 있는 가까운 가족 사이의 이해관계를 논한 글로는 이원복, "내 DNA 정보는 내 마음대로 사용해도 되는가- DNA 정보의 특수성과 자기정보 통제권의 제한 -", 정보법학 제23권 제1호, 한국정보법학회, 2019.

21) 미국 National Institute of Standards and Technology, "De-identification of Personal Information", 2015.

- 통장계좌번호, 신용카드번호
- 사진과 같은 영상 정보
- 이메일 주소
- 생체정보(음성, 홍채 등)
- DNA 정보[22]

이처럼 개인을 식별할 수 있는 정보가 많기 때문에 보건의료 영역의 개인정보 처리에는 더욱더 신중을 기해야 하고, 나아가 이를 최초 수집 목적이 아닌 다른 목적으로 사용하기 위한 비식별화가 늘 문제가 될 것이다.

G. 이해관계의 다면성

보건의료 영역의 개인정보 가운데는 정보주체뿐만 아니라 보건의료 체계의 다른 이해관계자들의 정보가 동시에 포함된 경우가 많고, 이 경우 정보의 통제에 대한 각 당사자의 이해가 일치하지 않는다. 보건의료체계는 기본적으로 수요자(국민), 공급자(의료인 및 의료기관), 재정 부담자(국민건강보험공단)의 3자를 축으로 이루어지기 때문이다.

예를 들어 어떤 질환을 이유로 의사로부터 전문의약품을 처방받아 약국에서 구입한 내역이 담긴 건강보험 청구자료의 경우, 환자 본인의 질병명과 언제 어느 약국을 방문하여 의약품을 얼마 정도 구매했는지의 개인정보가 담긴 것은 물론이거니와, 해당 질환에 대해 처방할 수 있는 의약품 가운데 어떤 특정 의약품을 어떤 의사가 처방했는지의 정보라든가, 해당 의약품이 어떤 약국을 통해 유통되었는지 그리고 건강보험공단은 이에 대하여 얼마를 지불했는지 등, 의사, 약국, 제약회사, 국민건강보험공단의 이해관계와 직결된 정보도 아울러 포함되어 있으므로, 환자 본인 한 사람의 정보통제권이 아니라 여러 주체의 정보통제권의 지배하에 놓인다고 할 것이다.[23]

---

22) DNA 정보는 각 개인마다 고유한 것은 분명하나, DNA 정보로부터 본인을 추적할 수 있는 식별력이 있는 정보인지는 논란이 있는데 이에 관하여는 이 책 후반에서 더 자세히 다룬다.
23) 처방정보의 유출이 문제가 된 "약학정보원" 사건도 여러 당사자의 개인정보 유출이 문제가 되었는데, 거기에는 환자들의 개인정보뿐만 아니라 처방자인 의사들의 이름이나 면허번호와 같은 개인정보도 포

또한 이로 인하여 정보주체인 개인이 양보해야 하는 상황도 발생한다. 예컨대 효율적인 보험재정의 운영이나 공중보건의 향상을 위하여 방대한 정보를 분석해야 할 필요가 있는데, 그 과정에서 가능하다면 식별력 있는 개인정보를 제거하고 비식별화해야겠지만, 비식별화로 인하여 통계분석이 어려워진다면 비식별화가 완전하지 않은 정보를 이용해야 할테고 그에 대하여는 개인이 개인정보 자기통제권을 일부 양보해야 할 수도 있다.24)

II. 보건의료 개인정보의 연구 목적 이용과 관련한 문제점 -생명윤리법

보건의료 영역의 개인정보를 보호하는 기본적인 법률은 개인정보 보호법과 생명윤리 및 안전에 관한 법률(이하 "생명윤리법")이다. 인간을 대상으로 하는 연구에서 이용되는 개인정보와 관련하여서는 생명윤리법이 우선적으로 적용이 되고, 기타의 경우는 일반법으로서 개인정보 보호법이 적용된다. 이하에서는 보건의료 영역의 개인정보가 연구를 목적으로 이용됨에 있어 생명윤리법이 야기하는 주요 쟁점들을 살펴보고, 다음 절에서는 개인정보 보호법이 야기하는 쟁점들을 살펴본다.

A. "개인정보" vs. "개인식별정보"

생명윤리법상 개인정보 보호규정의 첫번째 쟁점은 "개인의 식별"에 관한 개념들의 해석이 혼란스럽다는 점이다. 우선 생명윤리법은 "개인정보"를 "개인식별정보, 유전정보 또는 건강에 관한 정보 등 개인에 관한 정보"라고 정의하고,25) "개인식별정보"를 "연구대상자…의 성명·주민등록번호 등 개인을 식별할 수 있는 정보를 말한다."라고 정의한다.26) 생명윤리법상의 "개인정보" 정의를 개인정보 보호

함되어 있었다. 서울중앙지방법원 2017. 9. 11. 선고 2014가합508066, 538302 판결. 항소심에서도 원고의 청구가 받아들여지지 않았다. 서울고등법원 2019. 5. 3. 선고 2017나2074963, 2017나2074970 판결.
24) 예컨대 한국보건의료연구원이 연구를 위하여 두 개 이상의 국가기관 및 공공기관이 보유한 자료를 통합하여 분석할 필요가 있는 경우에는 국가기관 및 공공기관으로부터 개인식별이 가능한 부분을 포함한 자료를 제출받아 자료의 통합작업을 수행할 수 있도록 허용하고 있다. (보건의료기술 진흥법 제26조 제3항)
25) 생명윤리법 제2조 제18호.

법상 "개인정보"의 정의와 대비해 보면, 개인정보 보호법은 개인정보를 "성명·주민등록번호 및 영상 등을 통하여 개인을 알아볼 수 있는 정보, 해당 정보만으로는 특정 개인을 알아볼 수 없더라도 다른 정보와 쉽게 결합하여 알아볼 수 있는 정보 및 위와 같은 정보를 가명처리한 정보"로 정의하고 있는 반면, 생명윤리법은 개인정보를 "개인에 관한 정보"로 정의하고 있어서 마치 개인을 알아볼 수 없는 경우에도 개인에 관한 정보이기만 하면 보호의 대상이 되는 듯한 인상을 주고 있다.[27]

그러나 개인에게서 유래한 정보라고 하더라도 만약 정보주체가 누군지 알아볼 수 없을 정도로 비식별화가 되어 연구대상자와의 연결성이 완전히 단절되었다면 정보주체에게 아무런 권리침해가 있을 수 없으므로 연구대상자의 보호 문제도 발생하지 않는다. 따라서 생명윤리법의 "개인정보"는 개인정보 보호법에서와 마찬가지로 여전히 그 자체로 또는 다른 정보와 결합하여 개인을 알아볼 수 있는 정보임을 전제로 하고 있다고 보아야 한다. 예컨대 정보주체인 연구대상자를 도저히 식별할 수 없을 정도로 비식별화조치가 된 정보라면 "개인정보"의 제3자 제공에 관한 제18조 제2항은 적용되지 않는다고 보아야 한다.[28]

B. 2차 목적 이용

생명윤리법이 개인정보의 연구 목적 이용과 관련하여 안고 있는 두 번째 문제점은 2차 목적 이용이 까다롭다는 점이다. 이미 수집한 개인정보를 최초 수집 시의 연구 목적이 아닌 새로운 연구 목적, 즉 소위 2차적 목적으로 사용하고자 할 경우, 우리 생명윤리법에 따른다면 연구자는 원칙적으로 2차적 사용 목적을 정보주체에게 알리고 새로운 동의를 받아야 한다.[29] 다만 생명윤리법은 예외적으로

---

26) 생명윤리법 제2조 제17호.
27) 예를 들어 다른 아무런 식별자가 없이 "체중 70kg"이라는 정보는 개인에게서 유래한 정보이기는 하지만 정보주체를 알아볼 수 없는 정보이다.
28) 이에 대하여는 식별가능성이 제거된 연구대상자 개인에 관한 정보도 개인정보로 포괄하여 보호할 필요성이 있어 이렇게 별도로 규정한 것으로 보는 견해도 있다. 이 견해는 "생명윤리법이 굳이 개인정보법에서 정의하고 있는 개인정보에 관한 정의규정을 인용하지 않고 별도로 개인정보, 개인식별정보, 익명화 등에 관해 규정한 것은 식별가능성을 전제로 한 정보만 개인정보로 규율하는 개인정보법과 달리 식별가능성이 제거된 연구대상자 개인에 관한 정보도 개인정보로 포괄하여 보호할 필요성이 있어 별도로 규정한 것으로 볼 수 있다."는 데 논거를 두고 있다. 박태신, "인간대상연구에서 개인정보처리에 대한 고찰", 저스티스 제167호, 한국법학원, 2018. 8.
29) 생명윤리법 제16조 제1항 제1호.

(1) 연구대상자의 동의를 받는 것이 연구 진행과정에서 현실적으로 불가능하거나 연구의 타당성에 심각한 영향을 미친다고 판단되고, (2) 연구대상자의 동의 거부를 추정할 만한 사유가 없고, 동의를 면제하여도 연구대상자에게 미치는 위험이 극히 낮은 경우에는 연구기관의 기관위원회의 승인을 받아 서면동의를 면제받을 수 있도록 하고 있으나,[30] (1) 연구대상자의 동의를 받는 것이 현실적으로 불가능하거나 연구의 타당성에 심각한 영향을 미친다는 점을 항상 충족할 수 있는 것이 아니라서 연구자들이 종종 어려움을 호소한다.

C. 동의 방식

세번째 문제점은 동의 방식이 엄격하다는 점이다. 바로 앞에서 살펴본 바와 같이, 처음에 특정한 연구 목적으로 수집한 개인정보이지만 추후에 다른 연구 목적으로 이미 수집해 둔 정보를 이용할 필요는 자주 발생한다. 그런데 우리 생명윤리법은 사후 2차 목적 이용 요건을 엄격하게 정하고 있으므로, 이를 피하려면 사전에 연구대상자로부터 동의를 받을 때부터 다양한 연구 목적을 제시할 수 밖에 없을 것이다. 그러나 생명윤리법은 인간대상 연구의 시작 전에 정보주체인 연구대상자로부터 연구 목적을 특정하여 서면동의를 받도록 하고 있으므로,[31] 연구 시작 단계에서 향후에 수집된 개인정보를 활용할 수 있는 연구를 미리 구상하여 동의서에 적시할 수 없다면 이를 사전 동의에 포함시킬 수 없다. 만약 연구 목적을 개별적으로 특정하지 않고 포괄적으로 제시할 수 있다면 (소위 broad consent) 이와 같이 사후에 이미 수집한 개인정보를 다른 연구에 활용할 수 있는 가능성이 열릴 것이다. 실은 생명윤리법은 개인정보를 수집하는 연구가 아니라 인체유래물을 기증받는 연구의 경우에는 생명윤리 및 안전에 관한 법률 시행규칙 별지 제34호 소정의 인체유래물 연구 동의서 서식에서 "유사한 연구", 심지어는 유사하지 않은 2차적 사용에까지 포괄적으로 인체유래물 및 그에서 추출된 유전정보의 사용을 승인하는 동의를 받는 것을 이미 허용한다.[32] 연구대상자의 개인정보를 이용하는 연구

---

30) 생명윤리법 제37조 제3항에서 준용되는 제16조 제3항.
31) 생명윤리법 제16조 제1항 제1호.
32) 이와 같이 생명윤리 및 안전에 관한 법률의 시행규칙이 포괄적인 동의를 허용하는 것에 대하여 비판적인 견해로는 "인체유래물연구에 대한 동의 소고(小考) − 개정 생명윤리법 제42조의2를 계기로", 이

에서도 연구대상자의 이익을 침해하지 않는 범위 내에서 포괄적인 동의를 일부 허용할 필요가 있다.

III. 보건의료 개인정보의 연구 목적 이용과 관련한 문제점 -개인정보 보호법

인간대상 연구에 있어서는 생명윤리법이 일차적으로 적용되지만, 개인정보 보호법도 여전히 적용된다. 최초 개인정보의 수집단계에서 연구 목적으로 수집된 정보가 아니라면 개인정보 보호법의 적용이 있기 때문이다. 의료기관이 최초에는 진료를 위하여 수집하였으나, 추후에 이를 연구에 이용하고자 할 경우가 좋은 예이다.

A. 2020년 개정 이전

개인정보 보호법이 2020년 개정되기 이전에 연구 목적의 개인정보 이용에 적용되는 맥락에서 제기되는 두 가지 문제점이 지적되었다. 첫째는 연구 목적의 이용에 대한 특칙이 극히 제한점이라는 것이고, 둘째는 그 예외적인 특칙 조차도 정보로서의 가치를 유지하기 어려울 정도로 엄격하다는 점이다.

일본 「개인정보 보호에 관한 법률」은 "대학 기타 학술연구를 목적으로 하는 기관 혹은 단체 또는 그에 소속된 자가 학술연구의 용도에 공할 목적"으로 개인정보 등을 취급하는 경우에는 개인정보취급사업자의 의무에 관한 제4장(이는 우리나라 개인정보 보호법 제3장에 해당)이 아예 적용되지 않는다.[33] 또, 유럽 GDPR의 경

동진, 이선구, 의료법학 20권 2호, 대한의료법학회 2019.

33) 일본 個人情報の保護に関する法律
第七十六条 個人情報取扱事業者等のうち次の各号に掲げる者については゛その個人情報等を取り扱う目的の全部又は一部がそれぞれ当該各号に規定する目的であるときは゛第四章の規定は゛適用しない゜
…
三　大学その他の学術研究を目的とする機関若しくは団体又はそれらに属する者: 学術研究の用に供する目的
이에 해당하는 우리 개인정보 보호법 조문은 제58조인데, 동조는 연구 목적에 대한 예외를 두고 있지 않다.

우에는 일본처럼 일반적인 예외 조항은 없지만, 여전히 연구 목적의 2차 목적 이용,[34] 보관 기간,[35] 민감정보의 취급,[36] 정보주체 아닌자로부터의 정보 수집,[37] 잊혀질 권리,[38] 정보주체의 이의제기[39] 등에 있어 다양한 예외를 인정하고 있다.[40]

반면 우리 개인정보 보호법에 따르면 원칙적으로 정보주체에게 고지하고 동의를 받은 목적의 범위를 벗어나서 이를 이용하거나 제공해서는 안 되지만,[41] 학술연구 등의 목적을 위하여 필요한 경우로서 특정 개인을 알아볼 수 없는 형태로 개인정보를 제공하는 경우에는 정보주체 또는 제3자의 이익을 부당하게 침해할 우려가 있을 때를 제외하고는 개인정보를 목적 외의 용도로 이용하거나 이를 제3자에게 제공할 수 있다는 것이[42] 2020년 개정 이전의 개인정보 보호법에서 찾아볼 수 있는 연구 목적 이용에 관한 유일한 특칙이었다.

2020년 개정 이전에는 이처럼 개인정보 보호법은 학술연구 등의 목적을 위하여 필요한 경우에는 예외적으로 정보주체에게 고지하고 동의를 받지 않은 목적으로 이용하거나 제3자에게 제공할 수 있지만, 이 경우 특정 개인을 알아볼 수 없는 형태로 정보를 제공해야 했다. 그런데 여기서 개인정보를 가공해야 하는 정도가 문제가 되었다. "특정 개인을 알아볼 수 없는 형태"가 무슨 의미인지는 개인정보 보호법이 직접 설명하고 있지는 아니하나, "제공하는 사람은 특정 개인을 알아볼 수 있어도 제공받는 사람은 합리적인 노력을 기울여도 특정 개인을 알아볼 수 없도록 가공되었다면 특정 개인을 알아볼 수 없는 형태로 개인정보를 제공하는 것에 해당"된다고 보았다.[43] 다시 "제공받는 사람은 합리적인 노력을 기울여도 특정 개인을 알아볼 수 없다."는 기준이 무엇인지가 문제가 될텐데, 앞에서 본 우리 정부의 비식별화조치 가이드라인이 일응의 기준이 되었다.[44] 하지만 이처럼 개인정보

---

34) GDPR Article 5, Paragraph 1 b).
35) GDPR Article 5, Paragraph 1 e).
36) GDPR Article 9, Paragraph 2 j).
37) GDPR Article 14, Paragraph 5 b).
38) GDPR Article 17, Paragraph 3 d).
39) GDPR Article 21, Paragraph 6.
40) 다만 이처럼 연구 목적으로 예외를 인정받는 경우에도 개인정보 보호를 위한 충분한 조치를 취할 것을 요구하고 있다. GDPR Article 89.
41) 개인정보 보호법 제18조 제1항.
42) 2020년 개정 이전의 개인정보 보호법 제18조 제2항 제4호.
43) 행정자치부, "개인정보 보호법령 및 지침·고시 해설", 2016, 104쪽.
44) 국무조정실, 행정자치부, 방송통신위원회, 금융위원회, 미래창조과학부, 보건복지부, "개인정보 비식

를 비식별화조치를 할 경우에는 연구 자료로서의 가치를 완전히 상실할 수 있음을 앞에서 X-Ray라든가 MRI와 같은 비텍스트 정보와 관련하여 살펴본 바 있다. 그런데 비식별화조치로 정보로서의 가치가 상실되는 것은 비단 비텍스트 정보만이 아니다. 예를 들어 환자의 각종 검사 수치처럼 정확한 연구를 위하여는 가공 없이 있는 그대로의 숫자를 그대로 연구에 이용해야 함에도 불구하고 비식별화 가공을 한다면 역시 연구를 진행하기가 어려워질 수밖에 없었다. 다행히도 2020년 개인정보 보호법의 개정을 통하여 이러한 문제가 가명정보를 통하여 해결될 여지가 마련되었다.

B. 2020년 개정 이후[45]

1. 개정 개인정보 보호법상 과학적 연구에 대한 특칙

2020년 2월 4일 『개인정보 보호법』의 개정법률이 공포되었고 2020년 8월 5일부터 시행되고 있다. 개정 『개인정보 보호법』은 아래와 같이 과학적 연구에 대한 새로운 특칙을 두고 있는데, 이는 앞에서 살펴본 기존 개인정보 보호법 제18조 제2항 제4호에서 정한 과학적 연구 특칙과는 상당한 차이가 있다.

제28조의2(가명정보의 처리 등) ① 개인정보처리자는 통계작성, **과학적 연구**, 공익적 기록보존 등을 위하여 정보주체의 동의 없이 가명정보를 처리할 수 있다.
② 개인정보처리자는 제1항에 따라 가명정보를 제3자에게 제공하는 경우에는 특정 개인을 알아보기 위하여 사용될 수 있는 정보를 포함해서는 아니 된다.

제28조의7(적용범위) 가명정보는 제20조, 제21조, 제27조, 제34조 제1항, 제35조부터 제37조까지, 제39조의3, 제39조의4, 제39조의6부터 제39조의8까지의 규정을 적용하지 아니한다.

제2조 (정의)
8. **"과학적 연구"**란 기술의 개발과 실증, 기초연구, 응용연구 및 민간 투자 연구 등 과학적 방법을 적용하는 연구를 말한다.

별 조치 가이드라인", 2016.
45) 이하의 내용은 이원복, "유전체 연구와 개정 개인정보 보호법의 가명처리 제도", 법학논집 25권 1호, 이화여자대학교 법학연구소, 2020의 일부를 발췌한 것이다.

　　이처럼 가명정보에 해당하는 정보는 정보주체의 동의 없이도 과학적 연구 목적으로 처리하는 것이 허용되고, 아울러 제20조(정보주체 이외로부터 수집한 개인정보의 수집 출처 등 고지), 제21조(개인정보의 파기), 제27조(영업양도 등에 따른 개인정보의 이전 제한), 제34조 제1항(개인정보 유출 통지 등), 제35조(개인정보의 열람), 제36조(개인정보의 정정·삭제), 제37조(개인정보의 처리정지 등) 등의 의무로부터도 면제된다.

　　이와 같은 과학적 연구 목적의 특칙은 "가명정보"에 대해서만 인정이 되는 것이므로, 가명정보 개념이 그 핵심적인 요소가 된다고 할 것이다. 개정 개인정보 보호법에 따른 가명정보의 정의는 다음과 같다.[46]

제2조(정의)
1. "개인정보"란 살아 있는 개인에 관한 정보로서 다음 각 목의 어느 하나에 해당하는 정보를 말한다.
　　가. 성명, 주민등록번호 및 영상 등을 통하여 개인을 알아볼 수 있는 정보
　　나. 해당 정보만으로는 특정 개인을 알아볼 수 없더라도 다른 정보와 쉽게 결합하여 알아볼 수 있는 정보. 이 경우 쉽게 결합할 수 있는지 여부는 다른 정보의 입수 가능성 등 개인을 알아보는 데 소요되는 시간, 비용, 기술 등을 합리적으로 고려하여야 한다.
　　다. 가목 또는 나목을 제1호의2에 따라 가명처리함으로써 원래의 상태로 복원하기 위한 추가 정보의 사용·결합 없이는 특정 개인을 알아볼 수 없는 정보(이하 "가명정보"라 한다)
1의2. "가명처리"란 개인정보의 일부를 삭제하거나 일부 또는 전부를 대체하는 등의 방법으로 추가 정보가 없이는 특정 개인을 알아볼 수 없도록 처리하는 것을 말한다.

　　개정된 제2조 제1호 다.목의 풀어 쓰면 가명정보란 **"그 자체로 또는 다른 정보와 쉽게 결합하여 특정 개인을 알아볼 수 있는 정보를, 개인정보의 일부를 삭제하거나 일부 또는 전부를 대체하는 등의 방법으로 처리함으로써, 원래의 상태로 복원하기 위한 추가 정보의 사용·결합 없이는 특정 개인을 알아볼 수 없는 정보"** 가 될 것이다. 가명처리와 가명정보에 대하여는 다른 장에서 더 자세히 살펴보기로 한다.

---

46) 이외에도 개정 개인정보 보호법은 제28조의3(가명정보의 결합 제한), 제28조의4(가명정보에 대한 안전조치의무 등), 제28조의5(가명정보 처리 시 금지의무 등), 제28조의6(가명정보 처리에 대한 과징금 부과 등) 규정을 두고 있고, 지난 2020년 8월에 개정된 개인정보 보호법 시행령에 제29조의5(가명정보에 대한 안전성 확보 조치)를 도입하였다.

2. 유럽연합 GDPR의 과학적 연구 특칙과의 비교

아래에서 보는 바와 같이 EU의 General Data Protection Regulation ("GDPR")은 2020년에 개정된 개인정보 보호법상 과학적 연구 목적의 특칙에도 영향을 미친 것으로 보인다. 다만 세세한 부분에서는 다소 차이가 있으므로 아래에서 비교해 본다.

1) 과학적 연구에 대한 특칙

(1) GDPR의 규정

GDPR은 과학적 연구에 대하여 정보처리자의 의무를 면제하거나 정보주체의 권리를 제한하는 다수의 특칙을 두고 있는데, 크게 나누면 GDPR 자체에서 직접 특칙을 두고 있는 것과 각 나라가 개별 입법을 통하여 특칙을 둘 수 있도록 GDPR 에서는 근거 조항만을 두고 있는 것으로 나뉘어진다.[47]

GDPR 자체에서 두고 있는 과학적 연구에 대한 특칙으로는 제5조와 제6조의 정보주체 동의가 없이도 정보 처리를 할 수 있는 법적 근거,[48] 제14조에서 정보주체에 대한 고지권의 제한,[49] 제17조에서 소위 "잊혀질 권리"라고 불리는 정보주체의 삭제권의 제한,[50] 제21조에서 정보주체의 정보처리 반대권의 제한을 두고 있다.[51] 제89조 제2항에서는 아래에서 더 자세히 살펴볼 회원국의 개별 입법이라는

---

47) 김현숙, "과학적 연구목적을 위한 개인정보 처리에 관한 비교법적 연구." 정보법학 24권 1호.
48) 이미 다른 목적으로 적법하게 수집된 개인정보를 과학적 연구를 위하여 본인 동의 없이 사용할 수 있다는 법적 근거는 GDPR 제6조 제4항과 제5조 제1항 b)호로부터 어렵지 않게 도출된다. 후자는 정보처리가 최초의 구체적, 명시적, 합법적 목적으로만 수집되고 그러한 목적에서 어긋나는 방식으로 처리되어서는 안되는데, 과학적 연구 목적의 개인정보 처리는 최초 수집 목적에 어긋나지 않는 것으로 간주하면서 대신 제89조 제1항의 보호조치를 취하도록 하고 있기 때문이다. 이에 반하여 정보주체 동의없이 처음부터 과학적 연구를 목적으로 개인정보를 수집하는 것이 허용된다고 명시한 직접적인 조항은 없지만, 대개 학자들은 제6조 제1항 e)호의 "공공의 이익"이나 f)호의 "정보처리자가 추구하는 정당한 이익"에 해당할 수 있는 것으로 본다. 다만, f)호의 "정보처리자가 추구하는 정당한 이익"을 목적으로 개인정보를 처리하는 경우에는 정보주체의 기본권과 비교형량을 거치도록 하고 있다.
49) GDPR 제14조 제5항 b)호.
50) GDPR 제17조 제3항 d)호.
51) GDPR 제21조 제6항. 다만 과학적 연구에서 정보주체의 정보처리 반대권이 당연히 제한되는 것은 아니고, 과학적 연구라고 하더라도 정보주체는 여전히 자신이 처한 특수한 상황을 이유로 정보처리를 반대할 수 있지만, 정보처리가 공익을 위하여 필요한 경우에는 정보처리 반대권이 제한된다. 즉, 정보처리자가 공익성을 입증함으로써 정보처리 반대권을 제한할 수 있는 경우이다. 단, 이 정보처리 반대

장치를 통하여, 정보주체가 본인의 정보를 열람할 권리,[52] 정보 오류의 수정을 요
청할 권리,[53] 정보처리의 제한을 요청할 권리,[54] 정보처리에 반대할 권리[55]에 대
한 예외를 개별 국가가 추가로 둘 수 있는 근거 조항을 마련하고 있다. 다만 과학
적 연구 목적으로 개인정보를 처리할 경우 적절한 안전장치를 갖출 것을 요구하는
데, 그러한 안전장치로는 데이터 처리를 최소화하기 위한 기술적이고 조직 차원의
조치가 따라야 하는데, 그 대표적인 예로 가명처리를 들고 있다.[56]

　　나아가 GDPR은 제9조 제1항에서 유전 정보 등과 같은 민감정보의 처리를 우
리나라와 마찬가지로 원칙적으로 금지하면서 특별히 두텁게 보호하고 있지만,[57]
같은 조 제2항은 그에 대한 다수의 예외를 두고 있다. 특히 J)호에 의하면 과학적
연구에 대하여는 제89조 제1항에 따라 각국이 이러한 원칙에 대한 예외를 개별 입
법을 통하여 둘 수 있는데, 그 경우에도 민감정보의 처리가 추구하는 목적에 비례
하여 이루어져야 하고, 민감정보를 보호하는 근본원칙을 존중해야 하며, 정보주체
의 기본권과 이익을 보호할 수 있는 적절하고도 구체적인 안전장치를 두어야 한
다.[58]

(2) 회원국의 개별 입법

　　GDPR은 그 자체로 EU 회원국을 구속하는 효력을 갖지만, GDPR 자체에서
각 회원국이 추가 입법을 통해 GDPR에서 벗어나는 "개별 입법"(GDPR에서는 이를
"derogation"이라고 부름)을 허용하고 있다. 대표적인 개별 입법의 근거는 GDPR
제23조로서, 각 회원국이 국가의 안전이나 국방 등을 이유로 GDPR에서 정한 정

권은 개별 입법을 통하여도 제한할 수 있으므로, 결국 과학적 연구에서 개인의 정보처리 반대권은 공
익성의 입증이 없이도 제한될 수 있는 것이다.
52) GDPR 제15조
53) GDPR 제16조
54) GDPR 제18조
55) GDPR 제21조
56) GDPR 제89조 제1항.
57) GDPR은 "민감정보"라는 표현 대신 "special categories of information", 즉 "특별한 부류의 정보라는
표현을 사용하고 있다. 여기에는 인종 또는 민족성, 정치적 의견, 종교적 또는 철학적 신념, 노동조합
가입 여부를 알려주는 개인정보라든가, 유전정보, 생체정보, 건강정보, 성생활 또는 성적 기호에 관한
정보가 포함된다.
58) 다만 GDPR 제6조 제4항에 의하면 본인의 명시적 동의가 없는 목적으로 개인정보를 사용하고자 할
경우 최초의 정보 수집 목적과 너무 동떨어진 것은 아닌지를 따질 때 정보처리자가 고려해야 할 사항
으로서 해당 정보가 민감정보에 해당하는지를 살펴야 한다는 내용이 있다.

보처리자의 의무, 바꾸어 말하면 정보주체의 권리를 제약하는 개별입법을 둘 수 있다는 일반적인 근거 조항이다. 나아가 앞에서 살펴본 바와 같이 제89조 제2항은 과학적 연구에서 정보주체의 열람권, 정정권, 처리제한권 및 반대권을 제한하지 않으면 (과학적 연구 등의) 목적을 달성할 수 없기 때문에 제한하고자 하는 경우에는 회원국이 개별 입법을 통하여 제한할 수 있도록 하고 있고, 민감정보의 과학적 연구 목적 이용도 개별 입법으로 허용할 수 있도록 한다. 따라서 유럽의 개인정보에 대한 보호 및 과학적 연구에 대한 특칙의 현재 상황을 정확하게 이해하기 위하여는 GDPR만 놓고 보아서는 부족하고, 개별 국가들의 입법 상황도 조사를 해야한다.

예를 들어 독일의 연방 개인정보 보호법(Bundesdatenschutzgesetz)은 제27조 제2항에서는 만약 GDPR이 인정한 정보주체의 열람권, 정정권, 처리제한권 및 반대권을 인정하면 과학적 연구의 달성이 불가능해지거나 상당히 훼손될 경우에는 그러한 권리를 제한할 수 있을 뿐만 아니라, 과학적 연구에 있어서 정보주체의 열람권을 인정하면 비례원칙에 어긋나는 결과가 야기될 경우 열람권을 거부할 수 있다고 규정하고 있다. 나아가 같은 조 제1항은 만약 민감정보를 처리함으로써 정보처리자가 얻을 수 있는 이익이 민감정보를 처리하지 않음으로써 정보주체가 얻을 수 있는 이익보다 상당히 우월하다면, 정보주체의 동의 없이 과학적 연구 목적으로 민감정보를 처리할 수 있되 적절한 안전조치를 취해야 하고, 동조 제3항에서 과학적 연구 진행 중 가능해지는 시점에서 바로 민감정보를 익명화해야 하지만 그 전까지는 중요 정보를 특정인과 연결될 수 있도록 하는 내용을 별도로 보관할 수 있으며 과학적 연구의 목적을 달성하기 위하여 필요한 경우에만 결합할 수 있다고 규정하고 있다.[59]

다른 유럽 국가들의 과학적 연구에 대한 개별 입법을 확인하고 싶은 독자는 개별 입법 현황을 정리하여 한군데에서 보여주는 소위 "GDPR derogations tracker" 웹사이트를 참고하기 바란다. 이런 사이트들에 따르면 위에서 예로 든 독일 이외에도 다수의 국가가 GDPR 제89조 제2항에 따라 과학적 연구 목적의 이용 시 정보주체의 권리를 제한하는 개별 입법이라든가,[60] 제9조 제2항 j)호에 따라

---

[59] 비록 가명처리라는 용어를 사용하고 있지는 않지만, 민감정보를 과학적 연구에 이용하는 동안에는 가명처리를 하고, 더 이상 이용할 필요가 없게 되는 시점에는 익명화를 하라는 요구로 읽는다.

민감정보에 대한 예외적 이용을 인정하는 개별 입법을 두고 있는 상태이다.[61]

2) 가명처리

과거 EU의 Directive 95/46/EC에는 가명처리 규정이 포함되어 있지 않았으나, 2016년에 GDPR이 새로이 제정되면서 가명처리 개념도 도입되었다. 내용을 보면 GDPR의 전문에서 가명처리된 개인정보도 여전히 개인정보로 취급되어야 함을 규정한다든가[62] 제4조에서 정한 가명처리의 정의는[63] 우리 개정 개인정보 보호법에 담긴 것과 유사하다.

하지만 GDPR에서 가명처리 또는 가명정보는 과학적 연구 목적의 특칙을 인정받기 위한 전제조건이 아니다. GDPR에서 가명처리는 개인정보 보호를 위하여 취할 수 있는 여러가지 조치 중 하나인 것이다. 예컨대 정보주체 동의 없는 목적 외 이용이 허용되는지 판단함에 있어 가명처리 등 적절한 안전조치를 취했는지를 따지고,[64] 개인정보의 원천적·항시적 보호("Data protection by design and by default")의 맥락에서 가명처리를 언급하고 있으며,[65] 정보처리자가 개인정보를 보

---

60) https://www.twobirds.com/en/in-focus/general-data-protection-regulation/gdpr-tracker/ scientific-historical-or-statistical-purposes

61) https://www.twobirds.com/en/in-focus/general-data-protection-regulation/gdpr-tracker/ special-categories-of-personal-data

62) Recital 26
··· Personal data which have undergone pseudonymization, which could be attributed to a natural person by the use of additional information, should be considered to be information on an identifiable natural person. ···
다만 EU 연구자들 가운데는 가명처리된 정보가 GDPR의 개인정보에 당연히 포함되는 것으로 볼 것은 아니고 경우에 따라서는 개인정보의 성질을 상실하는 경우도 있다는 유력한 주장들도 있다. M. Mourby, E. Mackey, M. Elliot, H. Gowans, S.E. Wallace, J. Bell, H. Smith, S. Aidinlis and J. Kaye, "Are 'Pseudonymised' Data Always Personal Data? Implications of the GDPR for Administrative Data Research in the UK" *Computer Law & Security Review*, Vol. 34, No. 2 (2018), pp.222-233; E.-B. van Veen, "Observational Health Research in Europe: Understanding the General Data Protection Regulation and Underlying Debate" *European Journal of Cancer*, Vol. 104 (2018), pp.70-80.

63) Article 4 - Definitions
5. 'pseudonymisation' means the processing of personal data in such a manner that the personal data can no longer be attributed to a specific data subject without the use of additional information, provided that such additional information is kept separately and is subject to technical and organisational measures to ensure that the personal data are not attributed to an identified or identifiable natural person;

64) GDPR 제6조.

65) GDPR 제25조.

호하기 위하여 취해야 하는 적절한 기술적, 조직적 조치의 하나로 가명처리를 언급하고 있다.[66] GDPR 제6조 제4항이라든가 제32조 제1항을 보면 가명처리와 암호화(encryption)를 나란히 언급한 것에서도 가명처리는 개인정보를 보호하기 위한 조치의 하나라는 취지가 명확하게 드러나고 있다. 따라서 GDPR에서는 가명처리가 과학적 연구 목적으로 개인정보를 취급함에 있어 개인정보를 보호하기 위하여 사용할 수 있는 방법의 하나로 인정되고 있을 뿐이다.

3. 비교

우리 개인정보 보호법의 참고가 되어 온 것으로 알려진 EU의 GDPR에서 정한 과학적 연구 목적의 특칙과 2020년에 개정된 우리 개인정보 보호법의 과학적 연구 목적의 특칙을 비교하면, 일단 과학적 연구에 인정되는 각종 예외 조항들은 거의 다를 바가 없다. 다만 GDPR에서 가명 처리는 과학적 연구 등 개인정보를 활용하는 정보처리자가 개인정보를 보호하기 위하여 채택할 수 있는 방법의 하나로 인정되는 것인 반면, 우리 개인정보 보호법에서는 가명처리가 과학적 연구 목적의 특칙을 인정받기 위한 전제조건이라는 커다란 차이가 있다.

---

66) GDPR 제32조.

참고문헌

[국내문헌]

건강보험심사평가원, 데이터 현황 및 활용, 2016. 11.

고학수 (편), 개인정보 비식별화 방법론, 박영사, 2017.

국무조정실, 행정자치부, 방송통신위원회, 금융위원회, 미래창조과학부, 보건복지
    부, "개인정보 비식별 조치 가이드라인", 2016.

김현숙, "과학적 연구목적을 위한 개인정보 처리에 관한 비교법적 연구", 정보법
    학 제24권 제1호, 한국정보법학회, 2020.

박태신, "인간대상연구에서 개인정보처리에 대한 고찰", 저스티스 제167호, 한국
    법학원 2018. 8.

이동진, "개인정보 보호법 제18조 제2항 제4호, 비식별화, 비재산적 손해 - 이른바
    약학정보원 사건을 계기로 -", 정보법학 제21권 제3호, 한국정보법학회,
    2017.

이원복, "내 DNA 정보는 내 마음대로 사용해도 되는가- DNA 정보의 특수성과
    자기정보 통제권의 제한 -", 정보법학 제23권 제1호, 한국정보법학회, 2019.

전승재/주문호/권헌영, "개인정보 비식별 조치 가이드라인의 법률적 의미와 쟁점",
    정보법학 제20권 제3호, 한국정보법학회, 2016. 12.

행정자치부, "개인정보 보호법령 및 지침·고시 해설", 2016.

[외국문헌]

CBC News, "Donor-conceived people are tracking down their biological
    fathers, even if they want to hide", (https://www.cbc.ca/news/technology/
    sperm-donor-dna-testing-1.4500517)

Gymrek/Melissa/Amy L. McGuire/David Golan/Eran Halperin/Yaniv Erlich,
    "Identifying personal genomes by surname inference", Science 339, no.

6117, 2013.

Mourby, M., Mackey, E., Elliot, M., Gowans, H., Wallace, S.E., Bell, J., Smith, H., Aidinlis, S. and Kaye, J., "Are 'Pseudonymised' Data Always Personal Data? Implications of the GDPR for Administrative Data Research in the UK", Computer Law & Security Review, vol. 34 no. 2, 2018.

Murdoch, T.B./Detsky, A.S., "The Inevitable Application of Big Data to Health Care", JAMA, vol. 309 no. 13, 2013.

National Human Genome Research Institute, "Highlights of Revisions to the Common Rule", https://www.genome.gov/27568212/highlights−of−revisions−to−the−common−rule/

National Institute of Standards and Technology, "De−identification of Personal Information", 2015.

Raghupathi, Wullianallur, and Viju Raghupathi, "Big Data Analytics in Healthcare: Promise and Potential", Health Information Science and Systems 2, 2014.

Veen, E.−B. van, "Observational Health Research in Europe: Understanding the General Data Protection Regulation and Underlying Debate," European Journal of Cancer, Vol. 104 (2018].

보건의료 데이터 비식별화

신수용 교수 / 성균관대학교 디지털헬스학과 교수

Ⅰ. 서론

다양한 분야에서 빅데이터의 가치가 입증되기 시작하면서, 보건의료 분야에서도 빅데이터 활용을 통한 다양한 사례들이 보고되고 있다.[1] 이에 더불어 보건의료 빅데이터의 경제적 가치도 높이 인정을 받고 있다. 2013년 맥킨지 보고서에 의하면 미국에서만 보건의료 빅데이터 활용을 통해 1,900억 달러를 절감할 수 있을 것이라고 예측하고 있으며,[2] 2017년에 나온 마켓&마켓의 시장보고서를 보면 2022년에 보건의료 빅데이터 분석 시장은 289억 달러에 달할 것으로 예측되고 있다.[3] 이에 따라 의료계에서도 큰 기대를 가지고 있고, 세계적인 의료기관인 클리블랜드 클리닉은 2015년에 발표한 지난 10년간의 10대 보건의료 혁신 기술의 첫 번째로 빅데이터 기술을 선정하였다.[4] 이처럼 보건의료 빅데이터의 활용은 보건의료 질 향상과 서비스 개선에 큰 역할을 할 것으로 기대되고 있으며, 최근에는 인공지능 기술과 결합하여 전문의들과 비슷하거나 더 우수한 질병 진단 결과를 보여주는 사례들이 지속적으로 발표되고 있다. 대표적인 사례들로는 2016년 말에 미

---

1) Clemens S. Kruse, Rishi Goswamy, Yesha Raval, and Sarah Marawi, "Challenges and Opportunities of Big Data in Health Care: A Systematic Review", JMIR Medical Informatics 4, 2016, e38.
2) Mckinsey Global Institute, "Game changers: Five opportunities for US growth and renewal", July 2013, Accesssed January 9, 2018. https://www.mckinsey.com/global−themes/americas/us−game−changers
3) https://www.marketsandmarkets.com/PressReleases/healthcare−data−analytics.asp
4) http://www.healthcareitnews.com/news/cleveland−clinic−picks−top−10−healthcare−innovations−past−10−years

국의학회지에 발표된 당뇨망막병증 진단,5) 2017년 초에 네이처에 발표된 피부암 진단,6) 2017년 12월에는 미국의학회지에 발표된 유방암 진단7)과 당뇨에 기인한 안과질환 진단8) 등이 있다.

　이러한 상황 속에서 미국은 보건의료 빅데이터 R&D를 위해 미국 국립 보건원(National Institutes of Health, NIH) 산하에 13개의 NIH Big Data to Knowledge (BD2K)를 설립하여 지원을 하고 있다.9) 그리고 보건의료 빅데이터의 임상 적용을 위해서 정밀의료(precision medicine) 연구를 시작하였고, 2015년 1월 백악관 주도로 시작된 "Precision Medicine Initiative"는 "All of Us"라는 연구프로그램의 발족으로 이어졌다.10) 국영 의료 체계를 가지고 있는 영국도 국가 보건 서비스 (National Health Service, NHS) 산하에 NHS Digital을 설립하여 영국 전 국민의 진료 데이터와 관련 데이터를 활용하여 다양한 보건의료 서비스를 개발하고 있다. 이러한 보건의료 빅데이터 활용 추세는 중국, 일본 등도 동일하며, 전 세계적인 흐름이다. 국내에서도 세계적 흐름에 발맞추어 보건의료 빅데이터를 활용하기 위한 정부 차원의 정책이 지속적으로 발표되고 있다. 2011년 "빅데이터를 활용한 스마트정부 구현(안)"을 시작으로 다양한 정부 정책이 발표되었고, 2023년 시작을 목표로 국가바이오빅데이터구축사업을 추진하고 있다.

　보건의료 빅데이터 활용을 위해서는 아주 많은 수의 사람들의 의료 정보 및 건강 관련 정보들을 수집해서 저장하고, 이를 분석하는 과정이 반드시 필요하다. 하지만 건강 관련 정보들은 대표적인 개인정보이기 때문에 이를 수집, 저장, 분석하기 위해서는 반드시 개인의 명시적인 동의를 받아야만 한다. 그러나, 빅데이터

---

5) Varun Gulshan, et al., "Development and Validation of a Deep Learning Algorithm for Detection of Diabetic Retinopathy in Retinal Fundus Photographs", Journal of the American Medical Association 316, 2016, pp.2402－2410.
6) Andre Esteva et al., "Dermatologist－level classification of skin cancer with deep neural networks", Nature 542, 2017, pp.115－118.
7) Babak E. Bejnordi et al., "Diagnostic Assessment of Deep Learning Algorithms for Detection of Lymph Node Metastases in Women With Breast Cancer", Journal of the American Medical Association 318, 2017, pp.2199－2210.
8) Daniel S.W. Ting et al., "Development and Validation of a Deep Learning System for Diabetic Retinopathy and Related Eye Diseases Using Retinal Images From Multiethnic Populations With Diabetes", Journal of the American Medical Association 318, 2017, pp.2211－2223.
9) https://commonfund.nih.gov/bd2k/
10) https://allofus.nih.gov/

를 수집하는 경우에는 환자들로부터 일일이 동의서를 받는 것이 비용과 시간의 문제로 현실적으로 불가능하기 때문에, 비식별화를 통해서 개인을 알아볼 수 없도록 한 다음에 활용하는 것이 일반적이다. 데이터3법이 개정되고, 보건복지부와 개인정보보호위원회가 공동으로 보건의료 데이터 활용 가이드라인(이하 가이드라인)을 발표함으로 인해 법/제도적 모호성이 상당 부분 해결된 것도 사실이다.[11] 하지만 여전히 실무 차원에서 해결되지 않은 모호성들이 존재하고 있다. 본 장에서는 보건의료 데이터 비식별화와 관련되어 남아 있는 문제점들을 국내외 사례 중심으로 살펴보고자 한다.

II. 보건의료 데이터 비식별화와 관련된 용어의 모호성

우선 비식별화라는 용어 정의부터 명확히 하고자 한다. 왜냐하면 국내에서 비식별화와 관련해서 많은 논란들이 발생하고 있는데, 이는 해당 용어를 사용하는 사람들이 서로 다른 정의를 가지고 이야기하기 때문이다.

모든 사람이 동의하는 부분부터 시작하자면, "비식별화"는 영어 de−identification을 번역한 용어이고, "익명화"는 anonymization을 번역한 용어이며, 가명화는 pseudonymization을 번역한 용어이다. 법적으로는 개인정보 보호법이 개정되면서 제2조 제1의2호에 "가명처리"라는 개념이 정의되었다.

> "가명처리"란 개인정보의 일부를 삭제하거나 일부 또는 전부를 대체하는 등의 방법으로 추가 정보가 없이는 특정 개인을 알아볼 수 없도록 처리하는 것을 말한다."

하지만, 「생명윤리 및 안전에 관한 법률 (생명윤리법)」 제2조 제 19호에 이미 익명화라는 개념이 정의되어 있었다.

> ""익명화(匿名化)"란 개인식별정보를 영구적으로 삭제하거나, 개인식별정보의

---

11) http://www.mohw.go.kr/react/al/sal0101vw.jsp?PAR_MENU_ID=04&MENU_ID=040101&CONT_SEQ =363309&page=1

전부 또는 일부를 해당 기관의 고유식별기호로 대체하는 것을 말한다."

이로 인하여 보건복지부는 유권해석을 통해 가이드라인 붙임 1에 개정 개인정보 보호법의 "가명처리"는 생명윤리법의 "익명화"에 포함되는 개념이라고 설명하고 있다. 이는 당연한 유권해석이라고 할 수 있다. 이로 인하여 익명화와 비식별화에 대한 정의에 대해서 다양한 논의[12]들이 어느 정도 해결되었다. 하지만 여전히 남아 있는 문제점들이 있기 때문에, 이에 대해 논의해 보고자 한다.

A. 비식별화의 정의

1. 보건의료 분야에서의 정의

보건의료 분야에서는 의학의 발전을 위해서 환자의 의료 정보를 활용해 연구개발을 수행하는 것이 일반적이다. 따라서 환자의 개인정보를 활용하는 것과 관련된 아주 폭넓은 논의가 지난 몇 십년간 이루어졌다. 2001년에 미국 국가생명윤리자문위원회(National Bioethics Advisory Commission)에서 발표한 "Ethical and Policy Issues in Research Involving Human Participants"에 의하면 비식별화는 3단계로 구분된다.[13] 1) Unidentified or anonymous, 2) unlinked or anonymized, 3) coded로 구분된다. "unidentified or anonymous"는 수집 시부터 개인을 식별할 수 있는 정보를 수집하지 않는 것이며, "unlinked or anonymized"는 수집 시에는 개인을 식별할 수 있는 정보를 수집하나, 그 이후 제거한 경우고, "coded"는 개인을 식별할 수 있는 정보를 다른 식별자(가명)로 대치한 경우이다. 이 정의를 국내에서 논의되는 사안으로 생각해 보자면, "unidentified or anonymous"는 처음부터 개인을 식별할 수 있는 정보를 수집하지 않기 때문에, 아무런 문제가 없는 데이터(익명 데이터)이고, "unlinked or anonymized"와 "coded"가 가명처리 데이터라고 할 수 있다. 즉, 현재 논의되고 있는 가명처리 데이터가 생명윤리 분

---

12) 고학수 외 공저 , 개인정보 비식별화 방법론 : 보건의료정보를 중심으로 , 박영사, 2017, 195−204쪽.
13) National Bioethics Advisory Commission, "Ethical and Policy Issues in Research Involving Human Participants: Volume I Report and Recommendations of the National Bioethics Advisory Commission", 2001. https://bioethicsarchive.georgetown.edu/nbac/human/overvol1.pdf

야에서 논의하는 정도의 상세 정의가 아직 부족하다고 할 수 있다. 특히 미국 국가생명윤리자문위원회 보고서에서 익명 데이터(anonymous data)와 익명화 데이터(anonymized data)는 개인정보 차원에서 성격이 다른 데이터라고 언급하는 것도 주목해야 한다. 하지만, 보건의료 데이터의 이차적 활용의 경우 대부분 개인 식별이 가능한 정보를 진료 과정에서 수집한 이후 해당 정보를 제거하기 때문에, 후자의 익명화된 혹은 비식별화된 데이터만을 논의의 대상으로 삼기로 한다. 그리고 위의 문서에서도 가명화된 데이터(coded data)는 개인 식별이 가능한 데이터라고 이야기하고 있다. 하지만 생명 윤리법에서 가명화(개인식별정보의 전부 또는 일부를 해당 기관의 고유식별기호로 대체)를 익명화의 한 방법으로 언급한 것은 검체 정보와 진료 정보를 차후에 추가적으로 결합할 필요가 있는 경우가 많다는 보건의료 연구의 특성을 고려한 상황으로 판단된다.

2. IT기술 분야에서의 정의

Health IT기술 분야에서는 익명화와 비식별화를 많은 경우 구분하고 있다. 예를 들어, Health IT 제품에 대해서 표준 준수 여부를 검증하는 기관인 미국의 IHE (Integrating the Healthcare Enterprise)에서 2014년에 발간한 "IHE IT Infrastructure Handbook: De-identification"[14]와 2017년에 개정된 국제표준 문서인 ISO 25237[15]에 의하면, 비식별화(de-identification)는 일반적인 용어이고, 비식별화의 방법으로 익명화(anonymization)와 가명화(pseudonymization)가 있다고 정의하고 있다. 두 방법의 차이는 익명화는 일방향 비식별화(one-way de-identification) 방법이라서 재식별이 불가능한 경우이고, 가명화는 개인을 식별할 수 있는 정보를 임의의 코드나 번호(가명, pseudonym)로 대체한 것을 의미한다. 다만 일반적인 IT분야에서는 조금 다르게 정의되어 있다. 또 다른 국제표준문서인 ISO/IEC 20889의 부록 B에 관련 표준 및 법령에서 정의하고 있는 용어를 서로 비교하고 있는데, 가명화는 구분되어 있으나 비식별화와 익명화를 엄밀히 구분하지는 않고 있다.[16] 그리고 미국의 경우

---

14) IHE, "IHE IT Infrastructure Handbook: De—identification", http://ihe.net/uploadedFiles/Docum ents/ITI/IHE_ITI_Handbook_De—Identification_Rev1.1_2014—06—06.pdf
15) ISO 25237:2017 Health informatics — Pseudonymization, https://www.iso.org/standard/63553.html
16) ISO/IEC 20889:2018 Information technology—Security techniques—Privacy enhancing data de—

보건의료 분야에 국한되지 않은 일반적인 비식별화에 대한 내용을 소개하는 미국 NISTIR 8053 "De-identification of Personal Information" 문건에서 가명화를 비식별화의 한 방법으로 인정하고 있다.[17]

본 장에서는 보건의료 데이터 비식별화와 관련된 국내의 현행 법령과 국제 표준을 고려하여 "de-identification"이라는 용어를 사용하도록 하겠다. 다만 해당 용어의 한글 번역은 일반적으로 가장 많이 쓰이고 있는 "비식별화"라고 정의하였다. 그리고 정보와 데이터는 동일한 의미로 사용하였다.

B. 개인정보와 개인식별정보의 차이

국내법상 또 다른 논란은 개인정보에 대한 너무 포괄적인 정의에 기인한다. 개인정보 보호법 제2조 제1항에 의하면 개인정보는 아래와 같이 정의되어 있다.

> ""개인정보"란 살아 있는 개인에 관한 정보로서 다음 각 목의 어느 하나에 해당하는 정보를 말한다.
> 가. 성명, 주민등록번호 및 영상 등을 통하여 개인을 알아볼 수 있는 정보
> 나. 해당 정보만으로는 특정 개인을 알아볼 수 없더라도 다른 정보와 쉽게 결합하여 알아볼 수 있는 정보. 이 경우 쉽게 결합할 수 있는지 여부는 다른 정보의 입수 가능성 등 개인을 알아보는 데 소요되는 시간, 비용, 기술 등을 합리적으로 고려하여야 한다.
> 다. 가목 또는 나목을 제1호의2에 따라 가명처리함으로써 원래의 상태로 복원하기 위한 추가 정보의 사용·결합 없이는 특정 개인을 알아볼 수 없는 정보"

즉, 개인정보 보호법상 개인정보(personal information)는 기본적으로 개인을 식별할 수 있는 정보, 즉 개인식별정보(personally identifiable information)를 의미한다. 법령에 있는 것처럼 개인식별정보는 단독으로 "개인을 알아볼 수 있는 정보"인 직접 식별자(direct identifier)와 "해당 정보만으로는 특정 개인을 알아볼 수

---

identification techniques, https://www.iso.org/standard/69373.html
17) NIST, De-Identification of Personal Information, NISTIR 8053, https://csrc.nist.gov/publications/detail/nistir/8053/final

없더라도 다른 정보와 쉽게 결합하여 알아 볼 수 있는 것"인 간접 식별자(indirect identifier)로 구분된다. 보다 엄밀히 구분을 하기 위해 ISO/IEC 20889의 정의를 따르면 그림 1과 같다.[18] 사용하고자 하는 데이터 집합 내부에 존재하는 직접 식별자는 고유 식별자라고 다시 구분이 되고, 간접 식별자는 준식별자라고 정의된다.

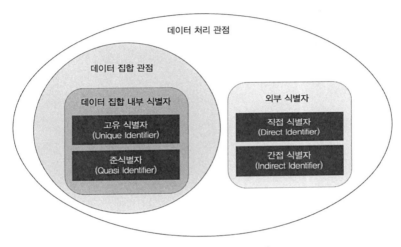

그림 1. 개인식별자의 종류[19]

　　그런데, 개인식별정보를 개인정보라고 정의하면서 많은 논란이 발생하고 있다고 판단된다. 일반적으로 생각하는 개인정보 중에 개인식별정보가 아닌 정보들이 분명히 있으나, 전부 개인정보이기 때문에 보호받아야 한다고 생각하기 때문이다. 예를 들어, 키, 몸무게 등은 소중한 개인정보이나, 키, 몸무게만으로 개인을 식별하는 것은 대부분 현실적으로 불가능하다. 키와 몸무게의 경우, 준식별자(조합을 통해 개인식별이 가능한 정보)이기 때문에 개인정보라고 주장을 할 수도 있다. 다른 정보들이 결합되더라도 "합리적인 시간, 비용, 기술"을 고려했을 때 개인식별이 가능한 경우도 있고, 아닌 경우도 있기 때문에 상황에 따라 개인정보가 될 수도 있고 아닐 수도 있다. 즉, 해당 정보들은 개인정보 보호법상 개인정보가 아닌 경우가 존재한다는 것이다. 하지만 키, 몸무게를 개인의 동의 없이 자유롭게 사용하는

---

18) ISO/IEC 20889:2018 Information technology−Security techniques−Privacy enhancing data de−identification techniques, https://www.iso.org/standard/69373.html
19) ISO/IEC 20889

것은 국내 정서상 현실적으로 불가능하고, 법적으로도 개인정보, 특히 그중에서도 민감정보이기 때문에 더욱 철저히 보호받아야 한다. 이러한 사례들로 인하여 개인 정보에 대한 많은 논란이 지속적으로 발생한다고 판단된다. 따라서 준식별자의 경우 "합리적인 시간, 비용, 기술"에 대한 기술적인 구체성 있는 가이드라인이 필요하다고 본다.

　　보건의료의 경우 또 다른 논란이 있는데, 의사들은 본인들의 환자들 중 일부는 개인식별정보를 전부 제거하더라도 해당 환자가 누구인지 식별해 낼 수 있다는 것이다. 이 사례를 가지고 보건의료 데이터 비식별화가 무의미하다고 지적하는 경우가 많이 있다. 이 논란에 대한 명확한 해결책은 영국 ICO(Information Commissioner's Office)에서 2012년에 발간한 "Anonymisation: managing data protection risk code of practice"에 명확하게 설명되어 있다.[20] 해당 가이드라인에는 "의도된 공격자 (motivated intruder)"라는 개념이 있다. 의도된 공격자 개념은 재식별화를 시도하는 의도된 공격자로 아무런 전문적인 배경 지식이 없는 일반인을 가정하고, 공격자가 수행하는 재식별 방법으로도 누구나 할 수 있는 일반적인 방법(도서관, 인터넷 검색 등)만을 가정하고 있다. 또한 명시적으로 의사, 해커와 같은 전문가는 의도된 공격자에서 제외하고 있다. 따라서 국내에서도 해당 개념을 도입한다면 상기의 논란은 종식될 것이다. 보다 나아가 개인정보 보호법에서 단순히 "합리적으로 고려"라고 표현하여, 개인의 배경 지식에 따라 특정 데이터에 대한 재식별 가능성이 현저히 차이가 나는 경우를 명확히 하지 않는 문제점을 해결하기 위해서도 반드시 필요하다.

　　개인정보 보호법과는 다르게, 생명윤리법에서는 이 부분을 명확하게 구분하여 정의를 하고 있다. 생명윤리법 제2조 제17호와 제18호에 의하면 아래와 같이 정의가 되어 있다.

> "17. "개인식별정보"란 연구대상자와 배아/난자/정자 또는 인체유래물의 기증 자(이하 "연구대상자등"이라 한다)의 성명/주민등록번호 등 개인을 식별 할 수 있는 정보를 말한다.
> 18. "개인정보"란 개인식별정보, 유전정보 또는 건강에 관한 정보 등 개인에 관한 정보를 말한다."

---

20) https://ico.org.uk/media/1061/anonymisation－code.pdf

개인정보가 개인식별정보의 상위 개념으로 명확하게 구분하고 있다. 이를 다시 정리하면 그림 2와 같다. 일반적인 정보(Information)가 있고, 그 하위 개념으로 개인에 관한 개인정보(Personal Information)가 있다. 개인정보의 하위 개념으로 개인 식별성이 있는 개인식별정보(Personally Identifiable Information)가 있는 것이다. 마지막으로 개인식별정보 중에서 민감정보(sensitive information)인 경우 민감한 개인식별정보(Sensitive Personally Identifiable Information)가 있을 수 있다. 민감정보는 개인식별정보일 수도 있고 개인을 식별할 수 없는 정보(기업체 기밀 정보 등)일 수도 있다. 민감정보, 보다 정확히는 민감한 개인식별정보에 관한 내용은 이어지는 섹션에서 조금 더 자세히 설명하겠다.

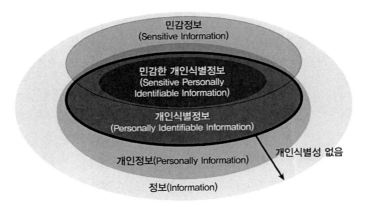

그림 2. 정보의 개인 식별성 계층

마지막으로 대상인구집단의 크기가 20,000명 미만인 인구집단에 속하는 개인의 정보는 비식별화만으로는 부족하다. 예를 들어 미국의 보건의료정보 보호법인 HIPAA(Health Insurance Portability and Accountability Act)나,[21] 보건의료정보 비식별화에 관한 표준인 ISO 25237:2017을 보면, 주소 정보를 비식별화할 때는 전부 20,000명 이상을 포함하는 행정구역 정보로 일반화하도록 요구하고 있다. 따라서 국내의 경우 희귀질환들은 희귀질환관리법 제2조에 의해 유병인구가 2만 명이하인 경우로 정의되기 때문에, 희귀질환자 정보는 비식별화의 대상이 아니며,

---

21) https://www.hhs.gov/hipaa/for-professionals/privacy/special-topics/de-identification/

이는 보건의료 데이터 활용 가이드라인에도 명시되어 있다.

따라서 보건의료 분야로 국한하여, 기본법인 개인정보 보호법이 아닌 보건의료 관련 특별법인 생명윤리법에 있는 "개인정보", "개인식별정보", "익명화" 정의를 따르는 것이 현실적인 대안으로 판단된다.

C. 민감정보

개인정보 보호법에 의하면 민감정보는 개인정보 중에서도 특별히 보호받아야 하는 정보로 구분이 되어 있다. 그런데, 개인정보 보호법 제23조에 의하면 아래와 같이 "건강"정보가 민감정보로 포함되어 있다.

"① 개인정보처리자는 사상·신념, 노동조합·정당의 가입·탈퇴, 정치적 견해, 건강, 성생활 등에 관한 정보, 그 밖에 정보주체의 사생활을 현저히 침해할 우려가 있는 개인정보로서 대통령령으로 정하는 정보(이하 "민감정보"라 한다)를 처리하여서는 아니 된다."

또한 시행령 제18조에 의하면, 유전정보도 민감정보로 포함되어 있다.

"법 제23조 제1항 각 호 외의 부분 본문에서 "대통령령으로 정하는 정보"란 다음 각 호의 어느 하나에 해당하는 정보를 말한다. 다만, 공공기관이 법 제18조 제2항 제5호부터 제9호까지의 규정에 따라 다음 각 호의 어느 하나에 해당하는 정보를 처리하는 경우의 해당 정보는 제외한다.
1. 유전자검사 등의 결과로 얻어진 유전정보
2. 「형의 실효 등에 관한 법률」 제2조 제5호에 따른 범죄경력자료에 해당하는 정보"
3. 개인의 신체적, 생리적, 행동적 특징에 관한 정보로서 특정 개인을 알아볼 목적으로 일정한 기술적 수단을 통해 생성한 정보
4. 인종이나 민족에 관한 정보"

즉, 유전정보를 포함한 건강정보가 민감정보로 구분되어 있기 때문에, 해당 정보를 사용하기 위해서는 개인정보 활용 동의뿐만 아니라 민감정보 활용 동의도 받아야 한다. 따라서 민감정보를 비식별화를 할 수 있느냐에 대해서 논란이 있었다. 하지만, 이 부분은 정부의 적극적 유권해석으로 민감정보인 건강정보도 가명처리가 가능한 것으로 결정되어 논란의 여지는 사라졌다고 판단된다. 그런데, 민감정보 중에서 개인식별성을 가지지 않는 정보가 있다. 앞에서 예로든 "키, 몸무게"를 생각해 보면, 해당 정보는 건강정보이다. 하지만 대부분의 경우 개인식별정보는 아니다. 여기서 현행법의 모순이 발생하게 된다. 특히나 최근 학술적 정의에 의하면 모든 건강과 관련된 정보들이 의료정보로 분류되고 있는 상황에서,[22] 단순히 건강과 관련된 모든 정보를 민감정보로 분류하는 것이 큰 문제점을 야기하고 있다. 따라서 그림 3과 같이 건강정보를 체계적으로 구분하는 것이 필요하다. 건강정보는 병원에서 비용을 청구하기 위해서 사용하는 주민등록번호, 이름부터 시작하여, 개인식별성을 가지는 인구학적 정보와 개인식별성이 있을 수도 있고, 없을 수도 있는 진료정보를 포함하여, 전혀 개인식별성이 없는 운동량 정보 등과 같은 생활습관 정보도 포함하고 있다. 따라서, 개인정보 보호법 제23조를 단순히 "건강"이라고 명시하는 것이 아니라, 그림 3을 고려하여 보다 구체적인 항목으로 변경하는 것이 필요해 보인다.

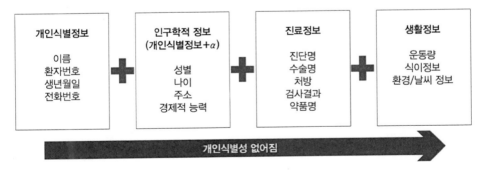

그림 3. 건강정보의 종류와 개인식별성

---

22) Griffin M. Weber, Kenneth D. Mandl, Isaac S. Kohane, "Finding the missing link for big biomedical data", Journal of American Medical Association 311, 2014, pp.2479-2480.

D. 재식별화의 정의

국내법의 또 다른 문제점은 재식별(re-identification)에 대한 명확한 법적 정의가 없다는 것이다. 그래서 국내에서 재식별에 대해서 논의를 할 때, 어떤 사람은 비식별화된 자료에서 개인의 직접적인 식별자(이름, 주소, 전화번호 등)를 밝혀내는 것을 이야기하고, 다른 사람은 서로 다른 데이터베이스에서 동일한 사람(누구인지는 알지 못하나, 동일한 인물이라는 것을 확인한 경우)을 찾아내는 것도 포함해서 이야기한다. 빅데이터 활용을 위해서는 서로 다른 데이터베이스를 연계하는 것이 필수적인데, 후자를 재식별된 경우라고 포함한다면 더 이상 연구개발을 진행할 수 없다. 따라서 개인을 식별하는 것(identification)에 대한 명확한 정의를 시작으로 재식별에 대한 정의를 명확히 해야 한다.

그리고 명확한 정의가 없다 보니, 식별성에 대한 이야기를 하면서 개인 인증(authentication) 기술을 언급하는 경우가 많다. 대표적인 개인식별정보 중 하나인 지문, 홍채, 음성 등의 생체 정보가 개인 인증의 도구로 사용되고 있기 때문이다. 생체 정보는 변경이 불가능하다는 특징으로 인하여, 철저히 보호받아야 하는 정보이다. 하지만 개인 인증과 개인 식별을 동일시해서는 안 된다. 개인 인증의 경우 일반적으로 저장되어 있는 정보와 현재 입력되는 정보가 동일한지를 확인하여 특정인물인지를 확인하는 과정으로 구성된다. 개인 인증을 위해 가장 널리 쓰이는 방법은 비밀번호인데, 비밀번호를 가지고 개인식별성을 이야기하는 사람은 아무도 없다. 주민등록번호가 대한민국 국민의 대표적인 식별자인 이유는 해당 정보가 정부의 중앙 데이터베이스에 일괄 등록되어 관리되고 있고, 관행적으로 우리나라에서는 주민등록번호를 유일한 개인식별자로 사용해 왔기 때문이다. 국내의 경우 지문도 주민등록번호와 동일하게 관리되고 있기 때문에, 성인의 경우 개인식별자로 사용될 수 있다. 국가정책 때문에 가능한 것이고, 외국에서는 이러한 개인식별번호가 없는 나라가 대부분이며 지문도 전 국민의 개인식별정보로 사용되는 것이 불가능하다. 또한 여기서 중요하게 생각해야 할 것이 앞에서 소개한 "의도된 공격자" 개념이다. 만약 주민등록번호가 아주 특수한 용도로만 사용되어 아무나 접근할 수 없는 정보라면, 주민등록번호가 그 사람의 개인식별정보로 사용될 수 있겠는가라는 문제이다. 의도된 공격자 개념은 전문적인 지식이 없는 사람이 아주 일반적인 방법만으로 특정 개인을 찾아내는 것을 가정하고 있기 때문이다. 따라서 주민등록번호 데이터베이스나 지문 데이터베이스 등이 손쉽게 접근이 불가능하다면 개인식별정보로 활용될 수 있는지에 대해서 논의의 여지가 있다. 현재 이와 관련한 대표적인 사례가 유전정보이다. 유전정보의 경우 몇몇 사례들로 인해 개인식별이 가능하다고 언급되고 있으나,[23] 해당 경우도 유전정보가 사용되긴 했으나 공개된 데이터베이스의 정보(미국 투표자 데이터베이스 등)들이 더 큰 역할을 하였고, 유전정보 자체는 개인을 식별하는 데 아주 큰 역할을 하지는 않았다. 유전정보가 특히나 많은 오해를 불러일으키는 이유는 친자확인검사나 DNA를 통한 범인 검거 등의 사례 때문이다. DNA 검사를 통한 친자확인은 반드시 친자 확인의 대상이 되는 부모의 DNA가 있어야만 하며, 범인 검거에도 범죄자 DNA 데이터베이스 등이 구축되어야 있어야만 비교가 가능하다. 개인 DNA 하나만 가지고는 누구의 자식인지를 전혀 알아낼 수 없다. 그리고 유전정보라고 이야기를 하나 DNA 서열과 유전변이 정보는 완전히 서로 다른 정보이기 때문에 구분할 필요도 있다.

이처럼 보건의료 데이터 비식별화와 관련된 용어들(개인정보, 개인식별정보, 익명화, 비식별화, 가명화, 재식별화, 건강정보, 민감정보 등)에 대한 정의가 명확하지 않다 보니, 모든 사항이 서로 얽히면서 상황이 복잡해지고 있다. 이를 해결하기 위해서는 해당 용어들에 대한 법적 정의가 명확히 내려져야 하며, 해당 정의를 내릴 때 기술적인 정의도 반드시 고려되어야만 한다.

Ⅲ. 보건의료 데이터 비식별화 가이드라인

본 장에서는 국내외에서 발표된 비식별화 가이드라인에 대해서 살펴보기로 한다.

A. 외국 가이드라인

전 세계적으로 다양한 비식별화 가이드라인이 발표되었는데, 발표된 보건의료

---

23) Melissa Gymrek et al., "Identifying Personal Genomes by Surname Inference", Science 339, 2013, pp.321−324.

데이터 비식별화를 위한 가이드라인들과 국제표준문서들을 정리하면 표 1과 같다.
미국, 캐나다, 일본, 호주, 영국, EU 등 아주 다양한 가이드라인이 발표되어 있는
것을 알 수 있다.

표 1. 보건의료 데이터 비식별화 가이드라인 및 표준문서

국가	기관	문서	발표일시
영국	Information Commissioner's Office	Anonymisation: managing data protection risk code of practice[24]	2012. 11
	UK Anonymization Network	The anonymisation decision-making framework[25]	2016.
EU	European Medicines Agency	European medicines agency policy on publication of clinical data for medical products for human use[26]	2014. 10
	European Union Agency for Cybersecurity	Pseudonymisation techniques and best practices[27]	2019. 12
캐나다	Information and Privacy Commissioner of Ontario	De-identification guideline for structured data[28]	2016. 6
	Council of Canadian Academies	Assessing Health and Health-related Data in Canada[29]	2015.
일본	Ministry of Health, Labour and Welfare	Provision of Anonymized Data[30]	2017. 3

24) https://ico.org.uk/media/1061/anonymisation-code.pdf
25) https://ukanon.net/framework/
26) http://www.ema.europa.eu/docs/en_GB/document_library/Other/2014/10/WC500174796.pdf
27) https://www.enisa.europa.eu/publications/pseudonymisation-techniques-and-best-practices
28) https://www.ipc.on.ca/resource/de-identification-guidelines-for-structured-data/
29) https://cca-reports.ca/reports/accessing-health-and-health-related-data-in-canada/
30) http://www.mhlw.go.jp/english/database/anonymized_data/index.html
31) https://csrc.nist.gov/csrc/media/publications/sp/800-188/archive/2016-08-25/documents/sp800_188_draft.pdf
32) https://hitrustalliance.net/de-identification/
33) http://nvlpubs.nist.gov/nistpubs/ir/2015/NIST.IR.8053.pdf

국가	기관	문서	발표일시
미국	National Institute of Standards and Technology	NIST SP 800-188: De-identification government dataset[31]	2016. 12
	Health Information Trust Alliance	De-identification Framework[32]	2016. 4
	National Institute of Standards and Technology	NISIR 8053: De-Identification of Personal Information[33]	2015. 10
	National Academies of Sciences, Engineering, and Medicine	Sharing clinical trial data[34]	2015. 1
	IHE (Integrating the Healthcare Enterprise)	IHE IT Infrastructure Handbook: De-identification[35]	2014. 3
	Department of Health and Human Service	Guidance regarding methods for de-identification of protected health information in accordance with the Health Insurance Portability and Accountability (HIPAA) Privacy Rule[36]	2012. 11
호주	Australian National Data Service	ANDS Guide: De-identification[37]	2017. 1
ISO(International Organization for Standardization)		ISO/TS 25237 Health informatics — Pseudonymization[38]	2017. 1 (개정)
		ISO/IEC 20889 Privacy enhancing data de-identification terminology and classification of techniques[39]	2018. 11 (신규 제정)

34) https://www.nationalacademies.org/our−work/sharing−clinical−trial−data−an−action−collaborative
35) http://ihe.net/uploadedFiles/Documents/ITI/IHE_ITI_Handbook_De−Identification_Rev1.0_2014
    −03−14.pdf
36) https://www.hhs.gov/hipaa/for−professionals/privacy/special−topics/de−identification/index.html
37) https://www.ands.org.au/__data/assets/pdf_file/0003/737211/De−identification.pdf
38) https://www.iso.org/standard/63553.html
39) https://www.iso.org/standard/69373.html

여러 해외 가이드라인 중에서 가장 많이 알려진 미국의 HIPAA(Health Insurance Portability and Accountability Act) 비식별화 가이드라인에 대해서만 간단히 소개한다. HIPAA 비식별화 가이드라인은 2012년 11월에 발표되었으며, HIPPA가 정의한 18개의 PHI(Protected Health Information)에 대해서 그림 4처럼 전문가의 판단(Expert Determination)하에 비식별화의 정도를 판단하여 사용하거나, 18개의 PHI를 완전히 제거하여 안전하게 만드는 것(Safe Harbour)을 요구하고 있다.

18개의 PHI는 1) 환자 이름, 2) 주소지(2만 명 미만), 3) 날짜(연도 제외) 및 90세 이상의 연령정보, 4) 전화번호, 5) 팩스번호, 6) 이메일주소, 7) 사회보장번호, 8) 의무기록번호/환자번호, 9) 보험번호, 10) 계좌정보, 11) 증명서(certificate/license)번호, 12) 차량번호, 13) 장비 ID, 14) 웹주소, 15) IP주소, 16) 신체특성 표시자(지문, 음성 포함), 17) 얼굴 정면 사진, 18) 기타 고유한 식별자이다. 세이프하버 방식은 18 PHI들을 완벽히 제거하는 것을 요구하기 때문에 현실적이지 않은 방법이라서, 주로 전문가 판단 방식을 일반적으로 사용한다. 전문가 판단 방식은 그림 4에 설명된 것처럼 전문가가 결정한 통계적이거나 과학적인 방법을 적용하여 비식별화하고, 해당 비식별 데이터의 재식별 위험도의 기준도 전문가의 판단에 맡기도록 되어 있다. 즉, 비식별화 전문가의 역할이 아주 큰데, 해당 전문가에게 특별한 자격 요건을 요구하지는 않고, 적절한 수준의 지식과 경험이 있는 사람으로 기관이 선정하도록 되어 있다. 기술의 발전에 따른 기법의 변화에 잘 대응할 수 있도록 되어 있다.[40] 다만 비식별화 전문가가 누구인지 정의하기 어렵다는 현실적인 문제로 인하여 보다 구체적인 최소한 요건을 정의해야 한다는 권고사항과 재식별화 위험도를 평가하기 위한 구체적인 사항이 필요하다는 권고사항 등이 2017년 2월에 발표되기도 하였다.[41]

---

[40] 고학수 외 공저, "개인정보 비식별화 방법론: 보건의료정보를 중심으로", 박영사, 2017, 76-91쪽.

[41] National Committee on Vital and Health Statistics, Re: Recommendations on De-identification of Protected Health Information under HIPAA.
https://www.ncvhs.hhs.gov/wp-content/uploads/2013/12/2017-Ltr-Privacy-DeIdentification-Feb-23-Final-w-sig.pdf

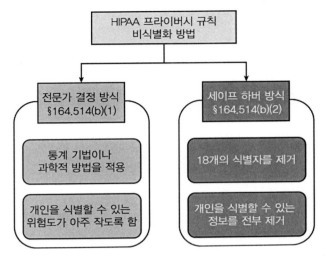

그림 4. HIPPA에서 규정한 두 가지 비식별화 방법 (HIPAA에서 인용)

B. 보건의료 데이터 활용 가이드라인

국내에서도 비식별화 가이드라인은 2014년부터 꾸준히 발표되었다. 방송통신위원회에서 2014년 12월에 발표한 "빅데이터 개인정보보호 가이드라인"에 보면 개인식별 정보에 대한 철저한 비식별화 조치에 대한 언급이 나와 있으며, 한국지능정보사회진흥원에서는 "빅데이터 비식별화 기술 활용 안내서"를 2015년 6월에 발표하였다. 그리고 한국인터넷진흥원에서는 2015년 1월에 "개인정보 비식별화에 대한 적정성 자율평가 안내서"를 발표하였다. 이러한 기존 가이드라인들을 바탕으로 하여 2016년 6월 "개인정보 비식별 조치 가이드라인"을 국무조정실 주도로 개인정보를 취급하는 관련 부처들(행정자치부, 방송통신위원회, 금융위원회, 미래창조과학부, 보건복지부)이 합동으로 발표하였다.[42] 이 가이드라인의 발표로 인해 기존의 가이드라인들은 전부 폐지되었다. 그리고, 개인정보보호법 개정에 발맞춰 개인정보보호위원회가 가명정보 처리 가이드라인을 2020년 9월 발표[43]하였고, 보건복지부가 개인정보보호위원회와 공동으로 보건의료 데이터 활용 가이드라인을 2020

---

42) https://www.privacy.go.kr/inf/gdl/selectBoardArticle.do?nttId=7187
43) https://www.pipc.go.kr/np/cmm/fms/FileDown.do?atchFileId=FILE_000000000550788&fileSn=0

년 9월에 발표하였고, 2021년 1월 개정을 하였다.[44]

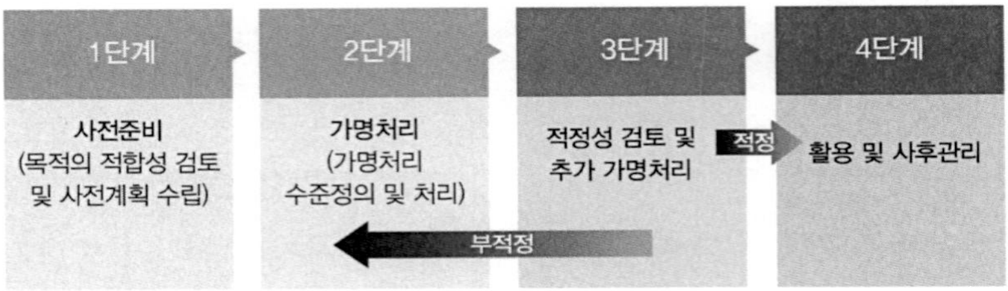

그림 5. 가명처리 단계별 절차도 (개인정보 보호위원회 가이드라인에서 발췌)

　　개정 보건의료 데이터 활용 가이드라인은 기존과 유사하게 그림 5처럼 크게 4단계로 구성되어 있다. 그런데, 특이하게도 데이터 심의위원회를 설치·운영하도록 하고 있다. 해당 위원회는 기관 내 가명정보의 활용, 기관 외부로 가명 정보 제공 및 방법 등을 심의하도록 되어 있으며, 5인 이상 15인 이하로, 해당 기관에 소속되지 않은 위원이 과반수를 차지하도록 명시하고 있다. 또한 정보 주체를 대변하는 자 1인 이상, 의료 분야 데이터 활용 전문가 1인 이상, 정보보호 또는 법률 전문가 1인 이상을 반드시 포함하도록 요구하고 있다. 이런 위원회 구성이 어려운 경우 IRB 등의 내부 위원회나 외부기관에 위탁할 수도 있다고 제시하고 있다.

　　구체적인 단계로 들어가면, 1단계는 "사전준비 단계"로, 기관이 자율적으로 검토 후 개인 식별정보를 정의하도록 되어 있다. 개인정보 보호법 등 관련 법률에서 규정하고 있는 개인정보의 개념을 준용하여야 한다. 다만, 특이 정보는 제거하여야 하며, 특별한 보호가 필요한 5가지 경우 1) 정신질환 및 처방약 정보, 2) 감염병예방법 제2조제10호에 따른 성매개감염병 정보, 3) 후천성면역결핍증 정보, 4) 희귀질환관리법 제2조제1호에 따른 희귀질환 정보, 5) 학대 및 낙태 관련 정보는 원칙적으로 가명처리를 허용하지 않고 있다.

　　2단계는 "가명처리 단계"로 목적과 처리 데이터에 따라 적절한 기법을 선택하도록 권고하고 있다. 다만, 보건복지부 가이드라인에서는 기본원칙부터 상세 기법까지 제시하고 있다. 보건의료 데이터 가명처리 원칙은 그림 6과 같다.

---

44) http://www.mohw.go.kr/react/al/sal0101vw.jsp?PAR_MENU_ID=04&MENU_ID=040101&CONT_SEQ =363309&page=1

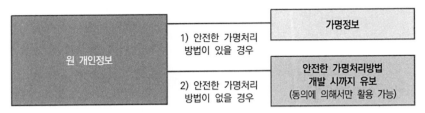

그림 6. 보건의료 데이터 가명처리 기본 원칙 (보건복지부 가이드라인에서 발췌)

안전한 가명처리 방법, 즉, 가이드라인에서 제시한 기법을 사용할 경우에는 가명정보를 만들 수 있고, 안전한 가명처리 방법이 없을 경우(가이드라인에서 제시하지 않은 기법)에는 동의에 의해서만 활용 가능하다고 제시하고 있다. 다만 외부 전문가의 평가 후 앞에서 설명한 데이터 심의위원회의 승인하에 가이드라인에 없는 방법도 사용할 수는 있도록 하고 있다. 가이드라인에서 제시한 방법은 아래 그림과 같이 요약될 수 있다.

데이터 유형	가명처리 방법
식별자	삭제 또는 일련번호로 대체
주요 인적사항	
- 주소	시군구까지만 남기고 읍면동 이하 상세주소 삭제
- 연령/생일	연/월까지만 남기고 일자는 삭제
- 성별	남, 여의 경우 별도 조치 불요
속성값	
- 측정수치	별도 조치 불요
- 의료인의 관찰·입력 정보	별도 조치 불요
- 알고리즘이 생성한 건강정보	별도 조치 불요
- 체외 촬영 영상정보	외양적 특정 모두 삭제 또는 모자이크 처리 영상 상 식별자 삭제 또는 마스킹 DICOM 헤더 등 메타데이터 상의 식별자 삭제
- 체내 촬영 영상 정보	영상 상 식별자 삭제 또는 마스킹 DICOM 헤더 등 메타데이터 상의 식별자 삭제
- 단층촬영·3D 이미지 정보	영상 상 식별자 삭제 또는 마스킹 DICOM 헤더 등 메타데이터 상의 식별자 삭제 영상정보 신체 표면 가장자리 삭제하는 SW 적용
- 음성정보	동의 기반으로만 사용
- 유전체 정보	예외 경우 제외하고 본인 동의 기반으로만 사용
- (예외) 유전자 변이	유전자 단위 정보는 사용 가능
- (예외) 암 신규변이 정보	생식세포 변이를 제거한 신규 생성 변이 정보 사용 가능
유전체를 제외한 오믹스 정보	별도 조치 불요 단, 전사체는 가명처리 불가
지문 등 생체인식정보	본인동의 기반으로만 사용
인종·민족에 관한 정보	심의위원회 검토 후 사용 가능
국적 정보	별도 조치 불요. 단 총인구 10만 명 미만은 삭제

그림 7. 보건의료 데이터 가명처리 방법[45] (대한의료정보학회 이슈리포트에서 발췌)

3단계는 2단계에서 수행한 가명처리에 대한 "적정성 평가 단계"이다. 데이터 심의 위원회의 심의를 통과하여야 하며, 통과 시 가명처리 결과보고서를 작성하여 공개하여야 한다.

4단계는 "활용 및 사후 관리 단계"로, 가명정보에 대해서 적절한 관리적·기술적 보호조치를 취하도록 하고 있다. 이 부분은 개인정보 보호 관리체계(Information Security Management System, ISMS)에서 요구하는 사항들과 대부분 동일하다. 항상 재식별 가능성에 대해서 모니터링을 하도록 요구하고 있으며, 재식별된 정보가 발견된 경우 해당 정보의 처리를 즉시 중단하고 파기하도록 하고 있다. 해당 정보를 계속 활용하고 싶은 경우는 다시 비식별 처리를 거쳐야 한다. 복지부 가이드라인은 개인정보보호위원외 가이드라인과 달리 가명정보를 재제공할 목적으로 제공받는 것은 금지하고 있고, 이를 계약서를 통해 명문화하도록 강조하고 있다.

추가적으로 개인정보보호위원회 가이드라인에는 가명정보 결합 절차에 대해서도 상세히 설명되어 있다. 보건의료 분야 가명처리 전문기관은 국민건강보험공단, 건강보험심사평가원, 보건산업진흥원 3군데가 지정되었다.

보건복지부 가이드라인은 투명성을 강조하면서 가능한 모든 정보를 홈페이지 등으로 공개하도록 하고 있으며, opt-out 방식을 취하고 있다. 이를 위하여 가명처리정지요구를 접수할 수 있는 창구를 반드시 만들도록 하고 있으며, 정지 요구가 있을 경우, 해당 개인의 정보는 더 이상 가명처리를 금지하도록 하고 있다. 다만, 이미 가명처리되어 활용 중인 정보는 계속 활용하는 것을 허용하였다. 이는 가명처리정지요구를 이행하기 위하여 가명정보를 재식별하는 행위를 방지하기 위함이다.

그리고, 많은 사람들이 개인정보보호법 개정으로 인하여 가명처리를 한다면 개인의 동의를 받지 않아도 되기 때문에, IRB 심의 또한 면제를 받을 수 있다고 오해를 하고 있다. 이 점에 대해서 보건복지부 가이드라인에서 명확히 기술하고 있는데, 생명윤리법상의 심의면제, 동의면제 조항은 개인정보보호법 개정과 상관 없이 이미 제16조(인간대상연구의 동의) 제3항에 정의되어 있던 부분으로 해당 면

---

45) 신수용, 개인 의료정보 활용 활성화와 프라이버시 보호 및 제도개선 방안, 대한의료정보학회 이슈리포트 Vol. 2, No.2, Report 2 (2020.10), https://www.kosmi.org/bbs/board.php?bo_table=sub7_1&wr_id=625

제 여부는 전적으로 IRB의 결정사항이다. 또한 심의면제를 받기 위한 심의는 필요하다는 점을 명시해야 한다.

세부적인 사항은 개인정보보호법 개정 및 가이드라인 발표로 인해 많은 변화가 있었으나, 특별법인 생명윤리법의 존재로 인하여 개념적인 큰 사항은 기존과 변경이 없다. 차라리 기존에는 IRB만 받으면 되었으나, 이제는 IRB와 데이터심의위원회를 받아야 하는 상황이라고 할 수 있다.

Ⅳ. 현실적인 보건의료 빅데이터 활용 방안

앞에서 설명한 바와 같이 여전히 모호한 점이 남아 있다. 따라서 보건의료 데이터를 위한 별도의 법률제정 혹은 기존 법률 개정을 통해 모호성을 해결하는 것이 필요하다. 미국의 HIPAA가 보건의료분야에 특화된 개인정보 보호법으로 가장 좋은 예시이다. 18개의 개인건강정보식별자(PHI)를 정의하고, 명확한 비식별화 방법을 제안하고 있다. 하지만 다른 나라에서 사례를 찾기 힘든 법이기도 하고, 법으로 개인건강식별정보를 정의하는 경우 기술의 발전으로 인한 신규 식별자 반영을 위해 법률을 개정하는 것이 쉽지 않다는 것을 고려한다면 현실적으로 쉽지 않은 접근이다.

현실적인 해결책은 생명윤리법을 인체유래물 연구와 데이터 연구로 구분하여 별개 법안으로 분리하는 것이라고 판단된다. 또한 보건의료에 적절한 비식별화 기법을 찾기 위해서 최신의 프라이버시 보호 데이터마이닝(privacy preserving data mining) 기법[46] 및 프라이버시 보호 데이터 배포(privacy preserving data publishing) 기법[47]도 검토해야 한다. 프라이버시 보호 데이터 마이닝 기법은 데이터 마이닝 분야에서 수십 년간 연구된 분야로 개인정보 보호가 중요한 데이터들을 이용하여 데이터 마이닝을 할 때 정보 보호도 같이 만족시키는 방법을 다루는 분야이고, 프라이버시 보호 데이터 배포 기법도 데이터를 공개할 때 정보 보호를 고려하는 방법을 다루는 분야이다. 예를 들면 최근 애플이 개인정보 보호에 사용

46) Ricardo Mendes and Joao P. Vilela, "Privacy-Preserving Data Mining: Methods, Metrics, and Applications", IEEE Access 5 2017, pp.10562-10582.
47) Benjamin C. M. Fung, Ke Wang, Rui Chen, and Philip S. Yu, "Privacy-preserving data publishing: A survey of recent development", ACM Computing Survey 42, 2010, p.14.

하겠다고 하여 부각이 된 차분 프라이버시(differential privacy) 기법이 있다.[48] 차분 프라이버시는 전체 데이터의 분포에는 영향을 주지 않으면서 개별 데이터에 노이즈를 추가하여 원래 개별 데이터를 파악하지 못하도록 하는 방법이다. 아직 보건의료 데이터에는 본격적으로 적용되지 않았다는 한계가 있고, 원 데이터에 왜곡이 가는 관계로 전체 데이터 분석에는 좋으나 개별 데이터를 활용하고자 할 때는 어렵다는 단점이 있다. 현재로써 가장 유망한 방법은 동형 암호화(homomorphic encryption) 기법이라고 보인다. 동형 암호화는 최근에 유전체 데이터도 개인정보라는 인식이 커지면서 이를 보호하면서 데이터 분석도 가능하도록 하는 기법으로 제시되고 있다.[49] 이 기법은 원천 데이터를 암호화한 이후, 데이터 분석가에게 암호화된 데이터를 제공하는 것이다. 분석가는 암호화된 데이터를 가지고 데이터 분석을 수행하여 개인정보를 보호할 수 있도록 한다. 이 기법은 암호 상태에서 분석한 연산 결과를 통해 원본 데이터를 바로 연산한 값을 알아낼 수 있도록 지원하기 때문에 암호화된 데이터를 분석하더라도 원본 데이터를 분석하는 것과 동일한 효과를 낼 수 있도록 한다.[50] 암호화가 ×2의 방식으로 되어 있다면, 3+5를 수행할 때, 2를 곱한 6+10을 수행하여 16이라는 결과를 얻으면, 원래의 값은 나누기 2를 한 8이라는 결과를 얻을 수 있기 때문이다. 하지만 아직 동형 암호화는 연구 수준이라는 한계가 있다.

이러한 최신 기술을 분석하여 보건의료 데이터에 적용 가능한 현실적인 비식별화 기법 및 재식별화 위험도를 평가하는 방법을 개발하고, 이를 이용해서 보건의료 데이터 비식별화 가이드라인을 개정해야 한다. 즉, 가이드라인 개정을 위해서 좀 더 학술적인 연구개발이 필요한 상황이다.

V. 맺음말

현재 국내에서 논의되고 있는 비식별화는 비식별화된 데이터가 절대로 재식

---

48) Fida K. Dankar and Khaled El Emam, "The application of differential privacy to health data", Proceeding of the 2012 Joint EDBT/ICDT Workshops, 2012, pp.158－166.

49) Yaniv Erlich and Arvind Narayanan, "Routes for breaching and protecing genetic privacy", Nature Review Genetics 15, 2014, pp.409－421.

50) https://www.americanscientist.org/article/alice－and－bob－in－cipherspace

별이 되지 않는 것을 전제로 논의를 하고 있다. 하지만 기술적으로 100% 재식별이 불가능하도록 비식별화를 하는 것은 불가능하다. 그림 8이 비식별화의 현실적인 접근에 대해서 잘 설명해 주고 있다.[51] 원하는 정보를 다 가지고 있는 완벽한 비식별화(ideal situation) 기술은 존재하지 않는다. 공개되는 정보의 질과 개인정보 보호 사이의 상호 절충(trade-off) 사이에서 적절한 지점을 찾기 위한 사회적 합의의 과정이 반드시 필요하다. 또한 재식별화를 하지 않도록 연구자 및 개인들의 정보 보호 및 윤리 교육을 강화하여야 하고, 함부로 개인정보를 활용할 경우에는 아주 강력한 법적 조치를 취해야만 한다.

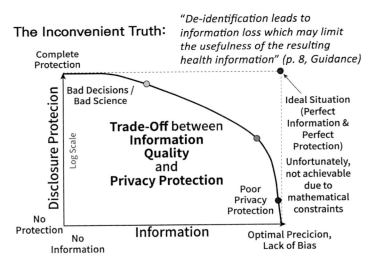

그림 8. 비식별화 정도와 정보의 유용성 관계. 서로 상호절충 관계(trade-off relationship)를 가지고 있다(각주 51 그림 인용).

그리고 이제는 데이터 공유에 대한 인식의 전환이 필요하다고 본다. 유네스코 국제생명윤리위원회의 2017년 "빅데이터와 건강" 보고서에 의하면 빅데이터 시대에는 데이터 소유의 권한에 대한 개념으로부터 책무성과 이익 공유로 전환되어야 한다고 제안하고 있다.[52] 건강 데이터가 활발히 공유되어 보건의료 기술 개

---

51) https://twitter.com/dbarthjones/status/681572627455029248/
52) International Bioethics Committee, Report of the IBC on big data and health, UNESCO, 2017. http://unesdoc.unesco.org/images/0024/002487/248724E.pdf

발에 활용될수록 새로운 진단/치료 방법이 개발될 수 있다. 즉, 데이터 소유자 개개인에게 이익을 환원하는 방식이 아니라, 사회 일반에게 권리와 이익이 돌아가도록 하는 새로운 패러다임을 만들어야 한다는 것이다.[53] 유사한 형태로 영국의 100K Genome Project에서는 "data ownership is wrong"이라는 표현과 함께 개인의 건강 정보를 공유하는 모델을 개발하고 있다.[54] 의학의 발전을 통한 건강증진을 위해서 자유롭게 데이터를 공유하는 모델을 고민해야 할 시점이다. 아니면 단기적인 관점에서 데이터 거래소를 도입하는 것을 검토해 볼 필요도 있다. 유네스코의 견해가 이상적이긴 하나, 오랜 시간 논의의 과정을 거쳐야 할 것이다. 따라서 정보의 자기결정권 및 소유권을 존중하여 개인이 자발적으로 비식별화한 개인정보를 등록하고 해당 정보를 활용한 기관이 개인에게 적절한 비용을 지불하는 데이터 거래소를 도입하여 정보의 활용을 모색하는 대안도 논의해 보아야 한다.

  빅데이터와 인공지능을 위해서는 대량의 데이터를 수집하여 분석하는 것이 필수불가결한 일이고, 대량의 데이터 수집을 위해서는 비식별화가 가장 현실적인 대안이다. 2020년 개인정보 보호법의 개정으로 가명처리를 통한 보건의료 데이터의 활용 범위가 크게 늘어난 것은 사실이나, 가명처리 역시 가명처리의 결과로서 추가 정보가 없이는 "특정 개인을 알아볼 수 없도록" 처리하는 것을 전제로 하고 있으므로, "개인을 알아본다."의 의미, 바꾸어 말하면 "비식별화"의 논의는 앞으로도 지속되어야 할 것이다.

---

53) 2017 미래보건의료포럼, "의료윤리와 소비자보호", ICT 기반 혁신의료기술, 2017.
54) https://twitter.com/PHGFoundation/status/935467201938771968

참고문헌

[국내문헌]

2017 미래보건의료포럼, "의료윤리와 소비자보호", ICT 기반 혁신의료기술, 2017.

고학수 외 공저, 개인정보 비식별화 방법론: 보건의료정보를 중심으로, 박영사, 2017.

개인정보보호위원회, 개인정보의 연구 목적 처리를 위한 법·제도 개선 방안 연구, 2016.

관계부처합동, 개인정보 비식별 조차 가이드라인, 2016.
    https://www.privacy.go.kr/inf/gdl/selectBoardArticle.do?nttId=7187

심우민, "개인정보 비식별 조치에 관한 입법정책적 대응과제", 국회입법조사처, 2017. http://www.nars.go.kr/brdView.do?brd_Seq=20879

[외국문헌]

Andre Esteva et al., "Dermatologist－level classification of skin cancer with deep neural networks", Nature 542, 115－118, 2017.

Australian National Data Service, De－identification, 2018. https://www.ands.org.au/__data/assets/pdf_file/0003/737211/De－identification.pdf

Babak E. Bejnordi et al., "Diagnostic Assessment of Deep Learning Algorithms for Detection of Lymph Node Metastases in Women With Breast Cancer", Journal of the American Medical Association 318, 2199－2210, 2017.

Benjamin C. M. Fung et al., "Privacy－preserving data publishing: A survey of recent development," ACM Computing Survey 42, 1－53, 2010.

Brain Hayes, "Alice and Bob in Cipherspace", American Scientist, 2012. https://www.americanscientist.org/article/alice－and－bob－in－cipherspace

Clemens S. Kruse et al., "Challenges and Opportunities of Big Data in Health

Care: A Systematic Review", JMIR Medical Informatics 4, e38, 2016.

Council of Canadian Academies, Accessing Health and Health－Related Data in Canada, 2015. https://cca－reports.ca/reports/accessing－health－and－health－related－data－in－canada/

Daniel Barth－Jones, https://twitter.com/dbarthjones/status/681572627455029248/

Daniel S.W. Ting et al., "Development and Validation of a Deep Learning System for Diabetic Retinopathy and Related Eye Diseases Using Retinal Images From Multiethnic Populations With Diabetes", Journal of the American Medical Association 318, 2211－2223, 2017.

European Medicines Agency, European Medicines Agency policy on publication of clinical data for medicinal products for human use, 2019. http://www.ema.europa.eu/docs/en_GB/document_library/Other/2014/10/WC500174796.pdf

Fida K. Dankar/Khaled El Emam, "The application of differential privacy to health data", Proceeding of the 2012 Joint EDBT/ICDT Workshops, 158－166, 2012.

Griffin M. Weber et al., "Finding the missing link for big biomedical data", Journal of American Medical Association 311, 2479－2480, 2014.

Healthcare IT News, Cleveland Clinic's top 10 healthcare innovations of past 10 years, October 2015. http://www.healthcareitnews.com/news/cleveland－clinic－picks－top－10－healthcare－innovations－past－10－years

HITRUST, HITRUST De－IDentification Framework. https://hitrustalliance.net/de－identification/

Hyo Joung Choi, et al., "Establishing the role of honest broker: bridging the gap between protecting personal health data and clinical research efficiency", PeerJ 3, e1506, 2015.

IHE, "IHE IT Infrastructure Handbook: De－identification". http://ihe.net/

uploadedFiles/Documents/ITI/IHE_ITI_Handbook_De−Identification_Rev1.1_2014−06−06.pdf

Information and Privacy Commissioner of Ontario, De−identification Guidelines for Strcutured Data, 2016. https://www.ipc.on.ca/resource/de−identification−guidelines−for−structured−data/

Institute of medicine, National Academy of Science, Sharing Clinical Trial Data: Maximizing Benefits, Minimizing Risk, 2015. http://nationalacademies.org/HMD/Reports/2015/Sharing−Clinical−Trial−Data.aspx

International Bioethics Committee, UNESCO, Report of the IBC on big data and health, 2017. http://unesdoc.unesco.org/images/0024/002487/248724E.pdf

ISO 25237:2017 Health informatics – Psuedonymization. https://www.iso.org/standard/63553.html

ISO/IEC 20889:2018 Information technology – Security techniques – Privacy enhancing data de−identification techniques. https://www.iso.org/standard/69373.html

Japanese Ministry of Health, Labour and Welfare, Provision of Anonymized Data. http://www.mhlw.go.jp/english/database/anonymized_data/index.html

Khaled El Emam et al., "De−identification Methods for Open Health Data: The Case of the Heritage Health Prize Claims Dataset", Journal of Medical Internet Research 14, e33, 2012.

Khaled El Emam, Elizabeth Jonker, Luk Arbuckle, Bradley Malin, "A Systematic Review of Re−identification Attacks on Health Data", PLOS ONE 10, e0126772, 2011.

Laura Drechsler, Lunchtime Workshop: The Implications of the GDPR for Research Involving Genetic Data, 2017. https://brusselsprivacyhub.eu/publications/ws11.html

Mark Elliot et al., The Anonymisation Decision−Making Framework, 2016.

http://ukanon.net/wp−content/uploads/2015/05/The−Anonymisation−De
cision−making−Framework.pdf

Markets&Markets, Healthcare Analytics Market worth $50.5 billion by 2024,
January, 2018. https://www.marketsandmarkets.com/PressReleases/healthcare
−data−analytics.asp

Mckinsey Global Institute, "Game changers: Five opportunities for US growth
and renewal", July 2013. https://www.mckinsey.com/global−themes/americas
/us−game−changers

Melissa Gymrek et al., "Identifying Personal Genomes by Surname Inference",
Science 339, 321−324, 2013.

Monya Baker, "Statisticians issue warning over misuse of P values", Nature
531, 2016.

National Bioethics Advisory Commission, "Ethical and Policy Issues in Research
Involving Human Participants: Volume I Report and Recommendations of
the National Bioethics Advisory Commission", 2001. https://bioethicsarchive.
georgetown.edu/nbac/human/overvol1.pdf

National Institutes of Health, Big Data to Knowledge. https://commonfund.nih.
gov/bd2k/

National Institutes of Health, All of Us Research Program. https://allofus.nih.
gov/

National Institute of Science and Technology, De−Identifying Government
Datasets, NIST SP 800−188.

PHG Foundation, https://twitter.com/PHGFoundation/status/935467201938771968

Simson L. Garfinkel, De−Identification of Personal Information, NISTIR 8053.
http://nvlpubs.nist.gov/nistpubs/ir/2015/NIST.IR.8053.pdf

UK ICO (Information Commissioner's Office), Anonymisation: managing data
protection risk code of practice. https://ico.org.uk/media/1061/anonymisation

－code.pdf

US Department of Health & Human Services, Guidance Regarding Methods for De－identification of Protected Health Information in Accordance with the Health Insurance Portability and Accountability Act (HIPAA) Privacy Rule. https://www.hhs.gov/hipaa/for－professionals/privacy/special－topics/de－identification/

Varun Gulshan et al., "Development and Validation of a Deep Learning Algorithm for Detection of Diabetic Retinopathy in Retinal Fundus Photographs", Journal of the American Medical Association 316, 2402－2410, 2016.

National Committee on Vital and Health Statistics, Re: Recommendations on De－identification of Protected Health Information under HIPAA, 2017. https://www.ncvhs.hhs.gov/wp－content/uploads/2013/12/2017－Ltr－Privacy－DeIdentification－Feb－23－Final－w－sig.pdf

Ricardo Mendes/Joao P. Vilela, "Privacy－Preserving Data Mining: Methods, Metrics, and Applications", IEEE Access 5, 10562－10582, 2017.

Soo－Yong Shin, "Issues and Solutions of Healthcare Data De－identification: The Case of South Korea", Journal of Korean Medical Science 33, e41, 2018.

Yaniv Erlich, Arvind Narayanan, "Routes for breaching and protecing genetic privacy", Nature Review Genetics 15, 409－421, 2014.

가명처리와 가명정보의 이해

김병필 / KAIST 기술경영학부 교수, 변호사

I. 서론

'가명'이라는 단어는 어감이 썩 좋지 않다. 영화 속 주인공은 악당에 쫓기다가 하룻밤 휴식을 취하려 모텔에 체크인한다. 주인공은 실명을 숨기고 가명을 쓴다. 신용카드 기록을 남기지 않으려고 현금을 쓴다. 이처럼 가명이란 자신의 신원을 숨기기 위해서 활용되는 것이다. 감출 것이 없고 떳떳하다면 실명을 쓰지 않을 이유가 없다고 여길 수도 있다.

하지만 가명을 쓰는 것을 나쁘게 볼 수는 없다. 특히 보건의료 맥락에서는 환자의 신원이 밝혀지지 않도록 보장할 필요가 크다. 환자들은 프라이버시를 보호하고자 오히려 자신의 이익에 반하여 행동하기도 한다. 자신이나 가족의 병력에 관해 거짓으로 고지하는 경우도 있다. 환자의 프라이버시 보호 행동으로 인해 최선의 치료를 받지 못하게 되는 것이다. 성행위로 전파되는 질병의 검사결과 기록이 유출되었다고 상상해 보자. 질병 검사를 받았다는 사실이 공개된다면, 사람들이 검사를 받는 것 자체를 꺼려하게 될 수도 있다. 이는 공중보건 측면에서 위협이 된다. 이처럼 보건의료 데이터에 대해서는 일반 공중과 환자의 신뢰를 유지하는 일이 매우 중요하다. 그래서 의료법과 약사법 등에서는 비밀유지의무를 두고 있기도 하다.

그렇다고 무작정 환자의 비밀을 보호하고자 연구 목적으로 보건의료 데이터를 활용하는 것을 금지할 수는 없다. 양자 간의 적절한 타협점을 찾는 일이 중요하다. 원칙적으로는 정보주체의 동의를 얻는 것이 바람직하겠지만, 동의를 얻는

것이 어려운 상황이라면 데이터를 적절히 가공해서 더 이상 환자의 신원이 드러나
지 않도록 할 수도 있다. 이를 '비식별 조치'라 한다. 즉, 간단히 말해 비식별 조치
란 데이터에서 개인을 알아볼 수 없도록 이를 변형하는 것이다. 그러면 환자의 신
원이 드러나지 않도록 보장하면서도 연구 목적 데이터 활용을 허용할 수 있는 길
이 생긴다. 가명을 이용하는 것은 여러 비식별 조치 방법 중 한 가지이다. 데이터
가 가명으로 되어 있으면, 행여나 데이터가 유출되더라도 그로 인한 프라이버시
침해 위험이 상당히 줄어들 것이다.

　　그러면 가명처리는 구체적으로 어떻게 데이터를 변형하는 것인가? 이 주제를
본격적으로 다루기에 앞서, 이 문제를 고민하는 이들이라면 알아야 하는 사건 하나
를 먼저 소개한다. 바로 1997년 미국 매사추세츠 주지사의 의료정보 재식별 사건이
다.[1] 미국 매사추세츠 주정부는 단체보험위원회(Group Insurance Commission,
GIC)를 통해 주 공무원들에게 건강보험을 제공하고 있었다. 1990년대 중반 주정부
는 보건의료 연구 목적으로 GIC 의료정보를 연구자들에게 공개하였다. 위 데이터
에는 13만 5천 명의 주 공무원들과 그 가족에 관한 정보가 포함되어 있었다. 물론
매사추세츠 주정부도 공개된 데이터에서 환자의 신원이 드러나지 않도록 유의해야
한다는 점을 잘 알고 있었다. 그래서 이름, 주소, 사회보장번호 등 개인을 식별할
수 있을 것으로 보이는 정보를 삭제하였다. 매사추세츠 주지사는 GIC 의료정보에
서 식별자를 삭제함으로써 환자의 프라이버시를 보호하고 있다고 공중을 안심시켰
다.[2]

　　그런데 당시 MIT 컴퓨터 공학 대학원생이던 Latanya Sweeney는 GIC 의료정
보로부터 주지사에 관한 정보를 찾아낼 수 있는지 시도해 보았다. 그녀는 주지사
가 매사추세츠주 케임브리지 지역에 살고 있다는 점을 알고 있었다. 해당 지역 거
주자 정보를 확인하기 위해 20달러를 내고 해당 지역의 유권자 명부를 구입하였
다. 유권자 명부에는 유권자의 이름 이외에도 우편번호, 생일 및 성별 정보가 포함
되어 있었다. 그런데 우편번호, 생일과 성별은 GIC 의료정보에도 포함되어 있는

---

[1] Sweeney, L., "k-Anonymity: A Model for Protecting Privacy", International Journal on
　Uncertainty, Fuzziness and Knowledge-based System, 2002, 10.; 한편 고학수·최경진, "개인정보
　의 비식별화 처리가 개인정보 보호에 미치는 영향에 관한 연구", 개인정보보호위원회 연구보고서,
　(2015), 36-38면은 위 사례를 상세히 소개하고 있다.
[2] Ohm, Paul, "Broken promises of privacy: Responding to the surprising failure of anonymization",
　UCLA l. Rev. 57 (2009).

것이었다. 그녀는 양자를 비교함으로써, 어렵지 않게 주지사의 의료정보를 식별해 냈다. 구체적으로, 케임브리지 지역의 유권자 명부 중 6명이 주지사와 생일이 일치하였고, 그중 3명만이 남자였고, 알려진 주지사의 우편번호에 거주하는 사람은 유일하였다. 이처럼 간단한 대조만으로도 공개된 의료정보로부터 개인을 재식별해 낼 수 있었다는 점은 충격적이었다.

　　이 사건은 데이터의 비식별 처리를 고민하는 모든 이들에게 중대한 숙제를 던졌다. 데이터를 공개하기 전에 이름, 주소, 전화번호, 사회보장번호 등의 정보가 삭제되어야 한다는 점은 누구라도 생각할 수 있다. 이러한 '식별자'가 삭제된 의료정보는, 언뜻 보면 환자의 신원을 확인할 수 없는 데이터처럼 보일 수도 있다. 아마도 1990년대 매사추세츠 주정부에서 GIC 데이터 공개 업무를 담당한 공무원들도 그렇게 생각했을 것이다. GIC 의료정보에 남겨져 있었던 우편번호, 성별과 같은 인적사항은 그 정보 자체만으로는 환자의 신원을 알아볼 수 없다. 하지만 다른 공개된 정보나 공격자의 배경 지식을 활용하면 이러한 정보를 이용해서도 개인을 알아볼 수 있게 된다. 이 점이 바로 매사추세츠주의 담당 공무원이 간과했던 부분이었다.

　　데이터에서 개인을 알아볼 수 없게 하려면 여러 속성 정보까지 모두 삭제해야 하는 것인가? 그러면 데이터의 유용성이 없어진다. 예컨대, 보건의료정보에서 성별을 삭제하는 것은 상상하기 어렵다. 지역별 보건의료 분석을 하기 위해서는 환자의 거주나 직장 소재지 정보가 필요하다. 그렇다면 과연 어떻게 해야 할 것인가? 무조건 정보주체의 동의를 얻어야만 연구 목적으로 활용할 수 있게 할 것인가? 데이터에서 환자의 신원이 드러나지 않게 하는 적절한 방법론을 수립할 필요가 있지 않을까?

　　'가명처리'는 위 사건 이후 이어져 온 문제의식의 연장선에서 등장한 개념이다. 우리 개인정보 보호법은 2020년 2월 개정되어 가명처리와 가명정보 개념을 도입했다. 개정된 법에 따르면 개인정보에 대해 '가명처리'를 하여 '가명정보'로 만들면 더 이상 정보주체의 동의를 얻지 않고도 과학적 연구 목적으로 이용하거나 제3자에게 제공할 수 있다. 하지만 법 개정 이후 현재까지도 가명정보와 가명처리의 개념이 널리 이해되고 있지는 못한 실정이다. 이러한 배경에서, 이 글은 가명처리가 구체적으로 무엇을 의미하는지, 나아가 가명정보를 어디까지 활용할 수 있는지 살펴본다.

Ⅱ. 가명처리와 가명정보의 개념

A. 개인정보 보호법상 '가명처리'와 '가명정보'의 정의

2020년 개정된 개인정보 보호법은 '가명처리'와 '가명정보'에 대한 명문의 정의 규정을 두고 있다. 가명처리는 "개인정보의 일부를 삭제하거나 일부 또는 전부를 대체하는 등의 방법으로 추가 정보가 없이는 특정 개인을 알아볼 수 없도록 처리하는 것"이다.[3] 가명정보는 개인정보를 위와 같은 방법으로 "가명처리함으로써 원래의 상태로 복원하기 위한 추가 정보의 사용·결합 없이는 특정 개인을 알아볼 수 없는 정보"라 정의되어 있다.[4]

위 정의 조항만 보아서는 가명처리와 가명정보가 무엇인지 곧바로 이해하기 쉽지 않다. 경륜 있는 법조인조차도 곧바로 이해하기 어렵다. 법 조문을 꼼꼼히 읽고 이해하는 일은 쉽지 않지만, 가명처리와 가명정보의 개념을 이해하기 위해서는 꼭 넘어야 하는 산이다. 한꺼번에 위 조항을 전부 이해한다는 것은 쉽지 않으니, 해석상 쟁점이 무엇인지 차근차근 살펴보자.

우선 위 조항은 가명처리의 방법을 설명하고 있다. 즉, "개인정보의 일부를 삭제하거나 일부 또는 전부를 대체하는 등의 방법"이다. 하지만 여기에 "등"이 포함되어 있으므로, 가명처리의 방법이 개인정보의 삭제 또는 대체에만 국한되는 것이 아니다. 여기서 쟁점이 되는 것은 삭제 또는 대체 등의 대상이 되는 개인정보의 범위가 어디까지인가 하는 것이다.

다음으로 위 조항은 가명처리한 결과물이 충족해야 하는 요건을 정하고 있다. 즉, 가명처리의 결과물이 "추가 정보가 없이는 특정 개인을 알아볼 수 없도록" 해야 한다. 여기서 '추가 정보'의 의미가 무엇인지는 법상 정의되어 있지 않다. 추가 정보의 개념을 이해하기 위해서는 가명처리의 기술적 방법을 이해할 필요가 있다.

이하에서는 ① 가명처리를 위해 삭제·대체 등을 해야 하는 개인정보의 범위

---

3) 개인정보 보호법(2020. 2. 4. 개정) 제2조 제1의2호.
4) 개인정보 보호법(2020. 2. 4. 개정) 제2조 제1호 다목.

가 어디까지인지 먼저 살펴보고, ② 다음으로 가명처리의 기술적 방법과 '추가 정보'의 개념을 살펴본다. ③ 그리고 다시 가명처리와 가명정보의 정의 조항으로 돌아와서 그 의미를 되새긴다.

B. 가명처리의 대상 - 식별자와 속성값의 구분

가명처리를 위해서 삭제·대체 등의 조치를 취해야 할 정보는 어디까지인가? 이를 정하는 데 유용한 방법은 '식별자(identifier)'와 '속성값(attribue value)'을 구분하는 것이다.

1. 식별자(직접 식별자)에 대한 가명처리

식별자란 개인이나 그의 가족을 유일하게 식별할 수 있는 정보이다. 간단한 질문을 던져 보자. 사람들은 왜 누군가에게 이름을 붙이는가? 어떤 사람을 다른 사람과 구분하는 것, 즉 개인을 식별하기 위한 것이다. 이름 이외에도 개인을 식별하기 위해 붙여 놓은 번호들은 많다. 여권번호, 외국인등록번호, 운전면허번호, 의료기록번호, 건강보험번호 등이 그러하다. 그 외에도 전화번호, 상세주소, 전자우편주소 등을 통해서도 개인이나 그 가족을 식별해 낼 수 있다. 이러한 값들을 '식별자'라 부른다.

'식별자'의 의미를 더욱 명확히 하기 위해 '직접 식별자(direct identifier)'와 '간접 식별자(indirect identifier)'를 구분하기도 한다. 매사추세츠 주지사 사건에서 본 것처럼 여러 속성값을 조합해서도 개인을 간접적으로 식별할 수 있기 때문이다. 그래서 그 자체로 개인을 식별할 수 있는 경우를 '직접 식별자', 여러 속성값을 조합해서 개인을 식별할 수 있는 경우를 '간접 식별자'라 나누는 것이다. 그런데 국내 비식별 조치 가이드라인(2016)은 '직접 식별자'를 그저 '식별자'라고 칭하고 있고,[5] 보건의료 데이터 활용 가이드라인(2020)도 '식별자'라고 하고 있다.[6] 참고로 개인정보보호위원회의 가명정보 처리 가이드라인(2020)은 이를 '식별정보'라고

---

5) 관계부처 합동, 개인정보 비식별 조치 가이드라인(2016) 5면.
6) 개인정보보호위원회·보건복지부, 보건의료 데이터 활용 가이드라인(2020) 12면.

칭하고 있는데,[7] 같은 뜻으로 이해할 수 있다.

식별자에 대한 가명처리 방법은 간명하다. 이를 삭제하거나, 원래 정보를 확인할 수 없는 일련번호로 대체하면 된다. 필요한 경우에는 암호화 기법을 이용하여 원래 정보를 복원할 수 없도록 암호화할 수도 있다. 이러한 일련번호나 암호화된 정보가 '가명'에 해당한다. 이는 가명처리의 가장 기본적인 방법이고, 가명처리라는 용어의 유래이기도 하다.

2. 속성값(간접 식별자)에 대한 가명처리

데이터에는 식별자 이외에 다수의 속성값이 포함되어 있다. 그런데 속성값 중에는 다른 정보(공개된 정보 또는 공격자의 배경 지식 등)와 조합함으로써 개인을 식별해 낼 수 있는 것도 있지만, 그렇지 않은 것도 있다. 그중 다른 정보와 결합하여 개인을 식별할 수 있는 정보를 '간접 식별자'라 할 수 있다는 점은 앞서 설명하였다. 예를 들어 매사추세츠 주지사 사건에서는 GIC 의료정보에 포함된 우편번호, 생일[8] 및 성별 정보를 통해서 주지사가 식별되었다. 이러한 정보는 그 자체로서는 개인을 식별할 수 없는 경우라 하더라도 개인을 식별하는 데 사용될 수 있으므로 간접 식별자에 해당한다. 한편, 간접 식별자를 지칭하는 용어는 다양하다. 국내 비식별조치 가이드라인(2016)은 속성자(attribute value)라 칭하고 있고,[9] 가명정보 처리처리 가이드라인(2020)은 '식별가능정보'라 칭하고 있다.[10]

간접 식별자와 연관된 개념으로 '특이정보'가 있다. 특이정보란 "관측된 데이터의 범위에서 많이 벗어난 아주 작은 값이나 아주 큰 값"을 의미한다.[11] 구체적으로는 ① 국내 최고령, 최장신, 고액체납금액, 고액급여수급자 등 전체적인 패턴에서 벗어나 극단값이 발생할 수 있는 정보 또는 ② 희귀 성씨, 희귀 혈액형, 희귀 눈동자 색깔, 희귀 병명, 희귀 직업 등 정보 자체로 특이한 값을 가지고 있는 정보

---

7) 개인정보보호위원회, 가명정보 처리 가이드라인(2020) 17면.
8) 관계부처 합동, 개인정보 비식별 조치 가이드라인(2016) 5면 및 33면은 생년월일을 직접 식별자로 보고 있다.
9) 관계부처 합동, 개인정보 비식별 조치 가이드라인(2016) 5면. '속성자'는 국어상으로도 어색할 뿐만 아니라, 그 의미를 명확하게 전달하고 있지 못하므로 적절하지 못한 용어이다.
10) 개인정보보호위원회, 가명정보 처리 가이드라인(2020) 17면.
11) 개인정보보호위원회, 가명정보 처리 가이드라인(2020) 56면.

가 있다.12) 특이정보를 파악하기 위해서는 데이터셋을 관찰해야 한다. 즉, 데이터의 주된 분포 범위 이외에 존재하는 항목들이나 빈도가 매우 적은 항목을 찾아내야 하는 것이다.

실무상으로는 데이터에 포함된 속성값 중 어느 항목까지 간접 식별자로 볼 것인지가 논란이 된다. 이러한 판단이 어려운 이유는 데이터가 사용되는 맥락에 따라 그 판단이 달라지기 때문이다. 예컨대 직업 정보는 간접 식별자로 인정될 수도, 그렇지 않을 수도 있다. 단순히 공무원, 회사원, 자영업 등으로 구분된 경우라면 다른 정보와 결합하더라도 개인을 식별하기 쉽지 않을 것이다. 하지만 국회의원 등 특수한 직업이 포함된 경우라면 간접식별자로 인정할 필요가 있을 것이다. 여러 변수를 조합해서 개인을 식별할 가능성도 고려해야 한다. 가령 데이터셋에 각각의 직업마다 대략 300명 정도가 포함되어 있는데, 특정 지역에는 해당 직업 종사자가 1~2인의 극소수만 존재한다면 지역과 직업 정보를 조합하여 개인을 재식별할 수 있다.

간접 식별자를 가명처리하는 데는 다양한 방법이 활용될 수 있다.13) 흔한 방법은 데이터의 정밀도를 낮추어서 재식별 위험을 낮추는 것이다. 이를 보통 '일반화' 또는 '범주화'라 한다.14) 예컨대 소득금액 3,300만원을 소득 3,000만 원~4,000만 원으로 대체 표기하는 것이다. 문자로 저장된 데이터는 더 상위 개념으로 범주화할 수도 있다. 가령 분유, 기저귀, 젖병 등은 육아용품이라는 상위 개념으로 대체할 수 있다.

하지만 데이터를 일반화하더라도 특이정보에 대해서는 여전히 재식별 위험이 남아 있을 수 있다. 이 경우 특이정보를 삭제하거나, 일반화시켜야 한다. 특이정보를 포함한 기록에 대해서는 해당 특이정보 필드 값만을 삭제할 수도 있고, 해당 특이정보를 포함하고 있는 행 전체를 삭제할 수도 있다. 앞서 예로든 바와 같이 데이터셋에 포함된 특정 지역 내 특정 직업을 가진 개인이 극소수일 경우, (연구자의 필요 및 재식별 위험을 고려하여) 해당 개인에 대한 지역 정보 및/또는 직업 정

---

12) 개인정보보호위원회, 가명정보 처리 가이드라인(2020) 17면.
13) 간접 식별자에 대한 가명처리의 구체적 방법들은 개인정보보호위원회, 가명정보 처리 가이드라인(2020) 42−55면 참조.
14) 이재훈, "데이터 3법 개정에 따른 바이오·의료정보 활용방향과 시사점", BioINpro Vol. 71, 생명공학정책연구센터, (2020) 6면.

보를 삭제하거나, 해당 개인에 관한 기록 전체를 삭제할 수도 있다. 데이터를 삭제하지 않고자 한다면 일정 값 이상 혹은 이하이라는 정보만을 남겨 놓을 수도 있다. 예컨대, 나이가 90세 이상인 사람은 90세 이상이라는 단일 범주로 일반화할 수 있다.[15]

C. 보건의료 데이터의 가명처리

보건의료 데이터의 가명처리 방법에 관하여는 개인정보보호위원회와 보건복지부가 2020년 발행한 '보건의료 데이터 활용 가이드라인'을 참고할 수 있다. 위 가이드라인은 개인정보보호위원회의 가명처리에 관한 가이드라인을 기본으로 하여 보건의료 분야의 특수성을 반영한 것으로, 데이터 유형별 가명처리 방법에 대해 비교적 상세한 지침을 제공하고 있다.[16] 이 가이드라인은 12가지 유형의 속성값에 대한 지침을 제공하고 있는데, 크게 보아 세 가지로 분류할 수 있다.

우선 해당 속성값을 이용한 개인식별 가능성이 낮다고 보아 원칙적으로 별도의 조치가 필요하지 않다고 정한 것들이다. 측정수치 정보, 의료인의 관찰·입력 정보, 알고리즘이 생산한 건강정보, 널리 알려진 질병에 관한 유전자 변이 유·무 또는 변이 유형, 생식세포 변이 정보를 제거한 신생물 고유(neoplasm)의 신규변이 정보, 유전체를 제외한 오믹스 정보, 인종·민족에 관한 정보, 국적 정보가 그것이다(다만 세부적으로는 단서가 포함되어 있는 경우가 적지 않으니 가이드라인을 주의깊게 참조하여야 한다). 예컨대 체중, 키, 혈압, 혈당, 산소포화도, 각종 물질들의 혈중농도, 웨어러블에서 측정한 심박, 걸음수, 심전도 등과 같은 측정수치 정보는 측정 시점마다 서로 다른 값이 나올 수 있으니, 개인식별 가능성이 낮다고 설명하고 있다.[17]

두 번째 유형은 체외 촬영 영상정보, 체내 촬영 영상정보, 단층촬영·3D 이미지 정보와 영상정보이다. 우선 영상 자체나 DICOM 헤더 등 메타 데이터상에 식별자가 포함된 것은 삭제하거나 마스킹을 하여야 한다. 한편, 체내 영상만으로는

---

15) 미국 Health Insurance Portability and Accountability Act(HIPAA)의 Safe Harbor 기준에 따른 나이 정보에 대한 처리 방법이다.
16) 개인정보보호위원회·보건복지부, 보건의료 데이터 활용 가이드라인(2020) 13-16면.
17) 개인정보보호위원회·보건복지부, 보건의료 데이터 활용 가이드라인(2020) 13-14면.

개인을 식별하기 어려울 것이나, 영상을 통해 신체의 외양이나 실루엣을 확인하거나 복원할 수 있는 경우에는 모자이크 처리, 마스킹, 가장자리 삭제 등의 조치를 이행해야 한다.[18)]

　세 번째 유형은 가이드라인에서 가명처리 가능 여부를 유보한 것이다. 이러한 유형으로는 정형화되지 않은 자유입력 정보, 음성정보, 일부 예외를 제외한 유전체정보, 지문 등 생체인식정보 등이 있다. 가이드라인은 이와 같은 속성값들에 대해서는 적절한 가명처리 방법이 아직 개발되어 있지 않다고 판단하여, 안전한 가명처리 방법이 있을 때까지는 본인의 동의를 얻어서 사용하도록 정하고 있다.[19)] 한편, 가이드라인에서 제시한 방식 이외의 신기술 등 다른 방법이나 이를 채용한 소프트웨어 등을 활용하여 가명처리를 하고자 할 때에는, 적절성·효과성·안전성 등을 외부 전문가에게 평가받은 뒤 데이터 심의위원회[20)] 승인을 얻도록 정하고 있다.

D. 가명처리의 기술적 수단과 '추가 정보'의 의미

　앞서 가명처리의 일차적 작업은 직접 식별자를 삭제하거나 일련번호로 대체하는 것이라 설명했다. 하지만 데이터셋에서 직접 식별자를 그저 삭제해 버릴 수 없는 상황도 존재한다. 가령 일정한 집단 소속 개인에 대해 매년 정보를 수집한 패널 데이터(panel data)를 작성하는 경우를 생각해 보자. 패널 데이터를 가명처리하여 연구자에게 제공한 다음, 이듬해에 데이터를 업데이트하려면, 기존 데이터와 새 데이터를 연결지을 수 있는 방법이 필요하다.[21)] 또 다른 예는 가명처리된 데이터를 다른 데이터와 결합하는 경우이다. 예컨대 유아 의료정보와 교육 정보를 결합하여 유아 건강과 학력 성취도 사이의 상관관계를 분석하고자 하는 상황을 생각해 보자. 이러한 분석을 하려면 두 가지 데이터셋에서 개인을 연결시킬 방법이 있

---

18) 개인정보보호위원회·보건복지부, 보건의료 데이터 활용 가이드라인(2020) 14-15면.
19) 개인정보보호위원회·보건복지부, 보건의료 데이터 활용 가이드라인(2020) 13-16면.
20) 데이터 심의위원회는 위 가이드라인이 정하고 있는 특징적 제도로서, 가명정보의 기관 내 활용, 기관 외 제공, 결합신청, 가명처리 적정성 검토 등을 실시할 수 있는 독립 위원회를 의미한다. 개인정보보호위원회·보건복지부, 보건의료 데이터 활용 가이드라인(2020) 10면 참조.
21) 이처럼 데이터베이스에서 특정 레코드에 유일하게 부여된 키 값을 '고유식별자'라 한다. 이러한 점에서 가명처리와 익명처리는 차이가 있다. 익명처리는 나중에라도 개인을 식별할 수 없도록 하는 것이다.

어야 한다.

이상과 같은 상황에서는 데이터셋에서 개인을 유일하게 식별할 수 있는 필드(식별자)를 남겨 둘 필요가 있다. 하지만 식별자를 원본 그대로 유지할 수는 없으니, 이를 암호화하는 것이 일반적이다. 예컨대, 성명과 연락처를 종합하여 '홍길동-01012345678'이라는 필드를 만들고, 이 값을 키(key)로 삼아 종전 데이터를 업데이트하거나 다른 데이터와 결합하고자 한다면, 이 값을 암호화해서 남겨 두는 것이다. 이처럼 식별자를 암호화한 값이 가명이 된다.

가명처리에 활용할 수 있는 암호화 기법에는 일방향 암호화와 쌍방향 암호화의 2가지가 있다. 일방향 암호화는 수학적 기법을 활용하여 원본 값을 복원될 수 없는 다른 일련의 숫자 값으로 변형하는 것이다. 일방향 암호화에 있어 널리 활용되는 기법은 해시(hash)이다. 예컨대 SHA-256 해시함수를 이용하면 "홍길동-01012345678"라는 고유식별자는 다음과 같은 16진수 숫자 값으로 변형된다.

"홍길동-01012345689"
→ "FAB657ACE6C87AEEC5B5CEDD9022DD55152963AC9B6E651531CB649DBC75C07C"

일방향 암호화 방법의 단점은, 추후 원본 값으로 복원해야 할 경우를 대비해서 원본 값과 암호화된 값을 대응시키는 표(매핑 테이블, mapping table)를 유지해야 한다는 것이다. 만약 방대한 데이터를 가명처리해야 한다면, 매핑 테이블을 유지하는 것도 상당한 부담이 될 수 있다.

또 다른 방법은 쌍방향 암호화이다. 암호 키를 이용해서 암호화함으로써, 암호 키를 이용하면 원본값으로 복원할 수 있는 방법이다. 쌍방향 암호화를 이용하면 매핑 테이블을 유지할 필요 없이 암호 키만 있으면 원본 값을 복원해 낼 수 있다. 그 대신 암호 키를 안전하게 보관하여야 한다는 부담이 발생하게 된다.

한편, 암호화를 하면 긴 숫자열이 생성되므로, 원본 필드와는 형태가 달라지게 된다. 그런데 IT 부서에서 소프트웨어 개발 목적으로 가명정보를 활용하는 경우, 데이터의 포맷이 달라지는 것이 불편할 수 있다. 미리 정해진 포맷을 준수하는 경우에만 데이터베이스에 저장할 수 있도록 프로그램된 경우가 적지 않기 때문이다. 예컨대 신용카드 번호는 15자리 또는 16자리 숫자이므로, 이 길이에 맞추는 경우에만 데이터베이스에 저장할 수 있도록 정해 놓는 것이다. 만약 암호화한 값이 미리 정해 놓은 자리수보다 길어진다면, 기존 데이터베이스의 포맷을 변경해야 한다. IT 부서의 개발자들에게는 탐탁지 않은 일이다. 이러한 문제를 해결하기 위해서 형태 보존(Format－Preserving Encryption) 암호화 기법을 사용할 수 있다.[22] 형태 보존 암호화를 이용하면 원본 데이터와 암호화된 데이터의 형태가 동일하게 된다.

　　일방향 암호화이든 쌍방향 암호화이든 가명처리 후 원래 정보로 복원하기 위한 추가적인 정보가 남아 있게 된다. 일방향 암호화(해시함수)에서의 매핑 테이블, 쌍방향 암호화에서의 암호 키가 여기에 해당한다. 이처럼 원래 정보로 복원하기 위한 추가적인 정보를 흔히 '가명처리 비밀(pseudonymisation secret)'이라 한다. 가명처리 비밀이 유출되면 가명정보로부터 원래 정보를 복원해 낼 수 있으므로, 안전하게 유지할 필요가 있다.

　　가명처리에 관한 문헌 중에서는 이상에서 설명한 암호화 기법을 상세하게 다루고 있는 것이 많다.[23] 이처럼 기술적 의미에서의 가명처리는 직접 식별자를 다른 값(즉, 가명)으로 대체하는 것만을 의미한다. 하지만 기술적인 의미의 가명처리는 이 글에서 논의하는 법적인 의미의 가명처리와는 구분되는 것이라는 점에 유의할 필요가 있다.[24] 요컨대, 법적인 의미의 가명처리는 단지 식별자를 대체하는 것 이외에도, (i) 직접 식별자는 삭제 또는 일련번호로 대체하고 (ii) 속성값 중 개인 식별 위험성이 높은 정보(특이정보 포함)는 일반화(범주화)하거나 삭제하는 등의 조치를 포함하는 것으로 이해된다.

---

22) https://en.wikipedia.org/wiki/Format－preserving_encryption 참조. 형태 보존 암호화는 동형 암호화(homomorphic encryption)와는 전혀 다른 것이다. 동형 암호화는 데이터를 암호화된 상태에서 연산할 수 있도록 하는 방법이다.

23) 이에 대해 관심있는 독자들은 European Union Agency for Cybersecurity (ENISA), "Pseudonymisation techniques and best practices", (2019. 11)를 참조하기 바란다.

24) 이러한 개념상 차이는 개인정보 보호법상 가명처리의 개념이 도입되기 이전에 제정된 개인정보 비식별 조치 가이드라인(2016)의 설명에서도 확인된다. 위 가이드라인은 가명처리를 "개인 식별이 가능한 데이터를 직접적으로 식별할 수 없는 다른 값으로 대체하는 기법"이라고 설명하고 있는데, 이는 기술적 의미의 가명처리를 지칭하는 것으로 이해될 수 있다.

E. 가명정보의 개념과 익명정보와의 차이

이제 개인정보 보호법상의 가명정보의 개념을 다시 살펴볼 준비를 마쳤다. 앞서 보았듯 가명정보란 개인정보를 "가명처리함으로써 원래의 상태로 복원하기 위한 추가 정보의 사용·결합 없이는 특정 개인을 알아볼 수 없는 정보"라고 정의되어 있다. 여기서 핵심적 판단 지표는 '원래 상태로 복원하기 위한 추가 정보의 사용·결합 없이는 특정 개인을 알아볼 수 없다'는 것이다. 이 조항에서 '추가 정보'의 의미는 무엇일까?

여기서 추가 정보란 크게 두 가지로 구분해 볼 수 있다. 우선 원본 데이터 그 자체이다. 원본 데이터가 있다면 원래의 상태로 복원할 수 있음은 당연하다. 두 번째는 앞서 설명한 가명처리 비밀이다.[25] 일방향 암호화를 이용하는 경우의 매핑 테이블 또는 쌍방향 암호화를 이용하는 경우의 암호키이다. 이 정보가 있다면 가명 값으로부터 원래 값을 복원해 낼 수 있다. 따라서 가명정보를 활용하는 연구자가 추가 정보(즉, 원본 데이터나 가명처리 비밀)에 접근할 수 없도록 해야 한다. 이처럼 연구자가 추가 정보에 접근할 수 없는 상황에서는 개인을 식별할 수 없도록 데이터를 변형하는 것이 가명처리이고, 그와 같은 결과물이 가명정보이다.

반대로 말하면, 가명정보는 추가 정보가 있다면 개인을 알아볼 수 있는 정보이다. 그래서 가명정보도 여전히 개인정보에 해당한다. 개인정보 보호법도 가명정보가 개인정보의 한 가지 유형이라는 점을 명시하고 있다. 하지만 가명정보는 가명처리를 통해 개인을 식별할 위험성을 크게 낮춘 것이다. 그래서 개인정보 보호법은 가명정보의 처리에 관한 특례를 두고 있다. 통계작성, 과학적 연구, 공익적 기록보존 등의 목적을 위해서는 정보주체의 동의를 얻지 않고 가명정보를 이용할 수도 있고, 제3자에게 제공할 수도 있다.[26]

가명정보와 구별되는 개념이 '익명정보'이다. 2020년 개정 개인정보 보호법 제58조의2는 "이 법은 시간·비용·기술 등을 합리적으로 고려할 때 다른 정보를

---

[25] 가명처리 비밀에는 가명처리에 사용된 알고리즘이 무엇인지에 관한 정보도 포함될 수 있다. 약한 암호화 기법이 활용된 경우에는, 공격자가 어떤 필드에 대해 어떤 해시함수를 적용했는지 알고 있다면 원래 값을 찾아낼 수 있는 상황이 발생할 수 있다. 이러한 위험성을 평가하여 강력한 암호화 기법을 사용하거나 어떠한 알고리즘을 사용했는지에 관한 정보도 안전하게 보관할 필요가 있다.

[26] 개인정보 보호법 제28조의2 제1항("개인정보처리자는 통계작성, 과학적 연구, 공익적 기록보존 등을 위하여 정보주체의 동의 없이 가명정보를 처리할 수 있다").

사용하여도 더 이상 개인을 알아볼 수 없는 정보에는 적용하지 아니한다."는 규정을 신설했다. 여기서 "시간·비용·기술 등을 합리적으로 고려할 때 다른 정보를 사용하여도 더 이상 개인을 알아볼 수 없는 정보"를 흔히 '익명정보'라 부른다. 익명정보에 대해서는 개인정보 보호법이 적용되지 않는다고 명시하고 있으므로, 익명정보는 개인정보가 아니다.

가명정보와 익명정보 모두 "개인을 알아볼 수 없게" 한 것이라는 점은 공통적이다. 그러면 양자를 어떻게 구분해서 이해할 수 있을까? 양자는 그 취지에 있어 근본적인 차이가 있다. 무엇보다도 가명정보는 그 목적 활용이 통계작성, 과학적 연구, 공익적 기록보존 등으로 제한되어 있다. 가명정보는 해당 목적을 수행하기 위한 이들에게 한정적으로 제공되고, 그 목적으로만 사용된다. 주로 조직 내부에서 통계 처리나 데이터 분석을 담당하는 다른 부서에 제공하거나, 다른 연구자·연구기관에 제공될 것을 염두에 두고 있다. 나아가 개인정보 보호법은 누구든지 가명정보를 이용해서 개인을 재식별하려고 시도해서는 안 되고, 이를 위반할 경우 5년 이하의 징역 또는 5천만 원 이하의 벌금의 형사처벌을 가하고 있기까지 하다.[27] 이처럼 가명정보는 비교적 잘 통제된 환경 내에서 통계 또는 연구 목적으로 개인정보를 활용하기 위한 수단으로 마련된 것이다.

이에 비해 익명정보는 개인식별 가능성이 없는 정보를 의미하므로, 그 활용 목적 제한이 없다. 누군가 익명정보로부터 개인을 재식별하고자 시도하는 상황까지도 충분히 대비해야 한다. 따라서 개인정보를 익명정보로 변형하기 위해서는 더욱 강력하고 엄격한 비식별 조치가 취해져야 한다. 특히 익명정보는 데이터를 공중에 공개하는 상황에서 활용될 수 있다. 최근 인공지능 연구 커뮤니티에 있어서는 이른바 '오픈 소스(open source)' 데이터셋을 구축하여 공개하는 경우가 적지 않다. Kaggle과 같은 인공지능 경진대회 사이트에는 수많은 오픈소스 데이터셋이 등록되어 있다. 이처럼 데이터를 완전히 공개하고자 할 때에는 개인정보를 익명정보로 변형할 필요가 있다.

---

27) 개인정보 보호법 제28조의5 제1항, 제71조 제4의3호.

Ⅲ. 가명정보의 활용과 결합

A. 가명정보 활용과 과학적 연구

1. 가명정보 활용의 장점

이제까지 개인정보 보호법 상의 가명처리와 가명정보의 개념을 살펴보았다. 이렇게 복잡한 논의를 살펴보면 개인정보는 정보주체의 동의를 얻어서 활용하면 되지, 굳이 가명처리를 해서 사용할 필요가 있을까 하는 의문이 들 수도 있다. 일리가 없지 않다. 하지만 가명정보를 활용하는 것은 여러 중요한 장점이 있다.

우선, 가명처리는 정보주체의 프라이버시를 보호하는 수단이 된다. 국내에서는 가명처리가 데이터 활용의 수단인 것처럼 여겨지는 경향이 있지만, 가명처리의 본래적 역할은 데이터를 안전하게 활용하기 위한 것이다. 예컨대 어떤 기관 내의 IT 개발부서가 소프트웨어를 개발·테스트하는 상황을 생각해 보자. 개발부서가 반드시 정보주체에 대해 진실된 정보를 보유하고 있을 필요가 없는 경우도 많다. 하지만 실제 상황과 전혀 동떨어진 데이터를 가지고서는 제대로 된 개발이나 테스트를 진행하기 어려울 것이다. 이때 좋은 실무 관행은 가명처리를 하여 실제 개인정보와 유사한 외견을 갖추고 있지만, 개인을 식별할 수는 없는 형태로 변형해서 이를 활용하는 것이다. 만에 하나 IT 부서에서 개인정보가 유출되더라도 프라이버시 침해 위험성이 줄어든다. 또한 IT 부서 개발자가 임의로 유명인의 개인정보를 검색하려고 시도하는 경우를 막을 수도 있다. 그래서 가명처리를 하여 데이터를 활용하는 것은 장려될 필요가 있다.[28]

가명정보를 활용하는 또 다른 중요한 장점은 정보주체의 동의를 얻지 않고 활용하거나 제3자에게 제공할 수 있다는 것이다. 국내에서는 이 점이 가장 큰 장점으로 받아들여지고 있는 것처럼 보인다. 하지만 만약 정보주체의 동의를 얻는 것이 어렵지 않다면 정보주체의 동의를 얻어 사용하거나 제3자에게 제공하는 것

---

[28] 이러한 고려에서 유럽 GDPR은 가명처리에 대해 여러 인센티브가 부여하고 있기도 하다. Hintze, M., & El Emam, K., "Comparing the benefits of pseudonymisation and anonymisation under the GDPR", Journal of Data Protection and Privacy, 2(2), (2018) 참조.

이 우선적으로 고려될 필요가 있다. 장래에 수집하는 데이터에 대해서는 새로운 동의를 얻는 것은 어렵지 않을 수 있다. 동의를 받는 양식을 변경하면 되기 때문이다. 하지만 이미 수집해 둔 데이터에 대해서는 일일이 정보주체로부터 다시 동의를 얻는다는 것이 매우 어려울 수 있다. 이러한 때에는 기존 데이터를 가명처리하여 가명정보 형태로 활용할 것을 고려하게 된다.

2. 과학적 연구의 범위

앞서 설명한 것처럼 가명정보를 정보주체의 동의 없이 활용할 수 있는 것은 통계작성, 과학적 연구, 공익적 기록보존 등의 목적을 달성하기 위한 경우로 제한된다.29) 따라서 이러한 목적 범위에 어디까지 포함되는 것인지가 쟁점이 된다. 특히 문제되는 것은 '과학적 연구'의 범위이다. 개인정보 보호법의 개정 과정에서도 가명정보의 활용 목적 범위에 관해 논란이 되었고, 개정 후 논란이 이어지고 있다.

가명정보의 활용 범위를 좁게 보아야 한다는 입장에서는 '과학적 연구'의 범위에서 상업적·산업상 연구를 제외시켜야 한다는 주장을 제기하기도 한다.30) 가명정보는 정보주체의 동의 없이 활용하는 것이니 공동체 전체에 이익이 귀속될 수 있는 경우로 한정해야지, 특정 기업의 이익을 위해서 활용하도록 허용되서는 안된다는 취지이다.

그런데 개인정보 보호법 제2조 제8호는 '과학적 연구'를 "기술의 개발과 실증, 기초연구, 응용연구 및 민간 투자 연구 등 과학적 방법을 적용하는 연구"라고 정의하고 있다. 이처럼 과학적 연구란 연구 방법에 관한 것이고, 상업적 연구는 연구결과를 영리 목적으로 활용하는 경우를 의미하는 것이므로 서로 다른 층위의 개념이다. 그래서 현행 법조문의 해석상 상업적 연구라고 해서 과학적 연구에 포함되지 않는다고 해석하기란 어렵다. 더욱이 현실적으로 대학, 공공연구기관과 기업들 간에 긴밀한 협업 연구가 이루어지고 있는 상황에서 어떤 연구가 상업적인지 아닌지 나누기도 어렵다. 그래서 현행 개인정보 보호법상으로는 '과학적 연구'에 기업

---

29) 개인정보 보호법 제28조의2 제1항.
30) 진보네트워크센터 외, "가명처리 가이드라인에 대한 시민사회 의견", (2020. 8. 27), https://act.jinbo.net/wp/43320/

에 의한 상업적 연구를 제외한다고 해석하기는 쉽지 않다.[31] 보건의료 데이터 활용 가이드라인(2020)도 과학적 연구는 "새로운 기술·제품·서비스의 연구개발 및 개선 등 산업적 목적의 연구 포함"하는 것이라고 설명하고 있다.[32]

3. 가명정보의 결합

가명정보의 또 다른 주요한 활용 가능성 중 하나는 다른 정보와 결합하여 활용하는 것이다. 서로 다른 시점에 여러 기관에서 다양한 보건의료 데이터가 수집된다. 여러 출처로부터 얻어진 보건의료 데이터를 결합함으로써 유용한 분석을 수행할 수 있다.[33] 예컨대 여러 의료기관의 데이터를 종합하면 환자가 경험하는 진료의 연속선상에서 의료 서비스의 전체 그림을 파악할 수 있게 된다. 보건의료 데이터와 다른 데이터와 결합할 수도 있다. 예컨대 이민자 정보와 보건의료 정보를 결합하면 이민 후의 건강 상태를 분석할 수도 있다.

그런데, 서로 다른 데이터셋들을 결합하려면 양자를 연결시킬 수 있는 식별자가 필요하다. 식별자는 단일한 필드일 수도 있고 여러 필드를 합친 것일 수도 있다(이름＋생년월일 등). 가명정보에 대해 데이터를 결합하는 방법 자체는 간단하다. 제II장에서 설명한 바와 같이 두 데이터셋에 대해 식별자를 암호화한 다음, 암호화된 식별자를 서로 대조하여 일치하는 항목을 찾는 것이다. 물론 두 데이터셋의 식별자에 대해 동일한 암호화 기법이 적용되어야 함은 당연하다. 그렇지 않다면 같은 식별자가 같은지 확인할 수 없을 것이다.

그런데 두 데이터셋을 결합하려면 누군가는 데이터셋 둘 다를 확보하고 양자를 비교해야 한다. 가령 A가 보유한 데이터셋에는 1,000건, B가 보유한 데이터셋에는 2,000건이 포함되어 있고, 두 데이터셋에 중복되는 기록이 300건이라고 하자. A의 데이터셋과 B의 데이터셋의 데이터가 합쳐지면 이 300건에 대해 더 많은 정보를 포함한 결합 데이터가 생성된다. 이때 쉽게 떠올릴 수 있는 결합 방법은 A가 B에게 자신의 데이터 1,000건을 보내든지, 아니면 B가 A에게 자신의 데이터

---

31) 고학수·구본효·정종구, "가명정보의 '과학적 연구' 목적을 위한 활용", 서울대학교 인공지능정책 이니셔티브 이슈 페이퍼, (2020. 6.).
32) 개인정보보호위원회·보건복지부, 보건의료 데이터 활용 가이드라인(2020) 5면.
33) El Emam, K. & Arbuckle L., "Anonymizing Health Data", O'reilly, (2014).

2,000건을 보내는 것이다. 두 데이터를 모두 비교해 보기 전까지는 어떤 기록이 양쪽 데이터셋에 모두 속해 있는 것인지 확인할 수 없으므로, 결합 대상 데이터 전체를 보낼 수밖에 없다.

그런데, A와 B는 모두 동일한 방식으로 식별자를 암호화해야 하므로, 적용된 암호화 기법을 알고 있다. 반대로 말하면 상대방이 보낸 암호화된 식별자를 어떻게 하면 원래 정보로 복원할 수 있는지도 잘 알고 있는 셈이다. 그래서 A가 B에게 1,000건의 데이터를 보내면, B는 결합 대상이 되지 않는 나머지 700건의 정보를 알게 될 수 있다. 반대로 B가 A에게 2,000건의 데이터를 보면, A는 결합 대상이 되지 않는 나머지 1,700건의 정보를 알게 될 수 있다.

그래서 안전하게 데이터를 결합하기 위해서는 '신뢰할 수 있는 제3자(Trusted Third Party)'를 활용할 필요가 있다. A, B 모두가 신뢰할 수 있는 제3자인 C가 있다면 A, B 모두 C에게 데이터를 전달하면 된다. 이후 C가 두 데이터셋을 비교하여 결합된 결과물 300건을 결합신청자에게 전달한다.

그런데 누가 이러한 신뢰할 수 있는 제3자의 역할을 할 것인가? 2020년 개정 개인정보 보호법은 개인정보호보위원회나 관계 중앙행정기관의 장이 지정하는 '전문기관'이 결합을 수행하도록 정하였다.[34] 가명정보의 결합을 정부가 지정한 기관에서만 수행할 수 있도록 한 것은 독특한 입법이다. 국내에서는 아직 이러한 기능을 수행할 민간 서비스가 충분히 활성화되지 못했다고 판단하였기 때문이라고 이해된다. 보건복지부는 2020년 10월 건강보험심사평가원, 국민건강보험공단, 한국보건산업진흥원 3곳을 보건의료 분야 결합전문기관으로 지정하였다.

데이터 결합과 관련하여 유의할 사항은, 데이터를 결합한 결과 개인식별 위험성이 증가한다는 점이다. 데이터셋 내에 간접 식별자 정보가 증가할수록 다양한 조합을 통해 개인을 식별할 가능성이 생겨나게 된다. 그래서 결합된 데이터는 결합전문기관 내에 설치된 별도의 공간에서 반출을 위한 추가적인 가명처리 또는 익명처리가 이루어져야 한다.[35] 그 후 결합전문기관에 반출 신청을 하고 승인을 얻어야 한다.[36] 이러한 가명정보의 결합 및 반출 절차가 지나치게 복잡하다는 비판

---

34) 개인정보 보호법 제28조의3 제1항.
35) 개인정보 보호법 시행령 제29조의3 제3항.
36) 개인정보 보호법 제28조의3 제2항.

도 제기되지만, 앞으로 실무상 어떻게 운용될 것인지 지켜볼 필요도 있을 것이다.

Ⅳ. 결론

이상에서 개인정보 보호법상의 가명처리와 가명정보의 개념을 보건의료 정보를 중심으로 개괄적으로 살펴보았다. 여전히 가명처리는 대부분의 독자에게 생소한 개념일 것이다. 더욱이 비식별 조치, 익명처리, 가명처리 등 여러 개념이 등장하는 것이 혼란스럽다고 느낄 수도 있다. 여러 가이드라인이 나왔지만, 가이드라인에서 설명하고 있는 기준들도 아직 명확하다고 평가하기는 어렵다.

하지만 이 글의 서두에서 다룬 매사추세츠 주지사의 의료정보 재식별 사건은 1997년의 일이었다. 그 후 비식별 조치의 중요성에 관해 국제적으로 관심을 기울이게 된 지 20년 남짓밖에 지나지 않았다. 그래서 전 세계적으로도 여러 가지 아이디어가 제안되고 입법적 시도가 이루어지고 있는 단계이다. 우리 개인정보 보호법도 마찬가지다. 수천 년에 걸쳐 확립된 전통적 법 영역들과는 달리 지속적인 개선과 보완이 이루어질 수밖에 없다. 개인정보와 관련된 법규제 환경이 빠르게 변화하는 것은 이처럼 불가피한 측면이 없지 않다.

보건의료 데이터의 가명처리나 익명처리는 두 마리 토끼를 모두 쫓는 일이다. 한편으로는 보건의료 데이터로부터 환자의 신원이 드러나지 않도록 보장해야 한다. 다른 한편으로는 데이터를 활용하여 보건의료 분야의 연구를 활성화할 필요도 크다. 양자를 적절히 저울질해서 좋은 균형점을 찾아야 한다. 만약 환자의 프라이버시를 동등하게 보호하면서도 데이터 유용성을 더욱 높일 수 있거나, 반대로 데이터 유용성을 유지하면서도 프라이버시 보호를 증진시킬 방법이 있다면 이를 적극적으로 수용할 필요가 있다. 앞으로 구체적 적용 사례가 차츰 쌓여 가면서 좋은 실무 관행이 정착될 것으로 기대한다.[37]

---

[37] 이 글에서 상세히 다루지 못한 세부 사항이 적지 않으므로, 실무상 가명처리를 직접 적용하고자 하는 분들은 여러 가이드라인과 해설서의 구체적 사항을 다시금 챙겨 볼 것을 당부드린다.

참고문헌

[국내문헌]

개인정보보호위원회, "가명정보 처리 가이드라인", (2020)

개인정보보호위원회·보건복지부, "보건의료 데이터 활용 가이드라인", (2020)

고학수·최경진, "개인정보의 비식별화 처리가 개인정보 보호에 미치는 영향에 관한 연구", 개인정보보호위원회 연구보고서, (2015)

고학수 외, "개인정보 비식별화 방법론: 보건의료정보를 중심으로", 박영사, (2017)

고학수·구본효·정종구, "가명정보의 '과학적 연구' 목적을 위한 활용", 서울대학교 인공지능정책 이니셔티브 이슈 페이퍼, (2020)

고학수·백대열·구본효·정종구·김은수, "개정 개인정보 보호법상 가명정보의 개념 및 가명처리에 관하여", 서울대학교 인공지능정책 이니셔티브 이슈페이퍼, (2020)

관계부처 합동, "개인정보 비식별 조치 가이드라인", (2016)

김은수, "비식별화 방식을 적용한 개인정보보호에 대한 연구", 서울대학교 박사학위 논문, 2018

이동진, "개인정보 보호법 제18조 제2항 제4호, 비식별화, 비재산적 손해 – 이른바 약학정보원 사건을 계기로 –", 정보법학 제21권 제3호, (2017)

이재훈, "데이터 3법 개정에 따른 바이오·의료정보 활용방향과 시사점", BioINpro Vol. 71, 생명공학정책연구센터, (2020)

[외국문헌]

Arbuckle, L. & El Emam, K. "Building an Anonymization Pipeline", O'Reilly, (2020)

El Emam, K. & Arbuckle L., "Anonymizing Health Data", O'reilly, (2014)

European Union Agency for Cybersecurity (ENISA), "Recommendations on shaping technology according to GDPR provisions — An overview on data pseudonymisation", (2018)

_____, "Pseudonymisation techniques and best practices", (2019)

Finck, M., & Pallas, F., "They who must not be identified—distinguishing personal from non—personal data under the GDPR", International Data Privacy Law, (2020)

Garfinkel, Simon L., National Institute of Standards and Technology(US), "De—Identification of Personally Identifiable Information", (2015)

Hintze, M., "Viewing the GDPR through a de—identification lens: A tool for compliance, clarification, and consistency", International Data Privacy Law, 8(1), (2018)

Hintze, M., & El Emam, K., "Comparing the benefits of pseudonymisation and anonymisation under the GDPR", Journal of Data Protection and Privacy, 2(2), (2018)

Information Commissioner's Office, "Anonymisation: Managing Data Protection Risk Code of Practice", (2012)

Ohm, Paul, "Broken promises of privacy: Responding to the surprising failure of anonymization", UCLA l. Rev. 57 (2009)

Sweeney, L., "k—Anonymity: A Model for Protecting Privacy", International Journal on Uncertainty, Fuzziness and Knowledge—based System, (2002)

개인정보 유출에 따른 손해배상책임
- 보건의료 영역을 중심으로 -

이동진 / 서울대학교 법학전문대학원 교수

Ⅰ. 개관

A. 개인정보 유출 책임의 의의

오래전부터 보건의료는 정보의 수집과 보호가 가장 문제되어 온 분야 중 하나였다. 건강에 관한 정보 중에는 특히 예민하거나 위험한 내용이 포함될 수 있기 때문이다. 그리하여 이미 의료법 제19조는 일반적으로 의료인에게 정보 누설을 금지하고 있고, 제21조는 진료기록부 등의 열람을, 약사법 제30조 제3항은 조제기록부의 열람을 제한하고 있다.

그러나 보건의료 영역에서 오늘날과 같이 개인정보 보호가 문제된 것은 특히 2005년 생명윤리 및 안전에 관한 법률과 2011년 개인정보 보호법이 각각 시행되면서부터이다. 무엇보다도 이들 두 법이 일련의 사전 규제를 도입하였기 때문이다. 그것이 위 두 법의 가장 큰 의미이자, 실무적으로 문제가 되는 가장 큰 이유이기도 하다.

그러나 개인정보의 보호가 법적인 쟁점으로 대두하는 것은 압도적으로 개인정보가 '유출'되었을 때이다. 그전에는 그 수집 및 처리과정에서 위법이 있었다 하더라도 그 정보의 주체가 그러한 사실을 알지 못하거나, 어떻게 알게 되었다 하더라도 크게 문제삼지 아니하기 쉽다. 사전 규제 위반도 결국 개인정보가 유출되었을 때 그로 인한 책임을 추궁하는 과정에서 문제되게 마련인 것이다. 그러한 법적 분쟁을 해결하는 과정에서 개인정보 보호의 범위와 방법에 관한 여러 법적 불확실성도 함께 해소된다. 개인정보 유출에 따른 책임이 개인정보 규제 전반을 살펴보는 렌즈와 같은 역할을 할 수밖에 없는 까닭이 여기에 있다.

B. 개인정보 유출 책임의 체계

보건의료 영역은 전형적으로 다수의 민감한 정보를 활용한다. 때문에 여러 법에서 정보에 대한 규율을 가하여 왔다. 한편에는 의료법, 약사법, 형법 등 전통적 비밀보호법제가 있다. 이들은 대체로 의료인 등에 의한 고의의 정보누설을 금지한다. 그 주된 목적은 정보주체, 즉 환자와 의사, 약사 등 의료인 사이의 신뢰와 환자의 사생활 보호이다. 국민건강보험법상의 비밀누설금지도 그 연장선상에 있다. 다른 한편에는 새로운 개인정보 보호법제로서 개인정보 보호법이 있다. 이 법은 개인을 식별할 수 있는 정보를 수집, 보관하는 것만으로도 발생하는 여러 위험을 통제하는 데 주된 목적이 있다. 두 규제는 어느 하나가 다른 하나를 배제하지 아니하고 중첩 적용된다. 그러나 대체로 후자가 더 넓은 범위에서 더 상세한 규율을 가하고 있다.

개인정보 보호법은 개인정보 유출에 대하여 민사책임 외에 형사책임(제71조 제6호, 제73조 제1호, 제74조)과 행정적 제재처분(과징금, 제34조의2)도 규정하고 있다. 이들 모두가 책임자에 대하여는 상당한 부담이 될 수 있으나, 그동안 주로 문제되어 온 것은 민사책임이었다. 이미 유출된 개인정보에 대하여는 사실상 손해배상만이 유효한 구제가 된다.

이상과 같은 이유에서 이 글도 개인정보 보호법상 개인정보 유출에 따른 손해배상에 초점을 맞추기로 한다.

II. 개인정보의 유출과 위법성 판단

A. 개인정보

1. 개인정보 일반

개인정보 보호법상 '개인정보'는 "살아 있는 개인에 관한 정보로서 성명·주민등록번호 및 영상 등을 통하여 개인을 알아볼 수 있는 정보(해당 정보 및 위와 같은 정보를 가명처리한 정보를 포함한다)"를 가리킨다(제2조 제1호). 같은 법은 이러한 정보를 쉽게 검색할 수 있도록 일정한 규칙에 따라 체계적으로 배열하거나 구성한 개인정보의 집합물, 즉 '개인정보파일'을 업무상 운용하는 공공기관, 법인, 단체 또는 개인, 즉 '개인정보처리자'에 대하여 적용된다(제2조 제4호, 제5호).

우선 중요한 것은 이름, 주민등록번호, 주소와 같이 곧바로 누구에 관한 정보인지 그 정보주체를 알 수 있는 이른바 개인식별정보(identified information)뿐 아니라, 다른 정보와 결합하여 누구인지를 알 수 있는 식별가능정보(identifiable information)도 포함한다는 것이다. 예컨대 어느 산부인과의원에 다니는 여성 중 10대 여성이 한 명밖에 없음을 어떤 사람이 알고 있었는데, 그가 다른 곳에서 그 산부인과의원 환자 중 10대 환자가 최근 낙태 수술을 하였다는 사실을 알게 된다면, 그는 위 두 정보를 결합하여 누가 낙태 수술을 하였는지 특정할 수 있게 된다. 이 경우 두 번째 정보에는 그 자체 특정인을 식별하는 정보가 포함되어 있지 않더라도 개인정보가 될 수 있다.

다음으로 중요한 것은 특정 개인에 관한 정보이면 되고 그것이 특히 민감하거나 직접 사생활과 관련되어 있을 필요는 없다는 점이다. 가령 옆집의 세 살 난 아들이 최근 특정 소아청소년과의원에서 영유아 건강검진을 받았다는 등의 정보도 특정 개인에 관한 정보인 이상 개인정보에 해당한다.

그러므로 개인정보 보호법은 매우 광범위한 정보를 같은 법의 규제 대상으로 포섭한다. 개인정보 보호법이 없었을 때에도 그중 특히 민감한 정보는 사생활의 비밀로 보호되어 왔다. 그러나 대량의 데이터를 집적하여 처리하는 현대사회에서는 특정 개인을 식별하기 전, 아직 민감한 사생활로 연결되기 전의 정보부터 조심스럽게 규제하지 아니하면 곧바로 인터넷 등을 통하여 다른 정보를 찾고 데이터 처리 기술을 활용하여 두 정보를 결합함으로써 민감한 사생활의 비밀까지 캐낼 위험이 있다. 공중(公衆)의 그에 대한 불안에도 적절히 대응하여야 한다. 개인정보 보호법은 이를 위하여 법적 보호를 아직 정보주체를 직접 식별하지 아니하거나 아직 민감하지 아니한 단계까지 앞당긴 것이다.

2. 이른바 비식별화(De-identification) · 익명화(Anonymization)

개인정보 보호법의 적용을 피하려면 현실적으로 정보에서 그 정보의 주체를 직접 식별하는 정보(식별자; identifier), 가령 주소나 주민등록번호 등을 삭제하고 그 밖의 정보도 가급적 '다른 정보와 쉽게 결합하여' 그 정보주체를 '알아볼 수' 없게 만드는 방법밖에 없다. 개인정보를 운용하지 아니하거나 개인정보를 운용하면서 전자적으로든 수기장부의 형태로든 개인정보파일을 구축하지 아니하기는 어려우므로 개인정보에 해당하는 한 개인정보처리자가 되게 마련이기 때문이다. 이와 같은 조치를 일반적으로 비식별화(de-identification) 또는 익명화(anonymization)라고 한다.[1]

문제는 어느 정도면 비식별화되었다고 할 수 있는가 하는 점이다. 여기에서 다시 두 문제가 제기된다.

첫째, 정보주체를 직접 식별하는 정보, 즉 식별자를 모두 제거하여야 한다. 이름과 주민등록번호, 주소, 그 밖에 이에 준하는 정보가 그 예이다. 다소 문제는 지문, 유전정보, 특정 환자에 대한 진단영상(CT, MRI) 등이 식별자에 해당하는가 하는 점이다. 이들 정보는 경우에 따라서는 다른 정보와 결합하지 아니하더라도 동일 정보는 이 세상에 단 하나밖에 없다는 점에서 정보주체를 어느 한 사람으로 특정하는 것일 수 있으나, 그 정보만으로는 실제 자연인 중에서 누가 그 한 사람인지 매칭시킬 수는 없다는 점에서 식별성이 없다고 할 수도 있다.

---

[1] 두 개념 모두 그 의미와 이동(異同)에 관하여 사람마다 편차가 있는데, 상당수의 논자는 두 개념을 동의어처럼 쓰고 있다. 한편 미국에서는 비식별화가 좀 더 많이 쓰이고 유럽연합(EU)에서는 익명화가 더 많이 쓰인다. 우리나라에서는 과거 —특히 정부에서— 비식별화라는 용어를 선호하였는데, 근래 4차 산업혁명위원회는 그 대신 익명정보라는 용어를 쓰기로 하였다. 그러나 개인정보 보호법 제3조 제7항 등 몇몇 법령은 '익명처리'라는 용어를 —본문과 같은 의미가 아닌— 가명처리(pseudonymization)의 의미로 쓰고 있다.

둘째, 식별자를 모두 삭제하는 것으로는 충분하지 아니하고 식별가능정보도 식별할 수 없는 상태로 가공하여야 한다. 예컨대 연령정보를 없애거나 넓게 재범주화하여 낙태 수술을 받은 환자가 10대라는 점을 알 수 없게 하는 식이다. 그러나 이와 같이 정보를 줄이면 줄일수록 점점 정보량도 줄어들어 그 정보의 활용가치도 떨어질 위험이 있다. 정보의 활용가치와 식별위험 사이에 적절한 균형이 중요한 까닭이 여기에 있다. 법은 '쉽게 결합'이라는 표현을 통하여 이러한 균형을 도모하고 있으나, 실제로 어느 정도가 되어야 '쉽게 결합'되어 정보주체를 식별할 수 없어 개인정보 보호법을 피할 수 있는지는 분명하지 아니하다. 다만 2020년 개인정보 보호법이 개정되면서 "이 경우 쉽게 결합할 수 있는지 여부는 다른 정보의 입수 가능성 등 개인을 알아보는 데 소요되는 시간, 비용, 기술 등을 합리적으로 고려하여야 한다."라는 단서가 개인정보의 정의규정에 추가되었다(제2조 제1호 나목). 개정 이전의 개인정보 보호법이 적용된 사안이기는 하나, 이른바 약학정보원 사건에서 서울중앙지방법원은 개인정보처리자 이외에 잠재적 공격자가 갖고 있을 만한 다른 정보와 그들에게 실제 그러한 공격을 할 만한 유인이 있는지, 어떠한 대응을 하였는지 등을 참조하여 비식별화되어 개인정보로서의 속성을 잃었는지 여부를 달리 판단하였다.[2] 즉, 그 정보로부터 그 정보의 귀속주체를 식별하려는 유인이 있는 사람을 기준으로 그들이 합리적으로 확보할 수 있을 만한 정보에 합리적인 노력을 들여 결합시켜 그 정보주체를 식별할 수 있는지 여부를 보아야 한다는 것이다. 가령 정보를 특정인에게 공개하거나 일반에 공개할 때에는 식별가능성이 높아지는 반면 내부에서만 활용하는 경우에는 낮아지고, 그 정보가 정보주체를 식별할 유인이 큰 민감하거나 가치가 큰 정보인 때에는 식별가능성이 높아지는 반면 중립적인 정보일 때에는 식별가능성이 낮아진다. 식별가능성이 제거되지 아니하였다고 판단되는 경우에는 여전히 개인정보 보호법의 규제를 받게 되므로 정보량을 줄여 기술적으로 식별이 어렵게 만들거나 정보에 대한 접근을 통제하거나 (비밀번호 설정, 접근권자의 제한, 접근장소 및 접근방법, 가령 다운로드 허용 여부 등의 제한) 기타 정보관리를 강화하여야 한다. 특정 시점에 비식별화되었다고 판단

---

[2] 서울중앙지방법원 2017. 9. 11. 선고 2014가합508066, 538302 판결. 서울고등법원은 2019. 5. 3. 이에 대한 항소를 기각하는 판결을 선고하였다. 서울고등법원 2019. 5. 3. 선고 2017나2074963, 2017나2074970 판결.

되었다 하더라도 결합정보가 더 많이 유통되거나 그로부터 정보주체를 추적, 특정하는 재식별기술이 발달하면 다시 식별가능성이 생길 수 있으므로 계속적인 관리도 필요하다. 다시 식별가능성이 생기면 그때부터 개인정보가 되고 개인정보 보호법의 규율을 받는다. 그러므로 일응 비식별화되었다고 판단되는 정보라 하더라도 추후 삭제 또는 회수가 확보되기 어려운 일반공개는 매우 신중하여야 하고, 가급적 제3자 제공 또는 공개를 하더라도 계약조항 등에 의하여 추적, 삭제 및 회수를 확보할 필요가 있다.

우리 법에는 미국의 1996년 건강보험의 이전과 책임에 관한 법률(Health Insurance Portability and Accountability Act; HIPAA)의 위임에 따른 HIPAA 프라이버시 규정(HIPAA Privacy Rule)과 같이 일정한 식별자를 전부 삭제하거나(safe harbor) 전문가의 판정(expert determination)을 거쳐 비식별화가 된 것으로 인정해주는 제도가 없다. 즉, 신중한 절차를 거쳐 비식별화 조치를 하였다 하더라도 추후 법원 등에서 식별가능성이 있어 여전히 개인정보라는 판단이 내려질 가능성이 남는다. 그러나 적절한 절차를 거쳐 비식별화의 적부를 심사한 뒤 그 정보를 활용하는 경우에는 개인정보처리자가 개인정보가 아니라고 합리적으로 믿었다는 주장을 하여 —가령 과실이 부인되는 등으로— 면책될 여지가 있다.

B. 유출과 위법성 판단

개인정보 보호법은 '분실·도난'과 함께 '유출'을 책임원인이 되는 사유로 정한다(제39조 제3항, 제71조 제6호, 제73조 제1호). 이들의 의미를 어떻게 이해하고 구분할 것인가 하는 점에 대하여는 논란의 소지가 있으나, 법은 이 세 행위 유형에 대하여 전적으로 같은 규율을 가하므로 특별히 구별할 필요는 없다. 어느 것이든 개인정보에 접근권한이 없는 제3자가 위법하게 접근하는 상황을 가리킨다는 점에 차이가 없다. 이하에서는 이들을 통칭하여 '유출'이라고 부르기로 한다.

1. 해킹(Hacking)

유출의 가장 대표적인 유형은 해킹(hacking)이다. 이는 제3자가 기술적인 수단을 써 정보통신망에서 공개되지 아니한 정보를 탈취하는 행위를 말한다. 보건의료의 영역은 대체로 내·외부 망을 분리하고 있어 외부에서 해킹하기는 쉽지 아니하나, 내부에서 접속권한이 없는 사람이 해킹하는 상황이 있을 수 있고, 적어도 요양급여비용을 청구하기 위하여 건강보험심사평가원에 데이터를 전송하거나 환자의 동의를 받아 병원이 약국에 처방전을 전송하는 경우 외부 망을 거치게 되기 마련이므로 외부에서 해킹하는 것도 가능하다.

　해킹은 개인정보처리자가 아닌 제3자가 한 것이므로, 개인정보처리자의 책임은 그것을 막지 못한 데 과실이 있는지 여부에 달려 있다. 방화벽(firewall) 기타 보안 프로그램을 적절히 구비하고 업데이트를 하였는지, 접근권한을 통제하는 장치 가령 비밀번호 등을 적절히 설정하고 주기적으로 변경하는 등 적절히 관리하고 있는지, 정보를 적절히 암호화(encryption)하여 복호키(key) 없는 단순 탈취로는 그 내용을 볼 수 없게 하고 있는지 등이 종합적으로 고려된다. 이때에도 잠재적 공격자의 탈취 유인과 그 능력이 상관적으로 고려되어야 한다. 가령 정보가 대량으로 집적되거나 다수의 보건의료정보가 결합되어 가치가 높을 때에는 잠재적 공격자의 탈취 유인도 커지므로 그에 대한 주의수준도 높아지고, 해킹에 대하여 책임을 질 가능성도 높아진다. 정보를 이미 암호화하였거나, 비식별화까지는 아니라 하더라도 직접 식별할 수 있는 정보, 즉 식별자를 직접적인 식별성이 없는 다른 번호-가령 단순한 관리번호-로 대체(earmarking)하고 그 다른 번호를 별도로 관리하여[3] 재식별이 어렵게 만들었거나 망 자체를 분리하여 외부의 공격이 어렵게 하였다면 그만큼 잠재적 공격자의 탈취 유인이 줄어들게 되어 요구되는 주의수준이 낮아지고 해킹에 대하여 책임을 질 가능성도 낮아진다. 같은 이유에서 환자가 매우 많은 상급종합병원과 지방의 의원의 주의수준이 서로 다르고, 특히 민감한 환자가 많은 과와 그렇지 아니한 과의 주의수준도 다를 수 있다. 구체적인 기준은 그때그때의 해킹 기술과 보안 기술의 수준과도 관련되어 있어 한 마디로 말하기 어렵고, 어제의 선례는 오늘의 판단에 도움이 되지 아니한다. 다만, 재판 시 보안

---

[3] 이를 가명처리(pseudonymization)라고 한다. 개인정보 보호법 제3조 제7항이 개인정보 보호 원칙의 하나로 들고 있는 가명처리원칙이 이를 의미한다. 개인정보는 가명처리하여 활용하여도 무방할 때에는 가급적 가명처리하여야 한다(제3조 제7항). 인간대상연구에서는 정보주체의 동의를 받아 제3자 제공을 할 때에도 식별정보의 제공에 대하여 따로 명시적 동의를 받지 아니한 이상 가명처리하여 제공하여야 한다(생명윤리 및 안전에 관한 법률 제18조 제2항, 같은 법에서 말하는 '익명화'에 가명처리가 포함된다. 같은 법 제2조 제19호 참조).

기술에 비추어 해킹 시의 보안조치가 부족하였다고 판단하는 사후편향(hindsight bias)을 경계하여야 한다. 근래의 재판례 중에는 이러한 이유에서 당시의 보안 기술로는 적절한 보안조치였다면서 과실을 부정한 것이 많다.

2. 제3자 제공

또 다른 중요한 유형으로는 제3자 제공이 있다. 여기에는 가령 약국이 개개의 의사의 처방정보를 모아 QuitilesIMS와 같이 건강정보를 수집·가공하여 제약회사를 비롯한 수요자에게 컨설팅 서비스를 제공하는 회사에 유상으로 양도하는 경우,[4] 개개의 병·의원이 의학 또는 보건의료정책연구를 목적으로 정보를 공유하는 경우, 국민건강보험공단이나 건강보험심사평가원이 의·약학이나 보건의료정책연구를 목적으로 전문연구자나 연구소, 제약회사 등에게 정보를 제공하는 경우는 물론, 다른 병·의원에서 환자의 진료를 위하여 컨설팅을 받거나 병·의원, 약국, 정부가 광고·홍보를 위하여 언론 기타 미디어에 정보를 제공하는 경우도 포함된다. 다만 정보관리를 아웃소싱(outsourcing)하기 위하여 개인정보처리업무수탁자에게 전송하는 경우는 제3자 제공에 해당하지 아니한다(개인정보 보호법 제26조 참조).

개인정보를 제3자에게 제공하기 위해서는 원칙적으로 그 정보주체의 사전 동의가 있어야 한다. 사전 동의가 없는 한 그 자체 위법한 유출이다. 예컨대 병·의원이 수집한 정보를 진료 목적으로 제3자에게 제공을 하는 경우, 가령 병·의원이 외부의 영상의학과의원에 영상판독을 맡기는 경우도 같다(개인정보 보호법 제17조 참조). 법이 정하는 제3자 제공에 대한 동의를 받지 아니한 채 영상판독 등을 맡기거나 컨설팅을 받는 경우에는, 제공된 정보가 개인정보인 이상, 위법한 개인정보 유출이다. 그러나 개개의 병·의원이 수집한 정보가 요양급여비용청구를 위하여 건강보험심사평가원에 전송하는 것은 그 자체 법령이 예정하고 있는 행위이므로 위법하다고 할 수 없다.

동의는 모든 정보주체에게 받아야 한다. 가령 건강보험공단에의 요양급여청구정보는 한편으로는 그 대상인 환자의 개인정보이지만 다른 한편으로는 진단 및

---

4) 이른바 약학정보원 사건이 그러한 예인데, 외국에도 비슷한 사건으로 개인정보 보호가 문제된 예가 다수 보인다.

치료를 한 의사와 그에 따라 약을 조제·판매한 약사의 개인정보이기도 하므로, 환자나 약사의 동의를 받았다 하더라도 의사의 동의를 받지 아니한 이상 제3자 제공은 그 의사에 대하여는 여전히 위법하다.[5]

동의는 적절한 설명을 전제하여야 하고, 적절한 방법으로 이루어져야 한다. 어떠한 목적으로 이용하는지, 누구에게 제공하는지가 적시되어야 한다. 지나치게 포괄적으로 설명하고 동의를 받으면 그 자체 무효이다.[6] 그러나 지나치게 구체적으로 특정된 동의를 받은 경우에는 추후 이용계획이 변경되었을 때 다시 동의를 받아야 하는 문제가 생긴다. 설명이나 동의의 방법에 큰 제한은 없으나 너무 작은 글씨로 적거나 복잡한 안내서를 찾아 읽게 하는 방식의 설명은 동의를 무효로 할 수 있다.[7]

그 밖에 인간대상연구에는 생명윤리 및 안전에 관한 법률이 중복 적용되는데,[8] 같은 법은 개인정보 제3자 제공에 관한 사항을 연구대상자의 서면동의와 기관윤리위원회(IRB)의 심의의 대상으로 하고 있고,[9] 연구대상자가 개인식별정보를 제공하는 데 대하여 명시적으로 동의하지 아니한 이상 늘 익명 처리하여 제공하게 하고 있다(제16조 제1항 제6호, 제10조 제3항 제1호 라목, 제18조).

후향적 연구나 역학조사의 경우에는 사전 동의를 받기가 매우 어렵다. 정보주체로부터 직접 정보를 수집하지 아니하고 법령에 의하여 병·의원 및 약국으로부터 제공 받는 국민건강보험공단이나 건강보험심사평가원의 경우 제3자 제공에 대한 동의를 받는 것이 거의 불가능하기도 하다. 이러한 경우 동의 없이 제3자 제공을 하려면 법령에 근거가 있거나 과학적 연구 목적으로 가명처리하여 제공하여

---

5) 위 서울중앙지방법원 2017. 9. 11. 선고 2014가합508066, 538302 판결 참조.
6) 개인정보보호위원회의 이른바 이루다(스케터랩) 사건에 관한 심의·의결(제2021－007－072호)도 포괄적 동의는 위법하다고 한다.
7) 보건의료 영역과는 무관하나, 홈플러스의 고객정보 제3자 제공 사건에서는 너무 작은 글씨로 적은 동의의 효력이 부정되었다. 또한 약학정보원 사건에 관한 서울행정법원 2017. 6. 22. 선고 2015구합81805 판결은 약학정보원이 약국 요양급여비용청구 프로그램을 업데이트하면서 일일이 찾아 읽어야 하는 약관 안에 동의를 포함시킨 경우 효력이 없다고 한다.
8) 두 법은 규율 목적이 다르므로 가령 생명윤리 및 안전에 관한 법률상의 요건과 절차를 충족하였다 하여 개인정보 보호법의 적용이 면제되지 아니한다.
9) 같은 법은 '개인을 식별할 수 있는 정보를 이용하는 연구' 일체를 －직접 접촉이 없는 경우에도－ "인간대상연구"로 규정한다(제2조 제1호). 즉, 사람을 대상으로 물리적으로 개입하거나 의사소통, 대인접촉 등 상호작용을 하는 연구는 －식별가능정보만 수집하는 때에도－ 같은 법의 적용을 받고, 식별정보를 수집하는 경우에는 위와 같은 접촉이나 상호작용이 없을 때에도 같은 법의 적용을 받는 것이다.

야 한다(개인정보 보호법 제18조 제2항 제2호, 제28조의2 제1항). 먼저 법령상의 근거는 어느 정도 분명한 것이어야 한다. 동의 없이 제3자에게 정보를 제공할 수 있음을 명시할 필요는 없다 하더라도 법이 예정한 업무를 수행하는 데 필수적인 제공이어야 하고, 단순히 법령의 목적 조항이 들고 있는 목적 수행에 제3자 제공이 필요하거나 도움이 된다는 것으로는 부족하다. 다음 개인정보 보호법의 2020년 개정으로 삭제된 제18조 제2항 제4호의 '통계작성 및 학술연구 등'의 목적을 위하여 제공하는 경우와 관련하여서는 두 가지 문제가 제기된 바 있다. 첫째, 이러한 예외가 보건의료정보에 대하여도 적용되는가 하는 점이다. 건강정보는 민감정보에 해당하는데(개인정보 보호법 제23조), 민감정보의 처리에 위 예외가 적용되는지 법령상 분명하지 아니하여 생기는 문제이다. 입법상의 실수로 보이는데, 해석상으로는 예외가 적용된다고 봄이 옳을 것이다. 둘째, 어떤 경우가 '통계작성 및 학술연구 등'인가 하는 점이다. 순수 의·약학 및 보건의료정책연구가 이에 포함됨은 물론이나, 다수의 의·약학연구는 제약회사나 의료기기회사 등으로부터 재정지원을 받아 이루어지고 있어 논란이 되고 있다. 유럽연합(EU)의 관련 규정 운용례에 비추어 볼 때 적어도 연구의 독립성이 확보되었을 때에는 포함된다고 봄이 옳을 것이다. 첫째 문제는 법이 개정되어 학술연구를 위한 예외조항의 위치가 변경되었으므로 어느 정도 해소되었다고 볼 여지가 있는데, 두 번째 문제는 개정법하에서도 논란의 소지가 있다.

개인정보 보호법은 다른 나라의 법과 달리 위법성 조각에 관한 일반조항을 두지 아니하였다. 긴급피난이나 헌법적 이익형량을 통하여 정보주체의 동의 없는 제공의 위법성이 조각될 여지가 남아 있으나, 극히 예외적인 경우에나 가능할 것이다.

이상의 규율은 공공기관 사이의 정보 공유(data sharing)에 대하여도 적용된다. 가령 복수의 공공기관이 법령의 근거 없이 스스로 이용하기 위하여 또는 제3자에게 제공하기 위하여 각자가 수집한 개인정보를 −주민등록번호 등을 이용하여− 결합하는 것은 그러한 정보결합에 대하여 정보주체의 동의를 받거나 법령에 그러한 정보결합을 뒷받침할 근거가 마련되어 있지 아니한 이상 위법한 유출이 된다.

3. 기타

그 밖에 문제되는 상황으로는 병원에 소속된 의사·간호사 등 일반적으로 진료기록에 접근할 수 있는 권한을 갖고 있는 사람이 진료 등 목적 이외의 목적으로 정보를 열람하거나 국민건강보험공단 등 소속 직원이 요양급여대상자 관리 등의 목적 이외의 목적으로 정보를 열람하는 경우를 들 수 있다. 가령 유명 연예인이나 정치인 등의 진료기록이나 재산내역 등을 보는 것이다. 이들이 제3자에게 이 정보를 이야기하면 그것이 위법한 제3자 제공임은 분명하다. 문제는 병원이나 국민건강보험공단의 책임인데, 직원 등에게 그러한 기회 내지 유인을 차단하는 조치, 가령 접근권한을 엄격히 제한하거나 업무와 무관한 열람을 금지하도록 적절한 교육을 하고 로그 기록을 관리하여 제재하는 등의 조치를 얼마나 잘해 왔는지가 관건이 될 것이다. 그러나 본인만 열람하였고 제3자에게 제공하지 아니한 경우에는 − 목적 범위를 벗어난 이용이라는 점에서 위법하기는 하나 − '유출'이라고 보기는 어렵다.

개인정보처리를 제3자에게 위탁하였는데, 그 수탁업체에서 '유출'이 일어난 경우, 위탁자는, 수탁자에게 고의·과실이 있는 한, 사실상 전책임을 진다(개인정보 보호법 제26조 제6항).

반면 언론에서 병·의원을 촬영하는 도중 또는 광고용 전단지 등에서 환자의 사진이 노출되는 경우와 같이 그 자체 개인정보파일로 수집·처리되는 정보가 아닌 정보가 유출되었을 경우에는 개인정보 보호법의 문제가 아니라 일반 사생활 보호의 문제가 된다.

III. 개인정보 유출에 대한 손해배상책임

A. 일반 손해배상책임

1. 개관

개인정보 보호법상 원칙적인 구제수단은 손해배상책임이다. 법은 이때 증명책임을 전환하여 개인정보처리자가 고의·과실 없음을 증명하여야 면책될 수 있다고 정한다(제39조 제1항). 그러나 구성요건이 '이 법을 위반한 행위'로 되어 있는데, 개인정보 보호법은 개인정보 유출을 금하는 것이 아니라(결과채무) 개인정보가 유출되지 아니하도록 이른바 기술적·관리적 조치(Technological and Organizational Measure, TOM)를 취할 의무(행위채무)를 부과하고 있을 뿐이므로(제29조) 개인정보가 유출되었다는 점만으로 곧바로 과실을 추정할 수는 없고, 오히려 정보주체가 적극적으로 고의·과실을 주장·증명하여야 한다. 결국 증명책임의 전환은 현실적으로 별 의미가 없다.

개인정보 유출로 인한 손해에는 재산적 손해와 비재산적 손해가 포함된다. 민감한 정보가 유출되어 직장을 잃거나, 계약교섭이 파기되거나, 유출된 정보의 삭제 또는 회수를 위하여 비용을 지출한 경우에는 재산손해가 생긴다. 주소나 전화번호, 이메일 주소 등이 알려져 많은 양의 광고성 메일이나 스팸메일을 받거나 집에 사람이 찾아오거나 전화를 하는 등 괴롭힘을 당하게 된 경우, 다른 사람에게 알리기 싫은 민감한 사생활에 관한 정보가 알려져 정신적 고통을 입은 경우 비재산손해가 생긴다.

2. 단순한 개인정보 유출

그러나 대다수의 사건에서는 그러한 구체적인 손해가 문제되지 아니하고, 단순히 개인정보가 유출되는 데 그치고 있다. 가령 이름, 주민등록번호, 이메일 주소 등 특별히 사생활로 보호할 정도에 이르지 아니한 사항만 유출되거나 식별정보는 없이 식별가능정보만 유출되는 경우를 들 수 있다. 이때에는 그러한 사정만으로 비재산적 손해가 있다고 할 수 있는지가 문제된다.

대법원은 이른바 GS칼텍스 사건에서 "유출된 개인정보의 종류와 성격이 무엇인지, 개인정보의 유출로 정보주체를 식별할 가능성이 발생하였는지, 제3자가 유출된 개인정보를 열람하였는지 또는 제3자의 열람 여부가 밝혀지지 않았다면 제3자의 열람가능성이 있었거나 앞으로 그 열람가능성이 있는지, 유출된 개인정보가 어느 범위까지 확산되었는지, 개인정보의 유출로 추가적인 법익침해의 가능성이 발생하였는지, 개인정보를 처리하는 자가 개인정보를 관리해 온 실태와 개인정보가 유출된 구체적 경위는 어떠한지, 개인정보의 유출로 인한 피해의 발생 및 확산을 방지하기 위하여 어떠한 조치가 취하여졌는지 등"을 종합적으로 고려하여 정보주체에게 위자료로 배상할 만한 정신적 손해가 발생하였는지 여부를 가려야 한다고 하였다.10) 이 판결은 정보의 유출 그 자체만으로 그 자체 당연히 비재산적 손해가 인정되고 배상이 되는 것은 아니라는 점을 분명히 하였다는 데 큰 의미가 있으나, 구체적으로 어떠한 요건하에 비재산적 손해가 인정 또는 부정될 수 있는지는 그다지 분명하지 아니하다. 지금까지 드러난 바로는, 개인정보가 개인정보처리자의 관리·지배영역 밖으로 유출되었으나 제3자의 열람이 이루어지지 아니한 상태에서 회수되었고 달리 열람의 위험도 없다고 보이는 경우에는 비재산적 손해가 부정된다.11) 그러나 특정 정보주체를 식별할 구체적 위험이 있었던 이상 그를 식별하였다는 점이 드러나지 아니하였다 하여 반드시 비재산적 손해가 부정되는 것은 아니다.12) 이른바 약학정보원 사건에서 서울중앙지방법원은 IMS Health Korea Inc.에 식별정보를 별도의 파일로 분리하여 제공된 처방정보가 개인정보에 해당함을 인정하면서도 IMS Health Korea Inc. 내부에서 통계자료의 작성을 위하여만 위 정보를 사용하였고, 직원에게 특정인을 식별할 만한 이유가 없으며 실제로 특정인을 식별하려는 시도가 없었고 제3자가 이에 접근하여 특정인을 식별하는 것은 사실상 불가능하였다면 비재산적 손해가 부정된다고 하였다.13)

　　그렇다면 이처럼 비재산적 손해가 인정되는 경우 그 배상액은 어떠한가. 재산손해와 달리 비재산손해는 전적으로 법관의 평가에 달려 있는데, 그간 하급심 재판례는 대체로 10만 원 내지 30만 원 정도의 배상액을 인정하는 경향을 보였다. 그러나 이는 그동안 하급심에서 문제된 개인정보 유출 사건이 대체로 이름, 이메일 주소, 계정 ID 등 중립적인 정보에 해당하여 사생활 침해의 위험이 크지 아니

---

10) 대법원 2012. 12. 26. 선고 2011다59834, 59858, 59841 판결.

11) 위 GS칼텍스 사건이 그러한 예였다. 이 사건에서는 개인정보처리업무를 수탁받은 회사의 직원이 고객정보가 담긴 하드디스크를 반출하여 제3자에게 매각하려고 하였으나 매각 전에 체포되어 디스크가 회수되었고, 수사결과 달리 제3자가 열람하거나 열람할 위험이 남아 있지 아니하였다.

12) 위치정보에 관한 것이지만 대법원 2016. 9. 28. 선고 2014다56652 판결은 콜택시 위치정보를 수집하여 특정 택시기사가 다른 택시기사와 모여 있는지 여부 및 모인 택시기사들의 성향과 모인 장소 등을 파악하였다면 비재산적 손해배상을 인정하면서도, 배상의 범위를 식별된 택시기사로 제한하고 있지는 아니하다.

13) 위 서울중앙지방법원 2017. 9. 11. 선고 2014가합508066, 538302 판결 참조. 항소심에서도 원고의 항소를 전부 기각하였다.

하였기 때문이다. 보건의료 영역에서는 훨씬 더 민감한 건강정보가 문제되므로 사안에 따라 그보다 훨씬 큰 배상액이 인정될 여지가 있다.

B. 법정손해배상과 징벌적 손해배상

1. 법정손해배상

개인정보 보호법은 이상과 같은 일반적인 손해배상에도 불구하고 개인정보처리자의 고의·과실로 인하여 개인정보가 유출된 경우에는 300만 원 이하의 범위에서 상당한 금액을 손해액으로 하여 배상을 청구할 수 있다고 규정한다(제39조의2 제1항). 이를 ─그 모범이 된 미국법상의 제도의 명칭을 번역하여─ 법정손해배상(statutory damages)이라고 한다.14)

법정손해배상의 핵심은 손해와 손해액의 증명부담의 경감이다. 같은 법은 그 밖에 고의·과실의 증명책임을 전환하고 있으나(제39조의2 제1항 단서), 명시적으로 유출에 고의·과실이 있어야 한다는 점을 규정함으로써(제39조의2 제1항 본문) 증명책임 전환이 이루어지는 것인지를 분명하지 아니하게 하고 있다.

법정손해배상을 청구할지 여부는 피해자인 정보주체가 스스로 선택하여야 한다. 정보주체는 사실심 변론 종결 전까지 법정손해배상을 청구하는 취지를 밝혀야 한다(제39조의2 제3항). 법정손해배상을 청구하면 법원은 '변론 전체의 취지와 증거조사의 결과를 고려하여 300만 원의 범위에서 상당한 손해액을 인정할 수 있다'(제39조의2 제2항). 문언에도 불구하고 법원은 상당한 손해액을 인정하여야 한다. 통상적인 손해배상의 경우 손해액에 대하여는 증명도가 다소 경감 내지 완화되기는 하여도 피해자가 손해액을 일응 증명하여야 하고, 법관이 상당한 손해액을 인정하는 것은 손해액의 증명이 그 성질상 곤란하다는 등의 사정이 있어야 하는데, 법정손해배상이 인정되는 경우 피해자가 법정손해배상을 선택하면 법관은 손해액의 증명이 그 성질상 곤란한 경우가 아니어도, 그리고 가능하고 기대되는 수준의 증명이 이루어지지 아니하였어도 청구를 기각하여서는 안 되고 상당한 손해액을 정하여야 한다는 점에 차이가 있다.

---

14) 이 용어는 개인정보 보호법 제39조의2의 표제에 쓰이고 있다.

상당한 손해액은 변론 전체의 취지와 증거조사의 결과에 비추어 추정되는 실손해를 지향하여야 한다. 그러므로 일반 손해배상과 법정손해배상은 그 증명도에 차이가 있을 뿐 동일한 손해를 대상으로 하고, 소송물도 동일하다. 만일 앞서 본 기준에 의할 때 손해의 존재 자체가 의심스럽다면 청구를 기각하여야 한다.

한편 책임을 추궁당하는 개인정보처리자로서는 실손해가 없거나 그보다 작을 것임을 반증함으로써 '변론 전체의 취지와 증거조사의 결과'를 고려한 상당한 손해액을 줄이거나 영(0)으로 만들 수 있다.

2. 징벌적 손해배상

그 밖에 개인정보 보호법은 징벌적 손해배상도 규정하고 있다. 즉, 개인정보처리자의 고의 또는 중대한 과실로 인하여 개인정보가 유출된 경우로서 개인정보처리자가 손해를 입었을 때에는 손해액의 3배를 넘지 아니하는 범위에서 손해배상액을 정할 수 있는 것이다(제39조 제3항).

먼저, 개인정보 유출이 있어야 한다. 그리고 그 유출에 개인정보처리자에게 고의 또는 중대한 과실이 있어야 한다. 법문은 한편으로는 고의 또는 중대한 과실을 적극적 요건으로 규정하고 다른 한편으로는 고의 또는 중대한 과실 없음을 소극적 면책요건으로 규정하고 있어(제39조 제3항 본문과 단서) 증명책임이 전환되는 것인지 불분명한 점이 있는데, 제재적 성격을 갖는 징벌적 손해배상에서 고의·중대한 과실을 추정하는 것은 의문이다.

다음, 정보주체에게 손해가 실제로 발생하여야 한다. 법정손해배상과 달리 손해가 실제로 발생하였다는 점이 증명되어야 한다(제39조 제3항 본문 참조).

이상의 요건이 갖추어지면 법원은 증명된 손해액의 3배 이내의 금액으로 징벌적 손해배상을 정할 수 있다. 법은 고의 또는 손해 발생의 우려를 인식한 정도, 위반행위로 인하여 입은 피해의 규모, 위법행위로 인하여 개인정보처리자가 취득한 경제적 이익, 위반행위에 따른 벌금 및 과징금, 위반행위의 기간·횟수 등, 개인정보처리자의 재산상태, 개인정보처리자가 정보주체의 개인정보 유출 후 해당 개인정보를 회수하기 위하여 노력한 정도, 개인정보처리자가 정보주체의 피해구제를 위하여 노력한 정도를 고려하여야 징벌적 배상액을 정한다(제39조 제4항).

법령상으로는 피해자가 징벌적 손해배상을 청구하여야 하는지 아니면 법원이 직권으로 명할 수 있는지, 피해자가 청구하였고 그 요건이 갖추어진 경우 법원은 반드시 징벌적 배상을 명하여야 하는지 아니면 여전히 명하지 아니할 재량을 갖고 있는지, 실손해의 존재 이외에 그 액수도 피해자가 증명하여야 하는지 아니면 징벌적 배상액을 제한하려는 개인정보처리자가 항변으로 주장·증명하여야 하는지, 그 밖에 징벌적 배상액의 결정에 있어 고려되어야 하는 요소는 누가 증명하여야 하는지, 가령 법관이 직권으로 조사할 수 있는지 등 여러 문제가 분명하지 아니한 상태에 있다. 이들 문제는 향후 재판례를 기다려야 할 것이다.

C. 절차에 관한 특례

1. 개인정보 분쟁조정

개인정보에 관한 분쟁, 가령 개인정보 유출에 따른 손해배상청구가 —임의이 행이 되지 아니하는 한— 원칙적으로 민사소송의 대상이 됨은 물론이다. 그러나 개인정보 보호법은 그 분쟁 조정(調停)을 위하여 개인정보 분쟁조정위원회를 두고 있다(제40조 제1항). 분쟁 조정을 원하는 사람이 분쟁조정을 신청하고, 상대방이 이에 응하면 조정절차가 개시된다. 공공기관이 아닌 한 분쟁조정에 응할 의무는 없고, 조정안이 제시되더라도 쌍방 당사자가 수락하여야 효력이 있으므로 수락을 거부하면 민사소송에 의하는 수밖에 없다. 그러나 비용과 시간, 전문성 등에 장점이 있어 개인정보 유출의 경우에도 상당수의 사건이 개인정보 분쟁조정절차에 의하여 해결되고 있다.

2. 집단분쟁조정

개인정보 유출 사건의 대다수는 특정인의 개인정보만 유출되는 것이 아니라 다수의 개인정보가 담긴 개인정보파일이 유출된다. 그 피해가 다수에게 발생하고 개개의 손해가 크지 아니한, 다수에게 분산된 소액 손해의 특징을 갖고 있다. 집단 구제절차가 필요한 까닭이다.

개인정보 보호법은 독일식의 단체소송(Verbandklage)을 허용하여 금지청구는 일정한 단체가 할 수 있게 하나(제51조) 손해배상에 대하여 미국식 대표당사자소송(class action)은 인정하지 아니한다. 그 대신 개인정보 보호법은 정보주체의 피해 또는 권리침해가 '다수의 정보주체에게 같거나 비슷한 유형으로 발생하는 경우로서 대통령령으로 정하는 사건에 대하여' 일괄적인 분쟁조정을 신청할 수 있게 하는데 이를 집단분쟁조정이라고 한다(제49조 제1항). 이 절차에서 이루어진 조정이 절차에 참여하지 아니한 피해자에게 미치는 것은 아니나 개인정보 분쟁조정위원회는 이 절차의 개시를 공고하여 당사자에 추가로 포함될 수 있도록 하는 신청을 받을 수 있으며 당사자의 합의가 아닌 개인정보 분쟁조정위원회의 의결로 집단분쟁조정의 당사자 중 공공의 이익을 대표하기에 가장 적합한 1인 또는 수인(數人)을 대표당사자로 선임할 수 있다는 점에서(제49조 제2항, 제3항, 제4항) 일정한 범위에서 집단적 분쟁조정절차의 성격을 갖는다. 이러한 절차가 개인정보 유출에 따른 손해배상청구에 활용될 수 있음은 물론이다.

Ⅳ. 결어

개인정보 유출에 따른 손해배상은 개인정보 보호법의 준수를 확보하는 핵심적인 제도이다. 개인정보가 잘 관리되고 있는지 여부는 궁극적으로 잘 관리되지 아니하여 문제가 생겼을 때 민사책임을 추궁하는 과정에서 확인되고 확정된다. 물론 형사책임도 있지만 비용과 편익 사이의 균형을 추구하는 미묘한 사안의 대부분에서 형사책임은 부정될 수밖에 없다. 그러한 경우에 형사책임이 인정된다면 과잉범죄화라는 비난을 면하기도 어려울 것이다. 그러나 대개의 사안에서 개개인에게 발생하는 손해는 ─개인정보 유출로 인한 잠재적 위험에 대한 공중(公衆)의 심대한 불안감과는 달리─ 그다지 크지 아니하다. 개인정보 보호법은 이를 보완하기 위하여 다수의 실체법적 및 절차적 장치들 도입하고 있으나, 그러한 제도적 보완이 얼마나 효과가 있었는지는, 아직까지는 확인되지 아니하고 있다.

그렇다고 하여 개인정보 유출에 따른 손해배상책임이 잘 기능하지 못하고 있다고 단정하기는 어렵다. 개개인이 받는 배상액은 크지 아니하지만 여전히 귀찮음을 무릅쓰고 책임추궁에 나서는 예가 다수 있고, 그 과정에서 개인정보 보호법을 둘러싼 법적 불확실성이 하나하나 해소되고 있을 뿐 아니라, 그에 따라 개인정보처리자의 법 준수도 제고되고 있다고 보인다. 어차피 대부분의 개인정보 유출에서 대량의 정보가 유출되고 있어 개개인에게 돌아가는 배상액이 크지 아니하다 하여 개인정보처리자가 부담하는 책임 리스크마저 가볍다고 할 수는 없는 형편이다. 앞으로도 개인정보 보호법을 둘러싼 여러 법적 쟁점의 궁극적인 전장(戰場)은 민사법정일 수밖에 없고, 시장에 의한 규율(market discipline)이 잘 작동하지 아니하는 한 개인정보처리자에게 개인정보 보호로 나서게 할 가장 중요한 유인체계도 민사책임일 가능성이 높다.

아직까지 보건의료 영역의 개인정보 유출에 따른 손해배상책임이 문제된 사례는 이른바 약학정보원 사건 등 소수에 그친다. 그러나 이 분야에서 개인정보의 활용가치가 특히 높은 이상 앞으로도 그러리라고 보기는 어렵다. 특히 비식별화와 제3자 제공의 문제는 외국에서는 주로 보건의료정보와 관련하여 제기되고 분쟁이 되고 있다. 향후 보건의료 분야에서도 개인정보 유출에 따른 손해배상책임에 주목하여야 하는 이유이다.

참고문헌

[국내문헌]

고학수/이동진/이선구/김은수/정종구, 개인정보 비식별화 방법론 – 보건의료정보
　　를 중심으로, 박영사, 2017.

권영준/이동진(고학수 편), 개인정보 유출에 대한 과실 및 손해배상기준, 개인정보
　　보호의 법과 정책 개정판, 박영사, 2016.

이동진, "개정 정보통신망법 제32조의2의 법정손해배상 : 해석론과 입법론", 서울
　　대학교 법학 제55권 제4호, 서울대학교 법학연구소, 2014.

이동진, "개인정보 보호법 제18조 제2항 제4호, 비식별화, 비재산적 손해 – 이른바
　　약학정보원 사건을 계기로 –", 정보법학 제21권 제3호, 한국정보법학회,
　　2017.

외국의 개인정보 보호법제와 그 함의

이우진 / 김·장 법률사무소 변호사

I. 들어가며

2005년 헌법재판소는 주민등록법에 따른 지문정보의 수집 및 이용과 관련하여 정보주체가 개인정보의 공개와 이용에 관하여 스스로 결정할 권리, 즉 개인정보자기결정권을 헌법상 명시되지 않은 독자적인 기본권으로 인정하였다.[1] 개인정보에 관한 권리는 역사적으로 공공기관,[2] 신용정보회사[3] 및 정보통신서비스제공자[4] 등에 대한 규제를 통하여 특정한 영역에 대해서만 보호되다가, 위 헌법재판소 판결 이후 2011. 9. 30. 시행된 개인정보 보호법에 따라 포괄적인 개인정보 보호가 이루어지게 되었다.

개인정보 보호법에서는 정보주체의 동의를 개인정보 처리의 원칙적인 요건으로 정하고 있으며, 일반적인 공익보다 개인정보자기결정권을 우선시키는 것으로

---

1) 헌재 2005. 5. 26. 99헌마513, 2004헌마190 (병합) 결정 "개인정보자기결정권의 헌법상 근거로는 헌법 제17조의 사생활의 비밀과 자유, 헌법 제10조 제1문의 인간의 존엄과 가치 및 행복추구권에 근거를 둔 일반적 인격권 또는 위 조문들과 동시에 우리 헌법의 자유민주적 기본질서 규정 또는 국민주권원리와 민주주의원리 등을 고려할 수 있으나, 개인정보자기결정권으로 보호하려는 내용을 위 각 기본권들 및 헌법원리들 중 일부에 완전히 포섭시키는 것은 불가능하다고 할 것이므로, 그 헌법적 근거를 굳이 어느 한 두개에 국한시키는 것은 바람직하지 않은 것으로 보이고, 오히려 개인정보자기결정권은 이들을 이념적 기초로 하는 독자적 기본권으로서 헌법에 명시되지 아니한 기본권이라고 보아야 할 것이다."

2) 공공기관의개인정보보호에관한법률은 1995. 1. 8. 처음 시행되었다.

3) 신용정보의 이용 및 보호에 관한 법률은 1995. 7. 6. 처음 시행되었다.

4) 전산망보급 확장과 이용촉진에 관한 법률은 1987. 1. 1. 처음 시행되었으나, 1997. 1. 1. 시행된 정보통신망 이용촉진 및 정보보호 등에 관한 법률부터 개인정보의 보호에 관한 규정이 도입되었다. 2020년 개인정보 보호법 개정에 따라 과거 정보통신망 이용촉진 및 정보보호 등에 관한 법률에 존재하던 개인정보 보호규정은 개인정보 보호법으로 이관되었다.

평가되고 있다.[5] 이와 같은 동의 요건의 준수를 위하여 많은 사회적 비용이 발생하고 있으나,[6] 과연 동의 절차를 통하여 정보주체가 합리적인 선택을 하게 되는지 및 정보주체의 동의를 요구하는 것이 개인정보자기결정권을 보호하는 가장 적절한 방법인지에 대하여는 의문이 제기될 수 있다.[7]

국내에서는 빅데이터 기술 발전과의 관계에서 개인정보 보호법의 개선에 관한 많은 논의가 진행되어 왔으며,[8] 이러한 논의를 최근 소위 데이터3법에 반영하였다.[9] 데이터3법의 시행을 통하여 동의 요건이 완화되었는데 크게 본다면 다음과 같은 두 가지 변화가 있었다.

(1) **추가적 이용 및 제공 규정**: 우선 기존 개인정보 보호법에서는 동의 범위를 초과하는 이용이나 제공이 일체 금지되었으나, 새로운 개인정보 보호법에서는 당초 수집 목적과 합리적으로 관련된 범위에서 정보주체에게 불이익이 발생하는지 여부, 암호화 등 안전성 확보에 필요한 조치를 하였는지 여부 등을 고려하여 정보주체의 동의 없이 개인정보를 추가적으로 이용 및 제공할 수 있게 되었다.[10]

(2) **가명정보 처리 규정**: 다음으로 기존 개인정보 보호법에서는 개인정보의 가명화에 대한 규정을 두지 않았으나, 새로운 개인정보 보호법에서는 가명정보의 정의 규정을 추가하고 개인정보처리자가 통계작성, 과학적 연

---

5) 예를 들어 개인정보 보호법 제15조 제1항 제2호에서는 "법률에 특별한 규정이 있거나 법령상 의무를 준수하기 위하여 불가피한 경우", 동항 제6호에서는 "개인정보처리자의 정당한 이익을 달성하기 위하여 필요한 경우로서 명백하게 정보주체의 권리보다 우선하는 경우"에만 동의 없이 개인정보를 수집, 이용할 수 있도록 정하고 있다.

6) 그러한 사회적 비용은 단순히 동의를 받기 위하여 개인정보처리자에게 발생하는 비용에 한정되는 것이 아니라 정보주체의 동의가 없는 경우 공익적 목적으로 활용하지 못하게 되어 발생하는 사회적 비용을 포함하게 된다.

7) Solove, Daniel J. "Introduction: Privacy self-management and the consent dilemma." Harv. L. Rev. 126 (2012): 1880.

8) 박노형, 정명현. "빅데이터 분석기술 활성화를 위한 개인정보 보호법의 개선 방안-EU GDPR 과의 비교 분석을 중심으로." 고려법학 85 (2017): 1-39; 이창범. "개인정보 보호법제 관점에서 본 빅데이터의 활용과 보호 방안." 법학논총 37, no. 1 (2013): 509-559 등.

9) 데이터3법은 개인정보 보호법, 정보통신망 이용촉진 및 정보보호 등에 관한 법률 및 신용정보의 이용 및 보호 등에 관한 법률을 통칭하면 2020. 2. 4. 개정되었고, 이 중 가장 중요한 현행 개인정보 보호법은 2020. 8. 5.부터 시행되었다.

10) 개인정보 보호법 제15조 제3항, 제17조 제4항. 개인정보 보호법 시행령 제14조의2에서는 이러한 추가적 이용, 제공의 기준과 방식에 대하여 구체화하고 있다.

구, 공익적 기록보존을 위하여 정보주체의 동의 없이 가명정보를 처리할 수 있게 되었다.[11]

이러한 데이터3법의 시행은 기존 개인정보 보호법의 미비점을 보완하는 중요한 의미를 가지는 것이 분명하나 과연 위와 같이 추가적 이용 및 제공 규정과 가명정보 처리 규정을 이원화하는 것이 빅데이터의 공익적 활용을 위한 바람직한 개선 방안인지에 대해서는 의문이 있을 수 있다. 또한 빅데이터 활용에서 중요한 의미를 차지하는 의료정보(진료기록)에 대한 의료법의 규제[12]와 개인을 식별할 수 있는 정보를 이용하는 연구를 인간대상연구로서 포괄적으로 규제하는 생명윤리 및 안전에 관한 법률의 규제[13]를 새로운 개인정보 보호법의 내용과 어떻게 조화시킬 것인지에 대해서도 아직 불명확한 점이 많은 상황이다.

이하에서는 개인정보의 보호와 관련한 입법론으로서 흔히 대비되는 미국 연방법과 유럽연합의 법제를 중심으로 동의 요건 및 가명정보의 활용에 대한 체계에 관하여 정리하고, 이와 관련하여 법경제학적 관점의 개인정보 관련 외국 논의를 소개하면서 개인정보 보호법의 개선 방안에 대한 함의를 제시하여 보기로 한다.

II. 미국 연방법상 개인정보보호

A. 개관

미국 연방법은 개인정보자기결정권을 별도의 헌법상 권리로 보호하지 않고 개인정보에 대한 보호를 영역별로 규율하고 있으며, 이는 대부분의 개인정보에 대한 연방법상 보호가 없다는 의미이다.[14] 미국법상 개인정보의 보호 근거는 프라이버시권(right to privacy)으로 제시되는데, 원칙적으로 정부가 보유한 개인정보 또는 특정한 영역에 관하여 연방법이 적용될 수 있는 경우에만 개인정보에 대한 보

---

11) 개인정보 보호법 제28조의2 제1항.
12) 의료법 제19조, 제21조.
13) 생명윤리 및 안전에 관한 법률 제2조 제1호, 제15조 내지 제19조.
14) 정혜련. "미국의 프라이버시와 개인정보보호 — 개인정보보호에 대한 유럽연합과의 차이를 중심으로." 일감법학 35, no. 단일호 (2016): 271 – 305.

호가 가능하다.[15] 주요한 영역별 개인정보 보호 관련 연방법을 연혁 순으로 정리
하여 본다면 아래와 같다.[16]

보호대상 정보	법률명
신용정보	Fair Credit Reporting Act, 1970
정부보유정보	Privacy Act, 1974
정부보유정보	Freedom of Information Act, 1974
교육정보	Family Education Rights and Privacy Act, 1974
금융정보	Right to Financial Privacy Act, 1978
출간정보	Privacy Protection Act, 1980
케이블통신정보	Cable Communications Policy Act, 1984
전자기록정보	Electronic Communications Privacy Act, 1986
컴퓨터접근정보	Computer Security Act, 1986
비디오대여정보	Video Privacy Protection Act, 1988
연방수혜자정보	Computer Matching and Privacy Protection Act, 1988
근로자정보	Employee Polygraph Protection Act, 1988
텔레마케팅정보	Telephone Consumer Protection Act, 1991
운전자 및 차량 정보	Driver's Privacy Protection Act, 1994
통신정보	Communications Assistance for Law Enforcement Act, 1994
통화정보	Telecommunications Act, 1996
의료정보	Health Insurance Portability and Accountability Act, 1996
온라인이용아동정보	Child Online Privacy Protection Act, 1998
고객금융정보	Financial Services Modernization Act (Gramm-Leach-Bliley Act), 1999
테러방지용정보	PATRIOT Act, 2001
전자정부서비스정보	E-government Act, 2002

15) Whalen v. Roe 판결[429 U.S. 589 (1977)]에서 미국 연방대법원은 최초로 정보프라이버시권을 인정
한 것으로 평가되고 있으나, 이후 그러한 정보프라이버시권이 어떻게 보호되어야 할 것인지에 대한
구체적인 판결은 제시되지 못하고 있다. Solove, Daniel J., and Paul Schwartz. Information privacy
law. Wolters Kluwer Law & Business, 2014.
16) 김재광, "영미법계 국가의 개인정보보호법제 동향 및 함의." 공법학연구 6권 2호 (2005), 109-153.

따라서 연방법상 개인정보에 대한 일반적인 정의는 존재하지 않으며, 각 법에서 개인정보 보호를 규율하는 방식도 매우 다양하다. 예를 들어 공정신용보고법(Fair Credit Reporting Act)은 신용정보보고회사(credit reporting agency)가 작성하는 신용정보에 관한 보고서(credit report)를 신용제공, 고용, 보험, 인허가, 신용거래 등의 제한된 목적으로만 제3자에게 제공하도록 허용하고 있으나, 소비자의 신용정보 처리와 관련하여 원칙적으로 동의 요건을 부과하지 않고 있으며 신용정보를 활용한 홍보활동에 대하여 탈퇴할 권리(opt-out)만을 정하고 있다.17) 또한 또한 금융서비스현대화법(Financial Services Modernization Act 또는 Gramm-Leach-Bliley Act)에서도 금융기관(financial institution)이 수집한 고객 정보와 관련하여 제3자 제공의 경우 고지 후 탈퇴할 권리(opt-out)를 부여하고 있을 뿐 일반적인 동의 요건을 두고 있지 않다.18) 동의 요건을 규정하고 있는 대표적인 영역별 연방법은 아동온라인사생활보호법(Child Online Privacy Protection Act)인데 13세 미만 아동과 관련한 정보에 대해서는 부모의 명시적인 동의를 원칙적으로 요구하고 있다.19)

이하에서는 위와 같은 위와 같은 영역별 규제와는 별도로 소비자 보호 차원에서 이루어지는 연방거래위원회법과 영역별 규제 중에서 가장 높은 수준의 보호를 보장하고 있는 건강보험 관련 법령에 대하여 시사점이 있는 내용을 위주로 소개하기로 한다.

B. 연방거래위원회법에 따른 개인정보 보호

위와 같은 개별적인 영역별(sectoral) 규제와는 별도로 일반적인 소비자 보호의 관점에서 연방거래위원회(Federal Trade Commission)에서는 공개된 개인정보정책 위반을 연방거래위원회법(Federal Trade Commission Act)에서 금지하고 있는 불공정 또는 기망적 거래(unfair or deceptive practice)로 보아 제재하고 있다. 이와 같이 연방거래위원회법에서는 원칙적으로 소비자의 개인정보를 처리하는 자가 개인정보

---

17) 15 U.S.C. § 1681.
18) Public Law 106-102, 106th Congress, S. 900.
19) 15 U.S.C. §§ 6501-6506.

보호 정책을 공개하고 이에 따르지 않는 경우에만 규제(self-regulation)하는 형식을 취하고 있으나, 실무적으로는 연방거래위원회의 개인정보 관련 정책 또는 가이드라인이 상당한 규범력을 가지게 된다.[20]

2012년 발표된 연방거래위원회의 보고서에서는 연방거래위원회의 프라이버시 원칙과 이행을 위한 권고사항(Final FTC Privacy Framework and Implementation Recommendations)을 제시하고 있는데, 그 내용을 소개하면 다음과 같다.[21]

적용범위

- 소비자정보(특정한 소비자, 컴퓨터 기타 기기에 합리적으로 연결될 수 있는 정보)를 수집 또는 사용하는 모든 상업적 주체. 단, 해당 상업적 주체가 연간 5,000명 미만의 소비자로부터 비민감정보를 수집하고 제3자에게 제공하지 않는 경우에는 적용하지 않음

원칙적 프라이버시 보호

- 기본 원칙: 회사는 조직 전체를 통하여 그리고 상품이나 용역의 개발 전 단계에서 소비자의 프라이버시를 고려하여야 함
- 실질적 보호: 모든 업무와 관련하여 정보 보안, 합리적인 수집 제한, 적정한 보관 및 폐기, 정확한 정보 등과 관련한 실질적인 프라이버시 보호를 하여야 함
- 절차적 보호: 상품이나 용역의 생애주기에 걸쳐 망라적인 정보관리 절차를 유지하여야 함

단순화된 소비자 선택권 보장

- 기본원칙: 소비자 선택권을 단순화하여야 함
- 소비자선택권(동의권)을 부여할 필요가 없는 경우: 소비자와의 거래 맥락에 어긋나지 않는 경우 및 다른 법률에 따른 경우에는 선택권을 부여하지 않아도 됨

---

20) Solove, Daniel J., and Paul Schwartz. Information privacy law. Wolters Kluwer Law & Business, 2014.
21) Protecting Consumer Privacy in an Era of Rapid Change - Recommendations for Businesses and Policymakers.

- 소비자선택권(동의권)을 부여할 필요가 있는 경우: (1) 정보를 수집할 당시에 공지된 것과 유의마하게 다른 방법으로 소비자 정보를 활용하는 경우 및 (2) 민감정보를 수집하는 경우에는 명시적 동의가 필요함

투명성
- 기본원칙: 회사는 정보 관련 업무에 관한 투명성을 증가시켜야 함
- 프라이버시 관련 공지는 이해도와 비교가능성을 높이기 위하여 명확하고, 짧으며 표준화되어야 함
- 소비자 자신의 정보에 대한 합리적인 접근권을 보장하여야 하며, 접근권은 정보의 민감성과 이용의 특성을 고려하여야 함
- 모든 관련 당사자들은 상업적 정보의 프라이버시와 관련한 홍보 및 교육을 강화하여야 함

연방거래위원회의 위 권고사항에 따르면 공지된 범위의 소비자 정보 처리 외에 (1) 홍보 또는 판매권유 목적의 소비자정보 수집의 경우 및 (2) 소비자정보를 제3자에게 제공하는 경우에 관하여 별도로 선택권(동의권)을 부여할 필요가 없다고 보고 있다.

흥미로운 것은 위 연방거래위원회의 권고사항이 소비자정보의 범위를 반드시 개인을 알아볼 수 있는 정보뿐 아니라 특정 컴퓨터나 기기에 연결될 수 있는 정보로 확대하고 있다는 점이다. 다만, 연방거래위원회는 (1) 해당 데이터가 합리적으로 비식별화되었으며, (2) 회사가 공개적으로 재식별화를 하지 않겠다고 공지하고, (3) 해당 데이터를 제공받는 자에게도 역시 재식별화 금지에 동의하도록 한다면 해당 정보는 소비자정보가 아닌 것으로 보고 있다.

C. 건강보험 관련 법령상 의료정보의 보호

개인정보 가운데에서도 가장 민감한 정보로 분류되는 의료정보의 경우 미국에서는 전통적으로 보통법상 불법행위(common law tort), 의료인의 윤리규정 및 증거 제출과 관련한 의료인–환자 특권(doctor–patient privilege)에 의하여 보호

되어 왔다.[22] 그러나, 1996년 미국의 건강보험 이동 및 책임법(Health Insurance Portability and Accountability Act, 이하 "HIPAA")이 제정되면서 건강보험자가 변동되는 경우 의료정보가 새로운 건강보험자에게 이전되는 것과 관련하여 의료 정보의 보호에 대한 필요성이 대두되었고, 이에 따라 2002년에 이르러 새로운 의료정보보호규칙(HIPAA Privacy Rule)이 제정되었다.[23] HIPAA Privacy Rule은 건강보험자(health plan), 의료정보매개자(healthcare clearing house) 및 의료제공자(healthcare provider)가 처리하는 의료정보를 치료목적의 유무에 따라 구별하고 있다.[24] 치료목적이 있는 경우에는 환자의 동의 없이 정보를 처리할 수 있으나, 치료목적이 없는 의료정보 중 개인식별이 가능한 모든 의료정보는 특별히 보호되는 건강정보(protected health information, 이하 "PHI")로 보게 된다.[25]

　　HIPAA Privacy Rule에 따르면 원칙적으로 PHI의 사용 및 제3자 제공(use and disclosure)은 필요최소한의 범위로 제한된다.[26] 또한 의료정보의 처리와 관련한 방침(Notice of Privacy Practices)이 환자에게 통지되어야 한다.[27] 나아가 원칙적으로 환자의 동의(authorization)를 필요로 하며,[28] 이러한 동의를 의료제공의 조건으로 할 수 없다.[29] 이러한 동의 요건에 대한 예외는 다음과 같은 사유로 제한된다.[30]

- 법률에 의하여 요구되는 경우
- 정부의 보건활동에 필요한 경우
- 가정폭력 등을 보고하기 위한 경우
- 보건 감시 목적에 필요한 경우
- 법원, 행정절차 및 법집행 활동에 필요한 경우

---

22) Solove, Daniel J., and Paul Schwartz. Information privacy law. Wolters Kluwer Law & Business, 2014.
23) 45 CFR Parts 160 and 164.
24) 김재선. "의료정보의 활용과 개인정보의 보호." 행정법연구 44 (2016): 269–290.
25) 45 CFR §160.103.
26) 45 CFR §164.502(b)(1).
27) 45 CFR §164.520.
28) 45 CFR §164.508(a)(1).
29) 45 CFR §164.508(b)(4).
30) 45 CFR §164.512.

- 사망자의 처리 및 장기이식에 대한 경우
- 연구 목적으로 사용되는 경우[31]
- 보건 또는 안전에 대한 심각한 위협이 있는 경우
- 기타 특정한 정부 업무에 활용이 필요한 경우
- 산업재해보상에 필요한 경우

위와 같은 요건과는 별도로 비식별화된 의료정보에 대해서는 HIPAA Privacy Rule의 적용이 배제된다.[32] 비식별화의 기준에 대해서는 2가지 기준이 제시되는데 첫 번째 기준은 일반적인 통계학적 또는 과학적 원칙과 방법에 대한 전문가가 그러한 원칙과 방법을 적용하였을 때 재식별이 어렵다고 판단하는 경우[33]이고, 두 번째 기준은 특정된 고유식별정보 18가지가 모두 제거되어 재식별 방법이 알려져 있지 않은 경우[34]이다.

D. 소결

미국의 법제는 개인정보에 대한 권리를 인정하지 않고 구체적인 영역별로 실질적으로 개인정보를 보호하여야 할 이익과 상업적인 이익 및 공익을 비교형량하는 태도를 취하고 있다고 평가할 수 있다. 개인정보의 처리와 관련한 규제 영역 자체가 제한적이며, 규제되는 경우에도 opt-out을 원칙적인 형태로 하고, 따라서 의료정보 등 동의를 요건으로 하는 경우 이외에는 비식별화의 필요성이 높지 않다. 2016. 11. 2. 채택되어 인터넷서비스제공자 등에게 옵트인 및 옵트아웃 요건에 관하여 구체적인 의무를 부과할 예정이었던 연방통신위원회의 프라이버시규칙(FCC Privacy Rules)이 2017. 4. 4. 의회에 의하여 무효화된 것 역시 개인정보의 보호와 관련한 미국의 태도를 단면적으로 보여주고 있다.[35]

---

31) PHI가 연구를 위하여 반드시 필요하고, 개인정보에 대한 위험이 최소한의 수준이라는 점 등에 관하여 윤리위원회(IRB)의 승인을 필요로 함.
32) 45 CFR §164.502(d)(2).
33) 45 CFR §164.514(b)(1).
34) 45 CFR §164.514(b)(2).
35) https://www.nytimes.com/2017/03/28/technology/congress-votes-to-overturn-obama-era-online-privacy-rules.html (최종 방문 2021. 4. 30.)

Ⅲ. 유럽연합의 개인정보보호 규제

A. 개관

유럽연합의 기본권 헌장(EU Charter of Fundamental Rights)은 개인정보 보호에 대한 권리를 명문으로 인정하고 있으며 더 나아가 개인정보는 특정한 목적을 위하여 개인정보주체의 동의 또는 다른 법률상 근거에 의하여서만 처리될 수 있다고 하면서 본인에 대하여 수집된 정보에 대한 접근과 수정을 요구할 권리까지 인정하고 있다.[36] 이에 근거하여 EU는 1995년부터 개인정보보호지침(EU Data Protection Directive)[37]을 채택하였으며, 이에 따른 개인정보 보호의 범위를 확대한 일반개인정보호규칙(General Data Protection Regulation, 이하 "GDPR")이 2016. 4. 27. 채택되어 2018. 5. 25.부터 시행되고 있다.[38] GDPR에서는 다음과 같은 개인정보처리의 원칙을 천명하고 있다.[39]

- 적법성, 공정성 및 투명성
- 구체적이고 명확하며 합법적인 목적
- 목적을 위하여 필요최소한의 범위에서 처리
- 정확성의 보장
- 필요한 기간으로 보관 기간 제한
- 염결성과 비밀유지

이하에서는 GDPR에서 정하고 있는 동의의 요건과 가명화에 대하여 시사점이 있는 내용을 위주로 살펴보기로 한다.

---

36) Article 8, EU Charter of Fundamental Rights.
37) Directive 95/26/EC.
38) Regulation (EU) 2016/679. 이에 따라 위 EU 개인정보보호지침은 폐지되었다.
39) Article 5, GDPR.

B. 동의 요건

GDPR에서는 개인정보주체의 동의를 개인정보 처리의 6가지 근거 중 첫 번째로 제시하고 있으나,[40] 정당한 이익(legitimate interests)에 근거한 개인정보 처리와 관련하여 개인정보 보호법보다 유연한 입장을 취하고 있다. 즉, GDPR은 원칙적으로 개인정보처리자 또는 제3자의 정당한 이익을 위하여 필요한 경우 개인정보 처리의 근거로 인정하면서, 다만 개인정보주체의 이익이나 기본적 권리 및 자유 보호를 위하여 우선되는 경우에는 그러한 원칙에 대한 예외를 인정하는 형식을 취하고 있다.[41] 이는 명백하게 정보주체의 권리보다 우선하는 경우에만 개인정보 처리의 근거로 인정되는 개인정보 보호법에 따른 정당한 이익[42]과 비교하여 보다 넓은 범위에서 인정될 여지가 있는 것으로 해석된다.

명시적인 동의나 법률상 근거 없이 개인정보처리자 또는 제3자의 이익을 위하여 개인정보를 처리하는 경우 다음과 같은 사항을 검토하도록 정하고 있다.[43] 이와 같은 GDPR의 규정은 새로운 개인정보 보호법의 추가적 이용 및 제공 규정과 유사한 것으로 볼 수 있다.

- 최초 개인정보 수집 당시의 목적과 새로운 처리 목적 사이의 관련성
- 개인정보 주체와 개인정보처리자 사이의 관계를 포함하여 개인정보가 수집된 맥락
- 인종 등 GDPR 제9조에서 정한 민감한 개인정보 및 범죄경력 등 GDPR 제10조에서 정한 정보가 처리되는지 여부
- 개인정보 처리가 개인정보 주체에게 미칠 수 있는 영향
- 암호화 또는 가명화를 통한 안전장치의 존재

---

40) Article 6(1)(a), GDPR.
41) Article 6(1)(f), GDPR.
Processingshall be lawful only if and to the extent that at least one of the following applies: (…)
(f) processing is necessary for the purposes of the legitimate interests pursued by the controller or by a third party, except where such interests are overridden by the interests or fundamental rights and freedoms of the data subject which require protection of personal data, in particular where the data subject is a child.
42) 개인정보보호법 제15조 제1항 제6호.
43) Article 6(4), GDPR.

GDPR에서 이러한 동의의 존재에 대한 입증책임은 개인정보처리자에게 있으며, 다른 내용을 다루는 문서의 일부로서 동의를 받는 경우 이해하기 쉬운 형태로 동의 요청이 구별되어 제시되어야 하고, 그러한 동의의 철회가 용이하여야 한다고 규정하고 있다.44)

GDPR 전문에서는 구체적이고 자유로운 동의가 표시되어야 한다고 선언하고 있다.45) 자유로운 동의는 충분한 정보의 제공을 전제로 하는바, GDPR에서는 다음과 같은 정보가 제공되어야 한다고 규정하고 있다.46)

- 개인정보처리자에 대한 정보
- 개인정보보호책임자(data protection officer)에 대한 정보
- 개인정보처리의 목적 및 법적 근거
- 동의 및 법률상 근거 개인정보처리자 또는 제3자의 이익을 위하여 개인정보를 처리하는 정당성
- 개인정보를 제공받을 제3자
- 국외 이동 관련 사항
- 개인정보 보관 기간
- 개인정보 수정 및 삭제를 요구할 권리
- 동의를 철회할 권리
- 감독기관에 이의를 제기할 권리
- 개인정보의 제공이 법률상 또는 계약상 반드시 필요한지 여부
- 프로파일링을 통한 자동의사결정 여부 및 그 방법과 의미

개인정보가 수집된 목적과 다른 목적으로 개인정보를 처리하는 경우에는 다시 동일한 정보를 제공하도록 하고 있으며,47) 반드시 명확하지는 않으나 해석상 새로운 동의를 받아야 할 것으로 보인다. 개인정보를 개인정보가 아닌 자로부터 수집한 경우에도 동일한 정보를 제공하도록 규정하고 있으나,48) 역시 반드시 명확

---

44) Article 7, GDPR.
45) 전문 (32), GDPR.
46) Article 13, GDPR.
47) Article 13(2), GDPR.

하지는 않으나 해석상 새로운 개인정보처리자가 동의를 받아야 할 것으로 보인다. 다만, 공익적 기록보존의 목적, 과학적 또는 역사적 연구 목적, 또는 통계적 목적을 위한 추가 처리는 본래의 목적과 양립 가능한 것으로 보게 된다.[49] 그 밖에 개인정보를 제3자에게 합법적으로 제공할 수 있는 경우 그러한 제공이 최초로 이루어졌을 때 개인정보 주체에게 이를 통지하여야 한다.[50]

흥미로운 것은 GDPR은 원칙적으로 인종, 정치견해, 종교적 또는 철학적 믿음, 노동조합 가입 여부, 유전정보, 생체정보, 의료정보 및 성생활 또는 성정체성과 관련한 정보에 대한 처리를 금지하면서도, 이에 대한 명시적인 동의(explicit consent)가 있는 경우에는 처리를 허용하고 있다.[51] 다만, 범죄경력과 관련한 정보의 처리에 대해서는 국가기관에게만 그 처리를 허용한다.[52]

C. 비식별화 기준

GPDR에서는 가명화(pseudonymisation)라는 개념을 도입하였으며 익명화된 정보(anonymous information)에 관해서는 적용이 없다고 명시하고 있다.[53] 가명화란 추가적인 정보를 이용하지 않을 경우 개인정보 주체를 식별할 수 없는 방식으로 정보를 처리하는 것을 말하여, 이때 추가적인 정보는 분리되어 보관되어야 하며, 개인을 식별할 수 없도록 기술적 및 조직적 조치가 취하여진 정보를 말한다.[54]

가명화의 개념은 개인정보처리자의 의무를 면제하는 익명화와는 달리 개인정보처리자의 정보보호 의무를 다하기 위한 수단으로 도입된 것으로 볼 수 있다. 따라서, 개인정보의 가명화된 정보는 익명화된 정보와는 달리 개인정보의 범위에 포함되어 일반적인 개인정보로 동일한 보호를 받는 것이 원칙이다. 다만 공익적 기록보관 목적, 과학적 또는 역사적 연구 목적, 또는 통계적 목적으로 자료를 처리하

---

48) Article 14, GDPR.
49) Article 5(1)(b), GDPR.
50) 전문 (61), GDPR.
51) Article 9, GDPR.
52) Article 10, GDPR.
53) 전문 (26), GDPR.
54) Article 4(5), GDPR.

는 경우 적절한 안전조치(safeguard)가 취하여진다면 개인정보 처리와 관련한 동의 요건이 면제될 수 있는데, 그러한 안전조치의 하나로 가명화가 제시되어 있으며 개인정보 주체를 식별할 수 없게 하는 처리 방법이 우선적으로 적용되어야 한다.[55]

D. 소결

유럽연합의 GDPR은 개인정보 보호법과 유사하게 개인정보를 일률적으로 정의하고, 종합적인 개인정보 처리의 원칙을 제시하며, 동의 요건을 원칙으로 하고 있다. 따라서 그러한 개인정보를 공익 목적으로 활용하기 위한 방법으로 비식별화의 필요성이 대두되는데 이를 가명화라는 개념을 통하여 해결하고 있다고 볼 수 있다.

IV. 입법론적 검토

A. 원칙적 동의 요건의 합리성

개인정보처리자가 동의 없는 개인정보 처리를 이용하여 이익을 얻을 수 있는 경우 개인정보 주체의 입장에서는 개인정보자기결정권이 침해되는 부정적 외부효과가 발생한다. 로널드 코즈(Ronald Coase)에 따르면 외부효과가 발생하는 문제와 관련하여 아무런 거래비용이 없이 그 문제와 관련된 당사자가 협상을 할 수 있다면 그러한 문제와 관련한 권리의 귀속과 무관하게 외부효과로 인하여 초래되는 비효율성이 해소될 수 있다.[56] 이에 따르면 아무런 거래비용이 없을 경우 개인정보를 보호받을 권리를 개인정보 주체에게 인정하든, 개인정보를 이용할 권리를 개인정보처리자에게 인정하든, 개인정보를 이용하여 얻게 될 이익이 개인정보가 보호됨으로서 얻게 될 이익보다 클 경우 개인정보처리자는 개인정보 주체에게 적절

---

55) Article 89(1), GDPR.
56) Coase, Ronald Harry. "The problem of social cost." The journal of Law and Economics 56, no. 4 (2013): 837−877.

한 대가(개인정보 주체가 그러한 개인정보의 이용으로 인하여 입게 되는 손해)를 지급하고 개인정보를 이용하게 될 것이다.

그러나, 실제로는 개인정보의 주체는 개인정보처리자가 개인정보를 이용하여 얻게 될 이익에 관하여 충분한 정보를 가지고 있지 못한 경우가 대부분이며, 이러한 정보를 얻기 위해서는 개인정보 주체에게 많은 거래비용이 발생하게 된다. 나아가, 개인정보 주체로서는 개인정보 관련된 권리에 대한 시장이 별도로 형성되어 있지 않으므로(즉, 개인정보를 매매할 수 없어 가격이 정하여지지 않으므로), 개인정보의 제공에 관하여 동의하거나 동의하지 않는 선택권만을 가지게 된다. 이러한 상황에서는 당사자의 협상을 통하여 비효율성을 해소할 수 없게 된다.

이러한 한계를 해결하기 위한 방법으로 개인정보 주체에게 개인정보처리자로부터 충분한 정보를 고지받은 후 개인정보 처리에 관한 선택권을 부여하는 방안(notice and choice)은 일응 합리적이라고 볼 수 있다. 그러나, 이와 같이 개인정보 주체에게 선택권을 부여하는 방법으로는 개인정보의 이용에 관하여 명시적으로 동의할 권리를 부여(opt-in)하는 방안만 있는 것이 아니라 동의를 전제로 개인정보의 이용에 관하여 탈퇴할 권리(opt-out)를 부여하는 방안 역시 합리성이 없다고 할 수 없다.[57]

개인정보 주체의 관점에서는 모든 개인정보 주체가 충분한 정보를 가지고 있으며 개인정보 주체에게 두 방안 모두 거래비용이 동일하다고 하면, 더 많은 개인정보 주체가 선택할 방안을 기본방안(default)으로 정하는 것이 합리적일 것이다. 그러나, 실제로는 (1) 개인정보 주체가 충분한 정보를 가지고 있지 못할 뿐 아니라, (2) 탈퇴할 권리를 행사하려는 경우 보다 높은 거래비용이 발생하는 경우가 많을 것으로 예상되고, (3) 더 많은 개인정보 주체가 선택할 방안이 무엇인지도 분명하지 않다는 점에서 반드시 어느 방안이 합리적이라고 쉽게 말할 수는 없다.[58]

---

[57] 이러한 개인정보처리자와 관점을 반영하여 Opt-in 방안은 시장에서의 혁신을 방해하며, 소비자들의 기호를 반영한 마케팅을 어렵게 하며, 소비자들의 비합리적인 행동을 유발할 수 있어 비효율적이라는 주장에 대해서는 아래 웹사이트를 참조.
https://itif.org/publications/2017/10/06/economics-opt-out-versus-opt-in-privacy-rules (최종방문 2021. 4. 30.)

[58] Hermstruwer, Yoan. "Contracting Around Privacy: The (Behavioral) Law and Economics of Consent and Big Data." J. Intell. Prop. Info. Tech. & Elec. Com. L. 8 (2017): 9.

이와 대비하여 개인정보처리자의 관점에서는 일반적으로 opt-in보다는 opt-out을 선호할 것으로 예상할 수 있다.[59] 이에 대해서는 개인정보의 이용과 관련한 정보의 비대칭이라는 관점에서 보다 정보를 많이 가지고 있는 개인정보 처리자가 개인정보 주체에게 정보를 제공하지 않을 경우 동의를 받을 수 없게 되어 결국 개인정보 처리를 할 수 없게 되는 불이익(penalty)을 주는 opt-in이 기본방안(penalty default)이 되는 것이 일응 합리적이라고 할 수 있다.[60] 나아가 opt-in을 기본방안으로 하는 경우 개인정보의 이용에 대한 법적 안정성과 신뢰 구축을 통하여 사회적 이익이 증가할 것으로 예상할 수 있다.[61]

B. 원칙적 동의 요건의 보완

Opt-in을 기본방안으로 한다고 하더라도 개인정보 주체가 주어진 정보에 기초하여 반드시 합리적인 선택을 할 것이 보장되는 것은 아니다.[62] 대부분의 사람들은 인터넷을 사용하면서 개인정보의 처리와 관련한 내용을 읽어 보지 않고 동의하며, 읽어 본 후에도 그 내용을 충분히 이해하지 못하는 경우가 대부분이다.[63] 개인정보 처리에 따른 불이익은 추상적일 뿐 아니라 미래에 발생할 이익이라는 점에서 과소평가될 가능성이 있다. 또한 개인정보처리자로서는 opt-in을 하지 않을 경우 서비스 제공을 제한하거나 opt-in을 하도록 하는 다양한 유인을 계속적으로 제시하는 방법으로 개인정보 주체의 합리적인 선택을 방해하려 할 수 있다.[64]

따라서, opt-in 기본대안에 따라 개인정보의 처리에 관하여 정보를 제공하고 동의를 받았다는 것만으로 충분한 개인정보자기결정권의 보호가 이루어진다고 결론을 내리기는 어려우며,[65] 민감정보나 고유식별정보의 경우에는 더욱 그러하

---

59) https://itif.org/publications/2017/10/06/economics-opt-out-versus-opt-in-privacy-rules (최종방문 2021. 4. 30.)

60) Hermstruwer, Yoan. "Contracting Around Privacy: The (Behavioral) Law and Economics of Consent and Big Data." J. Intell. Prop. Info. Tech. & Elec. Com. L. 8 (2017): 9.

61) Federal Trade Commission, "Protecting Consumer Privacy in an Era of Rapid Change - Recommendations for Business and Policymakers" (March 2012).

62) Acquisti, Alessandro, Laura Brandimarte, and George Loewenstein. "Privacy and human behavior in the age of information." Science 347, no. 6221 (2015): 509-514.

63) Strahilevitz, Lior Jacob, and Matthew B. Kugler. "Is Privacy Policy Language Irrelevant to Consumers?." The Journal of Legal Studies 45, no. S2 (2016): S69-S95.

64) Willis, Lauren E. "Why not privacy by default." Berkeley Tech. LJ 29 (2014): 61.

다. 개인정보의 수집 당시에 충분한 정보를 적절한 방식으로 제공하고 동의를 받는 것도 중요하겠으나,[66] 개인정보의 동의에 따른 수집 이후에도 민감정보나 고유식별정보가 제3자에게 제공되거나(예를 들어 휴대전화의 위치 추적이 되거나 의료정보 또는 신용정보가 제3자에게 제공되는 경우), 그 밖에 동의 없는 개인정보 처리가 이루어질 경우 별도로 통지가 이루어지도록 하고 opt-out을 할 수 있도록 보장하는 것이 더욱 중요할 수 있다.[67]

　　새로운 개인정보 보호법에서는 개인정보의 추가적 이용이나 제공과 관련하여 (1) 당초 수집 목적과 관련성이 있는지 여부, (2) 개인정보를 수집한 정황 또는 처리 관행에 비추어 볼 때 개인정보의 추가적인 이용 또는 제공에 대한 예측 가능성이 있는지 여부, (3) 정보주체의 이익을 부당하게 침해하는지 여부, (4) 가명처리 또는 암호화 등 안전성 확보에 필요한 조치를 하였는지 여부를 고려하도록 하고, 그러한 고려 기준을 개인정보 처리방침에 미리 공개하도록 규정하면서, 따른 개인정보 보호책임자가 해당 기준에 따라 개인정보의 추가적인 이용 또는 제공을 하고 있는지 여부를 점검하도록 규정하고 있다.[68] 그러나 위와 같은 수집 목적과의 관련성, 예측 가능성, 부당한 침해, 안전성 확보에 필요한 조치 등의 기준을 사전적으로 제시하기는 쉽지 않을 것으로 예상되고, 그러한 개별적 검토 결과가 외부로 공개되는 것도 아니므로 선례의 축적도 어려운 문제가 있다. 입법론적 관점에서는 개인정보의 추가적 이용이나 제공에 대하여 정보주체에게 통지를 하도록 하고 이에 대하여 정보주체에게 개인정보의 처리 정지, 정정·삭제 및 파기를 요구할 수 있도록 보장하는 방안을 고려하여 볼 만하다고 생각한다.

---

65) Solove, Daniel J. "Introduction: Privacy self-management and the consent dilemma." Harv. L. Rev. 126 (2012): 1880.

66) 개인정보자기결정권의 실질적인 보장을 위한 다양한 넛지(nudge)에 대하여는 다음 논문 참고. Acquisti, Alessandro, Idris Adjerid, Rebecca Balebako, Laura Brandimarte, Lorrie Faith Cranor, Saranga Komanduri, Pedro Giovanni Leon et al. "Nudges for privacy and security: Understanding and assisting users' choices online." ACM Computing Surveys (CSUR) 50, no. 3 (2017): 44.

67) 개인정보 보호법 제39조의8에서는 정보통신서비스 제공자 등으로서 대통령령으로 정하는 기준에 해당하는 자는 제23조, 제39조의3에 따라 수집한 이용자의 개인정보의 이용내역(제17조에 따른 제공을 포함한다)을 주기적으로 이용자에게 통지하여야 한다고 규정하고 있다.

68) 개인정보 보호법 시행령 제14조의2.

C. 동의의 예외 인정 기준

　　상업적 목적으로 개인정보가 이용되는 경우 개인정보 주체로서는 개인정보처리자의 서비스가 필요한 경우 개인정보라는 대가를 지급하고 개인정보처리자의 서비스를 이용하는 편익을 누릴 수 있다는 점에서 개인정보를 제공할 경제적 유인(incentive)이 존재한다. 상업적 목적이 인정되지 않는 경우에도 개인정보처리로 인한 이익이 개인정보처리자에게만 발생하는 경우에는 원칙적으로 동의를 요구하는 것이 합리적이라고 할 수 있다. 그러나, 개인정보 처리의 목적이 개인정보 주체나 개인정보처리자가 아닌 불특정 다수의 제3자에게 이익을 주는 경우에는 개인정보처리자가 경제적 유인을 제공하기 어렵게 되어 불특정 다수의 제3자를 위한 이익이 실현되지 못하는 비효율이 발생하게 될 수 있다. 따라서 개인정보처리자의 이익을 위한 개인정보 처리와 제3자의 이익을 위한 개인정보 처리는 동의의 예외 인정과 관련하여 다르게 취급할 필요가 있다고 생각된다.

　　새로운 개인정보 보호법에서는 이와 관련하여 가명정보 처리 규정을 도입하여 통계작성, 과학적 연구, 공익적 기록보존 등을 위하여 정보주체의 동의 없이 가명정보를 처리할 수 있다고 하면서,[69] 가명정보의 결합을 허용하되 개인정보보호위원회 또는 관계 중앙행정기관의 장이 지정하는 전문기관이 수행하도록 하였다.[70] 위와 같은 가명정보 처리 규정은 가명화라는 절차 요건을 통하여 개인정보 처리의 근거를 새로 만든 것인데, 입법 체계상 반드시 논리적이라고 보기는 어렵다고 생각된다.

　　예를 들어 GDPR 제89조 제1항에서는 개인정보 처리 최소화(data minimisation)의 원칙을 지키기 위한 보호 조치가 취하여져야 하는데 가명화를 그러한 보호 조치 중 하나로 예시하면서 개인정보의 처리 목적에 비추어 개인을 식별할 수 없는 정보를 사용하는 방안이 있다면 그러한 방안을 채택하여야 한다고 규정하고 있을 뿐이다.[71]

---

69) 개인정보 보호법 제28조의2.
70) 개인정보 보호법 제28조의3.
71) Processing for archiving purposes in the public interest, scientific or historical research purposes or statistical purposes, shall be subject to appropriate safeguards, in accordance with this Regulation, for the rights and freedoms of the data subject. Those safeguards shall ensure that technical and organisational measures are in place in particular in order to ensure respect for the principle of data minimisation. Those measures may include pseudonymisation provided that

이에 반하여 개인정보 보호법에서는 반드시 가명화가 이루어져야 하는 것을 전제로
이 경우 서로 다른 가명정보처리자가 보유한 개인정보를 결합하기 어려우므로 가명
정보의 결합을 할 수 있는 기관을 별도로 정하고 있다. 이와 같은 추가적인 규제는
활발한 빅데이터 활용 연구에 장애가 될 수 있는 것은 비교적 분명한 반면, 개인정보
의 보호에 실질적으로 기여할 수 있는지는 불분명하다는 점에서 재고의 여지가 있는
것으로 보인다.72) 사견으로는 동의의 범위를 벗어난 개인정보의 사후적 이용 및 제공
에 대하여 이를 추가적 이용, 제공과 가명정보의 처리로 이원화하기보다는 동일한
기준으로 규율하는 것이 간명할 것으로 생각된다.

이와 같이 동의의 범위를 벗어난 개인정보의 처리에 대하여 일원적인 규정을
두고 수집 목적 관련성, 정보주체의 예측 가능성, 정보주체의 이익에 대한 침해의
정도, 가명처리 또는 암호화 등 안전성 확보 조치 등을 그 고려 요건으로 하는 경
우, 이에 대하여 독립적인 제3자로 구성된 위원회의 검토 절차를 도입하는 방안
역시 고려하여 볼 만하다고 생각된다.73) 예를 들어 개인정보처리자가 아닌 자가
연구 목적으로 개인정보처리자에게 개인정보를 요청하는 경우 개인정보처리자의
입장에서는 이와 같은 절차적인 안전 장치(safe harbor)가 없다면 개인정보 제공
에 대하여 소극적일 수밖에 없기 때문이다.

V. 결론

미국 연방법과 유럽연합의 GPDR의 대비에서 알 수 있듯, 개인정보 보호의
범위나 방법과 관련하여 정답을 제시하기는 어렵다.

법경제학적인 관점에서 개인정보처리자에게 개인정보 처리로 인한 이익이 발

---

those purposes can be fulfilled in that manner. Where those purposes can be fulfilled by further
processing which does not permit or no longer permits the identification of data subjects, those
purposes shall be fulfilled in that manner.

72) 개인정보 보호법에서는 가명정보를 특정 개인을 알아보기 위한 목적으로 활용하는 경우 형사처벌뿐
아니라 과징금까지 부과할 수 있도록 규정하고 있다.

73) 생명윤리 및 안전에 관한 법률에서는 개인정보를 이용한 연구를 인간대상연구로 정의하면서 (1) 연구
대상자의 동의를 받는 것이 연구 진행과정에서 현실적으로 불가능하거나 연구의 타당성에 심각한 영
향을 미친다고 판단되는 경우 및 (2) 연구대상자의 동의 거부를 추정할 만한 사유가 없고, 동의를 면
제하여도 연구대상자에게 미치는 위험이 극히 낮은 경우에는 기관위원회의 승인을 받아 연구대상자
의 서면동의를 면제할 수 있다고 정하고 있다. 또한 개인정보보호위원회의 <가명정보처리 가이드라
인>에서도 필요시 외부 전문가나 심의위원회를 구성하도록 권고하고 있다.

생하는 경우 동의를 기본방안(opt-in default)으로 하는 것이 일응 합리성이 있다고 생각된다. 나아가, 개인정보 보호법에 따른 추가적 이용 및 제공과 같이 개인정보 처리의 동의 없는 개인정보 처리가 이루어질 경우 별도로 통지가 이루어지도록 하고 opt-out을 할 수 있도록 보장하는 방식으로 동의 요건을 보완하는 방안도 고려할 필요가 있다.

이와 달리 개인정보처리자에게 개인정보 처리로 인한 이익이 발생하지 않거나 주로 불특정 다수의 제3자에게 이익이 발생하는 경우에는 동의를 기본방안으로 하는 것이 비효율적일 수 있다. 이러한 경우에는 동의 없이 개인정보를 처리할 수 있는 일반적인 기준을 제시하면서 그 고려 요소 중 하나로 가명화를 고려하는 것이 바람직하다고 생각된다. 나아가, 그러한 개인정보 처리 기준을 일률적으로 규정하기는 어려우므로 독립적인 제3자로 구성된 위원회의 검토 절차를 마련하는 방안도 고려할 필요가 있다.

참고문헌

Acquisti, Alessandro, Idris Adjerid, Rebecca Balebako, Laura Brandimarte, Lorrie Faith Cranor, Saranga Komanduri, Pedro Giovanni Leon et al. "Nudges for privacy and security: Understanding and assisting users' choices online." ACM Computing Surveys (CSUR) 50, no. 3 (2017): 44.

Acquisti, Alessandro, Laura Brandimarte, and George Loewenstein. "Privacy and human behavior in the age of information." Science 347, no. 6221 (2015): 509−514.

Coase, Ronald Harry. "The problem of social cost." The journal of Law and Economics 56, no. 4 (2013): 837−877.

Federal Trade Commission, "Protecting Consumer Privacy in an Era of Rapid Change − Recommendations for Business and Policymakers" (March 2012).

Hermstruwer, Yoan. "Contracting Around Privacy: The (Behavioral) Law and Economics of Consent and Big Data." J. Intell. Prop. Info. Tech. & Elec. Com. L. 8 (2017): 9.

https://itif.org/publications/2017/10/06/economics−opt−out−versus−opt−in−privacy−rules

https://www.nytimes.com/2017/03/28/technology/congress−votes−to−overturn−obama−era−online−privacy−rules.html

Solove, Daniel J. "Introduction: Privacy self−management and the consent dilemma." Harv. L. Rev. 126 (2012): 1880.

Solove, Daniel J., and Paul Schwartz. Information privacy law. Wolters Kluwer Law & Business, 2014.

Strahilevitz, Lior Jacob, and Matthew B. Kugler. "Is Privacy Policy Language Irrelevant to Consumers?" The Journal of Legal Studies 45, no. S2 (2016): S69−S95.

Willis, Lauren E. "Why not privacy by default." Berkeley Tech. LJ 29 (2014): 61.

김재광. "영미법계 국가의 개인정보보호법제 동향 및 함의." 공법학연구 6권 2호 (2005): 109−153.

김재선. "의료정보의 활용과 개인정보의 보호." 행정법연구 44 (2016): 269−290.

박노형, 정명현. "빅데이터 분석기술 활성화를 위한 개인정보 보호법의 개선 방안 −EU GDPR 과의 비교 분석을 중심으로." 고려법학 85 (2017): 1−39

이창범. "개인정보 보호법제 관점에서 본 빅데이터의 활용과 보호 방안." 법학논총 37, no. 1 (2013): 509−559

정혜련. "미국의 프라이버시와 개인정보보호−개인정보보호에 대한 유럽연합과의 차이를 중심으로." 일감법학 35, no. 단일호 (2016): 271−305.

각론

전자의무기록과 개인건강기록

최재혁 변호사 / 삼성서울병원 법무팀장

Ⅰ. 서론

이른바 4차 산업혁명의 핵심 키워드는 데이터(data), 즉 정보(情報)이다. 특히 보건의료 분야는 건강정보를 활용하여 질병 치료, 질병 연구, 질병 예방은 물론 이를 통한 보건의료체계의 효율적 관리 영역까지 확장될 수 있다.[1]

아직까지 건강정보, 의료정보 등에 대하여 명확한 규범적 정의가 확립된 것은 아니지만, 2016년 12월 식품의약품안전처 「빅데이터 및 인공지능(AI) 기술이 적용된 의료기기 허가심사 가이드라인(안)」에서 '의료용 빅데이터'를 '진료기록 또는 의료기기로부터 측정된 생체 측정정보, 의료영상, 유전정보 등 질병을 예측 또는 진단하기 위해 사용되는 다양한 의료정보'라고 다소 제한적으로 정의한 바 있다.

국민의 건강권 측면에서 그리고 보건의료 분야의 산업적 측면에서 4차 산업혁명의 흐름은 더 이상 피할 수만은 없다. 아래에서는 가장 민감한 의료정보인 의무기록과 관련하여 의료기관 현장에서 발생하는 갖가지 문제들을 법률적 쟁점을 위주로 살펴보기로 한다.

---

1) 한국정보산업연합회, 4차 산업혁명의 핵심은 데이터다, FKⅡ Issue Report 2016-06, 2016. 11, 18쪽.

A. 의무기록과 의료정보

1. 의무기록 : '협의(狹義)의 의무기록'과 '광의(廣義)의 의무기록'

우리나라는 한국전쟁 중 제정된 「국민의료법」 당시부터 의료인이 환자를 진찰하면 지체 없이 진료에 관한 사항과 그 소견을 상세히 기재한 '진료록'을 작성하도록 규정[2]하였고, 현행 의료법에서도 의료인의 '진료기록부등' 작성 및 보관의무 등을 명시하면서 '진료기록부등'(동법 제22조 제1항), '환자에 관한 기록'(동법 제21조 제1항), '다른 사람의 정보'(동법 제19조) 등 다양한 용어를 사용하고 있으나, 의료계에서 일반적으로 사용되고 있는 '진료기록', '의무기록' 등의 개념 및 범위에 대해서는 명확한 규정을 하고 있지 않다.

현행 의료법은 의료인(의사, 치과의사, 한의사, 조산사, 간호사)으로 하여금 각각 진료기록부, 조산기록부, 간호기록부, 그 밖의 진료에 관한 기록(이하 "진료기록부등")을 갖추어 두고 환자의 주된 증상, 진단 및 치료 내용 등 보건복지부령으로 정하는 의료행위에 관한 사항을 상세히 기록하고 서명하도록 하고(동법 제22조 제1항), 의료인이나 의료기관 개설자가 진료기록부등을 보건복지부령으로 정하는 기간 동안 보존할 의무를 규정하고 있으며(동법 제22조 제2항), 의료인이나 의료기관 개설자는 진료기록부등을 전자서명이 기재된 전자문서로 작성·보관할 수 있다고 하면서 이를 '전자의무기록'이라고 규정하고 있다(동법 제23조 제1항).

동법 시행규칙 제14조는 동법 제22조에 따른 작성 의무의 대상이 되는 '의료행위에 관한 사항과 의견'에 관하여 규정하고 있는데, 의사가 작성하는 진료기록부의 경우 ① 진료를 받은 사람의 주소·성명·연락처·주민등록번호 등 인적사항, ② 주된 증상(이 경우 의사가 필요하다고 인정하면 주된 증상과 관련한 병력·가족력), ③ 진단결과 또는 진단명, ④ 진료경과(외래환자는 재진환자로서 증상·상태, 치료내용이 변동되어 의사가 그 변동을 기록할 필요가 있다고 인정하는 환자만 해당), ⑤ 치료 내용(주사·투약·처치 등), ⑥ 진료 일시(日時) 등 각 진료기록부등의 종류에 따

---

2) 국민의료법 [법률 제221호, 1951. 9. 25. 제정] 제43조 의료업자가 환자 또는 임산부·욕부를 진찰하였을 때에는 지체없이 진료 또는 조산에 관한 사항과 그 소견을 상세히 기재한 진료록 또는 조산록을 비치하여야 한다.

라 기재사항을 구체적으로 규정하고 있고, 동법 시행규칙 제15조는 보존의무의 대상이 되는 진료기록부등을 열거하고 있는데, '환자 명부' 5년, '진료기록부' 10년, '처방전' 2년, '수술기록' 10년, '검사내용 및 검사소견기록³⁾' 5년, '방사선 사진(영상물 포함) 및 그 소견서' 5년, '간호기록부' 5년, '조산기록부' 5년, '진단서 등의 부본' 3년으로 보존기간을 각각 달리 규정하고 있으며, 이러한 기록의 보존은 마이크로필름이나 광디스크 등에 원본대로 수록하여 보존할 수 있도록 하고 있다.

　현행 의료법상 '진료기록부등'에 대한 전자문서가 '전자의무기록'이므로 '진료기록부등'을 '의무기록'으로 해석할 수 있는 점, 진료기록부등 상세기록·서명의무는 보존의무를 전제로 하고 있는 점, 보존의무의 대상이 되는 진료기록부등은 '환자 명부', '진료기록부', '처방전', '수술기록', '검사내용 및 검사소견기록', '방사선 사진(영상물 포함) 및 그 소견서', '간호기록부', '조산기록부', '진단서 등의 부본' 등으로 열거되어 있는 점, 진료기록부등 상세기록·서명의무위반이나 보존의무위반의 경우 형사처벌 및 행정처분(자격정지)의 대상이 되는 점 등에 비추어 볼 때, 현행 의료법상 의무기록(진료기록부등)의 구체적 범위는 보존의무의 대상이 되는 '환자 명부', '진료기록부', '처방전', '수술기록', '검사내용 및 검사소견기록', '방사선 사진(영상물 포함) 및 그 소견서', '간호기록부', '조산기록부', '진단서 등의 부본' 등으로 한정적으로 해석하여야 할 것이고, 이를 '협의(狹義)의 의무기록'이라 부를 수 있을 것이다.

　한편, 의무기록 작성의무의 취지는 ① 진료를 담당하는 의사 자신이 계속되는 환자치료에 이용하며, ② 다른 관련 의료종사자에게도 그 정보를 제공하여 환자로 하여금 적정한 의료를 제공받을 수 있도록 하고, ③ 의료행위가 종료된 이후에는 그 의료행위의 적정성을 판단하는 자료로 사용하기 위한 것이므로(대법원 1997. 8. 29. 선고 97도1234 판결), 의료기관에서는 실무상 보관의무 대상이 아닌 각종 의료정보를 기록하고 있는바(각종 동의서, 초음파사진, 병원내 의사전달 사항 등), 이를 '광의(廣義)의 의무기록'이라 부를 수 있을 것이다.

　결국, 의무기록은 의사 등 의료인이 반드시 작성하고 보존하여야 하는 것으로 의료법령에서 작성 및 보존의무를 명시하고 있는 것으로서 '협의(狹義)의 의무기록'과, 의료법령상 작성 및 보존의무가 있는 것은 아니나 의료인이 환자진료에

---

3) '검사내용'은 2016. 12. 29. 개정된 의료법 시행규칙에서 보존의무 있는 진료기록부등에 추가되었다.

필요하다고 판단하여 의무기록으로 포함시켜 작성하고 보존하는 '광의(廣義)의 의무기록'으로 나누어 볼 수 있으며, 다만 '협의(狹義)의 의무기록'인지 '광의(廣義)의 의무기록'인지 여부는 해당 기록의 구체적인 의미에 따라 개별적으로 판단될 것이다.

참고로, 의료법은 원칙적으로 환자가 아닌 다른 사람에게 '환자에 관한 기록'을 열람하게 하거나 사본을 내주는 등 내용을 확인할 수 있게 하여서는 아니 될 의무를 규정하고 있고(동법 제21조 제2항), 다른 법령에 특별히 규정된 경우 외에는 의료·조산 또는 간호업무, 진단서·검안서·증명서 작성·교부 업무, 처방전 작성·교부 업무, 진료기록 열람·사본 교부 업무, 진료기록부등 보존 업무 및 전자의무기록 작성·보관·관리 업무를 하면서 알게 된 '다른 사람의 정보'를 누설하거나 발표하지 못하도록 규정하고 있는바(동법 제19조 제1항), '환자에 관한 기록'은 '협의(狹義)의 의무기록'으로, '다른 사람의 정보'는 '광의(廣義)의 의무기록'으로 해석하는 것이 적절할 것으로 생각된다.

2. 의료정보

2005년부터 정부와 국회에서 개인의료정보 보호에 대한 제도적 장치의 필요성에 따라 개인의료정보 보호에 대한 법률안을 마련하고자 하였으나 이해당사자들(의료계, 시민단체 등)의 의견수렴에 실패하여 결국 입법화되지 못한 결과,[4] 현행법상 '개인의료정보' 또는 '의료정보'의 정의를 직접적으로 규정한 법령은 없다.

다만 의료정보에 관하여 가장 근접한 실정법상 정의를 살펴보면, 보건의료기본법에서 보건의료정보를 '보건의료와 관련한 지식 또는 부호·숫자·문자·음성·음향·영상 등으로 표현된 모든 종류의 자료'로 정의하고 있고,[5] 의료기사 등에 관한 법률에서 '보건의료정보관리사'를 '의료 및 보건지도 등에 관한 기록 및 정보의 분류·확인·유지·관리를 주된 업무로 하는 사람'으로 정의한 데에서 보건의료정보를 '의료 및 보건지도 등에 관한 기록 및 정보'로 짐작해 볼 수 있다.[6]

---

4) 신경림의원 대표발의 「개인의료정보보호법안」(2012. 7. 30, 의안번호 932) 제안이유.
5) 보건의료기본법 제3조 이 법에서 사용하는 용어의 뜻은 다음과 같다.
    1. "보건의료"란 국민의 건강을 보호·증진하기 위하여 국가·지방자치단체·보건의료기관 또는 보건의료인 등이 행하는 모든 활동을 말한다.
    6. "보건의료정보"란 보건의료와 관련한 지식 또는 부호·숫자·문자·음성·음향·영상 등으로 표현된 모든 종류의 자료를 말한다.

즉, 의료정보는 환자의 주된 증상, 검사결과, 진단결과, 진료경과, 치료내용 등 진료의 모든 과정에서 수집·생성된 모든 종류의 정보로서 그 정보를 기초로 연구·분석된 결과까지 포함하는 정보라고 할 것이며, 일응 '광의(廣義)의 의무기록'의 범주로 이해할 수 있을 것이다.

참고로, '의무기록'은 작성 및 보관의무의 당사자인 의료기관 소유로 해석할 여지가 있으나, 소유권은 물건을 사용·수익·처분할 권리이고, 물건은 유체물 및 전기 기타 관리할 수 있는 자연력을 의미하므로 정보는 소유권의 대상이 될 수 없는바(민법 제211조, 제98조), '의료정보'를 의료기관 소유라고 할 수는 없을 것이고, 개인정보주체인 환자 본인 역시 개인정보 자기결정권에 근거하여 열람 및 사본발급 신청권 등을 가지나 의료기관이 작성 보관하고 있는 의료정보에 대한 소유권의 주체는 될 수 없을 것이다.

B. 개인정보 보호법과 의무기록 : 일반법과 특별법

개인정보 보호법은 개인정보보호에 관한 일반법으로서 "성명·주민등록번호 및 영상 등을 통하여 개인을 알아볼 수 있는 정보, 해당 정보만으로는 특정 개인을 알아볼 수 없더라도 다른 정보와 쉽게 결합하여 알아볼 수 있는 정보 및 위와 같은 정보를 가명처리한 정보"를 개인정보로 규정하고(동법 제2조 제1호), 건강, 성생활에 관한 정보, 유전정보 등 정보주체의 사생활을 현저히 침해할 우려가 있는 정보를 '민감정보'로 규정하여 일반 개인정보보다 높은 수준으로 보호하고 있다(동법 제23조, 동법 시행령 제18조).[7]

의무기록 중 진료기록부에는 환자의 인적사항을 기재하고 해당 환자의 건강상태 및 진료에 관한 정보가 기록된다. 즉, 진료기록은 살아 있는 개인(환자)에 관한 정보로서 인적사항 등을 통하여 식별되는 개인의 건강에 관한 정보이고 원칙적으로 개인정보 보호법의 대상이다. 다만, 진료기록부 등 의료에 관련한 개인정보에 대하여는 의료법에서 특별한 규정을 두고 있으므로 의료법이 특별법으로서 우선 적용되고, 의료법에서 규정하고 있지 않은 개인정보보호에 관한 사항은 개인정보 보호법이 적용된다(동법 제6조).

예를 들어, 의료법 제21조에서 환자 본인이 진료기록부등을 열람할 수 있는 권리를 규정하고 있으므로 개인정보 보호법 제35조(개인정보의 열람) 규정에 우선하여 적용된다. 반면, 의료법 제23조 및 동법 시행규칙 제16조는 전자의무기록을 안전하게 관리·보존하는 데에 필요한 시설과 장비를 갖추도록 하고 이에 필요한 시설과 장비의 내용을 규정하고 있으나 안전한 관리·보존의 방법에 관한 기준은 별도로 규정하고 있지 않으므로 개인정보의 안전성 확보에 필요한 기술적·관리적 및 물리적 조치의 기준에 대해서는 개인정보 보호법 제29조, 시행령 제30조 및 개인정보 보호위원회고시 개인정보의 안전성 확보조치 기준 등이 적용된다.

II. 전자의무기록 개관

오랜 의학발달의 역사와 함께 진화해 온 의무기록은 주로 종이로 작성되어 왔는데, 종이 의무기록은 효율성과 안전성 측면에서 정보접근의 비효율성, 중복기록, 기록자간 기록방식의 비일관성, 보관상의 양적 한계, 특히 의사결정 도구로서의 역할수행상의 한계 그리고 의무기록의 분실, 위변조 시 의료과실에 대한 입증 곤란 등 많은 문제점이 지적되었다.

컴퓨터 등 정보처리기술과 통신기술의 발달에 따라 디지털 매체와 컴퓨터 기술을 활용한 의무기록 전산화는 이러한 종이 의무기록이 가진 단점들의 많은 부분을 보완할 대안으로 떠올랐고, 전자의무기록에 관한 본격적인 논의는 1991년 미국 국립과학원(National Academy of Science)의 요청으로 미국의학회가 발표한 "computer-based patient records: an essential technology of health care"라는 보고서에서 시작되었다.[8][9]

---

8) 류화신, 원격의료 및 전자의무기록에 관한 법적 연구, 대한의사협회 의료정책연구소 연구보고서, 2004. 6, 38쪽.
9) 현대적인 의미의 의무기록은 19세기 중반 유럽에서 교육받은 미국 의사에 의해 시작한 증례보고에서 필요성이 대두되어 환자에 대한 기록을 만들면서 시작되었다는 주장도 있다. 정연이, 의무기록의 전산화(EMR)-간호기록 중심-, 시그마학회 한국지부 제11회 학술대회 자료, 2000.

우리나라의 의무기록 정보화는 1977년 의료보험제도가 시행되면서 보험환자들의 진료비 청구업무가 복잡해지고 환자가 증가하게 되자 원무행정 중심으로 병원전산화가 이루어진 것이 그 시작이다. 70~80년대 원무 시스템 개발을 통해 paperless를, 90년대 초반부터 처방전달시스템(Order Communication System, OCS) 개발을 통해 slipless를, 90년대 후반부터 의료영상전송시스템(Picture Archiving and Communication System, PACS)를 통해 filmless를 구현하였고, 2000년대 중반부터 3차 의료기관을 중심으로 전자의무기록(Electronic Medical Record, EMR) 도입이 활발히 시작되었다.[10]

A. 전자의무기록의 법적 근거

2002. 3. 30. 의료법이 개정되기 이전에는 동법 제21조에 의한 진료기록부등의 기록과 수기(手記) 서명만이 의무기록으로 인정되었고, 수기로 작성된 진료기록부등을 동법 시행규칙 제18조에 따라 마이크로필름 또는 광디스크등에 원본대로 수록·보존할 수 있을 뿐이었으나, 2002. 3. 30. 의료법을 개정하여 진료기록을 전자문서로 작성·보관할 수 있는 근거가 마련되었다.[11]

B. 전자의무기록의 정의 및 요건

현행 의료법상 전자의무기록은 진료기록부등을 전자서명법에 따른 전자서명이 기재된 전자문서로 작성한 의무기록이다. '전자문서'란 정보처리시스템에 의하여 전자적 형태로 작성·변환되거나, 송신·수신 또는 저장된 정보를 말하고(전자문서 및 전자거래기본법 제2조 제1호), '전자서명'은 서명자를 확인하고 서명자가 당해

---

10) 이은미/김명/임진희, "의무기록관리의 현황과 개선방안 -KS X ISO 15489표준의 Y병원 적용 중심으로", 정보관리학회지 제29권 제3호, 한국정보관리학회, 2012. 9, 263쪽.
11) 의료법 [시행 2003. 3. 31, 법률 제6686호, 2002. 3. 30, 일부개정] 제21조의2(전자의무기록) ① 의료인 또는 의료기관의 개설자는 제21조의 규정에 불구하고 진료기록부등을 전자서명법에 의한 전자서명이 기재된 전자문서(이하 "전자의무기록"이라 한다)로 작성·보관할 수 있다.
  ② 의료인 또는 의료기관의 개설자는 보건복지부령이 정하는 바에 따라 전자의무기록을 안전하게 관리·보존하는데 필요한 시설 및 장비를 갖추어야 한다.
  ③ 누구든지 정당한 사유없이 전자의무기록에 저장된 개인정보를 탐지하거나 누출·변조 또는 훼손하여서는 아니된다.

전자문서에 서명을 하였음을 나타내는 데 이용하기 위하여 당해 전자문서에 첨부되거나 논리적으로 결합된 전자적 형태의 정보를 말한다(전자서명법 제2조 제2호).

결국 전자의무기록이란 전자서명이 기재된 전자화된 의무기록으로서, 의료인이 정보처리시스템에 의하여 의료행위에 관한 사항과 소견을 작성하고 전자서명하여 저장한 기록으로 정의할 수 있다.[12]

또한 의료법에서 의료인은 진료기록부등을 작성하고 서명을 하여야 한다고 규정하고 있으므로, 과거에는 전자의무기록을 작성한 후에는 반드시 공인전자서명(공인인증서에 기초한 전자서명)을 하여야 하며(전자서명법 제3조 제1항), 공인전자서명이 있어야만 당해 전자서명이 서명자의 서명으로 인정되었으나,[13] 2020년 12월부터 공인인증서가 폐지되면서 이제는 다양한 방법으로 전자적 서명을 하는 것이 가능해졌다.[14]

C. 전자의무기록의 종류

이와 같이 전자의무기록은 의료행위에 관한 사항과 소견을 작성하는 것이므로, 그 종류 및 내용은 의료기관마다 다르게 만들어질 수 있고, 의료인 사이에서도 서로 용어를 다르게 사용하는 경우도 많다.

표 1. Y병원 의료행위 업무별 기록의 종류

업무 구분	기록의 종류
응급실진료	응급진료기록
외래진료	초진기록, 재진기록

---

12) 류화신, 앞의 논문, 40쪽; 보건복지부 고시 제2018-212호 「전자의무기록의 관리·보존에 필요한 시설과 장비에 관한 기준」에서는, "전자의무기록이라 함은 진료기록부 등 의료인이 작성하는 의무기록을 전자서명이 기재된 전자문서로 입력·관리·저장하는 기록을 말한다."고 정의한다.

13) 서울행정법원 2015. 1. 22. 선고 2014구합64865 판결: 의료인이 전자문서로 진료에 관한 기록을 작성하면서 전자서명법에 따른 전자서명을 하지 않은 경우, 이 기록은 의료법에서 규정한 진료기록부등을 갈음할 수 있는 적법한 전자의무기록으로 볼 수 없다고 하여, 보건복지부가 진료기록을 작성하지 않은 경우로 보아 자격정지 15일의 행정처분이 적법하다고 한 사례.

14) 전자서명법 제3조(전자서명의 효력 등) ① 전자서명은 전자적 형태라는 이유만으로 서명, 서명날인 또는 기명날인으로서의 효력이 부인되지 아니한다.
② 법령의 규정 또는 당사자 간의 약정에 따라 서명, 서명날인 또는 기명날인의 방식으로 전자서명을 선택한 경우 그 전자서명은 서명, 서명날인 또는 기명날인으로서의 효력을 가진다.

업무 구분	기록의 종류
입원진료	입원기록, 환자치료계획, 경과기록
의사지시	의사지시기록
협의진료	협의진료기록
검사	검사동의서, 검사보고서, 부검보고서
시술	시술동의서, 시술기록
수술	수술동의서, 마취기록, 수술노트, 수술기록, 회복실기록
분만	산전기록, 진통기록, 분만기록, 신생아기록, 신생아 신체검진
투약	투약기록
간호	간호기록, 체온·맥박·호흡기록, 활력증상기록
기타	영양상담기록, 사회사업기록, 물리치료기록, 언어치료기록
퇴원진료	사망기록, 퇴원요약

따라서 정부는 전자의무기록이 효율적이고 통일적으로 관리·활용될 수 있도록 기록의 작성, 관리 및 보존에 필요한 전산정보처리시스템(전자의무기록시스템), 시설, 장비 및 기록 서식, 의료용어 등에 관한 표준을 정하려는 노력을 계속하고 있다(의료법 제23조의2).

III. 전자의무기록 관련 법적 쟁점

전자의무기록 역시 개인정보이므로, 전자의무기록도 다른 개인정보와 마찬가지로 '수집·생성 – 저장·관리 – 이용·제공 – 파기' 등 소위 개인정보 라이프 사이클(life cycle)에 따라 적법하게 관리되어야 하는바, 아래에서는 각 단계별로 전자의무기록과 관련한 법적 쟁점을 살펴보기로 한다.

A. 전자의무기록의 수집·생성 단계

1. 전자의무기록 상세기록의무

의료법 제22조 제1항은 의료인은 진료기록부등에 의료행위에 관한 사항과 의견을 상세히 기록하고 서명하여야 한다고 규정하여 '진료기록부 상세기록의무'를 규정하면서 위반 시 형사처벌(500만 원 이하 벌금)과 행정처분(자격정지)을 규정하고 있으므로(의료법 제66조 제1항 제10호, 의료법 제90조, 의료관계 행정처분 기준), 그렇다면 과연 얼마나 상세히 기록해야 하는지 여부가 문제된다.

나아가, 동법 시행규칙 제14조는 동법 제22조에 따른 작성 의무의 대상이 되는 '의료행위에 관한 사항과 의견'에 대하여 진료기록부의 경우 ① 진료를 받은 사람의 주소·성명·연락처·주민등록번호 등 인적사항, ② 주된 증상(이 경우 의사가 필요하다고 인정하면 주된 증상과 관련한 병력·가족력), ③ 진단결과 또는 진단명, ④ 진료경과(외래환자는 재진환자로서 증상·상태, 치료내용이 변동되어 의사가 그 변동을 기록할 필요가 있다고 인정하는 환자만 해당), ⑤ 치료 내용(주사·투약·처치 등), ⑥ 진료 일시(日時) 등 각 진료기록부등의 종류에 따라 기재사항을 구체적으로 규정하고 있으나, 여전히 과연 얼마나 상세히 진료기록부를 기록해야 하는지 여부가 문제된다.

판례는 "의사에게 진료기록부를 작성하도록 한 취지는 ① 진료를 담당하는 의사 자신으로 하여금 환자의 상태와 치료의 경과에 관한 정보를 빠트리지 않고 정확하게 기록하여 이를 그 이후의 계속되는 환자치료에 이용하도록 함과 아울러 ② 다른 관련 의료종사자에게도 그 정보를 제공하여 환자로 하여금 적정한 의료를 제공받을 수 있도록 하고, ③ 의료행위가 종료된 이후에는 그 의료행위의 적정성을 판단하는 자료로 사용할 수 있도록 하고자 함에 있다."고 하면서, "의사는 그 진료기록부를 작성함에 있어서 최선을 다하여 그 의료행위에 관한 사항과 소견을 알기 쉽고 신속·정확하게 기록할 수 있는 시기와 방법을 택하여야 할 것이나, 의료법에서 진료기록부의 작성 시기와 방법에 관하여 구체적인 규정을 두고 있지 아니하므로, 의사가 의료행위에 관한 사항과 소견을 위와 같은 목적에 따라 사용할 수 있도록 기재한 것이면 그 명칭의 여하를 불문하고 위 법조에서 말하는 진료기록부에 해당하는 것이고, 그 작성의 구체적인 시기와 방법은 당해 의료행위의 내용과 환자의 치료경과 등에 비추어 그 기록의 정확성을 담보할 수 있는 범위 내에서 당해 의사의 합리적인 재량에 맡겨져 있다고 보아야 할 것이고, 의료법 시행규칙 제17조 제1호가 진료기록부에 '가. 진료를 받은 자의 주소·성명·주민등록번호·병력 및 가족력, 나. 주된 증상, 진단결과, 진료경과 및 예견, 다. 치료내용(주사·투약·처치 등), 라. 진료일시분'을 한글과 한자로 기재하여야 한다고 규정하고 있다고 하여 달리 볼 것은 아니다."라고 판시하였다(대법원 1997. 8. 29. 선고 97도 1234 판결).

보건복지부 역시 위와 같은 판례의 취지에 따라, 단순한 기재사항 누락으로 인한 처벌 및 행정처벌 우려가 있고 의료분쟁 등 민원 발생 시 이를 악용하는 사례가 있어, 재진환자의 주소·병력·가족력을 미기재하거나 건강검진자의 병력·가족력 등을 진료기록부에 미기재한 경우 등은 의료법 제22조 제1항 위반에 해당하지 아니한다고 유권해석하기도 하였다[15].

2013. 4. 5. 의료법 개정으로 의료인이 진료기록부등에 기록하여야 하는 의료행위에 관한 사항과 의견의 내용을 보건복지부령으로 정하도록 하는 위임규정을 마련하였으므로,[16] 진료기록부등에 반드시 기록하여야만 하는 사항은 의료법 시행규칙 제14조에 열거된 사항에 한정된다고 할 것이나, 궁극적으로는 구체적 사안에 있어서 의무기록의 전반적 기록상태가 위 판례에서 적시한 의무기록 작성취지(위 ①, ②, ③)에 부합하는지 여부에 따라 전자의무기록 상세기록의무위반 여부가 판단될 것이다.

2. 개인정보 수집 시 정보주체의 동의 필요 여부

2011. 9. 30. 개인정보보호를 위한 일반법인 개인정보 보호법이 시행되고, 보건복지부와 행정안전부는 개인정보 보호법의 취지 및 주요 원칙, 의료기관의 업무특성을 고려해 개인정보처리 업무 담당자들이 실무에 참고할 수 있도록 하기 위하여 2012년 9월 「개인정보보호 가이드라인(의료기관 편)」 초판을 공동 발간하였고, 2013년 12월과 2015년 2월에 개정판을 발간하였다. 현재는 2020년 개인정보 보호법 개정으로 개인정보 보호에 관한 일차적인 규제권한을 행정안전부로부터 넘겨

---

15) 보건복지부(의료자원과) 2009. 12. 「신성장동력 확충을 위한 규제개혁 추진관련 조치사항」 中 의무기록 기재사항 개선.

16) 의료법 [시행 2013. 10. 6, 법률 제11748호, 2013. 4. 5, 일부개정] 개정이유 및 주요내용: "현행법상 의료인은 진료기록부 등에 의료행위에 관한 사항과 의견을 '상세히' 기록해야 하고, 이를 위반할 경우 형사처벌 및 행정처분을 부과하도록 하고 있는데, 기록의 상세정도에 대한 자의적인 해석 및 집행으로 인하여 형평성 문제가 발생할 수 있으며, 특히 이를 위반할 경우 형사처벌을 부과 받을 수 있다는 점에서 명확성의 원칙에 반한다고 볼 수 있는바, 의료인과 환자 간의 불필요한 갈등을 해소하고 행위자가 형사처벌 및 행정처분 대상 행위를 명확하게 예상할 수 있도록 진료기록부등에 기록하여야 하는 사항을 보건복지부령으로 명확하게 정하도록 하려는 것임."

받은 개인정보 보호위원회와 보건복지부가 이 가이드라인의 발간 주체가 되었다 (이하 "가이드라인").

가이드라인에 따르면, 진료과정에서 수집하는 개인정보와 관련하여 의사가 환자를 진료하면서 수집하는 정보는 법률에 근거한 정보이므로 환자의 동의를 필요로 하지 않고 법률에 근거하지 않은 개인정보를 수집하기 위해서는 환자의 동의를 받아야 한다고 설명하고 있다.[17]

가이드라인은 의료법 제22조 제1항 및 동법 시행규칙 제14조 제1항에서 진료기록부에 의료행위에 관한 사항과 의견을 기록하여야 하고, 그 기록사항으로 '진료를 받은 사람의 주소·성명·연락처·주민등록번호 등 인적사항'을 규정하고 있으므로, 진료목적의 개인정보 수집이 개인정보 보호법 제15조 제1항 제2호 '법률에 특별한 규정이 있거나 법령상 의무를 준수하기 위하여 불가피한 경우'에 해당하는 것으로 판단한 것으로 보이고, 적어도 의사의 진료행위와 관련해서는 이러한 해석에 이견은 없다.

그러나 실제 의료기관 현장에서는 정보주체의 동의 없이 개인정보를 수집할 수 있는 법적 근거를 가이드라인상의 '법률 규정, 법령상 의무 준수'만으로 설명하기에 부족한 경우가 있다. 예를 들어 공정거래위원회가 마련한 '수술등 동의서 표준약관(2016년 7월)'에서 환자가 아닌 대리인이 수술동의서를 작성하는 경우 대리인의 개인정보(환자와의 관계, 대리인의 생년월일, 주소, 집전화, 휴대전화 등)를 수집하도록 하고 있고, '입원약정서 표준약관(2014년 9월)'에서는 입원약정인인 환자 외에 대리인과 연대보증인의 개인정보를 기재하도록 하고 있는데, 이는 개인정보 보호법 제15조 제1항 제4호 '계약의 체결 및 이행을 위하여 불가피한 경우'에 해당하는 최소한의 개인정보로 해석된다. 또한, 의료기관에서 진료에 관한 설명의무를 이행하였음을 입증하기 위하여 환자에게 설명하는 내용을 녹화·녹음하는 과정에서 환자의 영상 등이 수집되는 경우가 있는데, 이는 의료기관의 설명의무 입증책임 이행을 위한 것으로서 개인정보 보호법 제15조 제1항 제6호 '개인정보처리자의 정당한 이익을 달성하기 위하여 필요한 경우'에 해당하는 것으로 해석된다.[18]

결국, 실제 의료기관에서는 의료행위와 직접 관련된 의료법 제22조의 진료기

---

17) 보건복지부/개인정보 보호위원회, 개인정보보호 가이드라인[의료기관 편], 2020. 12, 83쪽.
18) 안전행정부(개인정보보호과), 인터넷 민원회신 2013. 5. 14.

록부 작성을 위한 경우(개인정보 보호법 제15조 제1항 제2호)뿐만 아니라, 진료계약 체결 시 보호자의 인적사항을 수집하는 경우, 환자 또는 보호자가 제기한 불만사항 등 민원 처리를 위해 추가로 수집하는 경우, 의료인이나 의료기관의 입증책임을 위하여 필요한 경우 등과 같이 '정보주체와의 계약의 체결 및 이행을 위하여 불가피하게 필요한 경우(동항 제4호)', '개인정보처리자의 정당한 이익을 달성하기 위하여 필요한 경우로서 명백하게 정보주체의 권리보다 우선하는 경우(동항 제6호)' 등 정보주체의 동의 없이 개인정보를 수집할 수 있는 법적 근거를 보다 유연하게 이해할 필요가 있다.

3. 주민번호처리 법정주의 - 진료예약 주민등록번호 수집

2012년 9월 발간된 가이드라인에서는 의료법령에 따라 진료 목적으로 수집하는 주민등록번호를 포함한 개인정보는 환자의 동의 없이 수집·이용할 수 있다고 설명하면서, '진료 목적의 범위'에 대하여 진료와 직접 관련된 예약, 진단, 검사, 치료, 수납 등 업무를 예시하면서 예약방법에 대해서는 특별히 구별하고 있지 않았다(2012년 9월 가이드라인 9쪽, 11쪽).

그런데, 2013. 8. 6. 개인정보 보호법이 개정되어 법령에서 구체적으로 주민등록번호의 처리를 요구하거나 허용한 경우 외에는 정보주체의 동의에도 불구하고 주민등록번호를 처리할 수 없도록 하는 '주민등록번호 처리법정주의'가 입법되자, 정부는 2013년 12월 가이드라인을 개정하면서 인터넷, 전화 등에 의한 진료예약 시에는 주민등록번호를 수집할 수 없도록 하고 의료기관을 방문하여 예약할 때에는 주민등록번호를 수집할 수 있도록 가이드라인을 변경하였다(2013년 12월 가이드라인 6-8쪽). 즉, 인터넷, 전화 등에 의한 진료예약은 의료법상 진료기록 작성 등 법령에서 허용한 경우가 아니고 환자의 편의도모를 위한 것에 불과하다고 해석한 것이다.

그러자 의료계에서는 2014. 8. 7. '주민등록번호 처리법정주의' 시행 후 주민등록번호로 환자를 식별하는 기존 진료예약 시스템을 전면 변경해야 하거나, 아예 인터넷이나 전화를 통한 진료예약을 받지 않는 등 혼란에 빠졌다.[19] 이러한 혼란은

---

19) "주민번호 수집 전면금지…답답한 병원들", 데일리메디, 2014. 7. 31.

2014. 9. 26. 대한병원협회가 주최하고 보건복지부와 행정안전부가 참여한 '개인정보 보호법 개정에 따른 대책 모색을 위한 토론회'에서, 건강보험 자격조회나 진료절차를 이행하기 위한 목적은 법령에서 허용하는 경우에 해당한다는 의료계의 주장이 받아들여지고,[20] 이후 보건복지부에서 전화·인터넷 등을 이용한 진료·검사 예약 시 '건강보험 가입여부', '건강검진 대상여부' 등 일정 사항 확인이 필요한 경우는 국민건강보험법 등에 따라 주민등록번호의 수집·이용이 가능하다는 해석을 내놓으면서 일단락되었다.[21]

그러나, 국민건강보험법에 따른 건강보험자격 확인[22] 목적으로 주민등록번호 처리를 허용한다고 한정하여 해석할 경우, 주민등록증 등 신분증이 아닌 건강보험증을 제출하여 요양급여를 받는 경우나 건강보험 요양급여대상 진료가 아닌 미용성형, 건강검진 실시하는 경우 등을 위한 진료예약에서는 주민등록번호 처리 근거가 궁색해진다.

결국 이러한 경우 실제 의료기관 현장을 고려한 의료법 해석이 필요하다. 즉, 미용성형, 건강검진 등의 경우에도 의료기관은 의료법에 따라 진료를 받은 사람(환자)의 성명, 주소, 주민등록번호, 전화번호 등 인적사항을 진료기록부에 기재하여야 하고, 실제로 의료기관에서 이러한 인적사항은 진료 예약 단계에서 원무과 등 예약업무 담당자를 통하여 수집되고 있으며,[23] 수집된 인적사항은 예약업무 담당자에 의하여 전산으로 저장되어 전자의무기록의 내용으로 기록되는바, 의료법에 따른 의료인의 진료기록부 작성 등의 업무는 전자의무기록 시스템하에서는 진료

(http://dailymedi.com/detail.php?number=782971#)

20) "진료예약시 주민번호 수집 법적 문제없다", 메디컬옵저버, 2014. 9. 27.
   (http://www.monews.co.kr/news/articleView.html?idxno=77079)
21) "병원 내 진료·검사 예약시, 건강보험 자격 등 확인을 위해 필요한 경우 주민등록번호 수집 가능해진다", 보건복지부 보도참고자료, 2014. 11. 28.
22) 국민건강보험법 제12조(건강보험증)
   ② 가입자 또는 피부양자가 요양급여를 받을 때에는 제1항의 건강보험증을 제42조제1항에 따른 요양기관(이하 "요양기관"이라 한다)에 제출하여야 한다. 다만, 천재지변이나 그 밖의 부득이한 사유가 있으면 그러하지 아니하다.
   ③ 가입자 또는 피부양자는 제2항 본문에도 불구하고 주민등록증, 운전면허증, 여권, 그 밖에 보건복지부령으로 정하는 본인 여부를 확인할 수 있는 신분증명서(이하 "신분증명서"라 한다)로 요양기관이 그 자격을 확인할 수 있으면 건강보험증을 제출하지 아니할 수 있다.
23) 전영주, "전자의무기록(EMR)의 활용과 환자정보보호", 보건의료산업학회지 제7권 제3호, 보건의료산업학회, 2013. 9, 214쪽. 통상적으로 병원 진료는 원무과 등에서 환자의 인적사항 등을 작성하는 것에서부터 개시되는 것이 일반적이다.

예약 단계에서부터 시작되는 것이고, 이러한 과정은 의료인의 사전 지시·감독하에 만들어진 업무절차로 볼 수 있으므로, 2015년 2월 가이드라인에서 진료과정에서 수집하는 개인정보와 관련하여 의사가 환자를 진료하면서 수집하는 정보는 법률에 근거한 정보라고 설명하고 있는 것을 실질적으로 해석하여, 인터넷, 전화 등에 의한 진료예약 과정에서 의료기관이 수집하는 주민등록번호 등 개인정보도 의료법 제22조 제1항 및 동법 시행규칙 제14조에 근거한 것으로서 미용성형, 건강검진 등의 경우도 여기에 포함된다고 해석하여야 할 것으로 생각한다.

B. 저장·관리 단계

1. 보존의무 있는 전자의무기록의 범위

의료법 제22조 제2항은 의료인 등이 보존하여야 한 진료기록부 등의 범위 및 보존연한에 관하여 시행규칙에 위임하였고, 그에 따라 의료법 시행규칙 제15조 제1항에서는 제1호에서 제9호까지[24] 보존하여야 할 진료에 관한 기록을 구체적으로 특정하여 규정하고 있는 점, 그 밖에 수범자인 의료인의 입장에서 광범위한 진료에 관한 기록 중 보존의무를 부담하는 진료기록의 범위를 예측할 수 있도록 하여야 할 필요성이 매우 큰 점, 더욱이 의료법은 의료법 제22조 제2항에 위반하여 진료기록부 등을 보존하지 않은 의료인에 대하여 행정적 제재뿐만 아니라 형사처벌까지 가능하도록 하고 있는 점 등을 감안하면, 의료법 시행규칙 제15조 제1항 각 호의 규정은 한정적, 열거적인 것이라고 보아야 한다.[25]

---

24) 1. 환자 명부 : 5년, 2. 진료기록부: 10년, 3. 처방전: 2년, 4. 수술기록: 10년, 5. 검사내용 및 검사소견 기록: 5년, 6. 방사선 사진(영상물을 포함한다) 및 그 소견서: 5년, 7. 간호기록부: 5년, 8. 조산기록부: 5년, 9. 진단서 등의 부본(진단서·사망진단서 및 시체검안서 등을 따로 구분하여 보존할 것): 3년.
25) 서울행정법원 2009. 10. 8. 선고 2009구합28766 판결: 종합병원 산부인과 레지던트로 근무하던 의사가 분만실에 내원한 환자에 대하여 초음파 검사를 실시하고도 초음파 사진을 보존하지 않았다고 하여 의료법 제22조 제2항의 위반을 이유로 15일간 의사면허를 정지하는 처분을 한 사안에서, 의료법 제22조 제2항의 위임에 따라 진료기록부 등의 범위 및 보존연한에 관하여 규정하고 있는 같은 법 시행규칙 제15조 제1항 각 호의 규정이 한정적, 열거적인 것이고, 초음파 검사는 방사선 검사와 그 기능, 원리 및 작용방식 등이 서로 달라 초음파 검사 사진이 위 시행규칙 제15조 제1항 제6호에 정한 방사선 사진에 준용된다고 볼 수 없으므로, 위 시행규칙 제15조 제1항에서 초음파 검사 사진을 보존하여야 할 진료에 관한 기록의 하나로 명시하지 않은 이상 의사가 초음파 사진을 보존하지 않았다고 하여 의료법 제22조 제2항에 따른 보존의무를 위반하였다고 볼 수 없어, 이를 전제로 한 위 처분이 위법하다

기존에는 의료법 시행규칙 제15조 제1항 제5호에서 '검사소견기록'만 보존의
무 대상으로 규정하고 있었으므로, '검사내용'은 별도로 보존할 의무가 없었다. 따
라서 분만사고와 관련한 의료분쟁에서 산모와 태아의 상태를 확인할 수 있는 태동
검사의 내용이 중요한 입증자료임에도 불구하고 태동검사결과에 대한 소견(검사소
견기록)만 기록되어 있다면 태동검사 내용 자체(검사내용)는 보존하지 않더라도 의
료법상 문제되지 않았으므로, 분만 당시 산모와 태아 상태에 대한 정보가 정확하
게 보존되기 어려워 사후적으로 진료과정에서 처치의 적정성 입증 및 판단이 거의
불가능한 경우가 많았다[26]. 그런데, 2016. 12. 29. 의료법 시행규칙 개정을 통해
'검사내용'을 보존하도록 규정하였는바, 기존에는 보존의무 없는 '광의(廣義)의 의
무기록'일 뿐이었던 '검사내용'이 보존의무 있는 '협의(狹義)의 의무기록'이 되면서,
사후적인 의료행위 적절성 판단을 위해 중요한 자료로 활용될 수 있게 되었다.

또한, 진료기록부등에 추가기재 또는 수정이 이루어진 경우 원본뿐만 아니라
추가기재 또는 수정이 이루어진 수정본 모두가 존재해야 환자 등이 어떤 내용이
수정 또는 변경되었는지 알 수 있음에도 불구하고 현행 의료법상 이러한 자료 모
두를 보존해야 할 의무가 명시적으로 규정되어 있지 않고, 전자의무기록의 경우
수정 등 변경을 하였는지 여부를 확인할 수 있는 접속기록자료 작성 및 보존에 관
한 의무가 없어 이에 대한 대비책이 필요하다는 문제제기가 있어 왔다. 이에,
2017. 1. 인재근 의원은 의료인이나 의료기관 개설자가 진료기록부등(전자의무기
록을 포함)에 추가기재·수정을 하는 경우 그 원본과 추가기재·수정본을 함께 보
존하도록 하고, 필요한 경우 전자의무기록의 추가기재·수정 등 변경이 있었는지
여부를 확인할 수 있도록 접속기록자료를 작성·보존하도록 하는 한편, 원본과
추가기재·수정본에 대한 환자의 열람 또는 사본교부 요청이 있는 경우 이에 응
하도록 하는 내용의 의료법 일부개정법률안(의안번호 제5238호)을 발의하였고,
2017. 11. 24. 국회 보건복지위원회에서 의결을 거쳐 2018년 3월 국회 본회의를
통과하였다.[27]

고 한 사례
26) "보존의무 있는 진료기록 확대 환영"(조우선 변호사), 청년의사, 2017. 1. 16.
(http://www.docdocdoc.co.kr/news/articleView.html?idxno=1037788)
27) 의료법 제22조(진료기록부) ② 의료인이나 의료기관 개설자는 진료기록부등[제23조제1항에 따른 전
자의무기록(電子醫務記錄)을 포함하며, 추가기재·수정된 경우 추가기재·수정된 진료기록부등 및 추
가기재·수정 전의 원본을 모두 포함한다. 이하 같다]을 보건복지부령으로 정하는 바에 따라 보존하

즉, 진료기록부 작성취지가 환자의 계속적 치료 및 의료행위의 적정성 판단을 위한 사후적 자료라는 것에 비추어 볼 때, 보존의무 있는 진료기록부등에 대한 의료법 시행규칙 제15조 제1항 각호의 규정을 한정적, 열거적인 것으로 보는 것이 너무 협소한 해석이 아닌지 의문이 있을 수는 있겠으나, 보존의무 위반 시 형사처벌 및 행정처분이 부과된다는 점에서 죄형법정주의 원칙상 부득이한 해석으로 생각되며, 보존의무 대상 확대는 의료법 시행규칙 제15조 개정 등 사회적 합의를 통해 입법적으로 해결하여야 할 것이다. 다만, 보존의무 있는 진료기록부등에 대한 의료법 시행규칙 제15조 제1항 각호의 구체적 범위에 대해서는 진료기록부 작성취지(환자의 계속적 치료 및 의료행위의 적정성 판단을 위한 사후적 자료)에 따라 사안별로 판단하여야 할 것이다.

2. 전자의무기록 무단탐지

2015. 11. 민중총궐기 시위에서 경찰이 발사한 물대포에 맞아 쓰러진 백남기 농민이 서울대학교병원에서 수술을 받고 결국 사망한 이후 당시 주치의가 사망진단서에 사인을 '병사'로 기재하자 외압이 있었다는 논란이 일었고, 2016. 12. 30. 국회는 서울대학교병원 직원들이 故 백남기 환자의 전자의무기록을 광범위하게 무단열람하고 수사기관, 정보기관 등 외부로 유출한 의혹이 있다며 「국회법」 제127조의2의 규정에 따라 감사원 감사를 요구하기에 이르렀다.

감사원은 서울대병원이 운영하는 종합의료정보시스템과 PACS의 접근 로그(log) 기록을 분석했고, 총 743명이 40,601회에 걸쳐 故 백남기 환자의 전자의무기록을 열람하였고, 이 중 161명(725회)이 업무와 관련이 없는 무단 열람으로 확인하였고, 무단 열람자 161명에 대하여 의료법 제23조 및 제87조의 규정에 따라 고발하도록 하였으며,[28] 이에 따라 서울대병원은 161명 전원을 의료법 위반 혐의로 관할 경찰서에 형사고발했다.[29]

의료법 제23조는 전자의무기록을 안전하게 관리·보존하는 데에 필요한 시설

여야 한다.
28) 감사원 감사결과보고서, "서울대학교병원 전자의무기록 무단 열람 및 유출 실태", 2017. 3.
29) "서울대병원, 의무기록 무단열람 의료진 경찰 고발", 데일리메디, 2017. 5. 2.
　　(http://www.dailymedi.com/detail.php?number=818318)

과 장비를 갖추고, 정당한 사유 없이 전자의무기록에 저장된 개인정보[30]를 탐지하거나 누출·변조 또는 훼손하는 것을 금지하며, 이를 위반한 경우 형사처벌(5년 이하 징역이나 5천만 원 이하 벌금)을 규정하고 있는바(동법 제87조), 정당한 사유 없이 단순한 호기심 등으로 故 백남기 환자의 전자의무기록을 무단탐지한 위 161명의 행위는 의료법 제23조 제3항에 위반한 행위로서 형사처벌의 대상이 된다.

또한 위 감사원 감사결과에서, 타과 소관 환자의 전자의무기록에 접근하려고 할 때에는 현재 진료 중이 아닌 환자이고 접근이력이 모니터링된다는 취지의 경고문 팝업창이 뜨고 열람 사유를 선택한 후 비밀번호를 재입력하여야만 전자의무기록 열람이 가능하게 되어 있었으나[31] 경고문 팝업창의 내용에 무단열람이 형사처벌 대상이라는 점이 누락되어 경각심을 주기에 부족하였고, PACS에는 경고문 팝업창도 없어 타과 소관 환자도 곧바로 열람이 가능할 뿐 아니라, 환자 진료에 직접 관여하는 의사·간호사와 교육실습을 목적으로 전자의무기록을 열람하는 의과·간호학과 학생의 접근권한이 동일하게 부여되어 있어 실습목적을 벗어나서 무단열람할 우려가 있다는 점이 지적되었다.

개인정보처리자[32]는 개인정보취급자에 대하여 개인정보시스템에 대한 접근권한을 적절히 부여하고 통제하여야 하므로, 의료기관은 역시 의료진의 전자의무기록에 대한 접근권한의 범위 및 기준을 설정하고 통제해야 한다. 그러나 실무상으로는, 다른 진료과 환자에 대한 전자의무기록 열람의 범위를 어떻게 정할지, 해

---

30) 대법원 2013. 12. 12. 선고 2011도9538 판결: "의료법 제23조 제3항의 적용 대상이 되는 전자의무기록에 저장된 '개인정보'에는 환자의 이름·주소·주민등록번호 등과 같은 '개인식별정보' 뿐만 아니라 환자에 대한 진단·치료·처방 등과 같이 공개로 인하여 개인의 건강과 관련된 내밀한 사항 등이 알려지게 되고, 그 결과 인격적·정신적 내면생활에 지장을 초래하거나 자유로운 사생활을 영위할 수 없게 될 위험성이 있는 의료내용에 관한 정보도 포함된다."

31) 타과 소관 환자의 전자의무기록 정당 열람 사유(출처: 감사원, 서울대학교병원 제출자료 재구성)

구분	정당 열람 사유
의사	1. 추가오더 입력, 2. 미비기록 작성, 3. 환자상담, 협진, 4. 진단서/의뢰서/사본발급, 5. 예정환자 조회, 6. 예정확인 변경, 7. 약제업무, 8. 진료지원 업무, 9. 원무보험 , 10. 사전에 승인된 업무, 11.(삭제),12. 교육, 13. 출력, 14. 기타(상기 항목에 해당되지 않은 여타의 사유)
간호사	1. 미비기록 작성, 2. 예정환자 조회, 3. 특수부서, 4. 진료지원 업무, 5. 교육, 6. 환자상담, 7. 사전에 승인된 업무, 8. 출력, 9. 기타(상기 항목에 해당되지 않은 여타의 사유)

32) 개인정보 보호법 제2조(정의) 제5호 "개인정보처리자"란 업무를 목적으로 개인정보파일을 운용하기 위하여 스스로 또는 다른 사람을 통하여 개인정보를 처리하는 공공기관, 법인, 단체 및 개인 등을 말한다.

당 진료과 환자의 전자의무기록이라 하더라도 열람할 수 있는 기간을 어떻게 정할지, 이러한 기준을 넘어설 경우 어떠한 기준으로 예외를 인정할 것인지 등에 대하여 '환자의 진료정보 보호'와 '진료의 효율성' 사이에서 어려움을 겪고 있다.

이처럼 협진과 다학제진료가 일반화되어 있는 현대의 의료현장에서는, 환자의 전자의무기록에 접근할 수 있는 '정당한 사유'가 어디까지 인정되어야 하는지, 각 업무담당자별로 적절한 접근권한의 범위는 어디까지인지, 어떻게 효율적으로 접근을 통제하고 접근권한을 제한할 수 있는지 등에 대한 고민이 계속되고 있는바, 이에 대한 해결방법은 결국 '진료 목적의 정당한 의학적 범위'라는 기준에 따라야 판단되어야 할 것이다.

3. 전자의무기록 보관 장소

의료법은 전자의무기록을 안전하게 관리·보존하는 데에 필요한 시설과 장비를 갖추어야 할 의무를 부과하고 있고(동법 제23조 제2항, 시행규칙 제16조), 개인정보 보호법은 개인정보가 분실·도난·유출·위조·변조 또는 훼손되지 아니하도록 내부 관리계획 수립, 접속기록 보관, 암호화, 백업 및 복구 계획 등 안전성확보조치의무를 규정하고 있다(동법 제29조, 시행령 제30조).

종전의 의료법과 시행규칙(보건복지부령 제395호, 2016. 2. 5, 일부개정되기 이전의 것)은 전자의무기록을 보존하기 위하여 네트워크에 연결되지 아니한 백업저장시스템 등을 갖추도록 규정하고 있을 뿐(동법 시행규칙 제16조 제1항 제3호), 전자의무기록 보존 장소에 대해서는 명시적으로 규정하고 있지 않았다. 그럼에도 불구하고 보건복지부는 의료업은 의료기관 내에서 하여야 한다는 동법 제33조 제1항을 근거로 전자의무기록은 의료기관 내부에서만 보관해야 하는 것으로 해석한 결과,[33][34] 대부분의 의료기관은 의료기관 내에 설치된 저장장치에 전자의무기록을 보존해 왔다.

그러나 ① 의료법에서는 의무기록 관리 위탁을 명시적으로 금지하는 규정을

---

[33] "전자의무기록 보관의 보안 및 편의 증진 ─ 의료법 시행규칙 개정안 입법예고", 보건복지부 보도자료, 2015. 11. 16.
[34] 이러한 보건복지부의 해석은 전자의무기록의 보관 문제를 종이문서를 보관하는 방식의 연장선상에서 이해한 결과라고 생각된다.

두고 있지 않을 뿐만 아니라, 의료기관 내에 전자의무기록을 보관해야 한다는 규정도 별도로 두고 있지 않은 점, ② 의료기관 시설기준에서 의무기록실을 의료기관이 공동으로 사용할 수 있도록 하고 있으므로 반드시 해당 의료기관 내에 전자의무기록을 두어야 한다고 해석할 수 없는 점,35) ③ 개인정보 보호법에서는 개인정보처리자가 일정한 요건하에 제3자에게 개인정보의 처리 업무를 위탁하는 것을 허용하고 있는 점(개인정보 보호법 제26조) 등에 비추어 보면, 위와 같은 보건복지부의 의료법 해석은 명확한 법적 근거가 없는 해석으로 비판받아 왔다.

이에 보건복지부는, 오늘날 전자의무기록 사용이 보편화된 상황에서 현실적으로 중소병원·의원은 보안·관리 인력과 시스템을 갖추기 어려워 오히려 전자의무기록 보관·관리가 부실하게 이루어질 문제점이 있는 등의 상황을 반영하여, 2016. 2. 5. 의료법 시행규칙을 개정하여 의료기관 개설자가 전자의무기록 보관관리 장소를 의료기관 내부 또는 외부의 전문기관을 선택할 수 있도록 하되, 보관장소(내·외부)에 따른 차별화·강화된 시설·장비 기준을 마련하여, 발전된 정보통신기술을 활용하여 전자의무기록을 보다 안전하고 효율적으로 보관·관리할 수 있도록 하였다.36)

C. 이용·제공 단계

1. 전자의무기록 열람 및 사본발급

의료법 제21조에서는 '환자에 관한 기록'의 열람·사본발급에 관하여 규정하고 있는데, 의료기관(의료인, 의료기관의 장 및 의료기관 종사자)은 환자 본인의 열람·사본발급 요구를 정당한 사유가 없으면 거부할 수 없음을 명시하고 있고(동조 제1항),37) 다만, 환자가 본인에 관한 진료기록 등을 열람하거나 그 사본의 발급을

---

35) 의료법 시행규칙 제34조 [별표3] 의료기관의 종류별 시설기준 20. 가.
36) 보건복지부고시 제2018-212호 전자의무기록의 관리·보존에 필요한 시설과 장비에 관한 기준
37) 환자 본인의 환자에 관한 기록 열람요구권은 2016. 12. 20. 의료법 개정으로 명문으로써 규정되었는데, 법 개정 이전에는 "의료인이나 의료기관 종사자는 환자가 아닌 다른 사람에게 환자에 관한 기록을 열람하게 하거나 그 사본을 내주는 등 내용을 확인할 수 있게 하여서는 아니 된다."고 규정할 뿐이어서, 법규정의 유추·반대해석에 근거하여 환자 본인의 열람요구권을 인정할 수밖에 없었다. 즉, 법 개정 이전에는 의료기관이 환자의 기록열람요구를 거부하더라도 형사처벌 규정 적용이 어려운 문제

원하는 경우에는 요청인이 환자 본인임을 확인해야 하도록 규정하고 있으며(동법 시행규칙 제13조의3 제4항), 개인정보 보호법 제35조는 정보주체의 개인정보 열람에 대한 권리 및 절차를 규정하고 있으나, 환자에 관한 기록 열람권은 우선적으로 의료법 제21조가 적용되는 것으로 해석된다.

한편, 의료기관은 원칙적으로 환자가 아닌 다른 사람에게 환자에 관한 기록을 열람·사본발급 등 내용을 확인하게 할 수 없도록 하고, 예외적으로 환자의 가족, 대리인 등이 일정한 요건을 갖추어 요구하는 경우나 국민건강보험법, 형사소송법 등 법률의 규정에 따른 요구가 있는 경우에 이에 응하도록 규정하고 있다(동조 제2항, 제3항).

종전의 의료법(2009. 1. 30. 법률 제9386호로 개정되어 2010. 1. 31. 시행되기 이전의 것) 제21조에서는 '의료법이나 다른 법령에 따라 규정된 경우'에는 환자에 관한 기록의 내용 확인이 가능하였으나,[38] 2009. 1. 30. 개정된 의료법에 의하면 '의료법에 따로 규정된 경우 또는 동법 제21조 제3항 각호에서 예외적으로 인정되는 경우'가 아니면 '다른 법령에 따라 규정된 경우'라 할지라도 '환자에 관한 기록'은 열람·사본발급 등 내용을 확인할 수 없도록 변경된 것으로 해석된다. 위 의료법 개정이유에 따르면, 환자의 기록정보는 가장 엄밀하게 보호되어야 할 개인정보임에도 의료법 외의 다른 법령에 의한 경우에도 열람이 가능하여 엄격히 보호되어야 할 환자의 진료 관련 정보가 환자 본인의 동의 없이 누출될 우려가 있어, 환자 본인이 아닌 경우 환자진료기록 열람을 엄격히 제한하고, 형사소송법·민사소송법 등 의료법에서 열거한 법률에 열람 근거가 있는 경우에만 환자기록의 열람 및 사본 교부가 가능하도록 한다고 밝히고 있기 때문이다.[39]

이와 관련하여, 법제처가 국가인권위원회법 제36조 제1항 제2호 및 같은 조 제7항에 따라 국가인권위원회가 의료인에게 환자에 관한 기록 제출을 요구하는

가 있었다.

38) 의료법 [2009. 1. 30. 법률 제9386호로 개정되기 전의 것] 제21조(기록 열람 등) ① 의료인이나 의료기관 종사자는 이 법이나 다른 법령에 따로 규정된 경우 외에는 환자에 관한 기록을 열람하게 하거나 그 사본을 내주는 등 내용을 확인할 수 있게 하여서는 아니 된다. 다만, 환자, 환자의 배우자, 환자의 직계존비속 또는 배우자의 직계존속(배우자, 직계존비속 및 배우자의 직계존속이 없는 경우에는 환자가 지정하는 대리인)이 환자에 관한 기록의 열람이나 사본 교부 등 그 내용 확인을 요구하는 경우에는 환자의 치료를 위하여 불가피한 경우가 아니면 확인할 수 있게 하여야 한다.

39) 의료법 [시행 2009. 1. 30, 법률 제9386호, 2009. 1. 30, 일부개정] 제정·개정이유 中.

경우, 의료인은 의료법 제21조를 근거로 기록 제출 요구에 따르지 않을 수 있다고 해석한 바 있다. 이에 따르면, 2009. 1. 30. 개정된 의료법 제21조 개정취지에 비추어 볼 때, 같은 조 제2항 각호(현행 제3항 각호)에 열거되어 있지 않은 경우에는 비록 그 요구가 법령에 근거한 것이라 하더라도, 그 법령이 의료법 제21조에 우선하여 적용되거나 입법목적과 규율내용이 달라 서로 모순·저촉되는 관계에 있지 아니한 경우 등을 제외하고는, 원칙적으로 의료인은 의료법 제21조에 따라 환자에 관한 기록의 제출을 거부할 수 있는데, 국가인권위원회법 제36조 제1항은 국가인권위원회의 진정에 관한 조사 시 자료 제출을 요구할 수 있는 일반적인 규정이고, 같은 항 제2호에서는 자료 제출을 요구하기 위한 대상자의 범위를 '관계인 또는 관계 기관 등'으로 포괄적으로 규정하고 있다는 점에서, 이 규정을 의료법 제21조에도 불구하고 환자에 관한 기록을 제3자에게 제공할 수 있는 예외적인 규정으로 보기는 어렵고 해석한 것이다.[40]

반면, 법제처는 한국의약품안전관리원장이 의약품 부작용 피해구제 사망일시보상금 신청 건과 관련하여 의료기관에 의무기록 사본을 요청하였으나 의료기관이 의무기록과 관련해서는 의료법을 우선 적용할 수밖에 없으므로 의무기록 등 진료내용을 확인해 줄 수 없다며 거부한 사안에서는, 약사법 제86조의6 제1항[41]에 따라 의약품안전관리원의 장이 의료기관 개설자에게 환자에 관한 기록을 요청한 경우, 의료기관 개설자는 의료법 제21조 제1항 및 제2항(현행 제2항 및 제3항)에 위반된다는 이유로 그 제출을 거부할 수 없다고 해석하였고, 이러한 해석 근거[42]

---

40) 법제처, 15-0373, 2015. 7. 28, 법무부-국가인권위원회법 제36조 제1항 제2호 등 관련: 국가인권위원회가 진정에 관한 조사를 위하여 의료인에게 환자에 관한 기록을 요구하는 경우, 의료인은 의료법 제21조를 근거로 이에 따르지 않을 수 있는지.

41) 약사법 제86조의6(부작용 피해의 조사 등) ① 의약품안전관리원의 장은 제86조의4 제2항에 따른 조사·감정을 할 때에는 신청인, 의약품의 제조업자·품목허가를 받은 자·수입자·판매업자, 약국 개설자, 의료기관 개설자, 이 법 또는 다른 법률에 따라 의약품을 판매하거나 취급하는 자, 관련 이해관계인 또는 참고인으로 하여금 출석하여 진술하게 하거나 조사에 필요한 자료 및 물건 등의 제출을 요구할 수 있다.

42) 법제처, 15-0200, 2015. 6. 17, 식품의약품안전처 - 한국의약품안전관리원의 장이 의약품 부작용 피해구제 조사·감정을 위하여 의료기관 개설자에게 환자의 의무기록 사본의 제출 요구 시 이를 거부할 수 있는지(약사법 제86조의6제1항 등 관련): (1) 의료법 제21조가 의료인과 의료기관 종사자가 환자의 동의 없이 환자 외의 사람에게 함부로 환자에 관한 기록을 열람하게 하거나 그 사본을 교부하는 일이 없도록 하기 위하여 법에서 인정하는 경우에만 예외적으로 그 열람·교부를 할 수 있도록 엄격히 제한함으로써 환자의 진료관련 정보를 보호하기 위한 취지의 규정이고, 약사법 제86조의6 제1항은 의약품 피해구제급여를 신청받은 경우, 의약품 부작용 피해에 관한 사실조사, 의료사고 해당 여부, 의약품과의 인과관계 규명, 후유장애 발생 여부 및 피해보상의 범위 등에 관한 정확한 조사·감정 등을 통하

는 해당 약사법과 의료법의 입법 목적, 규율대상 등이 서로 다르기 때문이라고 밝히고 있다.

그러나, 국가인권위원회법 사안과 약사법 사안에서 결론이 다른 법제처 해석은 모순이 발생한다는 점, 수범자인 의료인 입장에서 다른 법령의 입법목적과 규율내용을 사전에 판단하기 어렵다는 점, 의료법 제21조와 다른 법령의 입법목적과 규율내용이 달라 서로 모순·저촉되는 관계에 있지 아니하여 다른 법령에 따라 의무기록 등을 제출한 경우 의료법 제21조 위반이 아니라고 볼 수 없다는 점, 2009. 1. 30. 개정된 의료법 제21조 개정취지에 따르면 비록 다른 법령에 별도의 규정이 있다 할지라도 동조 제3항 각호에 열거되어 있지 않은 경우에는 환자에 관한 기록의 제출을 거부할 수 있다고 해석하는 것이 적절한 점 등에 비추어 볼 때, 위와 같은 법제처 해석은 문제가 있다고 생각된다.

2. 수사협조를 위한 환자의 의무기록, 의료정보 제공

의료법 제21조 제3항 제6호는 환자가 아닌 다른 사람에게 환자에 관한 기록을 열람·사본발급할 수 있는 경우로 '형사소송법 제106조, 제215조 또는 제218조에 따른 경우'를 규정하고 있다. 그런데, 수사기관에서 형사소송법 제218조(영장에 의하지 아니한 압수)43)에 근거하여 수사협조요청을 하면서 환자의 의무기록이나 의료정보 등을 영장 없이 요청하는 경우가 많고, 의료기관 입장에서는 환자 본인의 동

여 환자나 사망한 자에게서 의약품 부작용으로 인한 피해가 확인되는 경우 피해구제급여를 지급함으로써 환자 등의 피해를 보상하기 위한 취지의 규정으로 두 법의 규정의 입법취지가 서로 다른 점
(2) 의료법 제21조에 따라 함부로 환자 외의 사람에게 환자에 관한 기록을 열람하게 하거나 그 사본을 교부하여서는 아니 되는 의무는 의료인과 의료기관 종사자에게 부과된 것이고, 약사법 제86조의6 제1항에 따라 환자에 관한 기록을 제출하여야 하는 의무는 의료기관 개설자에 부과된 것이므로, 두 법의 해당 규정에 따른 의무를 부담하게 되는 주체도 서로 다른 점
(3) 동일한 사항에 대하여 둘 이상의 법률의 적용이 문제되는 경우에 있어서 문제가 된 각 규정이 상호 모순·저촉되는 경우가 아니라면 어떠한 규정이 다른 규정의 적용을 배제하는 특별규정이라 할 수 없는바(법제처 2014. 1. 21. 회신 13-0639 해석례 참조), 그 입법목적, 규율대상 등이 서로 다르므로 두 법은 상호 모순·저촉되는 관계에 있는 것은 아닌 점
(4) 의료인이면서 의료기관 개설자인 경우라도 의료인으로서의 법적 지위와 의료기관 개설자로서의 법적 지위는 반드시 일치하는 것도 아니라 할 것이므로, 의료인의 지위에서의 환자에 관한 기록 제출 금지의무가 반드시 의료기관 개설자의 지위에까지 적용되는 것은 아닌 점
43) 형사소송법 제218조(영장에 의하지 아니한 압수) 검사, 사법경찰관은 피의자 기타인의 유류한 물건이나 소유자, 소지자 또는 보관자가 임의로 제출한 물건을 영장없이 압수할 수 있다.

의 없이 '임의로 제출'할 수 있는 진료기록의 범위에 대한 기준이 모호하였다.

이에 보건복지부는 2012. 2. 「수사 협조를 위한 환자의 진료기록 사본 제공 지침(2012. 2. 2. 의료기관정책과)」을 통해 수사협조를 위한 임의적 진료기록 제출 가능 범위에 대한 기준을 제시하였다. 이에 따르면, 형사사건 수사와 관련하여 의료기관이 환자의 동의 여부와 무관하게 진료기록사본을 의무적으로 제공하여야 하는 경우는 법원이 압수 또는 제출을 명하거나(형사소송법 제106조), 법원이 발부한 영장에 의하여 압수, 수색 또는 검증을 하는 경우(형사소송법 제215조)이며, 단순히 공문형태의 수사협조 요청일 경우에는 그에 따를 의무가 없다. 형사소송법 제218조에 따라 임의로 진료기록 사본을 제공하려면 의료기관 스스로 진료기록사본 제공에 따르는 공익과 이로 인해 침해되는 환자의 사익을 비교형량하여 해당 환자의 이익이 부당하게 침해될 우려가 있는지를 검토해야 하고 그러한 우려가 없는 경우에 한하여 제공할 수 있다고 설명한다. 즉, 진료과목, 처치내용 등 질병 치료와 직접적으로 관계된 내역은 민감한 프라이버시에 해당하여 의료법상 당사자의 동의 원칙이 준수되어야 하고, 입·퇴원 및 외래내원 여부 같은 환자의 행적, 연락처 등 긴급하게 수사에 필요하다고 판단되는 정보는 제공할 수 있다고 해석하였다.

보건복지부의 위와 같은 해석은 의료법, 형사소송법, 개인정보 보호법 등 관련 법령의 취지를 고려한 균형적 해석으로서, 개인정보 보호법 제18조 제1항 개인정보의 수집 목적 외 이용·제공 금지에 대한 예외사유인 동조 제2항 제2호 '다른 법률에 특별한 규정'으로서 의료법 제21조 제3항 제6호에 따라 임의로 제출할 수 있는 개인정보의 범위를 판단함에 있어서, 개인정보 보호법 제18조 제2항의 '정보주체 또는 제3자의 이익을 부당하게 침해할 우려가 없어야 한다'는 기준을 적절히 활용한 것으로서 타당한 것으로 이해된다.

3. 의대생 등 교육 목적의 전자의무기록 이용

개인정보처리자는 개인정보의 처리 목적을 명확하게 하여야 하고 그 목적에 필요한 범위에서 최소한의 개인정보만을 적법하게 수집하여야 하며, 그 목적처리에 필요한 범위에서 적합하게 개인정보를 처리하여야 하고 그 목적 외의 용도로 활용하여서는 아니 된다(개인정보 보호법 제3조). 의료기관은 일반적으로 환자의 진료를 위하여 환자의 인적사항과 진료과정에서 취득하는 검사결과, 병명, 치료내용 및 소견 등 개인정보를 처리하므로 이에 관해서는 법령상 특별히 문제되지 않는다.

그러나, 의과대학 부속병원은 물론 의과대학과 교육협력을 맺은 협력병원(사립학교법 제55조, 시행령 제24조의3, 이하 "대학병원")에서는 의대생, 간호대생 등의 전공 분야와 관련되는 실습 등 교육을 위해 진료기록부등을 이용할 필요가 있어, 의료기관의 교육목적 진료기록부 등 개인정보 이용이 문제될 수 있다.

의료법은 의료인이 아니면 의료행위를 할 수 없으나 의학·치과의학·한방의학 또는 간호학을 전공하는 학교의 학생이 전공 분야와 관련되는 실습을 하기 위하여 지도교수의 지도·감독을 받아 행하는 의료행위는 허용하고 있으므로(동법 제27조 제1항 제3호, 동법시행규칙 제19조 제2항 제1호), 특정 환자의 의료행위 과정에 참여하거나 직접 의료행위를 하는 경우에 해당 환자의 진료기록부등 개인정보를 이용하는 것은 의료법에 따라 허용되는 것으로서 별도로 환자의 동의를 요하지 않는다(가이드라인 85쪽).[44]

한편, 의대생 등이 특정 환자의 의료행위 과정에 참여하지 않는 이론교육을 위해 환자의 진료기록부등을 이용할 수 있을 것인지에 대해서, 개인정보 보호법은 개인정보처리자의 정당한 이익을 달성하기 위하여 필요한 경우로서 명백하게 정보주체의 권리보다 우선하는 경우에는 합리적인 범위에서 정보주체의 동의를 받지 않고 개인정보를 수집·이용할 수 있도록 규정하고 있고(동법 제15조 제1항 제6호), 의료기관 특히 상급종합병원은 환자의 진료 외에도 '의료인 교육, 의료에 관한 연구와 개발 등 의료의 발전과 확산'을 그 표준업무로 하고 있으며(의료법 제3조 제3항, 보건복지부고시 의료기관의 종류별 표준업무규정 제7조 제9호), 대학병원은

---

44) 전주지방법원 2012. 7. 18. 선고 2012나2821 판결: 대학병원은 환자를 치료하는 의료기관이자 의사를 양성하는 교육기관으로서 학생들의 임상실습 및 참관이 교육과정의 일부로 정해져 있고 환자의 입장에서도 이를 당연히 예상할 수 있으므로, 대학병원의 경우에는 참관에 대한 산모의 명시적인 동의가 없더라도 묵시적인 동의가 있는 것으로 보아 산모의 반대의사가 명시적으로 표명되지 않는 한 학생들의 참관이 허용되지만, 대학병원이 아닌 일반병원의 경우에는 일반원칙에 따라 산모의 명시적인 동의가 있는 경우에 한하여 학생들의 참관이 허용된다. 또한 이 경우 산모의 동의는 일반적인 치료행위와는 다른 출산과정의 특수성을 감안하여 극심한 진통이 시작되기 이전에 산모의 의사가 분명한 상태에서 참관의 내용 등에 대하여 충분히 설명하고 명시적으로 그 의사를 확인하는 방법에 의하여 얻어진 것이어야 한다.

환자를 치료하는 의료기관이자 의사를 양성하는 교육기관으로서 의대생 등의 임상실습 및 참관이 교육과정의 일부로 정해져 있고 환자의 입장에서도 이를 당연히 예상할 수 있으므로 환자의 동의 없이 의무기록을 이용할 수 있다고 보는 견해도 있다.

그러나, 의대생 등이 특정 환자의 의료행위 과정에 참여하지 않는 이론교육을 위해서는 환자상태, 진단·처치 내용 등 의료정보가 필요할 뿐 환자의 인적사항 등 개인식별정보는 필요하지 않으므로 개인식별정보까지 포함된 환자의 진료기록부등을 환자의 동의 없이 그대로 이용하는 것은 '개인정보처리자의 정당한 이익'의 범위로 볼 수 없으며, 진료기록부등에 대한 비식별화조치 이후 이론교육에 이용하는 것이 적절할 것으로 생각된다.

4. 연구 목적의 전자의무기록 이용

상급종합병원은 환자를 치료하는 의료기관의 역할에 더하여 의학 연구기관으로서의 역할도 담당하고 있다. 이는 대부분의 상급종합병원이 대학의 부속병원 또는 협력병원이고, 상급종합병원 의사들의 신분이 의과대학 교원이기 때문이다. 한편, 종합병원 등의 의료기관은 약사법과 의료기기법상 임상시험 실시기관이기도 하다(약사법 제34조의2, 의료기기법 제10조).

이와 같이 의료기관에서 진행되는 의학연구는 대부분 해당 의료기관에 진료를 위해 내원하는 환자들을 대상으로 수행되는 경우가 많은데, 이 경우 의학연구의 목적으로 수집·이용되는 개인정보에 대해서는 개인정보 보호법과 생명윤리 및 안전에 관한 법률 등에 따라 해당 환자들로부터 별도의 동의를 받아야 한다.

특히, 임상시험은 새로운 의약품 또는 의료기기의 안전성과 유효성을 확인하기 위한 연구로서 해당 의료기관에 내원하는 환자들이 시험대상자가 되고, 임상시험 과정에서 생성되는 새로운 정보가 전자의무기록에 포함되기도 하는데, 이 경우에 의학연구의 목적으로 수집·이용되는 전자의무기록 내 개인정보에 대해서는 개인정보 보호법과 생명윤리 및 안전에 관한 법률 등에 따라 해당 환자들로부터 별도의 동의를 받아야 하며, 만약 진료의 목적으로 수집된 전자의무기록 내 개인정보를 임상시험 등의 의학연구에 활용하고자 한다면 이에 대해서도 해당 환자들로부터 별도의 동의를 받아야 할 것이다(개인정보 보호법 제18조 제2항 제1호).

한편, 최근에는 의료기관이 보유하고 있는 전자의무기록 내 방대한 임상데이터를 연구를 위해 또는 산업적 목적으로 활용하고자 하는 논의가 활발히 진행되고 있다. 이 경우 해당 환자들의 동의 없이 전자의무기록 내 개인정보를 진료목적 외의 연구 또는 산업 목적으로 사용하기 위해서는 비식별화조치가 필수적이다. 그러나 전자의무기록 내 임상데이터를 실효적으로 사용하기 위한 비식별화조치의 기준, 유전정보나 영상정보 등의 비정형 데이터에 대한 비식별화조치 가능 여부 등에 대해서는 추가적인 논의와 정부의 명확한 기준 제시가 필요할 것으로 생각된다.

다만 2020년 개인정보 보호법 개정으로 가명정보 제도가 도입되면서, 의료기관이 보유하고 있는 전자의무기록 내 데이터가 연구 목적으로 활용될 가능성이 조금 더 높아질 것으로 예상된다.

D. 파기 단계

1. 의무기록 보관기간과 파기의무

의료법에는 '환자 명부(5년)', '진료기록부(10년)', '처방전(2년)', '수술기록(10년)', '검사내용 및 검사소견기록(5년)', '방사선 사진(영상물 포함) 및 그 소견서(5년)', '간호기록부(5년)', '조산기록부(5년)', '진단서 등의 부본(3년)' 등 '협의(狹義)의 의무기록'에 대하여 보존의무 기간을 규정하고 있고(동법 제22조 제2항, 동법 시행규칙 제15조), 보존의무를 위반한 경우 형사처벌과 행정처분을 규정하고 있으나(동법 제66조, 제90조), 해당 기간 경과 이후 의무기록의 처리에 대해서는 별도로 규정하고 있지 않으므로 종전에는 의무기록의 보관기간을 최소한의 의무보관으로 보고 보존의무기간이 경과한 의무기록은 의료기관이 자체적으로 결정할 수 있는 것으로 보았다(보건복지부 의료자원과 2010. 8. 12.).[45]

그런데 2011. 9. 30. 시행된 개인정보 보호법에서 '개인정보처리자는 보유기간의 경과, 개인정보의 처리 목적 달성 등 그 개인정보가 불필요하게 되었을 때에

---

45) 보건복지부(보건의료정책실), 2012년 의료법 민원질의회신 사례집
   (발간등록번호 11−1352000−000640−14), 2012. 4, 292쪽.

는 지체 없이 그 개인정보를 파기하여야 한다. 다만, 다른 법령에 따라 보존하여야 하는 경우에는 그러하지 아니하다(동법 제21조 제1항).' 라고 규정한 개인정보 파기의 원칙과 관련하여, 당시 개인정보 보호법 주무부처인 행정안전부에서 의료법상 보존의무기간이 지나면 개인정보 보호법에 따라 의무기록을 즉시 파기하여야 한다고 해석함에 따라, 의료계는 의무기록 보관과 폐기를 놓고 혼란에 빠졌다.46) 의료법이 의료인에게 진료기록 보관의무를 지우는 목적은 의료인의 영업상 이익을 위해서가 아니라 환자의 이익을 보호하기 위한 것이며, 개인정보보호법 제21조 제1항 해석상 개인정보가 계속 필요한 경우에는 의무보존기간이 경과한 이후에도 계속 보관할 수 있다고 해석할 수 있으므로, 환자 치료목적을 위하여 필요한 경우에는 보존의무기간이 경과한 이후에도 의무기록을 보존할 수 있도록 하는 것이 정보주체의 이익에 부합하기 때문이었다.47)

이후 발간된 보건복지부·행정안전부 가이드라인에서, 진료정보가 법정 보존기간이 경과한 경우에는 지체 없이 파기하는 것이 원칙이나, 진료목적상 필요한 경우 법정 보존기간이 경과한 진료정보에 대하여 매년 1회 이상 보존기간 연장여부를 결정할 수 있도록 해석하였고,48) 2015. 2. 16. 진료기록부등의 보존기간 연장근거를 마련하는 내용으로 의료법 시행규칙 개정안이 입법예고되면서49) 의무기록 보존과 폐기에 관한 논란이 마무리되는 듯 보였다.

그러나 입법예고된 내용과 달리, 2015. 5. 29. 공포된 의료법 시행규칙 제15조 제1항에서는 '다만, 계속적인 진료를 위하여 필요한 경우에는 1회에 한정하여 다음 각호에 정하는 기간의 범위에서 그 기간을 연장하여 보존할 수 있다.'고 개정되었다. 이에 따르면, 의무기록을 최장 20년까지만 보존할 수 있을 뿐이어서 환자는 자신의 의무기록이라 하더라도 20년 전의 것은 볼 수 없게 된다. 또한, 진료기록부 10년, 간호기록부 5년, 처방전 2년 등 보존기간이 다른 기록들을 따로 떼어

---

46) "10년된 진료기록 무조건 폐기, 환자 가족력 묻지도 마라?", 라포르시안, 2011. 12. 27.
(http://www.rapportian.com/news/articleView.html?idxno=3139)
47) "보관기간 지난 진료기록 무조건 폐기?"(현두륜 변호사), 데일리메디, 2012. 4. 22.
(http://www.dailymedi.com/detail.php?number=753741)
48) 보건복지부/행정안전부, 개인정보보호 가이드라인[의료기관 편], 2012. 9, 33쪽; 2013. 12, 98−99쪽; 2015. 2, 98−99쪽.
49) 보건복지부 공고 제2015−90호(2015. 2. 16.) 의료법 시행규칙 일부개정령안: "제15조 제1항 각 호 외의 부분에 단서를 다음과 같이 신설한다. 다만, 진료를 위하여 필요한 경우에는 보건복지부장관이 정하는 바에 따라 그 기간을 연장하여 보존할 수 있다."

내서 파기한다는 것도 상식적으로 이해할 수 없는 상황이다.

　　결국 의무기록 보존기간의 상한을 일률적으로 규정하는 것은, 환자의 계속적 치료에 이용하여 적정한 의료를 제공받을 수 있도록 하기 위한 진료기록부 작성의무 취지에 부합한다고 보기 어렵다. 전자의무기록이 일반화된 현재 상황과 의무기록 작성취지 등 의료계 현실을 반영하여, 의무기록의 보존과 파기 원칙을 입법적으로 다시 해결해야 할 것이다.50)

2. 의무기록 보존의무 기산점

　　또한 2015. 5. 29. 공포된 의료법 시행규칙은, 의료법에서 의무기록 보존의무를 위반한 경우 형사처벌과 행정처분을 규정하고 있음에도 불구하고(동법 제66조, 제90조), 보존의무기간의 기산점이 언제인지 명확히 규정되어 있지 않다.

　　이와 관련하여 보존기간이 개별 진료기록 별로 적용되며, 실제로 의무기록이 작성된 시점을 기준으로 하여 각 보존기간 동안 보존하여야 한다는 해석이 있다(보건복지부 의료자원과 2010. 3. 20, 2011. 1. 19.).51) 그러나 이에 따르면, 장기간 계속된 진료기록을 보관기간이 경과한 이후 하루씩 파기해야 하는 상식적으로 이해하기 어려운 결론에 이르게 된다.

　　진료기록부 작성의 최우선 목적은 환자에게 적정한 의료를 제공하기 위한 것이고, 환자에게 적정한 의료를 제공하기 위해서는 과거의 각종 질환별 진료경과가 반드시 필요하다. 따라서, 의무기록 보존의무 기간의 기산점은 각각의 의무기록이 작성된 시점이 아니라 일련의 진료과정이 종료된 시점으로 보아야 할 것으로 생각한다.52)

---

50) "박인숙의원, 의무기록 의무파기 규정 개선해야－국정감사", 약업신문, 2017. 10. 31.
　　(http://www.yakup.com/news/index.html?mode＝view&nid＝211387)
51) 보건복지부(보건의료정책실), 2012년 의료법 민원질의회신 사례집
　　(발간등록번호 11－1352000－000640－14), 2012. 4, 285쪽, 294쪽.
52) 박태신, "진료기록부 등의 중요성에 관한 연구", 홍익법학 제8권 제1호, 홍익대학교 법학연구소, 2007, 139쪽; 이백휴, "환자의 의무기록 관련 의료인의 법적 지위", 의료법학 제11권 제2호, 대한의료법학회, 2010, 328쪽.

Ⅳ. 결론: 개인건강기록(PHR)을 통한 질병의 예방과 건강증진

이상에서 살펴본 전자의무기록에 관한 논의는 환자의 질병치료를 목적으로 의료기관이 작성·관리하는 의료정보에 대한 것이라고 할 수 있다. 그러나 최근에는 질병의 치료를 넘어 질병을 사전에 예방하고 건강을 증진시키는 활동의 중요성이 부각되고 있으며, 이를 위한 건강관리서비스에 대한 논의가 활발히 진행되고 있다.

이러한 논의에서 개인의 건강을 위한 의료정보는 의료기관을 전제로 하는 전자의무기록에 한정되는 것이 아니라 특정 개인의 건강에 관한 모든 기록을 의미하는 넓은 의미로 확장된다. 여기서 개인건강기록(personal health record)은 환자 자신이 기록한 건강기록이라는 간단한 의미에서부터 환자가 통제하여 의료기관의 의료정보를 교류할 수 있게 하는 전자 건강기록시스템이라는 개념까지 매우 다양한 의미로 사용되고 있고,53) 다양한 의료기관으로부터 제공된 개인의 의료정보와 개인 스스로 수집·기록한 건강기록을 통합적·포괄적인 관점에서 작성한 개인의 평생건강기록으로 정의하기도 한다.

개인건강기록은 개인이 본인이나 가족의 일생 동안의 모든 건강 정보에 대해서 안전하게 보관하면서 관리하는 기능을 제공하는 도구라고 할 수 있고, 여기에서 PHR과 EMR이 서로 다른 개발 목적을 갖는다. 즉, PHR은 개인, 특히 환자의 정보 주권을 강화하는 차원에서 개인의 건강기록을 개인이 관리하기 위한 도구라고 할 수 있고, EMR은 의료기관이 병원의 의무기록의 접근성과 관리성을 높이기 위해서 개발한 도구라는 차이가 있다.54) 따라서 개인건강기록은 의료기관에서 생성하는 의무기록 등 의료정보뿐 아니라, 개인의 투약 내역, 스마트폰, 웨어러블기기 등에서 생성되는 활동량 데이터, 개인건강기기(체중계, 체온계, 혈압계 등)에서 측정되는 데이터까지 포함하게 된다.

최근 산업 전 분야에 걸쳐 ICT(information and communication technology)와 융합된 기술이 도입되고, 고령화에 따른 의료비 증가, 경제 저성장 및 높은 실업률

---

53) 배현아, "전자화된 개인건강기록(Personal Health Record)의 법적 문제", IT와 法연구 제13집, 경북대학교 IT와 법연구소, 2016, 212쪽.
54) 신수용/정천기, "의료정보의 향후전망: 병원 주도의 개인건강기록 구축", 대한의사협회지 제52권 제11호, 대한의사협회, 2009, 1117쪽.

등 국가적 당면과제를 기술혁신을 통해 해결하기 위해 'ICT 융합 의료산업'에 주목하고 있다. 'ICT 융합 의료산업'은 ICT를 활용해 시간과 장소에 제약 없이 개인의 건강상태를 관리하고 맞춤형 의료를 시행하는 서비스나 시스템을 포함하며, 분류 기준에 따라 스마트헬스케어, 디지털헬스케어, U-Health care, E-Health 등 다양한 용어로 사용된다. 특히 의료산업은 모바일, 사물인터넷(IoT, internet of things), 빅데이터, 인공지능(AI, artificial intelligence) 등 ICT 기술이 융합되어 활용될 분야가 많고 그 범위가 넓다.55) 현재에는 '의료기관 내'라는 물리적 공간에서만 진단, 치료 등 의료서비스가 이루어지고 있다면,56) ICT 융합 의료산업 발전으로 앞으로는 가정, 사무실, 이동 중 언제 어디서라도 인터넷과 모바일 기술이 접목된 각종 유비쿼터스 의료기기 등을 통해 개인의 건강관리가 이루어지게 될 것으로 전망되고 있다.57) 이러한 건강관리 패러다임의 변화 과정에서 개인건강기록이 생성·확대될 것이고, 제4차 산업혁명과 정밀의료 시대에서 그 관리와 활용의 중요성이 증대될 것으로 보인다.

한편, 개인에 관한 건강기록인 개인건강기록이 전자화된 형태로 다른 정보와 통합되면서 사회적·공익적 목적의 활용가능성도 매우 높아질 수 있으나, 이러한 활용가능성으로 인하여 제약회사 등 기업의 수집 수요가 높아져서 악의적으로 수집·이용될 가능성을 배제할 수 없다. 또한, 민감한 정보인 개인건강기록이 유출되었을 때에는 개인이 사회적으로 위협받을 수도 있으며, 그러한 피해는 개인이 사망할 때까지 지속될 수밖에 없는 등 개인의 사생활 보호 측면에서 여러 가지 새로운 문제점이 야기될 수도 있다.58) 따라서, 전산화된 개인건강기록이 의료서비스와 건강관리서비스의 제공에 필수적이라 할지라도, 개인건강정보의 수집과 사용 과정에서 정보에 대한 개인의 권리가 고려되어야 하고 사생활 보호를 위한 법제도적 균형이 함께 고려되어야 한다.59)

---

55) 대외경제정책연구원, "주요국의 ICT 융합 의료산업 전략 및 시사점", KIEP 오늘의 세계경제 vol.16 no.23, 2016. 6. 14, 3-4쪽.
56) 의료법 제33조(개설 등) ① 의료인은 이 법에 따른 의료기관을 개설하지 아니하고는 의료업을 할 수 없으며, 다음 각 호의 어느 하나에 해당하는 경우 외에는 그 의료기관 내에서 의료업을 하여야 한다.
57) 이명규/황희정, "개인건강기록 서비스에서 보안취약성 및 위협요소에 관한 연구", 한국인터넷방송통신학회 JIIBC 제15권 제6호, 한국인터넷방송통신학회, 2015, 163-164쪽.
58) 대법원도 환자에 관한 다양한 정보가 기재되는 전자의무기록의 경우 전자문서의 속성상 진료기록부 등에 비하여 이들 정보가 손쉽게 위·변조되거나 대량으로 유출될 수 있는 위험성이 상존하고 있다고 그 위험성을 언급하기도 하였다(대법원 2013. 12. 12. 선고 2011도9538 판결).

식품의약품안전처는 '유헬스케어 의료기기 품목별 허가심사 가이드라인', '의료기기와 개인용 건강관리(웰니스)제품 판단기준' 등을 내놓으면서, 위와 같은 건강관리 패러다임 변화에 발맞추려는 노력을 기울이는 것으로 보인다. 그러나 입법적인 측면에서는 개인건강정보 보호에 관한 다수의 법안이 발의되었지만 입법되지 못하였을 뿐만 아니라, 과거 법안들은 건강기록을 의료기관 또는 약국 등 국가가 지정한 기관에서 생성한 기록으로 제한적으로 규정하는 등 '개인건강기록'의 보호와 활용에는 부족한 면이 있었다.[60] 시대의 변화에 발맞추어 개인건강기록의 정의, 개인건강기록의 작성 주체(개인 본인, 지정기관, 개인의 동의를 받은 경우 등), 개인건강기록 정보주체의 자기결정권(개인건강기록의 수집, 보관, 이용, 제공 등을 결정하고 통제할 권리), 안전한 관리를 위한 안전성 확보조치(시설·장비 등의 종류와 규격, 관리적·물리적·기술적 보호조치 등), 개인건강기록 이용 범위(치료, 교육, 연구, 사업목적 등) 및 이용방법(비식별 조치 등) 등 개인건강기록의 보호와 활용을 위한 정책적·입법적 뒷받침이 절실하게 필요한 시점이다.

---

59) 배현아, 앞의 논문, 218-219쪽.
60) 보건복지부 공고 제2006-226호 "건강정보보호 및 관리·운영에 관한 법률 제정안 입법예고"; 신경림 의원안(2012. 7. 30, 의안번호 932), "개인의료정보보호법안."

참고문헌

대외경제정책연구원, "주요국의 ICT 융합 의료산업 전략 및 시사점", KIEP 오늘의
　　세계경제 vol.16 no.23 ISSN 1976−0515, 2016. 6. 14.

류화신, 원격의료 및 전자의무기록에 관한 법적 연구, 대한의사협회 의료정책연구
　　소 연구보고서, 2004. 6.

박태신, "진료기록부 등의 중요성에 관한 연구", 홍익법학 제8권 제1호, 홍익대학
　　교 법학연구소, 2007.

배현아, "전자화된 개인건강기록(Personal Health Record)의 법적 문제", IT와 法
　　연구 제13집, 경북대학교 IT와 법연구소, 2016.

보건복지부(보건의료정책실), 2012년 의료법 민원질의회신 사례집(발간등록번호
　　11−1352000−000640−14), 2012. 4.

보건복지부/행정안전부, 개인정보보호 가이드라인[의료기관 편], 2012. 9, 2013.
　　12, 2015. 2.

보건복지부/개인정보보호위원회, 개인정보보호 가이드라인[의료기관편], 2020.12

식품의약품안전처(의료기기심사부 첨단의료기기과), 빅데이터 및 인공지능(AI) 기
　　술이 적용된 의료기기 허가·심사 가이드라인(민원인 안내서), 2017. 11.

신수용/정천기, "의료정보의 향후전망: 병원 주도의 개인건강기록 구축", 대한의사
　　협회지 제52권 제11호, 대한의사협회, 2009.

이명규/황희정, "개인건강기록 서비스에서 보안취약성 및 위협요소에 관한 연구",
　　한국인터넷방송통신학회 JIIBC 제15권 제6호, 한국인터넷방송통신학회, 2015.

이백휴, "환자의 의무기록 관련 의료인의 법적 지위", 의료법학 제11권 제2호, 대
　　한의료법학회, 2010.

이은미/김명/임진희, "의무기록관리의 현황과 개선방안−KS X ISO 15489표준의
　　Y병원 적용 중심으로", 정보관리학회지 제29권 제3호, 한국정보관리학회,
　　2012. 9.

전영주, "전자의무기록(EMR)의 활용과 환자정보보호", 보건의료산업학회지 제7권 제3호, 보건의료산업학회, 2013. 9.

정연이, 의무기록의 전산화(EMR) – 간호기록 중심 – , 시그마학회 한국지부 제11회 학술대회 자료, 2000.

한국정보산업연합회, 4차 산업혁명의 핵심은 데이터다, FKⅡ Issue Report 2016 – 06, 2016. 11.

개인정보 보호위원회, 개인정보보호 법령 및 지침·고시 해설, 2020. 12.

정밀의료를 위한 유전체정보의 활용과 보호

박웅양 / 성균관대학교 의과대학 교수

이원복 / 이화여자대학교 법학전문대학원 교수*

    정밀의료(precision medicine)는 건강과 관련하여 분석 가능한 정보를 최대한 이용하여 개인에게 적합한 질병예방, 진단 그리고 최적의 치료를 하는 것으로 정의할 수 있다. 개인의 건강에 관련된 분석 가능한 정보로는 개인의 생활습관에 관련된 식이, 운동을 포함한 생활정보와 병원에서 실시하는 검사를 통해 측정된 임상정보 그리고 무엇보다도 개인의 생물학적 특성을 설명할 수 있는 유전체정보가 있다. 질병의 종류에 따라 다르지만 개인생활습관, 유전체 그리고 의료의 상호작용에 의해 질병이 발생하는 것으로 생각할 수 있다. 예를 들어 평균 수명 이전에 사망한 2,004명의 사람에서 사망에 미치는 영향을 분석해 보면 개인생활습관이 40%, 환경적 요인이 20%, 그리고 유전적 요인이 30% 정도 기여하는 것으로 보고되었다.[1] 이 결과는 개인의 건강에 개인의 생활습관과 유전체정보가 깊이 관여하고 있다는 것이다. 즉, 개인의 질병을 예방하고 조기에 진단하여 최적의 치료를 하기 위해서는 병원에서 얻는 검사 결과 이외에 각 개인의 유전적 특성, 그리고 개인의 식이, 운동, 환경 등 개인생활 습관을 종합적으로 고려하는 것이 필요하다는 것이다.

    미래는 초지능(super-intelligence)과 초연결(hyper-connectivity)이라는 키워드로 설명하는 4차 산업혁명의 시대이다. 보건의료산업은 빅데이터와 인공지능기

---

* 이원복 집필 부분은 필자가 월간 법조 제729호 및 이화여자대학교 법학논집 제25권 제1호에 실은 논문에 기초하였다.

1) Schroeder SA, We can do better-improving the health of the American people, N Engl J Med. vol. 357 no. 12, 2007, pp.1221-1228.

술에 기반해 새로운 헬스케어 서비스를 창출할 수 있는 4차 산업혁명의 총아라고 할 수 있다. 병원과 연구기관에 축적된 많은 임상정보에 기반하여 새로운 진단기술과 치료법을 개발할 수 있으며, 이러한 대규모 바이오의료 빅데이터에 인공지능 기술을 적용하여 정밀의료를 실현할 수 있다. 특히 우리나라 의료제도에서는 많은 임상검사정보, 건강검진 정보 그리고 국민건강 보험제도와 같이 4차 산업혁명에 적합한 빅데이터를 제공할 수 있는 인프라가 조성되어 있고, 우수한 ICT 기술로 연결된 네트워크를 통해 미래 보건의료기술을 접목할 수 있는 플랫폼을 구축하고 있다. 기존 패러다임에서 우리가 달성할 수 없었던 보건의료 분야에서 미래를 선도할 수 있는 분야는 우리의 보건의료 인프라를 활용한 미래 정밀의료의 도전적인 추진이라고 할 수 있다. 하지만 생명의 신비가 담긴 한 개인의 유전체정보를 연구의 소재로 이용하는 과정에서 정보주체의 이익을 어떻게 보호할 것인가 하는 어려운 문제가 발생한다.

I. 유전체정보에 기반한 정밀의료

인간 신체의 특징이라든가 성상을 좌우하는 수많은 유전 정보의 단위를 유전자(gene)라고 부른다. 과학자들은 이 유전자가 세포의 핵 안에 있는 염색체에 담겨 있다는 것을 밝혀냈다. 염색체란 여러 가지 다양한 화학 물질로 구성된 복합체로서, 분열과정에 있는 세포의 염색체를 현미경으로 보면 "x" 모양으로 생겼고 인간에게는 23쌍이 존재한다. 염색체를 구성하는 여러 가지 다양한 화학 물질 가운데서도 가장 덩치가 크고 가장 중요한 역할을 하는 화학 물질이 바로 deoxyribonucleic acid(이하에서는 이를 통상 사용하는 약자인 "DNA"라고 부른다)인 것이다. 이와 같이 "유전자"는 기능적인 개념이고, "DNA"는 구조적 개념이지만, 유전자는 DNA를 통해 전달되기 때문에, "DNA"라는 개념과 "유전자"라는 개념이 혼용되어 사용되는 것이 많이 목격된다.

DNA는 그림 1처럼 구조가 뼈대(backbone chain)와 염기(base)로 구성되어 있고, 그 가운데 염기는 adenine, thymine, guanine, cytosine 네 종류 화학물질로 이루어져 있다. DNA는 외형적으로 소위 "이중 나선형 구조(double helix)"를 취하고 있는데, 이는 두 가닥의 DNA 줄기가 쌍을 이루어 결합되어 있고, 그 3차원적

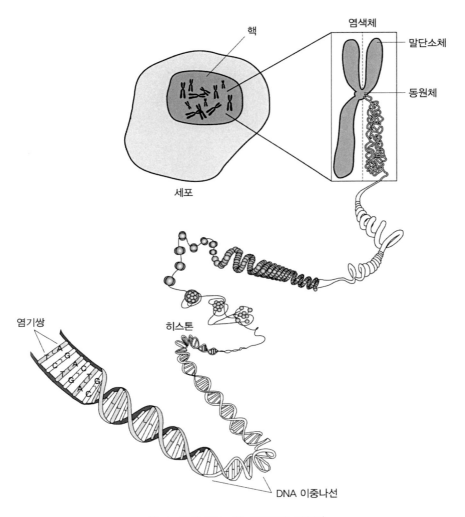

그림 1. 인체 세포, 핵, 염색체와 DNA[2]

형상이 나선형이라는 의미이다. DNA의 염기는 4가지 화학물질이 마치 난수표처럼 반복되는 서열을 이루며, 인간의 23쌍 염색체에 있는 염기서열을 모으면 30억 쌍에 달한다고 한다. 그런데 이 30억 쌍의 염기로 이루어진 DNA 가운데 유전자를 담고 있는 구간은 약 1−2%에 불과하다. 즉, DNA의 98−99%에 달하는 구간은 전사와 번역이라는 생화학적 과정을 통해 궁극적으로 단백질을 생성하는 방식으로 발현되는 것이 아니라는 것이다.

통상적으로 "유전체"라는 것은 한 개인의 DNA의 유전자 정보 총합을 의미한다. 따라서 "유전체정보(genomic information)"에는 유전자 구간뿐만 아니라 유전자 구간이 아닌 DNA 구간의 정보도 포함되어 있다. 그리고 유전체정보라고 하면 이와 같은 유전체 전체 또는 상당 부분의 염기서열을 의미하는 것이므로, 특정한 몇 개 유전자의 변이형이라든가 염기서열 정보보다는 훨씬 방대한 분량의 정보이다. 다만 분량이 방대한 유전체정보가 되었든 아니면 한정된 숫자의 유전자의 변이형이나 염기서열이 되었든, 이는 유전 물질이자 부모에서 자식으로 전달되는 DNA에서 유래된 것은 동일하므로 공히 "유전정보(genetic information)"의 성격을 갖는다.[3] 이하에서도 "유전정보"는 그 분량을 따지지 않고 DNA를 분석해서 얻은 정보를, "유전체정보"는 유전체 전체 또는 적어도 상당히 많은 분량의 DNA를 분석해서 얻은 정보를 지칭하기로 한다. 즉, 유전체정보는 당연히 유전정보에 해당하지만, 모든 유전정보가 유전체정보는 아닌 것이다.

사람을 구성하는 30억 개 DNA 염기서열 정보를 해석하면 질병을 비롯한 생물학적 특성을 이해할 수 있다. 최근 DNA 염기서열 분석 기술의 발전에 따라 암을 비롯한 각종 질병에 대한 원인과 이에 기반한 치료제 개발이 빠르게 이루어지고 있다. 물론 유전체정보를 해독하는 기술은 최근에 개발된 기술은 아니다. 그런데 그동안의 DNA 분석은 특정 유전자의 변이나 염기서열을 분석하는 작업이 대부분이었다. 예컨대 잘 알려진 유방암 유전자인 BRCA1 유전자 보유 여부도 17번 염색체 장완의 특정한 위치에 있는 DNA의 변이나 염기서열 분석을 통해 확인된다. 그러나 최근에는 특별히 확인하고 싶은 위치의 DNA 염기 분석이 아니라, 한 개인의 DNA 전체에 담긴 30억 쌍의 염기서열 전부를 분석하는 기술－이를 전장 유전체 분석(whole genome sequencing)이라고 부른다－이 획기적으로 발전함으로써, 유전체정보를 활용한 연구와 상업화가 새로운 도약기를 맞이하고 있다.

30억 쌍의 염기서열을 분석하는 전장 유전체 분석 기술의 발전은 가히 혁명적이라고 해도 과언이 아니다. 주지하다시피 인간의 전장 유전체 염기서열을 모두 분석하는 데 성공한 최초 프로젝트는 미국 연방정부가 연구비를 지원한 Human Genome Project이었는데, 1990년에 시작된 이 프로젝트는 2003년에 완성되기까

---

2) Wikipedia, https://commons.m.wikimedia.org/wiki/File:Chromosome_en.svg
3) 조은희, "대규모 유전체연구에서의 프라이버시 이슈", 생명윤리 제19권 제2호, 2018, 59쪽.

지 무려 13년의 시간과 우리 돈으로 3조 원에 가까운 비용이 소요되었다. 그러나 그 이후 전장 유전체 염기서열의 분석 기술은 놀라운 발전을 거듭하였고 그 비용 또한 그림 1에서 보는 바와 같이 기하급수적으로 감소하여, 오늘날 소위 "차세대 염기서열 분석 기술(next-generation sequencing, NGS)"을 이용하면 한 사람의 전장 유전체를 분석하는 데는 반나절 미만의 시간과 약 100만 원 정도의 비용이면 충분하다.[4]

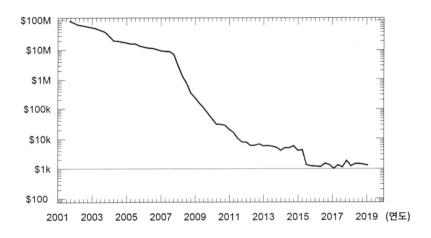

그림 2. 인간 전장유전체 염기서열 분석 비용 (Y축은 미화 금액)

전장 유전체 염기서열 분석이 고속화되고 저렴해짐에 따라, 의학 연구에도 새로운 지평이 열리고 있다. 수많은 유전자들의 상관 관계라든가, 같은 유전자를 보유하고 있더라도 외부 요인의 영향에 따라 어떤 차이가 생기는지를 모색하는 유전체 시대(genomic era)가 본격화된 것이다. 이처럼 유전체를 연구하는 유전체학 (genomics)은 유전체를 이루는 수많은 유전자들의 유기적인 관계 및 외부 조건과의 관계를 한꺼번에 전체적으로 조망한다는 점에서 기존의 분자유전학과 구별되기도 한다.[5] 즉, 기존에는 특정 유전자를 확인하겠다는 목적을 갖고 30억 쌍의 염

---

4) 전장 유전체 분석에 관한 역사를 잘 설명한 글로는 Lunshof Jeantine E./Jason Bobe/John Aach/Misha Angrist/Joseph V. Thakuria/Daniel B. Vorhaus/Margret R. Hoehe/George M. Church, "Personal genomes in progress: from the human genome project to the personal genome project", Dialogues in clinical neuroscience vol. 12 no. 1, 2010.

기 서열 가운데 지극히 일부만을 파악을 하는 유전형질 분석(genotyping)의 시대였다면, 지금은 정보주체가 갖고 있는 질병이나 신체적 특징 사이의 연결 고리를 찾기 위하여 개인이 보유한 30억 쌍의 염기서열 전체 또는 상당 부분을 분석하는 유전체 분석(genome sequencing)의 시대가 된 것이다. 유전체 시대가 가져다 준 유전체정보의 활용 가능성은 무궁무진하다. 예컨대 특정한 질병을 가진 환자들의 전장 유전체를 분석하여 어떤 유전자가 이 질병과 관련이 있는지를 탐색하는 전장 유전체 연관 분석(genome−wide association study)이라든가 동일한 약물을 투여했지만 환자마다 반응이 달리 나타나는 원인을 유전자에서 찾는 약물유전체학(pharmacogenomics)은 NGS의 등장으로 다수 환자로부터 수집한 방대한 유전체정보에 의존하면서 활기를 띠고 있다. 나아가 유전체정보에 기반하여 개개인의 신체적 특성을 반영한 정밀의료가 도약기를 맞이하게 되었다.

한 예로 미국 Regeneron사는 Geisinger사와 함께 50,000명이 넘는 사람들에 대한 유전체 데이터와 전자의무기록을 연결시켜 질병을 유발할 수 있는 새로운 유전자 변이를 발견했다.[6] 이 논문을 통해 250명 중 1명 정도는 심장마비와 뇌졸중의 위험에 처한 유전자 변이를 갖고 있지만 적절한 예방적 치료를 받지 못하고 있다는 것을 밝혔다. 이와 같이 유전체 데이터와 임상자료를 통합해서 분석하는 노력들이 경주되고 있다. 유럽과 미국의 여러 데이터 통합분석 프로젝트는 수많은 사람들로부터 DNA를 모아 유전자 변이와 질병 및 형질 간의 연관성을 찾기 위해 임상정보와 데이터를 결합하고 있다.

기존의 유전자 또는 DNA에 대한 연구들은 대규모 환자−대조군 연구를 통해 환자의 특징을 정의할 수 있는 일반적인 유전자 마커를 찾았다. 하지만 실제 치료에 도움이 되거나 질병 발생에 대한 위험도를 측정할 수 있는 정보를 많이 얻을 수 없었다. 그 이유는 실제 환자의 임상자료의 양이나 추적관찰 기간이 충분하지 않기 때문이라고 할 수 있다. 예를 들어 TCGA(The Cancer Genome Atlas) 프로젝트를 통해 과거 10여 년간 미국 국립보건원의 GDC(Genomic Data Commons)[7]에

5) 조은희, "유전정보에 대한 윤리적 쟁점의 변천", 생명윤리 제15권 제1호, 한국생명윤리학회, 2014. 6, 45쪽.
6) Son JH, Xie G, Yuan C, Ena L, Li Z, Goldstein A, Huang L, Wang L, Shen F, Liu H, Mehl K, Groopman EE, Marasa M, Kiryluk K, Gharavi AG, Chung WK, Hripcsak G, Friedman C, Weng C, Wang K, Deep Phenotyping on Electronic Health Records Facilitates Genetic Diagnosis by Clinical Exomes. Am J Hum Genet, vol. 103 no. 1, 2018.

축적한 32,555명의 암환자에 대한 유전체 데이터에는 각 환자의 세밀한 임상정보가 포함되어 있지 않다. 따라서 암에 대한 유전적 특성을 이해하고 연구하는 데 중요한 자료가 되지만 실제 임상적으로 도움이 되는 정보를 추출하기에는 제한적인 자료가 될 수밖에 없다.

　Regeneron사가 축적하게 될 200만 명의 유전체−임상자료 통합 데이터는 앞으로 Regeneron사가 개발하게 될 새로운 치료제에 대한 정보를 꾸준하게 제공할 것이다. 또한 Geisinger사가 고객들에게 제공하게 될 개인 유전체정보 기반 질병 예방 프로그램의 귀중한 자료가 될 것이다. 이러한 노력들은 특히 제약사를 중심으로 활발하게 진행 중이다. Astra−Zeneca사는 백만 명의 전장 유전체 염기서열 분석 데이터를 생산하고 이들의 임상정보와 연계하여 분석하고 있는 중이다. 제약사의 목표는 양질의 빅데이터를 이용하여 신약을 개발하겠다는 것이다. 기존의 유전체 연구를 통해 많은 표적과 마커가 발굴되었지만 임상 데이터의 부족 때문에 실제 유용한 정보를 얻을 수 없었다는 판단이고, 동시에 그 가능성이 높다는 것이 검증되었기 때문이다. 산업계에서 이러한 보건의료 빅데이터에 관심을 갖는 것은 이미 그 가치가 높다는 것을 인정했다는 것이고 이제 누가 먼저 개발하는가 경쟁이 시작된 것이다.

　임상정보와 유전체정보를 통합해서 분석하는 것은 연구분야에서도 활발히 진행 중이다. 제약사들이 새로운 코호트를 기반으로 데이터를 생산하는 반면에 연구를 위한 공공의 노력들은 기존의 데이터를 통합하는 것으로부터 시작하고 있다. 여러 기관의 데이터를 모으기 위해서는 먼저 표준이 필요한데 유전체와 같은 새로운 형태에 대한 정보에 대한 표준이 없고, 임상정보를 포함한 개인정보에 대한 문제가 우선적으로 해결되어야 하기 때문에 소규모로 천천히 진행 중이다. 대표적인 예로 유전체의학 세계연맹(Global Alliance for Genomic Health, GA4GH)[8]은 인간의 건강을 증진시키기 위한 연구와 신약개발을 가속화하기 위해 2013년에 결성되었다. 세계적으로 헬스케어 분야에서 선도적인 역할을 하고 있는 500여 개 연구기관과 병원으로 구성되어 유전체 및 건강에 관련된 데이터를 자발적으로 책임감 있게 공유하는 프레임워크 및 표준을 만들고 있다. 이러한 구조는 GA4GH Connect

---

7)　https://gdc.cancer.gov/
8)　https://www.ga4gh.org/

를 통해 2022년까지 환자의 임상정보가 포함된 유전체정보를 안전하게 공유할 수 있도록 할 것이다.

또한 미국 암학회에서 추진하고 있는 AACR GENIE Project[9]는 임상 수준의 암 유전체 데이터와 임상데이터를 통합하는 기준과 레지스트리를 개발하여 정밀의료를 촉진하는 데이터 공유 프로젝트이다. 세계적으로 여러 병원에서 치료받는 수만 명의 암 환자의 유전체 데이터를 종합하여 임상의사 결정을 향상시키는 데 필요한 통계적 근거를 제공하여 기존에 임상종양학적 방법으로 해결하지 못한 내용들을 해결할 것으로 생각된다. 특히 각 병원 단위에서는 드물게 발견되는 희귀 암이나 다빈도 암에 대한 희귀 변종의 경우 데이터를 통합하는 것은 매우 중요하다. 또한 추적관찰이 가능한 임상등록 데이터는 새로운 임상 및 중개연구에 매우 중요한 자료가 될 것이다.[10]

영국은 2014년부터 Genomics England라는 정부가 출자한 유전체 및 임상정보분석 회사를 설립하고 10만 명에 대한 전장 유전체 염기서열분석 데이터와 임상데이터를 모으고 있다. 초기에는 희귀질환 환자와 암환자를 중심으로 유전체 분석의 임상적 유용성을 분석하였고 2018년부터 총 100만 명의 전장 유전체 염기서열 분석을 목표로 대상을 일반인에게까지 확대하였다. 희귀질환과 암환자에서 정확한 진단을 통해 전반적인 의료비용이 절감될 것으로 예상하고 있다. 동시에 유전체 및 임상정보를 산업적으로 활용하는 인프라를 구축하고 있으며 이는 엄격한 정보관리 체계를 통해 활용될 것이다.

II. 유전체정보의 2차적 사용 및 제3자 제공

의료기관 등이 진단을 위하여 채취해 둔 인체조직이라든가 그 인체조직에서 파악한 유전체정보를 새로이 정밀의료 연구를 위하여 사용하려고 한다고 가정해 보자. 희귀질환이나 암환자의 진료를 위하여 검체를 채취해 두었는데, 나중에 동일한 질병을 가진 다수 환자들의 유전체를 분석하는 연구에 활용하고자 하는 경우

---

9) https://www.aacr.org/professionals/research/aacr-project-genie/
10) AACR Project GENIE Consortium, AACR Project GENIE: Powering Precision Medicine through an International Consortium, Cancer Discov, vol. 7 no. 8, 2017, pp.818-831.

등 그런 상황은 현실에서 흔히 발생한다. 이처럼 개인정보를 최초에 수집한 목적과는 다른 목적으로 개인정보를 이용하는 것을 소위 2차적 사용이라고 한다. 또는, 연구를 위하여 타기관에 속한 제3의 연구자와 유전체정보를 공유해야 하는 상황도 흔히 발생한다. 이처럼 기존에 이미 보유하고 있는 유전체정보를 2차적 사용 또는 제3자에게 제공하기 위하여는 어떤 요건을 충족해야 하는가? 이는 최초 수집 경로가 생명윤리 및 안전에 관한 법률("생명윤리법")에 따른 동의를 얻어 연구 목적으로 수집되었는지, 아니면 일반 진료 목적으로 수집되었는지에 따라 달라진다.

A. 유전체정보를 최초에 연구 목적으로 수집한 경우

우선 최초에 연구 목적으로 수집한 경우를 본다. 생명윤리법에 따라 연구대상자의 동의를 얻고 기관위원회의 심의를 거쳐 수집한 개인정보는 원칙적으로 연구대상자에게 동의를 구한 해당 연구에만 이용할 수 있다. 따라서 연구 목적으로 기존에 이미 확보된 개인정보나 인체유래물을 대상으로 기존과는 다른 새로운 연구를 하려는 경우, 연구자는 원칙적으로 새로운 연구 목적을 정보주체에게 알리고 새로운 동의를 받아야 한다. 다만 생명윤리법은 예외적으로 (1) 연구대상자의 동의를 받는 것이 연구 진행과정에서 현실적으로 불가능하거나 연구의 타당성에 심각한 영향을 미친다고 판단되고, (2) 연구대상자의 동의 거부를 추정할 만한 사유가 없고, 동의를 면제하여도 연구대상자에게 미치는 위험이 극히 낮은 경우에는 연구기관의 기관위원회의 승인을 받아 서면동의를 면제받을 수 있도록 하고 있다.11) 그러나 민감정보인 유전정보의 경우에는 연구대상자의 동의거부를 추정할 만한 사유가 없다고 단정하기 어려운 문제가 있다.

물론 최초에 검체를 채취할 때부터 이러한 2차적 사용을 염두에 둔 포괄적인 동의서를 받아 두었더라면 가능할 여지는 있다. 생명윤리법 시행규칙 별지 제34호 소정의 인체유래물 연구 동의서 양식을 통하여 유사한 연구, 심지어는 유사하지 않은 2차적 사용에까지 포괄적으로 인체유래물 및 그에서 추출된 유전체정보의 사용을 허용하는 동의를 받는 것이 가능하기 때문이다.

연구 목적으로 수집한 유전체정보를 공동 연구를 하는 타 연구기관이나 협력

---

11) 생명윤리법 제16조 제3항.

기관과 같은 제3자에게 제공하는 것에 대하여 생명윤리법은 사전 서면동의가 있었고 기관위원회 심의를 거칠 경우 허용한다. 그리고 이 경우 이 경우 기증자가 개인식별정보를 포함하는 것에 동의하지 않은 이상 익명화하여야 한다.[12]

B. 유전체정보를 최초에 진료 목적으로 수집한 경우

다음으로 진단이나 치료의 일환으로 채취한 유전체정보를 진료가 아닌 다른 2차적 목적을 위해 사용하거나 또는 연구 등을 위하여 제3자에게 제공하고자 할 경우에는 개인정보 보호법에 따른 절차를 준수해야 하는데, 원칙적으로는 환자로부터 다시 진료가 아닌 연구 목적으로 이용하거나 제3자에게 제공하겠다는 동의를 받아야 한다. 다만 개인정보 보호법은 2020년의 개정을 통하여 가명처리를 한 개인정보를 과학적 연구에 이용하도록 하는 특칙을 새로 도입함으로써, 본인의 동의가 없이도 진료가 아닌 연구 목적으로 이용하거나 제3자에게 제공하는 것이 가능해졌다.[13] 여기에 대하여는 이 책의 총론을 참고하기 바란다.

흥미롭게도 생명윤리법은 개인정보 보호법보다 먼저 가명처리의 개념을 도입하고 있었다. 생명윤리법에 "가명정보" 또는 "가명처리"라는 개념이 명문으로 등장하지는 않지만 생명윤리법 제2조 제19호의 정의 규정에서 "익명화"를 "개인식별정보를 영구적으로 삭제하거나, 개인식별정보의 전부 또는 일부를 해당 기관의 고유식별기호로 대체하는 것"이라고 정의하고 있는데, 전단의 "개인식별정보를 영구적으로 삭제"하는 것은 anonymization에 해당하고 후단의 "개인식별정보의 전부 또는 일부를 해당 기관의 고유식별기호로 대체하는 것"은 pseudonymization, 즉, 개인정보 보호법상의 가명처리와 실질적으로 같은 개념이므로,[14] 일찍감치 생명윤리법은 비식별화 방법의 하나로 가명처리를 인정하고 있던 것이다.[15] 그런

---

12) 생명윤리법 제38조.

13) 개인정보 보호법 제28조의2 내지 제28조의7.

14) 보건복지부 산하 국가생명윤리정책원이 운영하는 기관생명윤리위원회의 정보포털에서는 인체유래물은행 맥락에서 이를 "기증자의 개인식별정보를 은행의 고유식별번호로 대체하고 해당 연결 파일에 대한 암호키를 보안책임자가 가지고 있는 방식"이라고 설명하기도 한다. 국가생명윤리정책원, 기관생명윤리위원회 정보포털 – "정보 관리 및 개인정보보호 ", https://www.irb.or.kr/UserMenu06/PreservationInfomationManagement.aspx (최종방문일 2020.5.10)

15) 즉, 「생명윤리법」은 "익명화"의 방법으로 anonymization과 pseudonymization을 제안하는 셈인데, anonymization의 우리말 번역이 "익명화"이므로 이는 결국 "익명화"에 익명화(anonymization)와 가

데 개인정보 보호법은 가명정보에 대한 안전조치의 내용을 법에서 직접 규정하고 있고,[16] 개인정보 보호법에서 법제화하는 가명정보의 안전성 확보에 필요한 기술적·관리적 및 물리적 조치와 생명윤리법상 "개인식별정보의 전부 또는 일부를 해당 기관의 고유식별기호로 대체"된 가명정보에 적용되어야 하는 안전성 확보 조치가 달라야 할 이유가 없으므로, 향후 입법적 또는 행정적 보완을 통하여 이를 일치시켜주면 연구자들이 2원화된 가명처리를 해야 하는 부담을 피할 수 있을 것이다. 아래에서 상술할 『보건의료 데이터 활용 가이드라인』에 따르면 보건복지부는 개정 개인정보 보호법에 따른 가명처리가 생명윤리법 제2조 제19호의 "익명화"의 한가지 방법이라는 입장을 취하고 있는데,[17] 그러한 입장도 결국 개인정보 보호법상의 가명처리와 생명윤리법상 "개인식별정보의 전부 또는 일부를 해당 기관의 고유식별기호로 대체하는 것"이 실질적으로 다르지 않다고 보고 있음을 의미한다.

III. 유전체정보의 식별력 및 비식별화

A. 유전체정보의 식별력

주인공이 누구인지 베일에 가려진 유전체정보는 그 프라이버시가 얼마나 강하게 지켜질 것인가? 바꾸어 말하면, 익명화된 유전체정보를 입수한 누군가가 그 유전체정보의 주인공이 누구인지 밝히고자 의도하면 밝혀낼 수 있는 여지는 얼마

명화(pseudonymization)가 포함되는 것이라서 순환론적인 어색함이 있다. 「생명윤리법」이 「개인정보 보호법」처럼 "익명화" 대신 "비식별화"라는 용어를 사용했더라면 덜 혼란스러웠을 것이다.

16) 「개인정보 보호법」 제28조의4.

17) 개인정보 보호위원회·보건복지부, 『보건의료 데이터 활용 가이드라인』(2020), 33면. 나아가 동 가이드라인은 "개인정보 보호법에 다른 가명처리를 한 개인정보는 연구대상자등에 대한 기존의 자료나 문서를 이용하는 연구로 간주하고 기관 차원에서 가명처리가 확인된 경우 IRB 심의 및 동의를 면제할 수 있다."고 설명하고 있는데, 결론에는 동의하지만 그 논리는 어색하다. "연구대상자등에 대한 기존의 자료나 문서"가 생명윤리 및 안전에 관한 법률 시행규칙 제13조 제1항 제3호에 따라 기관위원회의 심의를 면제할 수 있는 사유로 규정된 것을 차용하려는 것으로 보이는데, 생명윤리법이 정한 익명화 조치를 취하였다면 이는 더 이상 "개인을 식별할 수 있는 정보"로서의 성격을 상실했으므로 인간대상연구를 구성할 수 없다고 해석하는 것이 논리적이다. 즉, 개인정보 보호법상으로는 가명처리를 한 후에도 제2조 제1항 다.목에 의하여 개인정보의 성격을 상실하지 않지만, 생명윤리법상으로는 가명처리가 생명윤리법 제2조 제19호의 "익명화"에 해당하므로 인간대상연구의 요건이 되는 "개인을 식별할 수 있는 정보"에 해당하지 않게 되는 것이다. 생명윤리법은 anonymization과 pseudonymization을 동등한 익명화 방법으로 취급하고 있으므로 당연한 결과이다.

나 있는가? 이는 유전체정보의 보호와 활용을 논하기 위한 대전제이므로 매우 중요한 문제이다.[18]

자세한 기술적인 내용에 앞서 간단하게 결론부터 말한다면, 유전체정보 이외에 정보주체에 관한 또 다른 어떤 정보가 있느냐에 따라 익명화된 유전체정보의 정보주체를 파헤치는 것은 이론적으로도 가능하고 실제로도 발생한 사례들이 있다.[19] 다른 부수적인 정보가 없이 한 개인의 전장 유전체 염기서열, 즉 30억 쌍의 염기서열만으로는 그 정보주체가 누구인지 알아내는 것은 현실적으로 불가능하다고 하지만, 유전체정보와 함께 제공되는 다른 정보가 있다거나 혹은 외부에서 찾아서 쉽게 결합할 수 있는 정보를 종합한다면 유전체정보의 정보주체가 누구인지 식별하는 것이 불가능하지는 않다고 한다.

정보주체가 누구인지 모르는 DNA의 염기서열만을 앞에 놓고 그 정보주체를 식별해 내는 작업을 소위 정보주체 추적(identity-tracing)이라고 하는데, 이러한 정보주체 추적 기법은 이미 여러 가지가 알려져 있다. 크게 범주화한다면, 유전체정보와 함께 제공되는 인적사항·거주지 정보 등의 Metadata를 이용하는 방법, 공중에 공개된 가계정보를 이용하는 방법, 유전체정보로부터 형질을 예상하고 그로부터 정보주체를 추측하는 방법 등이 그것이다.[20] 예컨대 Science지에 실린 한 논문은 익명화된 전장유전체의 Y 염색체에 있는 STR 구간의 염기서열을[21] "조상 찾기" 웹사이트[22]에 올라온 유전정보와 비교함으로써 그 염색체 주인공의 성(family name)을 식별해 내었는데, 여기서 더 나아가 정보제공자의 나이와 거주하는 주(state)에 관한 정보가 있으면 아예 본인이 누구인지도 충분히 밝힐 수 있는 가능성을 보여준 바 있다.[23] 이는 난수표와 같은 염기서열 그 자체에 본인에 관한 꽤

---

18) 유전체정보는 식별력 문제 이외에도 한 개인의 일생동안 변하지 않는다는 불변성, 혈연들 사이의 공유성, 표현형과의 관련성, 아직 그 활용의 범위를 알 수 없는 미지성 등의 특징을 갖고 있다. 다만 이 글에서는 식별력이 야기하는 문제에 집중하기로 한다.

19) Rodriguez Laura L./Lisa D. Brooks/Judith H. Greenberg/Eric D. Green, "The complexities of genomic identifiability", Science vol. 339 no. 6117, 2013, pp.275-276.

20) Erlich Yaniv/Arvind Narayanan, "Routes for breaching and protecting genetic privacy", Nature reviews. Genetics vol. 15 no. 6, 2014, p.409.

21) 단백질로 발현이 되지 않는 인트론 영역에 주로 위치하며 짧은 염기서열이 동일하게 반복되는 구간이다.

22) 외국에는 가입자들이 스스로 제공한 정보를 결합하여 "족보"를 구축하는 서비스가 있으며, ancestry.com이 대표적이다.

23) Gymrek Melissa/Amy L. McGuire/David Golan/Eran Halperin/Yaniv Erlich, "Identifying personal genomes by surname inference", Science vol. 339 no. 6117, 2013, pp.321-324.

많은 식별 정보가 담겨 있다는 의미이다.

　이 점은 이 분야에 관심을 갖지 않아 온 일반인들에게 충분히 놀라운 소식으로 들릴 수도 있을 것이다. 예컨대 고유식별정보로서 특별히 보호를 받는 주민등록번호라고 하더라도 13자리 주민등록번호만 가지고 그 주인공을 알아내는 것은 불가능하다. 주민등록번호와 그 주인과의 연결고리를 파악할 수 있는 합법적인 공공자료란 존재하지도 않는다. 반면, 위 Science지의 연구는 유전체정보와 합법적으로 존재하는 공공영역의 정보를 결합시킴으로써 그 유전체정보의 정보주체 식별에 근접할 수 있음을 보여준 것이므로 충분히 놀랄 만하다. 게다가 위 Science지의 연구는 유전체정보와 함께 정보주체에 관한 다른 정보 — 나이, 거주지 등 — 를 처음부터 보유한 상태라면 공공영역의 정보와 결합하여 그 주인공이 어디에 사는 누구인지 충분히 추적할 수 있음도 보여주었다.

　유전체정보의 주인공을 역추적하는 데 큰 역할을 하는 것은 기술의 발전도 있지만, 일반인들이 소비자 의뢰 유전자 검사 등을 통하여 유전정보를 스스로 공유하는 사회적 현상도 있다. 언론을 통해 보도된 해외동포의 친자 확인 사건이 그 의미를 잘 보여준다. 해당 보도에 의하면, 어려서 미국에 입양되어 친부모를 알지 못하는 해외 동포가 외국에서 인기가 있는 소비자 직접의뢰 유전자 검사 서비스(소위 DTC 유전자 검사 서비스)에 자신의 검체를 의뢰했더니, 마침 같은 소비자 직접의뢰 유전자 검사 서비스를 이용한 사람과 형제 관계가 있다는 결과를 통보받았고, 그를 통하여 자신의 생부를 파악하게 되었다는 소식이다.[24] 이 사례는 자신의 친부모가 누구인지 모르는 사람이 자기 자신의 검체를 이용하여 자신의 생부를 찾는데 성공한 사례이지만, 동일한 방법을 응용한다면 누구의 것인지 알 수 없는 DNA 정보만 갖고 그 본인이나 가까운 혈족이 민간 영역에 남긴 유전정보와 대조함으로써 DNA의 주인공이 누구인지 추적하는 것도 불가능하지 않을 것이다. 이미 외국에서는 몇 년 전부터 그와 같은 사례들이 속속 등장하고 있다. 민간 영역의 유전 정보 데이터베이스를 활용해서 본인을 역추적하는 것이 얼마든지 가능함을 보여준 대표적인 사례는 소위 Golden State Killer라는 장기 미제 사건 범인의 검거였다.[25]

---

24) 해외입양 30여 년 만에⋯DNA 검사로 "친자 확인" 승소, 「중앙일보」 2020년 6월 12일자; "'아기 수출국이었던 한국, 개인의 알 권리 왜 간과하나요'", 「BBC News 코리아」, 2020년 6월 23일자

여기에 대하여, 외국은 개인들이 자발적으로 소비자 직접의뢰 유전자 검사 등을 통하여 획득한 유전 정보를 혈족 찾기 사이트 등의 공중 영역에서 활발하게 공유하는 바람에 유전자 염기서열만을 갖고 그 본인을 추적하는 것이 가능해졌지만, 아직 누구나 조회할 수 있는 유전 정보 데이터베이스나 서비스 업체가 많지 않은 우리나라에서는 난수표 같은 유전자 염기서열로부터 본인을 역추적하는 것이 얼마나 현실적이냐는 반론이 있을 수 있다. 그러나 드물기는 하지만 언론에 보도된 위 사례를 보더라도 이를 어렵다고 단언하기도 어렵다. 게다가 우리나라에서도 소비자 직접의뢰 유전자 검사의 규제 완화 등을 통하여 일반인들이 유전 정보를 자발적으로 공중 영역에서 서로 공유하는 날이 올 수도 있다.[26]

그런데 통상 유전체정보는 연구나 기술 개발 현장에서 난수표와 같은 염기서열만 수집되는 것이 아니라 유전체정보를 더욱더 가치 있게 만드는 정보주체의 다른 정보−나이, 성별, 인종, 건강 또는 질병 상태 등−와 함께 수집되어 활용되는 것이 보통이다. 앞에서 유전체정보를 활용한 전장 유전체 연관 분석이라든가 약물 유전체학 등의 연구가 모두 그러하다. 대량의 유전체정보는 그 자체만 있더라도 일반인이 어렵지 않게 얻을 수 있는 다른 정보와 조합함으로써 본인을 식별해 낼 여지가 높음이 밝혀지고 있는데, 정보주체의 다른 정보가 같이 제공된다면 정보주체 본인의 식별 가능성은 엄연히 존재한다고 보아야 할 것이다.

B. 유전체정보의 비식별화

유전체정보를 연구 목적으로 사용함에 있어 비식별화를 해야 할 필요성이 크다. 그것은 반드시 앞에서 본 바와 같이 관련 법령에서 본인의 동의 없이 유전체정보를 연구를 위하여 2차 목적으로 이용하거나 제3자에게 제공하는 맥락에서 익명화 또는 가명처리를 강제하고 있기 때문만은 아니다. 설령 자신의 유전체정보를 연구에 이용해도 좋다는 본인의 동의가 있었다고 하더라도, 한 인간의 신체적 특

---

25) 이원복, "내 DNA 정보는 내 마음대로 사용해도 되는가− DNA 정보의 특수성과 자기정보 통제권의 제한 −", 『정보법학』(한국정보법학회, 2019), 제23권 제1호, 194−197면.
26) 「생명윤리 및 안전에 관한 법률」 제50조 제3항은 의료기관이 아닌 유전자검사기관이 시행할 수 있는 유전자 검사, 즉 소비자 직접의뢰 유전자 검사의 종류를 질병의 예방과 관련된 유전자검사로 보건복지부장관이 필요하다고 인정하는 경우로 한정하고 있는데, 지난 2020년 2월 보건복지부 고시를 통하여 크게 확장된 바 있다.

징의 열쇠와 같은 유전체정보를 어떤 방법으로든 비식별화하지 않고 광범위하게 활용하는 것은 정보주체 본인에게 예상하지 못한 큰 위해로 연결될 수 있기 때문이다. 그렇다면 유전체정보는 어떤 방법으로 비식별화를 해야 하는가?

1. 유전체정보 비식별화의 장벽

두 가지 이유에서 유전체정보의 비식별화는 큰 난제를 안고 있다.

첫째는 정확한 과학적 연구를 위하여는 유전체정보 자체를 가공하여서는 안 된다는 점이다. 유전체정보는 그 분량으로만 보면 최대 30억 개의 염기서열에 달할 정도로 많은 분량이지만 따지고 보면 그 구성은 adenine, guanine, cytosine, thymine 4종류 염기의 매우 다양한 조합에 불과하다. 그런데 이를 원래 존재하는 염기서열 그대로가 아니라 비식별화를 위하여 조금이라도 변형을 하게 되면 과학자들이 활용할 수 있는 유전 정보로서의 가치를 완전히 상실할 수 있다. 예를 들어 adenine, guanine, cytosine, thymine의 4종류의 염기 가운데 앞의 2종류는 그 화학적 분류인 purine으로 뒤의 2종류는 pyrimidine으로 표시하면 소위 데이터 범주화를 달성할 수는 있다. 또는 유전정보를 비식별화하기 위하여 의도적으로 SNP의 일정비율을 무작위적으로 변경하기도 한다. 그러나 이렇게 유전정보를 인위적으로 변경하면 정보주체 본인을 재식별할 수 있는 가능성을 낮출 수 있을지는 몰라도 연구대상으로서의 가치가 크게 훼손된다.[27] 유전정보를 활용하는 과학자의 입장에서는 염기서열을 원래 구성 그대로 파악해야만 의미가 있고, 이를 원래 염기서열이 아닌 다른 염기서열로 대체해서는 유전정보 분석의 목적을 달성할 수 없게 되기 때문이다.[28]

---

27) William Lowrance, Privacy, Confidentiality, and Health Research, Cambridge University Press, 2012, p.118

28) 그래서인지 기존의 6개부처 비식별 조치 가이드라인은 그 비식별 조치 기법과 기준이 유전정보에 대하여도 직접적으로 적용되는 것인지에 관하여는 의도적으로 답변을 회피하고 있는 양상이다. 이 가이드라인에서 "유전정보"라는 단어는 지침 전체를 통틀어 FAQ에 유일하게 등장하는데, "문 19. 법령상 '민감정보'에 해당하는 건강정보 및 유전정보의 경우에도 비식별 조치를 한다면 개인의 동의 없이 활용 가능한지?"라는 질문에 대하여 "개인정보 보호법상 민감정보에 해당하더라도 가이드라인에 따라 특정개인을 알아볼 수 없도록 비식별 조치한 경우 개인의 사전동의 없이 빅데이터 분석 등에 활용이 가능함. 다만, 「생명윤리 및 안전에 관한 법률」에 근거한 인간 대상의 연구 목적으로 수집된 개인정보는 동 법 제18조에 의거 별도의 제공절차에 따라야 함."이라고 답함으로써 현실적으로 도움이 되지 않는 답변을 하고 있고, "문 20. 유전정보도 다른 건강정보와 동일하게 취급해야 하는지 아니면 별도

두 번째는 앞에서도 살펴보았듯이 이미 합법적으로 대중이 접근할 수 있는 데이터베이스를 이용하여 특정인의 유전체정보를 대조함으로써 본인을 식별할 수 있는 가능성이 생긴다는 것이다. 앞에서 언론에 기사화된 해외동포의 친부확인 사건과 유사한 가상의 사례를 예로 들자면, 특정 희귀 질환 환자의 유전체정보를 다른 아무런 부수 정보 없이 전달받았는데, 이를 외국의 혈족찾기 웹사이트에 업로드 해서 대조했더니 마침 그 환자와 유전자가 50% 일치하는 사람 – 이는 혈족찾기 웹사이트에 자신의 유전정보를 올린 사람이 환자와 친자관계 또는 형제 관계가 있다는 의미가 된다 – 을 발견하였고, 그 사람의 소셜 미디어에 접속을 해보았더니 마침 희귀 질환에 걸린 자신의 아버지에 대한 글을 올린 것을 확인함으로써, 유전체정보가 그 사람의 아버지로부터 유래했음을 역추적하는 상황을 상상해 볼 수 있다.

이 두 가지 상황을 종합해 보면 과학적 연구에 활용할 수 있는 형태로 유전체정보를 이용하면서 본인을 역추적하여 식별하는 가능성을 이론적으로 완전히 봉쇄하는 것은 매우 어렵다는 의미가 된다.

2. 유전체정보의 가명처리

그럼에도 불구하고 유전체정보를 특히 의과학적 연구에 활용하기 위하여는 가명처리가 필요한 경우가 많다. 왜냐하면 유전체에 대하여는 아직 인류가 모르는 바가 워낙 많기 때문에, 예컨대 연구를 진행하면서 새로운 과학적 발견을 하게 되어 정보주체로부터 임상정보를 추가로 얻어야 할 필요가 생긴다거나, 아니면 특정 유전자와 질병의 상관관계가 밝혀져서 정보주체 본인의 이익을 위하여 이를 알릴 필요가 있을 수 있는데, 정보주체로의 연결고리를 유지하며 비식별화를 하는 방법이 바로 가명처리이기 때문이다.

의 강화된 조치가 필요한지?"에 대하여는 " '유전정보'는 「디엔에이신원확인 정보의 이용 및 보호에 관한 법률」, 「생명윤리 및 안전에 관한 법률」에 따라 엄격히 보호되고 있는 정보이므로 해당 법률에서 정하는 별도의 강화된 조치가 필요함"이라고 답함으로써 역시 유전정보의 비식별화에 대한 아무런 교시를 제공하지 않고 있다.

1) 『보건의료 데이터 활용 가이드라인』에 따른 가명처리

마침 2020년 개인정보 보호법의 개정을 통하여 가명처리가 법령에 정식으로 도입이 되었다. 개인정보를 어떻게 처리해야만 가명처리로 인정받을 수 있는지, 그리고 가명처리를 마쳐 가명정보로 전환된 이후 어떤 조치를 지속적으로 취해야 하는지는 일단 개인정보 보호법 제28조의4와[29] 제28조의5,[30] 그리고 개인정보 보호법 시행령 제29조의5에[31] 관련 조항들이 입법이 되어 있는 상태이다. 그런데 앞에서 유전체정보의 비식별화를 어렵게 만드는 두번째 이유, 즉 일반인이 접근 가능한 데이터베이스를 이용하여 유전체정보의 정보주체를 역추적하는 상황은 위 조항들이 요구하는 안전 장치로 예방할 수 없다. 왜냐하면 위 조항들은 가명정보를 복원할 수 있는 "추가정보"에 대한 통제권한이 정보처리자에게 있음을 전제로 하여 "추가정보"에 대한 보호에 집중되어 있는데, 일반인도 접근하여 유전체정보

---

29) 제28조의4(가명정보에 대한 안전조치의무 등) ① 개인정보처리자는 가명정보를 처리하는 경우에는 원래의 상태로 복원하기 위한 추가 정보를 별도로 분리하여 보관·관리하는 등 해당 정보가 분실·도난·유출·위조·변조 또는 훼손되지 않도록 대통령령으로 정하는 바에 따라 안전성 확보에 필요한 기술적·관리적 및 물리적 조치를 하여야 한다.
② 개인정보처리자는 가명정보를 처리하고자 하는 경우에는 가명정보의 처리 목적, 제3자 제공 시 제공받는 자 등 가명정보의 처리 내용을 관리하기 위하여 대통령령으로 정하는 사항에 대한 관련 기록을 작성하여 보관하여야 한다.
30) 제28조의5(가명정보 처리 시 금지의무 등) ① 누구든지 특정 개인을 알아보기 위한 목적으로 가명정보를 처리해서는 아니 된다.
② 개인정보처리자는 가명정보를 처리하는 과정에서 특정 개인을 알아볼 수 있는 정보가 생성된 경우에는 즉시 해당 정보의 처리를 중지하고, 지체 없이 회수·파기하여야 한다.
31) 제29조의5(가명정보에 대한 안전성 확보 조치) ① 개인정보처리자는 법 제28조의4제1항에 따라 가명정보 및 가명정보를 원래의 상태로 복원하기 위한 추가 정보(이하 이 조에서 "추가정보"라 한다)에 대하여 다음 각 호의 안전성 확보 조치를 해야 한다.
1. 제30조 또는 제48조의2에 따른 안전성 확보 조치
2. 가명정보와 추가정보의 분리 보관. 다만, 추가정보가 불필요한 경우에는 추가정보를 파기해야 한다.
3. 가명정보와 추가정보에 대한 접근 권한의 분리. 다만, 「소상공인 보호 및 지원에 관한 법률」 제2조에 따른 소상공인으로서 가명정보를 취급할 자를 추가로 둘 여력이 없는 경우 등 접근 권한의 분리가 어려운 정당한 사유가 있는 경우에는 업무 수행에 필요한 최소한의 접근 권한만 부여하고 접근 권한의 보유 현황을 기록으로 보관하는 등 접근 권한을 관리·통제해야 한다.
② 법 제28조의4제2항에서 "대통령령으로 정하는 사항"이란 다음 각 호의 사항을 말한다.
1. 가명정보 처리의 목적
2. 가명처리한 개인정보의 항목
3. 가명정보의 이용내역
4. 제3자 제공 시 제공받는 자
5. 그 밖에 가명정보의 처리 내용을 관리하기 위하여 보호위원회가 필요하다고 인정하여 고시하는 사항

의 본인을 식별하는 데 활용할 수 있는 DTC 유전자 검사 서비스라든가 GEDmatch 같은 유전정보 공유사이트는 정보처리자가 통제할 방법이 없기 때문이다.

그런 한계를 감안해서인지 2020년 9월 개인정보 보호위원회와 보건복지부가 공동으로 제작한 『보건의료 데이터 활용 가이드라인』은 "데이터 유형별 가명처리 방법"의 제하에서 유전체정보의 가명처리 방법을 아래와 같이 제시하고 있다.[32]

---

⑧ (유전체정보) 아래와 같은 몇 가지 예외적인 경우를 제외하고는 가명처리 가능 여부 유보 (예외를 제외하고, 본인 동의 기반으로만 사용 가능)

※ 유전체정보는 그 안에 담긴 정보의 내용을 모두 해석해내지 못하고 있고, 부모·조상·형제·자매·자손·친척 등의 제3자 정보를 담고 있을 수 있으므로 적절한 가명처리 방법이 개발될 때까지는 가명처리 가능여부 유보가 적절함
  1) 널리 알려진 질병에 관한 유전자 변이 유·무 또는 변이 유형 :
   - 구체적 변이정보(예:Loci)가 아닌 큰 단위의 유전자(gene) 단위 정보로 제공함으로써 개인 재식별 가능성을 크게 낮춤
   * 예 : A항암제 사용 시 B유전자 변이 환자의 치료반응 연구
  2) 생식세포 변이 정보를 제거한 신생물 고유(neoplasm)*의 신규변이 정보
   - 생식세포 변이(정상조직 변이)를 제거한 신규 생성 변이 정보는 암의 원인이 되는 변이 정보만 포함하게 되므로 개인 식별 가능성 없음
   * 신생물(neoplasm): 세포의 이상증식 현상으로 종양(tumor)으로 알려져 있음

구체적인 개인정보 유형별로 가명처리 기준을 제시하고 있는 『보건의료 데이터 활용 가이드라인』이 보건의료 데이터를 활용하고자 하는 실무 현장에 많은 도움이 될 것으로 생각되지만, 유전체정보에 대한 가명처리 가능 여부의 판단을 "유보"한 부분은 무엇보다 아쉬운 부분이다. 우선 동 가이드라인의 기술은 유전체정보 자체를 변형시키지 않는 형태의 가명처리는 인정되지 않는다는 입장에 선 것으로 읽히는데, 개인정보 보호법의 정의 규정에 엄밀하게 부합하는지는 의문이 있다. 개인정보 보호법에서 "가명처리"란 개인정보의 일부를 삭제하거나 일부 또는 전부를 대체하는 등의 방법으로 추가 정보가 없이는 특정 개인을 알아볼 수 없도록 처리하는 것인데, 유전체정보의 경우에는 대조할 수 있는 유전정보 데이터베이스가 없이는 그 자체로 특정 개인을 알아볼 수는 없으므로, 유전체정보 자체를 일부 변형시키는 방식을 취하지 않더라도 추가정보 없이 특정 개인을 알아볼 수 없

---

32) 개인정보 보호위원회·보건복지부, 『보건의료 데이터 활용 가이드라인』(2020), 16면.

다는 요건을 충족할 수 있다는 해석론도 가능하다. 유전체정보의 이용 문제는 매우 조심스럽게 접근해야 하는 문제임은 필자도 충분히 이해한다. 그러나 이 문제는 시간이 지난다고 하여 출구가 생기는 문제가 아니다. 오히려 앞에서 설명한 것과 같이 대중이 합법적으로 접근할 수 있는 유전정보 데이터베이스에 한국인들의 유전정보가 축적되면 될수록 유전체정보를 이용한 본인 식별 가능성은 높아질 수밖에 없으므로 시간이 해결해 줄 문제는 아니라고 본다.

2) 개선 방향

이 글에서 필자 한 사람의 짧은 지식으로 유전체정보 가명처리의 기준을 제시하는 것은 무리다. 그런 기준은 유전학자, 의료/생명정보학자, 의학자 등 과학자들이 대거 참여하여 지혜를 모아야 할 작업이다. 그럼에도 불구하고 논의의 물꼬를 트는 차원에서 유전체정보의 가명처리를 다음과 같은 기준으로 허용하는 것은 어떨까 제안해본다.

가명 처리: 우선 이름이나 환자 번호와 같은 직접식별자는 추후에 결합에 필요한 범위 내에서 가명처리를 해야 하는 것은 너무나 당연하다. 가명처리된 정보에 고유식별자가 그대로 남아 있으면 법문에 비추어 보더라도 가명처리가 아니기 때문이다. 다음으로 유전체 연구에서 핵심인 유전체정보는 원칙적으로 가공을 거치지 않고 그대로 유지하면서 연구에 이용할 수 있도록 한다. 그래야만 연구 자료로서의 가치가 손상되지 않기 때문이다.[33] 나아가 다형성(polymorphism)을 보이는 구간이라서 잠재적으로 식별력은 높지만 연구 목적과는 무관할 것으로 예상되는 염기 서열 부분은 마치 흑색 마커로 덧칠하는 것처럼 "X"와 같은 무의미한 문자로 "암막처리(redaction)"할 것을 권장한다. 물론 유전체의 어느 부분이 질병과 관련이 있는지 모르기 때문에 그것을 파악해 가는 과정이 유전체학의 본질이기도 하므로, 어느 부분을 "가려야" 할지는 개별 연구 목적과 관련하여 정해야 할 것이다. 그리고 장기적으로는 유전

---

33) 굳이 기술적으로 따지자면 유전체정보는 개념상으로는 그 자체가 가명정보에 해당한다고도 볼 수 있다. 왜냐하면 유전체정보는 (쌍생아가 아닌 이상) 어떤 특정한 개인과 1:1로 연결이 되기 때문이다. 즉, 개념상으로는 정보처리자가 인위적으로 가명처리를 하지 않았지만 자연 상태 그대로 가명정보에 해당하는 속성을 갖는다.

체정보 자체를 염기 서열의 형태로 제공하는 것이 아니라 암호화하는 방식으로 염기서열에 대한 분석만 허용하는 기술적 방식을 도입해야 할 것이다.[34] 직접 식별자도 아니고 유전체정보도 아닌 나머지, 즉 간접 식별자에 해당하는 정보의 가명처리는 어떻게 해야 할 것인가? 실은 유전체정보의 가명처리 중 가장 까다로우면서도 콘센서스를 형성하기 어려운 부분은 어떻게 보면 이 간접식별자의 비식별화라고도 생각된다. 고유식별자는 가명처리가 가능하고 가명처리를 하더라도 정보가 훼손되는 부분이 없고, 유전체정보는 암호화가 아닌 가공 처리를 하면 정보로서의 가치가 훼손되므로 아무런 처리 없이 그냥 이용하는 것을 허용해야 하지만, 그 중간쯤에 있는 간접식별자－예컨대 연령, 질병명, 질병의 현재 상태를 나타내는 검사 수치 등－를 비식별화하는 것은 매우 넓은 스펙트럼에서 가능하기 때문이다. 연구 목적으로 유전체정보를 이용하면서 간접 식별자를 비식별화하지 않고 원상태로 함께 제공한다면 재식별의 위험이 너무 높아질 여지가 있다. 따라서 간접식별력이 있는 다른 개인정보는 연구에 반드시 필요한 범위를 제외하고는 삭제를 하거나 식별력을 낮추기 위한 비식별화 작업을 취하는 것이 바람직하다고 본다. 끝으로 이러한 가명처리의 범위와 정도는 유전체에 대한 인류의 이해가 증진되고, 컴퓨터의 연산능력 발전으로 본인을 역추적하는 기법이 변화되는 양상을 주기적으로 점검하면서 보완이 되어야 할 것이다.

본인의 동의: 개정 개인정보 보호법상 가명처리된 개인정보에 허용하는 과학적 연구 목적의 특례 가운데 핵심은 무엇보다도 정보주체 본인의 동의가 면제된다는 점일 것이다. 그렇다고 하여 본인의 이해를 구하려는 노력을 게을리할 필요는 없을 것이다. 더구나 다른 개인정보도 아니고 가까운 가족들 사이에 상당부분이 일치하기 때문에 본인 이외의 사람들의 이해관계와도 관련이 있는 유전체정보라면, 정보주체 본인에게 사전에 적절한 고지를 하는 것이 바람직해 보인다.[35] 우리 개인정보 보호법상 정보처리에 대한 동의는 구

---

34) 그러한 암호화 기술로는 homomorphic encryption과 secure multiparty computation 방식이 언급되고 있다. Bonomi, L., Huang, Y. and Ohno-Machado, L., "Privacy Challenges and Research Opportunities for Genomic Data Sharing," Nature Genetics, Vol. 52, No. 7 (2020)
35) 유전체에서 유래하는 한 개인의 DNA는 가까운 혈족들 사이에 상당 부분이 일치하는 성질을 갖고 있

체적인 목적에 대한 동의만이 효력이 있고, 향후 도모될 수 있는 모든 목적에 대하여 사전에 일괄적으로 동의를 하는 소위 "포괄적 동의(broad consent)"는 허용되지 않는다.36) 따라서 여기서 말하는 "동의"란 개인정보 보호법에서 효력이 인정되는 동의라기보다는, 정보주체에게 앞으로 본인의 유전체정보가 과학적 연구의 목적으로 사용될 수도 있음을 알리고 양해를 구한다는 사실적인 의미가 더 클 것이다.

기관위원회의 심의: 『보건의료 데이터 활용 가이드라인』은 데이터를 반출하는 기관에 데이터 심의위원회를 설치할 것을 요구한 것으로 보이는데,37) 바람직하다. 뿐만 아니라 유전체정보를 가명 처리한 후 과학적 연구 목적으로 사용하는 연구자 역시 본인이 속한 연구기관의 기관위원회 심의를 거칠 때 해당 연구자 소속 기관의 기관위원회가 특별히 점검해야 할 심의 내용 역시 가이드라인에 포함이 되면 바람직하겠다. 또한 과학적 연구의 형태가 국내 또는 해외의 외부기관과의 유전체정보 공유라면, GDPR의 역외 이전에서 허용되는 절차 중 하나인 "표준 계약 조항"과 흡사하게 유전체정보의 수령인의 제공자에 대한 의무를 구속력 있는 약정으로 체결하는 것을 데이터심의위원회가 감독하는 것도 고려해 봄 직하다.

Ⅳ. 미국과 일본 입법례와의 비교

정밀의료 시대를 맞이하여 유전체정보 연구를 앞다투는 외국의 입법례는 어떠한가? 주요 선진국의 개인정보 보호법제(privacy law)와 연구대상자 보호법제(human subject research law)로 나누어 살펴보기로 한다.

으므로, 경우에 따라서는 그 개인적인 이용에 있어 가까운 혈족의 동의를 얻도록 하는 것이 바람직하다는 의견으로는 이원복, "내 DNA 정보는 내 마음대로 사용해도 되는가― DNA 정보의 특수성과 자기정보 통제권의 제한 ―", 『정보법학』(한국정보법학회, 2019), 제23권 제1호

36) 「생명윤리 및 안전에 관한 법률」 시행규칙 별지 제34호와 별지 제41호의 서식에는 인체유래물을 기증하는 경우에는 예외적으로 포괄적 동의를 법에서 인정하고 있다. 동 서식에서 허용하는 포괄적 동의에 비판적인 견해로는 이동진·이선구, "인체유래물연구에 대한 동의 소고(小考)―개정 생명윤리법 제42조의2를 계기로 ―", 『의료법학』(대한의료법학회, 2019), 제20권 제2호.

37) 개인정보 보호위원회 ·보건복지부, 『보건의료 데이터 활용 가이드라인』(2020), 10면.

A. 미국

1. 개인정보 보호법제

미국은 우리와 같은 단일한 개인정보 보호법령을 두지 않고 개인정보의 보호가 필요한 영역마다 별개의 개인정보 보호법령을 두고 있는 나라이다. 유전정보의 보호와 관련이 있는 법으로는 의료기관을 포함하여 의료정보를 취급하는 기관에 적용이 되는 Health Insurance Portability and Accountability Act(HIPAA)가 있다. HIPAA는 개인식별이 가능한 의료정보(personal health information)를 보호대상으로 삼는데, 여기서 식별이 가능한지의 여부는 전문가가 판단하는 방식(expert determination method)과 법령에서 정한 18개의 식별자를 모두 제거하면 개인식별력이 없다고 보는 안전항 방식(safe harbor method) 두 가지가 있다.[38] 그런데 유전정보 자체는 이 18개의 식별자에 명시적으로 열거되어 있지는 않고 맨 마지막 18번째의 "기타 본인을 고유하게 식별할 수 있는 번호, 성질 또는 부호"에 해당할 여지가 있는지가 문제가 되는데,[39] 실무에서는 유전정보 자체가 이에 해당하는 것으로는 취급하지 않고 있다. 그러나 한두 개의 유전자가 아닌 유전체정보를 비식별화된 정보로 취급하는 HIPAA의 실무에 대하여는 유력한 반대 견해도 있다.[40] 아무튼 HIPAA의 경우 안전항 방식의 입법을 통하여 어떤 식별정보를 제거하기만 하면 더 이상 개인식별이 가능하지 않다고 볼 수 있는지가 명확하므로, 수규범자들이 상대적으로 쉽게 따를 수 있다.

---

[38] HIPAA에 대한 일반적인 설명으로는 박경태/최병인, "연구대상자 개인정보보호에 관한 고찰: 미국 의료정보보호법과 우리나라 개인정보 보호법을 중심으로", 한국의료법학회지 제22권 제2호, 한국의료법학회, 2014. 12, 167-184쪽; 최계영, "의료 분야에서의 개인정보보호 – 유럽연합과 미국의 법제를 중심으로 – ", 경제규제와 법 제9권 제2호, 서울대학교 법학연구소, 2016. 11, 206-223쪽.

[39] Leslie P. Francis, "Genomic Knowledge Sharing: A Review of the Ethical and Legal Issues", Applied & Translational Genomics vol. 3, no. 4, 2014, p.122.

[40] Jennifer Kulynych/Henry T. Greely, "Clinical Genomics, Big Data, and Electronic Medical Records: Reconciling Patient Rights with Research When Privacy and Science Collide", Journal of Law and the Biosciences vol. 4, no. 1, 2017, pp.94-132.

2. 연구대상자 보호법제

미국이 개인정보 보호에 관하여는 통합된 단일 법령이 없는 것과 달리 인간 대상 연구의 규율은 소위 Common Rule이라는 연방법령을 통하여 통일적으로 규율하고 있다.[41] 이 Common Rule은 자체적인 개인정보 보호 규정을 포함하고 있는데, Common Rule이 비록 연구의 맥락에서만 적용이 되기는 하지만, 의료 연구뿐만 아니라 사회과학적 연구를 포함하여 인간을 대상으로 하는 연구에는 모두 적용이 되므로, 개인정보 보호법령으로서 넓은 적용이 있다.

Common Rule은 기본적으로 직접 인간을 대상으로 하거나 또는 "식별력 있는 개인정보(identifiable private information)"를 재료로 연구를 수행하는 경우 연구대상자로부터 이해에 기반한 동의(informed consent)를 취득하고, 연구윤리위원회의 심의를 거치며, 연구대상자의 개인정보를 보호하는 것을 강제하는 내용을 담고 있다. 식별력 있는 개인정보(identifiable private information)란 연구대상자의 신원을 연구자가 동 정보로부터 파악하거나 파악할 수 있는 또는 연구대상자의 신원이 동 정보와 연관되어 있거나 연관되어질 수 있는 정보로 정의하고 있다.[42] 나아가 식별력 있는 개인정보가 제거되지 않은 경우에도 (1) 대상자에게 최소위험 이상을 야기하지 않고, (2) 동의의 면제가 대상자의 권리와 후생에 악영향을 끼치지 아니하며, (3) 연구가 동의면제 없이는 현실적으로 진행되기 어렵고, (4) 필요할 경우 언제라도 대상자가 관련 정보를 제공받음이 전제되고, (5) 만약 연구가 개인을 식별할 수 있는 정보 또는 인체유래물을 사용할 경우, 식별 가능한 형태로 정보나 인체유래물을 사용하지 않으면 연구가 현실적으로 진행될 수 없는 경우에는, 연구윤리위원회가 대상자로부터의 동의취득 의무를 면제할 수도 있다.[43] 그런데 연구현장에서는 이 동의취득 면제를 득하기가 어렵지 않아서, 이미 취득한 인체유래물이나 유전정보를 2차적으로 사용하는 데 거의 아무런 제한이 없다고 한다.[44] 또한 사전에 연구대상자로부터 2차적 사용까지 포함한 포괄적 동의(broad consent)를

---

41) 인간대상연구를 수행하는 미국의 여러 행정부처에서 공통적으로 사용하고 있다고 하여 Common Rule로 불린다. 우리나라의 생명윤리법에 해당한다.
42) 45 C.F.R. 46.102(e)(5)
43) 45 C.F.R. 46.116(f)
44) Heather L. Harrell/Mark A. Rothstein, "Biobanking Research and Privacy Laws in the United States", Journal of Law, Medicine & Ethics vol. 44 no. 1, 2016, p.118.

받을 수 있도록 허용하고 있다.[45]

　이 Common Rule과 관련하여 한 가지 주목할 점은 지난 2018년에 개정된 현행 Common Rule에는 결국 삽입되지 않았으나 최초 개정안에는 유전정보가 담긴 인체유래물(biospecimen)을 대상으로 하는 연구를 그 자체로 인간대상연구로 간주하는 규정이 있었다. 그렇게 되면 인체유래물을 2차적으로 사용하는 경우에도 인간을 직접 대상으로 연구하는 경우와 마찬가지로 인체유래물 제공자의 동의를 구해야 하는 것이었다. 그러나 특히 유전체 연구자들의 많은 반대로 인하여 동 조항은 삭제되는 것으로 일단락 지었지만, 개정 Common Rule은 전문(preamble)을 보면 "전장 유전체 서열분석이 보편화됨에 따라 유전정보를 식별력 있는 정보로 보아야 할 것인지의 문제는 무엇보다 먼저 짚고 넘어가야 할 문제"라고 명시함으로써, 이 쟁점이 종결된 것이 아님을 분명히 하고 있다.[46]

　나아가 NIH로 약칭되는 미국 국립보건연구원(National Institutes of Health)의 연구비 지원을 받아 유전체 연구를 하는 경우에는 NIH가 공포한 National Institutes of Health Genomic Data Sharing Policy를 준수해야 한다.[47] 이 Genomic Data Sharing Policy는 2015년 이후 NIH의 지원을 받아 연구를 수행하는 경우, 유전체정보 제공자로부터 유전체 연구 수행에 관한 명시적인 동의를 구할 것을 요구함에 따라 이미 확보한 기존의 유전체정보를 정보주체 동의 없이 2차적으로 사용하는 것을 어렵게 만들고 있다. 즉, 유전체정보를 이용한 연구에 있어서는 Common Rule보다 훨씬 강화된 연구대상자 보호 규정을 담고 있다.[48] 이처럼 Genomic Data Sharing Policy는 한편으로는 유전체 연구의 결과 확산을 도모하는 정책을 천명하지만, 다른 한편으로는 유전체 제공자를 더욱 두텁게 보호하는 조치를 담

---

45) 다만, 연구기관에서 포괄 동의 제도를 도입할 경우 동의에 거부하는 대상자들의 목록을 유지하고 그들의 정보를 미래의 연구에서 모두 제외시켜야 하는 부담을 지게 되므로, 사전 포괄동의 제도를 활용하기 보다는 기존의 사후 동의취득 면제 규정에 의존하는 사례가 더 많을 것으로 보인다고 한다. Jerry Menikoff/Julie Kaneshiro/Ivor Pritchard, "The Common Rule, Updated", New England Journal of Medicine vol. 376 no. 7, 2017, pp.613-615.

46) National Human Genome Research Institute, "Highlights of Revisions to the Common Rule", https://www.genome.gov/27568212/highlights-of-revisions-to-the-common-rule/

47) "Notice Number NOTOD-14-124", NIH Genomic Data Sharing Policy, http://grants.nih.gov/grants/guide/notice-files/not-od-14-124.html.

48) 이 기관의 이름을 그대로 번역하면 우리의 국립보건연구원에 해당하는 것처럼 보이지만, 미국 NIH는 우리 돈으로 연간 30조원 이상을 기관 안팎의 연구에 지원하는 미국 최대의 보건의료분야 연구지원 기관이다. 연구지원의 측면에서 본다면 우리나라의 과학기술정보통신부 및 보건복지부가 수행하는 역할이다.

고 있다.

또한 NIH는 유전자형 및 표현형 데이터베이스(dbGaP, The database of Genotypes and Phenotypes), 자폐증 연구를 위한 국가 데이터베이스(NDAR, National Database for Autism Research) 및 암유전체지도(TCGA)와 같이 유전체정보가 포함된 연구용 데이터베이스를 관리하고 있다. 하지만 데이터베이스에 보관된 민감정보를 얻기 위해서는 NIH 또는 데이터베이스를 관리하는 기관의 데이터권한위원회(DAC, Data Access Committees)에서 특정 연구 목적에 대한 허가를 요청해야 한다. 이처럼 미국 NIH의 유전체정보 공유에 대한 정책은 연구에 참여하는 사람의 프라이버시를 보호함과 동시에 연구자들이 중요한 연구 데이터에 접근할 수 있는 방법을 고려하고 있다.

3. 기타

미국에서 2008년에 제정된 유전정보 차별금지법(GINA, Genetic Information Nondiscrimination Act)은 유전정보에 기반한 차별을 금지하여 개인을 보호한다. 이 법에 따라 의료보험사 보험가입을 위해 또는 고용주가 취업을 위해 개인 또는 가족의 유전정보를 요구하는 것이 불법이다. 동시에 이러한 정보의 차별적 사용을 금지하고 있다. 다만, 노동자가 건강 프로그램의 일환으로 자발적으로 자신의 유전자 정보를 제공하는 것은 허용하고 있다. 이때도 정보 제공 여부에 따른 혜택이나 불이익을 주어서는 안 된다고 규정하고 있다. 우리나라의 경우에도 생명윤리법에 근거하여 이러한 차별을 금지하고 있다.[49]

또한 연방국가인 미국은 각 주의 독자적인 입법을 통하여 유전정보나 유전체정보 이용에 관한 연방규제를 보완하기도 한다.[50] 예를 들어 Delaware주는 몇 가지 예외 규정은 있지만 기본적으로 유전정보의 분석 후 유전정보 및 유전정보 분석에 사용한 검체의 폐기를 요하고 있고, Oregon주는 유전정보를 정보제공자의 소유로 취급하는 재산법적인 접근도 하고 있다.[51]

---

49) 생명윤리법 제46조.
50) 미국 국립보건연구원의 웹사이트가 미국 각 주의 입법례를 소개하고 있다. "Genome Statute and Legislation Database Search", National Human Genome Research Institute, https://www.genome.gov/about－genomics/policy－issues/Genome－Statute－Legislation－Database

B. 일본

1. 개인정보 보호법제

　　일본은 2003년 「개인정보 보호에 관한 법률」을 제정하였는데, 우리 개인정보
보호법과는 달리 이 법은 민간 영역에만 적용이 되고, 공공부문에는 「행정기관이
보유한 개인정보 보호에 관한 법률」, 「독립행정법인등이 보유한 개인정보 보호에
관한 법률」 등 별도의 법률이 적용이 된다. 「개인정보 보호에 관한 법률」은 2015
년에 전면 개정되어 2017년부터 시행되고 있고, 「행정기관이 보유한 개인정보 보
호에 관한 법률」, 「독립행정법인등이 보유한 개인정보 보호에 관한 법률」 역시
2016년 유사한 개정이 이루어져 2017년부터 시행되고 있다. 「개인정보 보호에 관
한 법률」 2015년 개정법은 특정한 개인을 식별할 수 없도록 가공한 정보라는 "익
명가공정보" 개념을 도입하고 이를 정보주체의 동의 없이도 타인에게 제공할 수
있도록 함으로써, 정보주체를 보호하면서 동시에 비식별화된 정보를 활용할 수 있
는 토대를 마련하였다.52) 그러나 2015년 개정 논의 당시 과학기술의 발전으로 이
미 유전체정보의 식별력 문제가 부각되고 있었음에도 불구하고 개인정보의 일종
으로서의 유전체정보를 어떻게 보호하고 활용하게 할 것인가에 대한 논의가 입법
과정에서 거의 이루어지지 않았다고 한다.53) 흥미롭게도 개인정보 보호에 관한 법
률 개정의 후속으로 이루어진 동법 시행령 개정 시 새로운 정의 규정을 통하여
"DNA를 구성하는 염기의 서열"을 "개인식별부호"의 하나로 추가하고 있다.54) 그
런데 법률에서 정한 "익명가공정보"에 해당하기 위하여는 개인식별부호를 전부 제
거하거나 아니면 개인식별부호를 추리할 수 없는 다른 부호로 대체를 하여야 하는

---

51) Heather L. Harrell/Mark A. Rothstein, "Biobanking Research and Privacy Laws in the United
　States", Journal of Law, Medicine & Ethics vol. 44 no. 1, 2016, pp.118-119
52) 손형섭, "일본 개정 개인정보 보호법과 우리법의 나아갈 방향", 공법연구 제46권 제2호, 한국공법학
　회, 2017. 12, 306-310쪽. 익명가공방법은 법률이 일률적으로 정하지 않고, 개인정보보호위원회규칙
　에서 정한 기준을 따르도록 하고 있다(제36조).
53) Natsuko Yamamoto/Minae Kawashima/Takanori Fujita/Masatomo Suzuki/Kazuto Kato, "How
　Should the Legal Framework for the Protection of Human Genomic Data Be Formulated?－
　Implications from the Revision Processes of the Act on the Protection of Personal Information
　(PPI Act)", Journal of Human Genetics vol. 60 no. 4, 2015, pp.225-226.
54) 個人情報の保護に関する法律施行令 제1조 제1항. 우리나라 정보통신망 이용촉진 및 정보보호 등에 관
　한 법률 시행령 제9조의2 제1항에 나열된 바이오정보에는 DNA정보가 포함되지 않은 것과 대비된다.

데,55) 앞에서 살펴본 바와 같이 유전정보는 그 정확한 서열이 가치가 있는 정보이
므로, DNA 염기서열의 내용을 파괴하지 않으면서도 익명가공정보로 인정될 수
있는 경우가 어떤 경우인지는 일본에서의 후속 논의를 지켜볼 필요가 있다.

　　다만 일본 「개인정보 보호에 관한 법률」은 우리와 달리 "대학 기타 학술연구
를 목적으로 하는 기관 혹은 단체 또는 그에 소속된 자가 학술연구의 용도에 공할
목적"으로 개인정보 등을 취급하는 경우에는 동의 취득, 2차적 사용이나 제3자 제
공에 관한 제한을 담은 주요 규정이 면제가 되므로,56) 연구를 위한 유전정보의 이
용에 관하여는 「개인정보 보호에 관한 법률」이 적용되지 아니하고, 오직 다음에
설명할 연구대상자 보호법제가 문제가 될 것이다.

2. 연구대상자 보호법제

　　일본은 우리의 생명윤리법처럼 인간대상 연구 시 준수해야 하는 윤리적 규범
을 담은 단일법령이 존재하지는 않는다. 대신 의료기관에서 임상 연구를 수행할
경우 후생노동성과 문부과학성이 연구분야별로 공포하는 가이드라인 형태의 지침
이 적용이 되는데, 유전체·유전자 분야의 「인간게놈·유전자분석연구에 관한 윤
리지침(ヒトゲノム·遺伝子解析研究に関する倫理指針)」이 2001년에 가장 먼저 시
행되었고, 이어서 역학연구에 적용되는 「역학연구에 관한 윤리지침(疫学研究に関
する倫理指針)」이 2002년에 그리고 임상연구에 적용되는 「임상연구에 관한 윤리
지침(臨床研究に関する倫理指針)」이 2003년에 시행되었다가, 뒤의 2가지 윤리지침
은 2014년에 「인간을 대상으로 하는 의학계 연구지침(人を対象とする医学系研究指
針)」으로 통합되었다.57) 이들 가이드라인은 법령의 위임을 받아 제정된 것은 아니
라서 법적 구속력은 없는 것으로 보인다.

　　유전체 및 유전자 연구를 규율하는 「인간게놈·유전자분석연구에 관한 윤리
지침」은 연구자의 의무, 윤리심사위원회(IRB), 인체유래물·정보의 취급, 개인정보
의 보호 등 유전체 연구 시 준수해야 하는 윤리적 기준을 담고 있다. 동 지침은 개

---

55) 일본 「개인정보 보호에 관한 법률」 제2조 제9항.
56) 일본 「개인정보 보호에 관한 법률」 제76조.
57) 猪原登志子, "人を対象とする医学系研究に関する倫理指針(疫学·臨床研究統合指針)の 概要", 薬理と
　　治療, vol. 43 no. suppl. 1, 2015.

인정보의 정의를 직접 두지 않은 채 기본적으로 「개인정보보호에 관한 법률」 등 개인정보 보호법령에 나온 개념과 절차를 원용하고 있는 구조이다(前文 및 第 6 個人情報の保護). 대신 유전체·유전자 정보의 특수성을 반영하는 규정들을 두고 있다. 예컨대 기존에 보유하고 있던 인체유래물·정보를 이용한 2차 목적의 연구(제14조), 다른 연구기관에의 인체유래물·정보 제공(제11조), 해외연구기관과 공동연구를 할 경우의 처리(제6조), 유전체 분석을 통해 우발적으로 발견한 소견(incidental findings)의 처리(제8조 제2항), 정보주체가 유전정보의 공개를 원하지만 그로 인하여 가족 등 제3자의 권익을 침해할 우려가 있을 경우의 처리(제8조 제1항) 등 유전체정보의 이용 맥락에서 발생할 수 있는 까다로운 문제들에 대한 상세한 가이드라인을 두고 있다.

그런데 이 「인간게놈·유전자분석연구에 관한 윤리지침」 역시 일본 개인정보보호에 관한 법률의 개정에 영향을 받게 되었다. 종전에는 「인간게놈·유전자분석연구에 관한 윤리지침」 내에 "연결가능익명화"와 "연결불가능익명화"라는 2가지 종류의 익명화 개념을 독자적으로 두면서 유전정보의 2차적 사용 및 제3자 제공을 허용하고 있었는데,[58] 윤리지침이 2017년 2월 개정되면서 개인정보 보호에 관한 법률의 개정으로 등장한 "익명가공정보" 및 "비식별가공정보"라는 두 가지 개념을 수용하고 있고, 이는 각각 「개인정보 보호에 관한 법률」및 「행정기관이 보유한 개인정보 보호에 관한 법률」, 「독립행정법인등이 보유한 개인정보 보호에 관한 법률」의 2015년 개정을 그대로 반영하고 있다. 따라서 앞에서 살펴본 바와 개인정보 보호에 관한 법률 시행령 등에서 유전정보를 개인식별부호로 정의하는 이상 이를 어떤 방식으로 제거하거나 대체해야만 정보의 가치를 훼손하지 않으면서도 윤리지침이 정한 익명가공정보로 인정받게 될 것인지 지켜볼 필요가 있다.

C. 소결

우리나라의 유전정보 보호 제도를 비판하는 근거로 상대적으로 완화된 외국 규제와의 비교가 들어지곤 한다. 그런데 바로 앞에서 보았듯이, 미국은 NGS의 발

---

58) 堤正好, "「ヒトゲノム·遺伝子解析研究に関する 倫理指針」の改正概要", Organ Biology, vol. 21 no. 1, 2014, pp.9-15.

전에 따른 유전체 분석의 용이성을 감안하여 유전정보를 쉽게 추출할 수 있는 인체 유래물 연구를 인간을 직접 대상으로 하는 연구와 동일시하여 제공자의 동의를 요구하는 방향으로 입법하려는 시도가 있었고, 비록 법령은 아니지만 NIH의 연구비를 지원받는 경우에는 유전체정보 제공자로부터 유전체 연구 수행에 관한 명시적인 동의를 얻을 것을 요구하고 있다. 이웃 일본의 개정 개인정보 보호법이 개인식별부호에 DNA를 포함시킨 점도 유전정보의 식별력을 감안한 입법이라고 분석된다. 앞에서 구체적으로 다루지는 않았지만 올해 시행을 앞둔 EU의 새로운 개인정보 보호법인 General Data Protection Regulation(GDPR)은 종전의 규제와는 달리 유전정보(genetic data)를 우리의 민감정보에 해당하는 "Sensitive data"로 새로이 분류하고 있다.[59] 이처럼 외국 입법례의 방향성은 어느 쪽이냐 하면 특히 유전체정보에 대하여는 오히려 보호의 정도를 강화하고 있는 쪽이라고 할 수 있다. 다만 제도 개정의 방향성이 유전체정보의 보호를 강화하는 방향이라고 하더라도, 유전체정보 활용에 관한 규율 자체는 우리나라보다 완화된 형태라고 볼 여지가 있다.

V. 맺는 말

사람들은 자신의 유전정보, 의료정보 그리고 가족에 관련된 정보를 비밀로 보호받을 권리가 있다. 그럼에도 불구하고 동시에 의료기록과 유전정보는 헬스케어 연구와 산업 분야에 핵심요소이기 때문에 유용하게 활용하는 것이 필요하다. 임상 진료의사들과 함께 연구자 그리고 개발자들은 병원에 축적되어 있는 많은 양의 데이터에 기반하여 환자의 더 나은 건강과 복지를 위해 새로운 기술들을 개발하기 위한 노력을 하고 있다. 우리는 과학기술적 진보와 환자 사생활 사이에서 어떻게 적절하게 균형을 맞출 것인가? 모두가 공감하는 사회적 규범과 함께 의료 및 개인 유전정보 보호에 대한 법, 제도를 이용해 균형을 유지하는 것이 필요하다.

유전체정보 분석 기술은 끊임없이 진화하고 있다. 이와 비례하여 유전체정보로부터 정보주체를 추적하는 기술도 진화할 것이다. 따라서 한 개인의 유전체정보

---

59) General Data Protection Regulation Article 9(1). Christopher Kuner, "The European Commission's proposed data protection regulation: A copernican revolution in European data protection law", Bloomberg BNA Privacy and Security Law Report, 2012.

로부터 그 정보주체를 정확하게 추적하고 그 정보주체에게 어떤 피해를 야기할 수 있는지는 지금 시점에서 예측하기 어렵다고 보인다. 한 사회의 특성이 유전체정보 유출에 따른 위험의 변수로 작용하는 것도 유전체정보의 식별에 따른 위험을 예측하는 작업을 어렵게 만든다. 예를 들어 앞의 Scinece지에 실린 연구처럼 유전체정보에 들어 있는 Y염색체상 STR을 일반인들이 이용하는 "조상 찾기" 사이트의 정보와 대조하여 정보주체의 성(family name)을 추적하는 방법은 단일한 성을 가진 사람의 숫자가 어느 정도 제한된 경우에는 효용이 크지만, 우리나라와 같이 가장 흔한 성(family name) 몇 개만 모으더라도 인구의 대부분을 차지하는 나라에서는 성(family name)의 식별력이 크지 않으므로 추적을 해 보니 희귀한 성이 아닌 이상 별 효용이 없는 방법이라고 한다.60) 반면 족보와 같은 가계도가 잘 유지되고 공개되는 나라에서는 가계도를 이용한 유전체정보 식별의 여지가 생기는데, 미국은 공개된 가계도라는 것이 거의 존재하지 않는 반면 "족보"를 갖고 있는 우리나라에서는 이 점이 유전체정보를 이용한 정보주체 식별에 변수로 작용할 가능성도 있을 것이다.

이처럼 유전체정보의 분석과 그 유출에 따른 위험은 그 전제가 되는 과학기술 그 자체도 끊임없이 빠른 속도로 발전하고 있기 때문에 추측하기가 어려울 뿐만 아니라 과학기술 이외의 다른 많은 사회적 변수들이 개입하므로 그 보호와 활용의 균형을 잡는 정책 설정이 매우 어렵다. 하지만 그 시작은 무엇보다 유전체정보의 유출 및 본인 식별에 따른 위험을 판단하는 데 필요한 전문적 지식을 가진 모든 직역의 전문가들─의학자, 유전학자, 컴퓨터공학자, 법학자 등─이 모여서 머리를 맞대고 의논하는 데서 출발해야 한다. 외국은 앞에서 든 Science지 연구처럼 실제로 특정 유전체정보를 갖고 정보주체를 식별하는 데 얼마나 가까이 다가갈 수 있는지를 시험해 보는 연구 등 유전체정보의 식별력에 관한 풍부한 연구가 있으나 우리나라에서는 유사한 연구를 아예 찾아보기가 어렵다. 유전체정보의 주체 추적 가능성은 과학뿐만 아니라 그 개별 사회의 함수라고 했으므로, 외국의 연구에 의존할 수는 없고 우리나라의 연구자들이 나서야 할 것이다.

또한 외국에서는 유전체정보의 효용성을 파괴하지 않으면서도 정보주체를 추

---

60) Erlich Yaniv/Arvind Narayanan, "Routes for breaching and protecting genetic privacy", Nature reviews. Genetics vol. 15 no. 6, 2014, p.412.

적할 수 없게 만드는 대안적 기술이 연구되는 것는 것으로 보인다.[61] 대표적인 방법은 암호화 기법(소위 cryptography 방식)이다. 예컨대 유전체정보를 분석하려는 자가 원래의 유전체정보 자체를 볼 수는 없지만, 암호화된 유전체정보를 분석을 하면 원래의 유전체정보에 대하여 분석을 시행한 것과 동일한 결과가 나오도록 전체 과정을 암호화하는 Homomorphic encryption 방법이라든가,[62] Secure multiparty computation, Controlled Functional Encryption, Authorized Private Set Intersection(A-PSI) 등 다양한 기법이 주로 컴퓨터 공학자들에 의하여 연구되고 있다.[63] 국내에서도 이러한 기술 개발이 이루어져야 할 뿐만 아니라, 유전체정보 보호법제 연구자와 정책 담당자들이 이에 대한 이해를 가져야 할 것이다.

---

61) Naveed M./Ayday E./Clayton E.W./Fellay J./Gunter C.A./Hubaux J.−P./Malin B.A./Wang, X., "Privacy in the Genomic Era", ACM Comput. Surv. vol. 48 no. 1, 2015, p.9.

62) Erlich Yaniv/Arvind Narayanan, "Routes for breaching and protecting genetic privacy", Nature reviews. Genetics vol. 15 no. 6, 2014, p.409. 유전정보 이용자가 유전정보를 직접 입수할 수는 없고 중간에 유전정보를 암호화하여 제공해주는 기관을 거치도록 함으로써 달성하는 방법이라고 한다.

63) Naveed M./Ayday E./Clayton E.W./Fellay J./Gunter C.A./Hubaux J.−P./Malin B.A./Wang, X., "Privacy in the Genomic Era", ACM Comput. Surv. vol. 48 no. 1, 2015, pp.16-23

참고문헌

[국내문헌]

고학수 외 공저, 개인정보 보호의 법과 정책 (개정판), 박영사, 2016.

고학수 외 공저, 개인정보 비식별화 방법론-보건의료정보를 중심으로-, 박영사, 2017.

국무조정실 등 6개 관계부처, 개인정보 비식별 조치 가이드라인-비식별 조치 기준 및 지원·관리체계 안내-, 2016.

박경태/최병인, "연구대상자 개인정보보호에 관한 고찰: 미국 의료정보보호법과 우리나라 개인정보보호법을 중심으로", 한국의료법학회지 제22권 제2호, 한국의료법학회, 2014. 12.

손형섭, "일본 개정 개인정보보호법과 우리법의 나아갈 방향", 공법연구 제46권 제2호, 한국공법학회, 2017. 12.

이동진·이선구, "인체유래물연구에 대한 동의 소고(小考)-개정 생명윤리법 제42조의2를 계기로 -",『의료법학』(제20권 제2호) (2019),

이원복, "내 DNA 정보는 내 마음대로 사용해도 되는가- DNA 정보의 특수성과 자기정보 통제권의 제한 -", 정보법학(제23권 제1호), (2019), 182-215면.

이원복, "유전체 시대의 유전정보 보호와 공유를 위한 개인정보 보호법제의 고찰", 법조(제67권 제3호), (2018), 597-644면.

이창범, 개인정보 보호법, 법문사, 2012.

조은희, "유전정보에 대한 윤리적 쟁점의 변천", 생명윤리 제15권 제1호, 한국생명윤리학회, 2014. 6.

최계영, "의료 분야에서의 개인정보보호-유럽연합과 미국의 법제를 중심으로-", 경제규제와 법 제9권, 제2호, 서울대학교 법학연구소, 2016. 11.

[외국문헌]

AACR Project GENIE Consortium, AACR Project GENIE: Powering Precision Medicine through an International Consortium, Cancer Discov, vol. 7 no 8, 2017.

Bonomi, L., Huang, Y. and Ohno−Machado, L., "Privacy Challenges and Research Opportunities for Genomic Data Sharing," *Nature Genetics*, Vol. 52, No. 7 (2020).

Christopher Kuner, "The European Commission's proposed data protection regulation: A copernican revolution in European data protection law", Bloomberg BNA Privacy and Security Law Report, 2012.

Erman Ayday/Emiliano De Cristofaro/Jean−Pierre Hubaux/Gene Tsudik, "The chills and thrills of whole genome sequencing", Computer, 2013.

Francis, L.P., "Genomic Knowledge Sharing: A Review of the Ethical and Legal Issues", Applied & Translational Genomics vol. 3 no. 4, 2014.

Gymrek Melissa/Amy L. McGuire/David Golan/Eran Halperin/Yaniv Erlich, "Identifying personal genomes by surname inference", Science vol. 339 no. 6117, 2013.

Harrell, H.L./Rothstein, M.A., "Biobanking Research and Privacy Laws in the United States", Journal of Law, Medicine & Ethics vol. 44 no. 1, 2016.

Kulynych, J./Greely, H.T., "Clinical Genomics, Big Data, and Electronic Medical Records: Reconciling Patient Rights with Research When Privacy and Science Collide", Journal of Law and the Biosciences vol. 4 no. 1, 2017.

Lowrance W.W., Privacy, Confidentiality, and Health Research, Cambridge University Press, 2012.

Lunshof Jeantine E./Jason Bobe/John Aach/Misha Angrist/Joseph V. Thakuria/

Daniel B. Vorhaus/Margret R. Hoehe/George M. Church, "Personal genomes in progress: from the human genome project to the personal genome project", Dialogues in clinical neuroscience vol. 12 no. 1, 2010.

Menikoff J./Kaneshiro J./Pritchard I., "The Common Rule, Updated", New England Journal of Medicine vol. 376 no. 7, 2017.

Naveed M./Ayday E./Clayton E.W./Fellay J./Gunter C.A./Hubaux J.−P./Malin B.A./Wang, X., "Privacy in the Genomic Era", ACM Comput. Surv. vol. 48 no. 1, 2015.

Rodriguez Laura L./Lisa D. Brooks/Judith H. Greenberg/Eric D. Green, "The complexities of genomic identifiability", Science, vol. 339 no. 6117, 2013.

Schroeder SA, We can do better−improving the health of the American people, N Engl J Med, vol. 357 no. 12, 2007.

Son JH, Xie G, Yuan C, Ena L, Li Z, Goldstein A, Huang L, Wang L, Shen F, Liu H, Mehl K, Groopman EE, Marasa M, Kiryluk K, Gharavi AG, Chung WK, Hripcsak G, Friedman C, Weng C, Wang K, Deep Phenotyping on Electronic Health Records Facilitates Genetic Diagnosis by Clinical Exomes. Am J Hum Genet, vol. 103 no. 1, 2018.

William Lowrance W.W., Privacy, Confidentiality, and Health Research, Cambridge University Press, (2012).

Yamamoto N./Kawashima M./Fujita T./Suzuki M./Kato, K., "How Should the Legal Framework for the Protection of Human Genomic Data Be Formulated?−Implications from the Revision Processes of the Act on the Protection of Personal Information (PPI Act)", Journal of Human Genetics vol. 60 no. 4, 2015.

Yaniv Erlich/Arvind Narayanan, "Routes for breaching and protecting genetic privacy", Nature reviews. Genetics vol. 15 no. 6, 2014.

堤正好, "「ヒトゲノム・遺伝子解析研究に関する 倫理指針」の改正概要", Organ Biology vol. 21 no. 1, 2014.

猪原登志子, "人を対象とする医学系研究に関する倫理指針(疫学·臨床研究統合指針) の概要", 薬理と治療 vol. 43 no. suppl. 1, 2015.

의료 현장의 인공지능

김현준 / 주식회사 뷰노 대표 집행임원(CEO)

I. 인공지능과 의료의 만남

인공지능(artificial intelligence)은 사전에 정의된 알고리즘에 의해 단순한 작업을 수행하는 것으로부터 복잡한 문제를 추론해 낼 뿐 아니라, 궁극적으로는 인간 수준의 사고력과 자의식을 갖는 능력 등을 포괄하는 기술이다. 근대 인류의 상상 속에 늘 존재해 오던 인공지능 기술은 컴퓨터공학을 주축으로 반세기 넘게 자리매김해 온 학문 분야이며, 최근 신경망 이론(neural network)에 근간한 심층학습(deep learning) 기술의 급격한 발달에 따라 전 세계적으로 크게 주목받고 있는 상황이기도 하다. 특히 이미지인식, 음성인식 등 다양한 분야에서 기존의 한계를 뛰어넘는 성과들이 많이 발표되면서 산업분야를 막론하고 다양한 데이터에 대한 연구와 투자가 부흥기를 맞이하고 있다. 한편 의료는 인공지능이 적용됨으로써 가장 큰 혁신을 일으킬 수 있는 중요한 산업분야로 평가되고 있는데, 본 장에서는 인공지능 기술의 소개와 더불어 의료 분야의 적용에 따른 기회요인 및 가능성에 대하여 살펴보고자 한다.

A. 인공지능의 발전과정

1950년대는 인공지능의 개념과 함께 근대적인 연구와 고민이 시작된 시점이다. 영국의 과학자인 앨런 튜링(Alan Turing)에 의해 기계와 인간을 구분할 수 있는 기준인 튜링 테스트(Turing Test)가 제시되기도 하였고, 몇 년 후인 1956년 미국에서 개최된 다트머스 회의(Dartmouth Conference)에서 존 매카시(John McCarthy)가 저명한 과학자인 마빈 민스키(Marvin Minsky), 너대니얼 로체스터(Nathanial Rochester), 클로드 섀넌(Claude Shannon) 등과 함께 최초로 인공지능이라는 용어를 제안하기도 하였다.[1] 이 회의에서 참가자들은 약 한 달이 넘는 기간을 통해 인공지능에 대한 용어와 개념뿐 아니라 이를 실현하기 위한 기술적 로드맵 등에 대해 광범위한 논의를 진행하였으며, 당시 많은 과학자들은 그다지 멀지 않은 미래에 인공지능이 실현될 수 있을 것으로 기대하기도 하였다. 그러나 역사가 말해 주듯 반세기가 훌쩍 넘어선 지금에서야 인공지능이 재도약의 시점을 맞이하게 되었는데, 그렇다면 당시의 기술은 어떤 것들이었는지 그 후 지금까지의 인공지능 기술이 어떻게 발전되어 왔는지에 대해 정리해 보고자 한다.

1. 신경망(Neural Network)의 태동

앞서 인공지능이 태동하기 이전인 1943년, 워렌 맥 쿨록(Warren McCulloch)과 월터 피츠(Walter Pitts)는 인간 두뇌의 신경세포들의 학습해 가는 과정에 대한 수학적 모델을 최초로 제안하였고, 이후 도날드 햅(Dornald Hebb)은 해비안 학습 규칙(hebbian learning)이라는 두 신경세포 사이의 가중치를 기반으로 한 시냅스(synapse)의 변화 규칙을 밝혀내기도 했다. 이러한 이론적 발전을 토대로 1958년 프랭크 로젠블랫(Frank Rosenblatt)은 입력층과 결합층으로 이루어진, 최초의 학습기인 퍼셉트론(perceptron)을 개발하기도 하였다. 한창 미국과 러시아 간 냉전시대이기도 했던 당시 연속적으로 발표된 주요 연구 성과들은 양국 간 모종의 기술개발 경쟁을 심화시켰고, 덕분에 10여 년간 인공지능 연구의 황금기가 이어질 수 있게 되었다. 그러나 1969년 마빈 민스키(Marvin Minsky)와 시모어 페퍼트(Seymour Papert) 교수에 의해 퍼셉트론은 AND/OR 연산과 같은 선형분리만 가능하다는 한계가 밝혀지면서 서서히 인공지능 연구의 암흑기가 도래하기 시작했다.[2]

소위 인공지능의 겨울이라는 혹독한 시절을 견뎌낸 과학자 중의 한 명인 폴 워보스(Paul Werbos)는 1975년 목표값과 출력값 사이의 오차를 토대로 각 층의 연

---

1) 정식 명칭은 Dartmouth Summer Research Project on Artificial Intelligence이며, 6–8주 가량 진행됨.
2) 인공지능의 겨울(AI Winter) 또는 암흑기로 불리게 된다.

결강도를 갱신하는 방법인 오류역전파(back-propagation) 알고리즘을 제시하였고 데이빗 럼멜하트(David E. Rumelhart) 등은 1986년 오류역전파 방법을 적용한 다층퍼셉트론(multi-layer perceptron)을 제안하면서, XOR 연산과 같은 비선형문제도 풀 수 있다는 근거를 제시함에 따라 신경망 연구는 다시 한번 도약할 수 있는 계기를 마련하게 되었다. 그러나 대체로 하나 이상의 은닉층(hidden layer)을 가진 구조에서는 국소 최적해(local optima)에 빠지는 문제, 과적합(overfitting) 문제, 너무 큰 계산량 등의 문제로 예전과 같은 인공지능 연구의 황금기를 맞이하지는 못했다. 실제로 1989년 얀 르쿤(Yann LeCun) 교수는 이미지 인식을 위해 오류역전파 알고리즘을 기반으로 한 3개의 은닉층을 갖는 깊은 신경망(deep neural network)을 제안하였고 사람이 쓴 필기체 숫자를 자동으로 인식하는 문제에서 (handwritten zip code digit) 성공적으로 동작시켰다. 그러나 10개 클래스를 갖는 약 1만 장의 데이터를 학습시키는 데 수일이 소요되는 등 너무 큰 학습 시간과 비용에 따라 일반적으로 활용되지 못했고, 1970년대 블라디미르 뱁닉(Vladimir Vapnik) 교수 등이 개발한 SVM(support vector machine)과 같이 보다 효율적인 알고리즘이 더 많이 연구되고 활용되는 상황에 이르게 되었다.

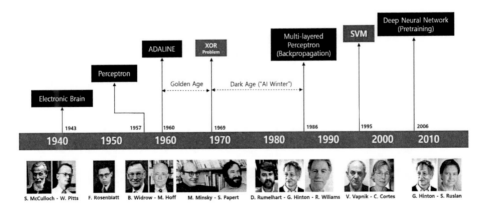

그림 3. 신경망 이론(Neural Network)부터 심층신경망(Deep Neural Network)까지의 발전 과정

2. 얕은 구조(Shallow Architecture)에서 깊은 구조(Deep Architecture)로

1950년대 제시된 인공지능의 가능성과 기대에 힘입어 10년 가까운 기간 동안 막대한 투자와 연구가 진행되었으나 뚜렷한 성과가 나오지 못했고, 대외적으로는 미국의 베트남 전 패전까지 겹치면서 이후 10년 넘는 기간 동안 인공지능의 암흑기가 찾아오게 되었다. 연구자들은 관련 연구비를 얻는 데 어려움을 겪었고, 정부나 연구재단은 과거의 실패에 대한 선명한 기억으로 더 이상 새로운 연구비를 지원하지 못했다. 이러한 분위기는 10년 이상 지속되었으나, 1980년대 중반 컴퓨터가 전문가들의 판단을 흉내 내도록 하는 시스템, 즉 전문가 시스템(expert system)이 제시되면서 다시금 서서히 연구 활성화가 이루어지게 된다. 대표적으로 1989년 카네기 멜론 대학은 딥소트(deep thought)[3]와 같은 전문가 시스템을 만들었으며, 국지적인 도메인을 대상으로 응용사례를 만드는 측면에서 많은 연구개발이 이루어지기도 했다. 그러나 이 시점의 연구들은 SVM과 같이 기존의 신경망과는 다른 방향성을 갖고 있었는데, 신경망을 포함한 기존의 방법들이 주어진 데이터로부터 학습 오류를 최소화하는 것을 목적으로 설계되었다면, SVM은 각 클래스 사이의 거리(margin)를 최대화하는 것을 목표로 함으로써 목적함수와 데이터가 주어졌을 때 최적의 분류 초평면(optimal separating hyperplane)을 찾도록 해 주는 것이었다. SVM의 기본 아이디어는 퍼셉트론의 입력층을 커널함수(kernel function)라 불리는, 사람이 정의한 특징 추출(feature extraction)함수를 갖는 층(hand-crafted feature layer)으로 대체한 것인데, 이러한 얕은 구조(shallow architecture) 덕분에 학습의 효율성을 올릴 수 있었다. 예를 들어, 입력 데이터가 비선형인 경우 커널함수에 의해 고차원 벡터 공간으로 사상(mapping)됨으로써 선형적인 초평면에서 분류를 수행할 수 있게 되는 것이다. 이러한 구조적 이유로 많은 패턴인식 문제에서 좋은 성능을 보였지만, 반대로 구조적인 한계에 따라 계층적이거나 복잡한 특징을 갖고 있는 데이터에서는 좋은 결과를 얻어내는 데 어려움을 겪기도 했다. 예를 들어, 복잡한 문제를 해결하기 위해 커널함수에서 입력값을 복잡한 고차원 벡터 공간으로 사상시키려 하였으나, 커널함수 자체가 사람에 의해 만들어진 것임에 따라

---

3) 이 기술은 추후 인간을 상대로 체스대결을 펼친 IBM의 딥블루(Deep Blue)의 토대가 된다.

다양한 입력 데이터로부터 충분한 사전 지식(prior knowledge)을 학습하는 데에는 한계가 있을 수밖에 없었다. 설령 특정 문제에서 충분한 사전 지식 학습에 성공했다 하더라도, 모든 문제마다 새롭게 사전지식을 학습해야 하는 문제가 있었던 것이다. 이는 인공지능 기술로의 가장 큰 취약점일 수밖에 없었는데, 2007년 딥러닝(deep learning)의 선진 연구자인 요슈아 벤지오(Yoshua Bengio)와 얀 르쿤(Yann LeCunn) 교수는 인공지능을 위한 좋은 구조 요건을 5가지 제시하였으며, 이 중 가장 중요한 항목으로 여겨지는 '주어진 데이터로부터 모델이 스스로 내재된 특징(feature)을 학습할 수 있어야 한다.'는 항목을 충족하지 못하는 것이었다. SVM과 같은 얕은 구조로는 이 문제를 해결할 수 없었다.

3. 심층신경망(Deep Neural Network)의 시대

앞서 언급한 사항들에 따라, 결국 어느 정도의 범용성을 갖는 인공지능을 위해서는 주어진 데이터로부터 스스로 특징을 학습할 수 있는 구조가 필요하다는 데 인식이 모아졌고, 결국 깊은 구조(deep architecture)의 다층신경망(multi-layer neural network)에 대한 관심이 높아지기 시작했다.[4] 쉽게 말해, 깊은 구조는 층(layer)이 많아지는 것을 뜻하며, 상위 층으로 올라갈수록 추상화된 수준의 특징을 학습할 수 있게 되는 것을 의미한다. 모든 층은 계층적(hierarchial)인 구조를 갖게 되고 복잡도(complexity)가 높아지면서 다양한 클래스를 갖는 문제에 대한 분류성능도 높아질 수 있게 되는데 예를 들어, 노드 수가 같은 두 개의 네트워크가 존재할 경우 층의 수에 따라 X에서 Y로 가는 경로(path)의 개수는 큰 차이가 발생하며, 경로가 많아짐은 데이터를 저장하거나 표현할 있는 수용력(capacity)이 늘어나는 것으로도 생각해 볼 수 있는 것이다.

---

4) 현재에는 통상 딥러닝(Deep Learning)이라는 용어로 통칭한다.

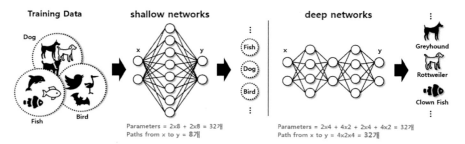

그림 4. Shallow Network와 Deep Network의 개념적 차이

이와 같은 구조의 모델을 심층신경망(deep neural network)이라고 부르며, 이러한 구조의 기술이 근래에 빛을 보고 있는 이유는 단지 앞서 기술한 오랜 이론적 발전과정 때문만은 아니다. 2000년대 중반부터 이른바 빅데이터(big data)로 불리며 데이터의 중요성 및 활용 가능성에 대한 산업 전반의 인식이 자리잡게 되었고, 전산화된 데이터의 체계적 저장 및 관리에 많은 투자가 이루어지면서 동시에 데이터 분석을 위한 하드웨어 기술도 크게 발전을 이룬 것들에[5] 복합적으로 기인한다. 특히 여러 가지 산업적 성과 중 가장 대표적으로 2012년 ILSVRC라는 이미지 인식 대회[6]에서 심층신경망 기술인 CNN(convolutional neural network)을 이용한 팀이 2위와의 큰 성적 차이로 1위를 차지하면서 인공지능 기술로서 심층신경망의 가능성을 전 세계에 알리는 기폭제 역할을 한 이후, 지금까지 수많은 제품 및 서비스에 다양한 목적으로 적용되었으며 현재에도 수많은 파생 기술들에 대한 연구개발이 활발히 이루어지는 시대에 이르게 된 것이다.

B. 의료, 인공지능의 기회

현재 인공지능 기술은 산업을 막론하고 혁신에 대한 기대감으로 많은 연구와 투자가 이루어지고 있으며, 그중에서도 가장 큰 혁신을 일으킬 수 있는 산업으로 의료분야가 주목을 받고 있는 상황이다. 실제로 많은 글로벌 IT 기업들이 헬스케어

---

5) GPGPU(General Purpose Graphics Processing Unit)은 CPU 대비 수천 배의 core를 갖고 있으며, 대규모 데이터를 병렬로 동시에 처리할 수 있다.

6) ILSVRC: ImageNet Large Scale Visual Recognition Challenge의 약자로 다량의 데이터를 Database로 갖고 있으며, 이 중 일부를 학습하여 누구의 알고리즘이 더 정확한 분류 성능을 갖는지 겨루는 대회.

및 의료분야로의 사업 진출을 서두르고 있으며, IBM사는 Watson for Oncology라는 제품을 통해 환자 정보를 기반으로 암을 진단해 주는 소프트웨어를 출시하여 일부 국내외 병원들에 도입된 사례가 있으며 Google사의 경우 자회사를 통해 안저질환, 급성신부전증 등과 관련한 기술을 개발하였고, 일부는 상용화를 진행하고 있는 상황이다.[7] 특히 Google사의 자회사인 Google Investment사의 경우 2014년 이후로 연간 투자 금액 중 가장 큰 비중을 차지한 분야가 Life Science 및 Healthcare일 정도로 인공지능 기술 발달에 따른 의료분야의 혁신 기회는 점차 커지고 있는 추세이다. 의료는 사람의 생명을 다루는 분야로, 신기술 도입과 효율성 향상보다는 충분한 검증과 환자의 안전이 더 중요하게 여겨져 온 측면이 있음에 따라 산업 측면에서의 혁신의 기회는 상대적으로 적었던 것이 현실이다. 그럼에도 불구하고 현 시점에서 인공지능 기술 발전에 따라 왜 의료가 혁신의 대상으로 주목받고 있는지에 대해 보다 상세히 짚어보도록 한다.

1. 혁신에 대한 시장의 요구

인류는 역사적으로 우리가 지금 누리고 있는 수준의 높은 의료 서비스 및 인프라의 혜택을 받았던 시절이 없었다. 그럼에도 불구하고 우리가 심심치 않게 일상생활에서 접하는 여러 가지 의료관련 사건 및 사고들은 선진국인 우리나라에서조차도 우리가 제대로 된 의료 서비스를 받고 있는지에 대한 의심을 떨치지 못하게 만드는 상황이다. OCED국가의 인구 천 명당 평균 의사 수는 3.2명으로, 우리나라는 평균에도 미치지 못하는 2.1명에 불과하다. 우리나라의 의사의 노동 강도는 OCED평균 대비 4~5배에 달하며, 인구 고령화를 고려했을 때 지금의 우리나라의 의사 부족 현상은 앞으로도 쉽게 해결되기 어려운 상황이다. 환자를 진단하고 치료함에 있어서 의사 개인의 역량이 크게 영향을 미칠 수밖에 없으나, 의사들의 업무 피로도 및 대형병원의 환자 집중도가 높아짐에 따라 오진 등 의료서비스 품질 문제가 더욱 심각해질 수밖에 없는 것이다. 이미 의료사고 또는 오진에 따른 사망률은 많은 국가에서 교통사고 사망률을 훌쩍 넘기는 통계 수치를 보이고 있는데, 미국의 경우 매년 25만 명가량의 환자가 의료과실로 사망하는 것으로 집계되

---

7) Verily사 등이 대규모 데이터 수집, 또는 인공지능을 통한 진단 모델을 개발하고 있음.

고 있으며,8) 우리나라도 의료과실/공백에 따른 사망자는 2011년 기준 약 17,000명가량으로 이미 교통사고 사망자의 3배를 넘는 수치를 보이고 있는 상황이다.

이러한 문제는 의료시스템 개선, 충분한 의료인력 확충, 재정적 지원 등의 정책적인 측면에서 장기적으로 풀어야 할 문제라 볼 수 있지만, 인구 고령화 및 인구수 감소 등의 추세를 봤을 때 보다 혁신적인 해결책 마련이 시급한 상황이다. 다시 말해, 현재 시스템에서 할 수 있는 것들 혹은 그동안 소홀하였거나 놓쳤던 부분들을 혁신함으로써 의료의 품질과 효율성을 높이는 것이 가장 현실적인 대안으로 떠오르고 있으며, 보다 구체적으로는 최근 다양한 산업분야에서 큰 성공을 거둔 인공지능 기술을 의료분야에도 적극 도입하여 문제를 해결할 수 있지 않을까 하는 의료 안팎에서의 목소리가 점차 커지고 있는 상황이다. 인공지능 기술을 의료분야에 적극적으로 도입함으로써 기대되는 것은 비단 의사를 도움으로써 오진이나 사고를 예방하는 것에 국한되지 않으며, 의료현장에서 발생하는 다양한 데이터를 분석함으로서 정밀 의료(precision medicine)로의 가능성도 기대할 수 있을 것이다. 이는 환자의 방대한 데이터와 처방/치료에 따른 경과 등을 비교함으로써 보다 정밀한 환자 맞춤형 진료와 처방까지 가능할 수 있다는 기대를 안고 있는 것이다.9)

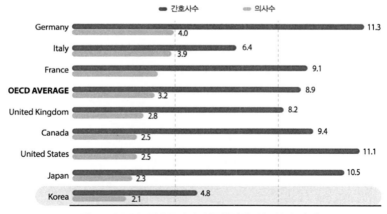

그림 5. OECD 주요국가의 인구천명당 의료인력수(명)

---

8) 미국의 한 해 오진으로 인한 피해자 수는 약 60만 명에 이를 것으로 추정됨(2014, Mayo Clinic).
9) 2008년 미국에서 처방된 의약품 3,504조 원 중 49.7%는 치료 효과가 없었고, 처방받은 환자 중 200만 명은 심각한 부작용을, 이 중 10만 명은 사망하였음(미국 전체 사망원인의 6위에 해당).

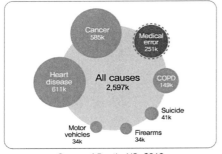
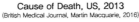

Cause of Death, US, 2013
(British Medical Journal, Martin Macquarie, 2016)

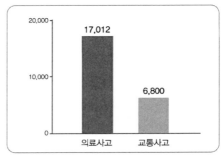

환자 안전의 국내외 동향
(울산의대 예방의학교실 이상일 교수, 2011)

그림 6. 의료과실로 인한 사망자 숫자

2. 수많은 문제들과 방대한 데이터

사람의 생명을 다룸에 있어서 병원에서는 다양한 데이터가 수집되고 검사되고 판단되어진다. 의료의 이러한 기본적인 워크플로우(workflow)상에서 생성·수집되는 사람의 건강 또는 생명과 관련된 데이터의 가치는 매우 클 수밖에 없다. 이에 따라 병원에는 수십 년간 수많은 환자들의 다양한 데이터가 쌓여있을 뿐 아니라, 의사들과 연구자들에 의해 수십 년간 여러 가지 문제가 정의되고 연구되어져 왔다. 그러나 앞서 기술한 기존 기술들의 한계에 따라 여러 가지 문제가 실제 임상에서 사용될 수 있을 정도의 성능을 갖지 못한 채 사라지거나 그다지 큰 주목을 받지 못한 경우가 많았다. 비록 훌륭한 결과물이 많이 나오지 못했다 하더라도 그 과정에서 의료의 다양한 문제들이 수많은 연구자들에 의해 검토되고 정립되어 왔으며, 기존 기술을 통한 성능의 기준(baseline)이 정해진 경우가 많았다. 이는 인공지능 기술이 부상하고 있는 지금, 기술적 경험을 가진 전문가들이 비교적 쉽게 의료 분야의 여러 가지 문제를 다뤄볼 수 있는 기회를 제공하는 원인이 되었고, 일종의 의료분야로의 진입 장벽을 낮추는 효과를 제공하는 측면도 있었다. 실제로 2012년 글로벌 제약사인 머크(merk)의 신약 후보물질을 찾는 대회에서는 주어진 문제와 데이터, 인공지능 기술(딥러닝)을 이용한 컴퓨터공학자들로 이루어진 팀이 우승을 차지해 세간을 놀라게 하였다. 이처럼, 의료에서 정립된 여러 가지 문제들과 오랜 시간 수집된 데이터들은 인공지능 연구자들로 하여금 도전정신을 자극하고 있을 뿐 아니라, 중요한 문제를 해결함에 따른 시장의 기대 효과 역시 매우 커지고 있다. 특히 데이터 관점에서는 2000년대 초반부터 많은 병원들은 전산시스템을 적극 도입, 환자로부터 생성되는 다양한 데이터에 대한 체계적 관리를 진행해왔고, 국내의 다수 상급병원들은 이미 10년 이상의 방대한 환자 데이터를 수집해놓고 있는 상황이다. 환자의 기본적인 건강정보뿐 아니라, 검사결과, 처방, 치료경과 및 각종 영상 데이터 등 방대한 정보를 통해 주어진 문제를 풀 수 있는 환경은 의료분야를 진입하고자 하는 엔지니어들에게는 큰 매력이 아닐 수 없다. 물론 수집된 데이터를 그대로 활용하는 경우는 많지 않으며, 문제 및 데이터의 유형에 따라 전처리, 가공, 통합, 재판독, 레이블링 등의 추가적인 노력이 수반될 수밖에 없는 경우가 많으나, 그럼에도 불구하고 시장 초기에 진입하여 문제를 풀었을 때의 선점효과가 매우 크기 때문에 많은 기업과 엔지니어들에게는 큰 관심을 받고 있는 것이다. 또한 기존에 의료분야의 연구자들이 다루어 왔던 문제들은 주로 주어진 영상으로부터 생체정보를 추출하거나 이를 시각화하는 데 있었으며, 이를 위해 영상 분류, 영상 분할, 영상 정합 등의 고차원 분석 기법이 활용되어 왔다. 이러한 분석을 성공적으로 수행하기 위해서는 각각의 영상을 표현하는 특징을 효과적으로 추출해 내는 기술이 필수적이며, 이를 위해 수십 년간 다양한 연구들이 수행되어 오기도 했는데, 대부분 컴퓨터 비전분야에서 널리 쓰여 온 방법들을 의료분야에 차용해 보는 정도에 그쳤고, 실제 방사선 영상, 초음파 영상과 같이 의료영상에 최적화된 특징 추출 알고리즘은 제품 상용화까지 이뤄낼 수 있을 정도의 큰 성과를 보이지 못해 왔다. 결국 SIFT(scale-invariant feature transform), LBP(local binary pattern), Harr Wavelet, HOG(histogram of oriented gradients) 등의 전통적인 특징 추출 방법을 사용해 옴에 따라 영상에 따라 성능 편차가 크거나, 복잡한 특징을 추출해 내지 못해 분석의 성능이 떨어지는 등의 한계를 그대로 보여 온 것이다. 앞서 언급했듯이 사람이 개입함으로써 주관적이고 정성적인 요인이 개입하게 됨에 따라 다양한 영상장비에서 생산되는 수많은 의료영상들을 범용성 있게 다룰 수 있는 알고리즘을 만들지 못해 왔는데, 인공지능 기술을 통해 사람의 개입 없이 주어진 다량의 데이터로부터 특징을 자동적이고 계층적으로 학습하는 방법은 이미 수많은 성과를 거두고 있으며, 이를 토대로 전 세계 수많은 기업들이 치열한 기술개발 및 선점 경쟁을 벌이고 있는 상황이다.

표 1. 병원 내에서 수집되어 있는 데이터의 종류 및 인공지능 활용 시 가능한 데이터 유형(예시)

질병	인공지능으로 학습 가능한 데이터 종류 (예시)
폐암	진료데이터(EMR/수치), Chest X-ray(영상), Chest CT(영상), 기관지 내시경(영상), 감마스캔(영상), 초음파(영상), 폐기능검사(수치), 폐조직검사(영상), 객담도말검사 등
대장암	진료데이터(EMR), 대장내시경, CT, MRI, PET, 조직검사, CEA수치, 직장항문초음파 등

II. 의료현장에서의 인공지능 기술 적용

의료현장의 크고 작은 수많은 문제에 인공지능 기술이 적용될 수 있다. 다만 인공지능을 적용하기 위한 충분한 데이터가 존재하는지, 기술적으로 문제를 해결했을 때 워크플로우상 또는 의료법상 사용 가능한 문제인지 등이 사전에 검토되어야 할 사항이다. 특히 인공지능의 장점이 기존의 데이터를 학습하여 모델을 개발함에 있음에 따라 가급적 다량의 데이터가 균일하게 수집되거나, 또는 수집된 데이터를 레이블링(labeling)하거나 재판독할 수 있는 용이한 상황인 경우 적용 가능성이 더욱 높아질 수 있을 것이다. 한편, 기술적 용이성을 넘어 상업적 가능성은 더욱 중요한 요인인데, 실제 의료행위를 함에 있어 임상적 유용성을 검증받고 수가적용까지 가능할지에 대한 전체 흐름을 고민하여야 할 것이다. 기술이 아무리 뛰어나고 실제 의료진에게 도움이 된다고 하더라도 해당 기술을 통한 의료행위에 대한 비용을 지불할 주체가 명확치 않다면 공익의 목적 외 지속 가능한 기술로서 의료현장에 자리잡기 어려울 것이다.

A. 활용 분야

앞서 언급한 바와 같이 의료현장에서 활용 가능한 범위는 매우 다양하다. 환자의 질병에 대한 분류 및 이에 대한 처방을 제시, 시계열 데이터를 분석하여 상태 변화를 추적, 또는 질병과 직접 관련된 병변을 표시하거나 특징 추출 등 활용 범위는 다 헤아리기 어렵다. 다만, 현재까지 연구 개발이 활발히 진행되어 온 측면에서 주로 의료영상, 생체신호, 의무기록, 유전체정보 등의 데이터를 통한 인공지능 기술 적용 시도가 가장 활발히 이루어지고 있으며, 이러한 기술의 상용화를 목적으로 하는 기업들이 전 세계적으로 많이 태동하고 있는 상황이다.

1. 의료영상

의료영상은 주로 방사선학(radiology) 분야의 인공지능 기술 적용이 가장 큰 각광을 받고 있다. X-ray/CT 촬영과 같이 의료현장에서 빈번하게 발생하는 행위일 뿐 아니라, 방대한 규모의 데이터가 의료영상전송시스템(PACS, picture archiving and communication system)에 체계적으로 수집되어 있기 때문에 인공지능의 적용이 비교적 용이하다. 예를 들어, 흉부 X-ray의 경우 폐결절, 결핵, 기흉 등을 조기에 스크리닝하는 목적으로 인공지능 기반 진단 기술이 많이 개발되어 상용화되고 있으며, 흉부 X-ray 검사의 목적이 주로 스크리닝에 있음에 따라 의사를 도와 그 역할을 보조하거나 판독문을 작성함에 있어 자동화된 기능(판독문 자동 생성, 오류 검증)을 제공하는 기술들도 개발되고 있다. 또한 특수한 목적의 검사에 대한 자동화 기술 상용화도 본격적으로 이루어지고 있는데, 성장기 아이들의 골연령(bone age)을 진단하는 행위를 인공지능을 통해 보조하는 기술은 이미 다양한 국가에서 개발되었고, 국내에서도 상용화되었다.

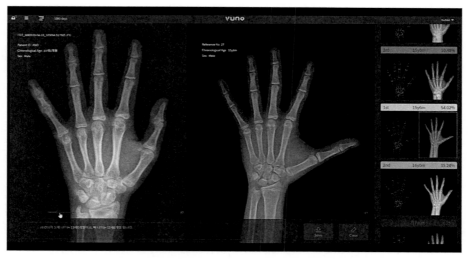

그림 6. 국내 최초의 AI 기반 진단 소프트웨어 VUNO Med®-BoneAgeTM (골연령 AI판독 소프트웨어)

저선량 CT(low-dose CT)를 통한 검사 시에도 주로 놓치기 쉬운 결절(nodule)에 대한 정보를 정량화하고 위험성을 알려주는 기술도 각광받고 있다. 단위 시간당 많은 환자를 처리해야 하는 건강검진센터 등에서 이러한 영상 기반의 보조기술은 큰 잠재력을 갖고 있는데, 조기 진단을 통한 국민의 건강복지 증진은 모든 정부에서 관심을 갖는 사항이며, 실제 질병을 조기 발견함에 따른 사회적 비용 절감 효과가 매우 높기 때문이다. 그 밖에 Brain CT/MRI를 통한 뇌경색 위험 예측, 치매(알츠하이머/경도인지장애) 등의 진단기술 역시 활발히 개발되고 있는데 특히 충분한 경험을 갖지 않은 의사의 경우 위험도에 대한 정확한 판단을 하기 어려움에 따라, 다량의 정상/비정상 환자 데이터를 기반으로 현재 환자의 상태를 가늠하는 정량화된 기술도 많이 개발되고 있다. 방사선 영상 외에 또 하나의 영역으로는 병리학(pathology) 분야를 지목할 수 있는데 현미경 영상으로 촬영된 방대한 크기의 영상에 대한 각종 정보에 대한 정량화를 수행하고, 이를 통해 질병을 최종 확진하는 행위 과정에 인공지능이 보조수단으로 활용될 수 있다. 특정 질병의 진단을 위해 단위 면적 내의 세포의 숫자를 세거나, 정량화된 정보를 측정하여 정상/비정상을 판단하는 등의 행위는 방사선 영상 보다 더 높은 정교함을 요구할 수 있으나 그만큼 기술이 성공적으로 개발되었을 때의 파급효과는 훨씬 크다고 볼 수 있다. 그 밖에 VUNO사[10] 및 Google사[11]의 안저촬영(funduscopy)을 통한 망막질환 스크리닝, 스탠퍼드 대학[12]의 피부확대경(dermoscopy) 검사를 통한 피부과 전문의 수준의 피부질환/피부암 예측 등의 기술이 개발되어 인공지능 기술의 의료영상 분야 적용에 따른 대표적 사례를 만들어 놓기도 했다.

2. 생체신호

생체신호의 경우 ECG/EEG 등의 연속적으로 수집되는 환자의 정보로부터 특정한 이벤트를 예측하는 분야에 인공지능 기술이 많이 활용되고 있다. 현재 병원

---

10) J Shon et al, Development and Validation of Deep Learning Models for Screening Multiple Abnormal Findings in Retinal Fundus Images, Ophthalmology, 2019.
11) V Gulshan, et al, Development and Validation of a Deep Learning Algorithm for Detection of Diabetic Retinopahty in Retinal Fundus photographs, JAMA, 2016.
12) A Esteva, et al, Dermatologist-level Classification of Skin Cancer with Deep Neural Networks, Nature, 2017.

에서 일반적으로 사용하는 심전도계의 경우 특정한 패턴을 기반으로 환자 상태의 이상 유무에 대한 정보를 제공한다면, 인공지능을 통해 단순한 패턴보다는 보다 긴 시간 동안의 데이터를 관찰함으로써 심정지/폐혈증 등의 문제를 예측해 주는 기술이 개발되고 있다. 특히 이러한 기술은 역시 상용화 단계에 이르렀으며, 기존의 EWS(early warning score) 등과 비교했을 때 동등 또는 우위의 성능을 보임에도 오알람율(false alarm rate)을 확연히 낮춤에 따라 실제 의료현장에서 사용될 수 있는 가능성을 크게 높였다. 특히 병원 내 신속대응팀(rapid response team), 의료비상팀(medical arert team) 등에 활용 여지가 많으며, 심정지/폐혈증뿐 아니라 보다 많은 데이터가 향후 축적됨에 따라 다양한 이벤트를 예측할 수 있는 기술로 발전할 가능성이 매우 높다. 특히 이러한 기술은 일반병동뿐 아니라 홀터(holter)검사 및 웨어러블(wearable) 센서 등에 탑재되어 홈케어모니터링 기술로의 확장으로 크게 주목받고 있다.

3. 전자의무기록(EMR)

병원에 기록된 환자의 정보는 매우 값지고 귀중한 자산이다. 따라서 이러한 정보를 원활히 사용하기 위해서는 개인정보/의료법 등 여러 사안이 고려되어야 한다. 그럼에도 불구하고, 잠재적 가능성에 따라 다양한 기업 및 연구주체들이 이러한 데이터의 효율적 사용을 위해 많은 시간과 노력을 투자하고 있으며, IBM사와 같은 글로벌 기업은 이미 Watson for Oncology와 같은 제품을 출시하여 미국, 중국, 인도, 한국 등 전 세계 다수의 병원에 서비스를 제공하고 있다. Watson for Oncology의 경우 인공지능이 과거 다양한 환자 정보와 논문 등의 문헌 정보를 학습하여 입력된 환자 정보를 토대로 질병을 진단하고 처방 가이드를 제시하는 기술로, 국내의 경우 7곳의 병원에서 도입하였으며, 단순히 기술적 성과 외에도 환자와의 신뢰 구축, 의료진 간의 원활한 의사소통의 동기유발 등 다양한 부수적 효과를 제공하고 있는 것으로 알려져 있다. 다만, 병원마다 상이한 데이터 수집 체계를 규격화 하는 일이 급선무임에 따라 각 병원의 의무기록 데이터를 CDM(common data model)로 전환하는 노력이 시급한 상황이다. 향후 다양한 의료기관으로부터 통일된 규격의 데이터를 확보하고 학습할 수 있게 된다면, 앞서 의료영상, 생체신

호 등의 데이터와 결합하여 보다 정교한 데이터 분석이 가능하게 할 것으로 기대
되고 있으며, 궁극적으로는 정밀의료(precision medicine)의 기초가 될 수 있는 아
주 중요한 요인으로 손꼽히고 있다.

4. 기타

그 밖에 다양한 데이터에 대한 인공지능 기술 적용이 시도되고 있다. 특히 유
전체정보를 이용한 방식이 대표적인데, DNA서열로부터 염색질 표시를 예측하거
나, 특정 염색질 표식에 대한 유병률 추정, 유전자 발현 프로파일로부터 암을 분류
하는 등 다양한 문제에 인공지능 기술이 적용되고 있다. 다만, 방대한 데이터와 상
대적으로 도메인 지식이 필요함에 따라 아직까지는 영상, 생체신호와 같이 의미
있는 결과들이 많이 만들어지지는 않은 상태이다. 또한 막대한 연구개발 비용이
투입되는 제약분야에서도 인공지능 기술의 도입에 많은 투자를 진행하고 있으며,
신약후보물질을 찾아내고 임상시험의 성공률을 예측하는 등 개발 비용을 절감시
킬 수 있는 기회를 찾아내는 데 주로 인공지능 기술을 적용하고 있다. 또한 의료
분야에서의 워크플로우 개선을 위한 분야로 음성인식, 대화시스템 역시 큰 관심을
받고 있다. 영상판독 시 의사의 판독문을 음성으로 자동 전사(transcription)하거나,
수술기록, 간호기록 등을 음성으로 입력하여 작업환경을 보다 효율적으로 만드는
노력이 이루어지고 있다. 병원 예약, 환자의 진료 문의 상담 등을 위해 대화시스템
(chatbot)이 도입되고 있으며 일상적이고 반복적인 환자의 질의에 대한 대응을 위
한 비용을 절감시키고 환자 편익을 높이고자 하는 시도로서 많은 연구가 이루어지
고 있다.

B. 국내 및 해외 동향

1. 국내

수도권 대형병원 및 각 지방 거점병원을 중심으로 인공지능의 적용 시도가
본격적으로 이루어지고 있으며, 최근 수년간은 기술과 시장의 동향을 파악하는 정

도였다면 2017년도부터는 본격적으로 기술과 변화를 주도해 가고자 하는 움직임을 보이고 있다. 서울아산병원, 서울대병원, 세브란스 병원 등 다수의 병원들이 인공지능 또는 빅데이터 센터 등을 개소하였고, 이를 중심으로 자체 연구 또는 기업과의 협력을 이끌어오고 있다. 또한 IBM사의 Watson Oncology의 판매가 가천길병원을 필두로 국내 다수 병원들에 이루어지면서,13) 이들은 상호 데이터를 표준화하여 공유하는 플랫폼을 개발하기 위한 인공지능 헬스케어 컨소시엄을 출범하기도 했다.14) 그 밖에 다양한 형태로 병원 내에서 인공지능 기술을 실제 임상에 적용하고자 하는 검토와 노력들이 지금까지 이어져 오고 있다. 국내 스타트업으로는 뷰노(VUNO)사와 루닛(Lunit)사가 각각 대형병원과 손잡고 다양한 제품 개발에 박차를 가하고 있는데, 주로 의료영상을 기반으로 한 진단 보조 소프트웨어(CAD, computer aided diagnosis) 개발에 주력하고 있으며, 생체신호 데이터를 통한 심정지 예측이나 병원 판독용 음성인식 등의 기술 개발에도 박차를 가하고 있다. 또한 셀바스AI사는 건강검진 데이터를 기반으로 한 질병 위험도 예측 서비스인 셀비체크업을 출시하였고, JLK인스펙션사는 뇌경색 진단을 위한 정량화 기술을 개발하였다. 한편 공공기관에서도 인공지능 도입에 따른 여러 활발한 대응을 진행 중인데, 건강보험심사평가원은 인공지능 플랫폼을 자체 구축하여 향후 대규모 데이터를 인공지능 학습을 위해 확보하고 공유하고자 하는 계획을 세워 나가고 있으며, 식약처에서는 인공지능 의료기기의 도래에 따라 의료기기등급체계를 정비하였고, 인공지능 및 빅데이터를 이용한 의료기기의 인허가 및 임상시험을 위한 가이드라인까지 공개하였다. 또한 현재 인공지능을 이용한 기존에 없던 새로운 형태의 의료기기 등장에 따라 현행법상의 유권해석 이슈가 발생함에 따라 정부에서는 원스톱 대응 체계를 만들었으며,15) 대통령 직속 4차 산업혁명 위원회에서는 디지털 헬스케어 특별위원회를 별도로 마련, 의료관련 현안을 보다 빠르게 논의하기 위해 노력하고 있는 상태이다.16)

---

13) 가천대길병원, 부산대병원, 건양대병원, 계명대동산병원, 전남대병원, 조선대병원 등.
14) "왓슨 도입 병원들, 인공지능 헬스케어 조성 앞장선다", 의학신문, 2017. 10. 24.
   (http://www.bosa.co.kr/news/articleView.html?idxno=2070930)
15) "신속한 유권해석으로 헬스케어 출시 촉진…서비스 R&D에 5년간 5조 투입", 전자뉴스, 2018. 2. 7.
   (http://www.etnews.com/20180207000368)
16) "'헬스케어 특위'로 '4차산업혁명' 이끈다", 의사신문, 2018. 2. 8.
   (http://m.doctorstimes.com/news/articleView.html?idxno=193333)

2. 해외

해외의 경우 글로벌 IT기업을 필두로 다양한 분야에 막대한 자금이 투입되고 있는데, 대표적으로 IBM사는 Watson for Oncology를 통한 암진단 서비스를 시행 중에 있으며, Google사의 경우 세계 최대 규모의 데이터를 통해 당뇨성망막병증 (diabetic retinopahty)의 진단 성능을 사람 이상으로 끌어올린 결과를 발표하였고, 영국 NHS(National Health Service)와의 협력을 통해 Streams, Hark 등의 프로젝트 라는 이름으로 급성신부전증 환자를 대상으로 위험을 예측하거나 모니터링 하는 기술을 개발하고 있다.17) Apple사의 경우 Apple Watch와 같은 제품을 이용하여 전 세계적인 규모의 사용자 데이터를 수집하고 있으며, 자사의 기기를 통해 인공 지능 기술을 통한 진단 예측 알람 등의 서비스 플랫폼으로의 전략을 구사하는 등 의료서비스의 패러다임을 바꾸려는 노력을 기울이고 있다. 특히 Siemens사, GE 사, Philips사 등 글로벌 의료기기업체 역시 자사의 하드웨어 플랫폼에 대한 시장 지배력 강화를 목적으로 자사 제품에 특화된 인공지능 기술을 개발하여 출시하고 있으며, 관련하여 의료 인공지능 회사들에 대한 투자 및 M&A 역시 활발히 진행하고 있다. 그 밖에 주로 신생 기업들이 동 분야에서 막강한 기술력과 투자금을 통해 기술개발에 매진하고 있는데, 알파고(AlphaGo)로 유명한 딥마인드(DeepMind) 사는 자사의 다음 목표가 의료·건강 사업 진출이라고 공표하였었으며, 알파고에 적용된 인공신경망 기술을 활용한 차세대 인공지능 '딥마인드 헬스'는 구글 헬스 (Google Health)로 편입되었다. 또한 이스라엘 기업인 제브라메디컬(Zebra Medical Vision)사의 경우 PACS와 연동하여 의사의 환자 진료 시 위험을 자동으로 알려주고 인공지능이 찾아낸 질병 정보를 조회하는 경우 비용을 과금하는 모델을 세계 최초로 상용화하였다. Aterys사의 경우 2016년 말 미국 FDA 501(k)를 clear 하였고, 이후 다양한 제품 라인업을 확장해 나가고 있다.

한편 세계 각국은 정부 차원에서도 인공지능 의료 기술에 대한 투자를 활발히 진행하고 있는데, 주로 데이터 관련 법안 및 규제 관련 사항을 정비하는 것으로 시작하고 있다. 미국의 경우 인프라, 데이터 수집, 데이터 공개의 크게 3가지 측면에

---

17) "Google's DeepMind extends controversial Streams app", Jane Wakefield, 2017. 6. 21.
(http://www.bbc.com/news/technology-40352885)

서의 정책을 펼치고 있는데, 데이터의 체계적 수집 확보를 위해 개별 병원의 EMR 시스템 도입을 장려하고 이에 대한 인센티브를 제공하는 방안을 진행하고 있으며, 미국 국립보건원(NIH)에서는 1.3억 달러를 투자, 백만 명 이상의 자발적인 국가연구 코호트를 구축하고 있는 상황이다. 또한 Blue Button라는 서비스를 제공하여, 개인의 진료기록을 열람/다운로드할 수 있는 기능을 제공, 미국 현역/퇴역 군인 및 메디케어 가입자들을 대상으로 서비중이며, 추후 미국 전 국민 대상의 서비스로의 확장을 계획하고 있는 상태이다. 또한 미국식품의약국(FDA)에서는 혁신적인 제도 개선을 앞장서고 있는데, Digital Health Software Precertification(Pre－Cert) Program을 신설, 혁신적인 디지털헬스 관련 소프트웨어에 대해서 좀 더 전향적이고 현실에 맞는 형태의 인허가 규제 제도를 만들어 가는 프로젝트를 시작하였다.[18] 현재 프로그램에 선정된 회사는 자체적인 프로세스에 의해 개발된 제품을 시장에 출시할 수 있으며, FDA에서는 사후 관리에 초점을 맞춰 실제 새로운 형태의 제품들에 대한 위험도나 효용성 등을 검증하는 데 노력하려는 방향을 갖는 것으로 알려져 있다. 한편 영국의 경우 보건복지정보센터(HSCIC, Health and Social Clinical Information Centre)를 운영하고 있고, 국가의 보건의료 데이터를 수집/분석하여 개인 민감정보에 대한 신뢰할 수 있는 저장소를 제공하고 있으며, NHS 및 각종 국가 데이터를 연계하여 양질의 데이터를 공개함으로써 의료혁신의 주요한 원천을 제공하는데 기여하려는 노력을 기울이고 있다. 또한 일본의 경우 보건의료 데이터와 인공지능 기술을 주요 혁신 분야로 선정하고 연구를 진행 중에 있는데, LSI메디언스사, 도시바 메디컬 시스템즈사 등 의료기기 제조업체 5개사와 지치의대에서는 의료진단시스템인 '화이트 잭'을 개발 중이다. 이는 IBM사의 Watson for Oncology처럼 단순히 치료법을 제시하는 수준을 넘어, 환자가 입원해 있는 동안 수집되는 정보들로부터 다양한 질병의 가능성을 제시하며, 의무기록 8천만 건을 데이터를 분석하고 검색하여 결과를 제시하는 서비스를 제공한다. 특히 이 과정에는 병원 내 비치된 소프트뱅크사의 감정인식 로봇인 페퍼(Pepper)를 통해 환자가 쉽게 본인의 상태를 판단할 수 있고 병원 내에서도 환자에 대한 위험도의 우선순위를 구별할 수 있게 되는 것으로 현재 시범사업이 진행 중에 있다.

---

18) https://www.fda.gov/MedicalDevices/DigitalHealth/DigitalHealthPreCertProgram/default.htm

Ⅲ. 생각해야 할 것들

의료분야에 인공지능이 적용됨에 있어 다양한 사회적 합의와 검토가 필요하다. 성공적으로 인공지능 기술이 적용되기 위해서는 방대한 데이터를 필요로 하나, 이 데이터는 개인정보를 담고 있으며, 비식별화가 되어 있다 하더라도 개인의 소중한 자산으로서 영리목적으로 활용될 수 있는지 등 여러 가지 논란들이 제기되고 있다. 다만 대부분 국가의 경우 철저한 비식별화 및 개인정보 보호 장치 마련을 전제로 진보적 기술에 의한 개인의 혜택이 더 크다는 점에 공감하고 있으며, 이에 따른 법률 정비에 힘쓰고 있는 추세이나, 새로운 기술이 의료현장을 어떻게 바꾸어 놓을지, 그리고 우리가 생각지 못했던 문제가 발생하지 않을지 등에 대해서는 늘 깊은 고민과 준비가 필요하다.

1. 개인정보 보호

인공지능이 학습을 위해 필요로 하는 데이터는 모두 개인정보를 담고 있다. 따라서 개인정보보호를 위해 데이터의 비식별화는 필수적이며, 경우에 따라 데이터가 활용되는 주체에 대한 피험자 동의도 필요하다. 특히 무분별한 데이터 활용과 개인정보침해가 발생치 않도록 하여야 하며, 이에 따라 정부는 2016년 개인정보 비식별 조치 가이드라인을 마련하였으나, 가이드라인이 모든 경우에 대한 모범답안이 될 수는 없기 때문에 그때그때 벌어지는 다양한 사례에 대한 정부의 개별적 유권해석 사례들이 점진적으로 쌓여 감으로써 향후 현실적인 개인정보 보호의 가이드가 구축될 수 있을 것으로 예상된다. 또한 개인정보 보호에 대한 이슈는 기술이 상용화 수준에 근접할수록 큰 이슈가 되고 있는데, Google사의 경우 2017년 NHS와 수행한 프로젝트 중 일부의 사안에 개인정보 보호 침해 이슈가 적발되었고, Google사는 이에 대한 즉각적 조치를 취했을 뿐 아니라 향후 사안의 중대성을 고려하여, 블록체인(blockchain) 등의 기술을 적용하는 방안을 검토 중인 것으로 알려져 있다.

2. 책임소재 및 의료환경 변화

인공지능 기술은 동작 방식이 일종의 블랙박스(blackbox)라는 지적을 받고 있다. 방대한 데이터를 학습하여 얻어진 결과가 반드시 정답이라는 보장은 없으며, 각각의 결과에 대한 근거를 추론하기 쉽지 않다는 것이다. 즉, 의사를 보조하는 기술로서의 관점에서 볼 때, 의사와 다른 의견을 인공지능이 제시했다면 과연 의사가 어떤 최종 판단을 해야 하는가의 문제로 귀결될 수 있는 것이다. 또한 인공지능이 사용자인 의사가 보기에도 훌륭한 결과만을 지속적으로 제시한다면 결국 의사는 자신의 판단보다 인공지능의 판단을 신뢰하게 되고, 완벽할 수 없는 인공지능으로서 오류를 발생시켰을 때 이를 의사가 적절히 인지하고 대처할 수 있겠는가의 문제로도 볼 수 있다. 이는 비단 의료분야만의 문제는 아니며, 2013년 미국에서는 연구를 통해 최근 발생한 항공 사고의 절반 이상은 조종사들의 조종미숙 및 상황대처 능력 저하가 원인이라고 밝혔는데, 조종사들의 수동 비행 경험이 점차 줄어듦에 따른 필연적인 결과이기도 했다. 결국 의료기기를 사용하는 주체는 의사이지만, 인공지능과 같이 특정 부분에서 인간의 판단능력을 능가하는 기능을 제공하는 경우, 사용자인 인간에게 '설명 가능한 결과'를 제공하는 인공지능 기술(explainable AI)과 같이 각종 상황을 정확히 인지하고 적절히 대처할 수 있도록 하는 방법에 대해서도 의료사회뿐 아니라 의료서비스를 받는 사회구성원 전체가 앞으로 고민해야 할 문제일 것이다.

참고문헌

Bengio, Y./LeCun Y., "Scaling learning algorithms towards AI", Large—Scale Kernel Machines, 34, 2007.

Cortes C./Vapnik V., "Support—vector Networks", Machine Learning, 20(3), 1995.

Dandan M., "A survey on deep learning: one small step toward AI", 2012.

Goodfellow I. J./Bulatov Y./Ibraz J./Arnoud S./Shet V., "Multi—digit Number Recognition from Street View Imagery using Deep Convolutional Neural Networks", arXiv, 2014.

Hebb, D. O., "The Organization of Behavior", New York:Wiley, 1949.

Hinton, G. E./Salakhutdinov R. R., "Reducing the dimensionality of data with neural networks", Science, 313(5786), 2006.

Krizhevsky A., Sutskever I. and Hinton G. E., "ImageNet Classification with Deep Convolutional Neural Networks", Advances in Neural Information Processing Systems 25, 2012.

Lauer F./Bloch G., "Incorporating Prior Knowledge in Support Vector Machines for Classification:a Review", 71(7—9), 2008.

LeCun Y. Boser B./Denker J. S./Henderson D./Howard R. E./Hubbard W./Jackel L. D., "Backpropagation Applied to Handwritten Zip Code Recognition", Neural Computation, 1(4), 1989.

Liao S./Gao Y./Oto A./Shen D., "Representation Learning:A Unified Deep Learning Framework for Automatic Prostate MR Segmentation", Lecture Notes in Computer Science, 8150, 2013.

McCulloch W. S./Pitss W., "A Local Calculus of Idean Immanent in Nervous Activitiy", Bulletin of Mathmatical Biophysics 5(4), 1943

Meyer—Base A./Schmid V. J., "Pattern Recognition and Signal Analysis in

Medical Imaging", Elsevier, 2014.

Rosenblatt, F., "The Perceptron:A Probalistic Model For Information Storage And Organization In The Brain", Psychological Review 65(6), 1958.

Rumelhart, D. E./McClelland J. L., "Parallel Distributed Processing: Explorations in the Microstructure of Cognition", Cambridge: MIT Press, 1986.

Szegedy C./Liu W., Jia Y./Sermanet P./Reed S./Anguelov D./Erhan D./Vanhoucke V./Rabinovich A., "Going Deeper with Convolutions", arXiv, 2014.

Werbos, P. J., "Beyond Regression: New Tools for Prediction and Analysis in the Behavioral Sciences", Ph.D. thesis, Havard University, 1974.

Wu G./Kim M./Wang Q./Gao Y./Liao S./Shen D., "Unsupervised Deep Feature Learning for Deformable Image Registration of MR Brains", Lecture Notes in Computer Science, 8150, 2013.

개인정보의 국가 간 이동에 관한 규제

이인환 / 김·장 법률사무소 변호사

I. 서론

정보통신수단의 발전은 개인정보의 국가 간 이동을 가속화시키고 있다. 이 과정에서 정보의 자유이동과 정보주체의 권리 보호라는 서로 충돌될 수 있는 가치들이 엇갈리며 진화하고 있고, 그에 따라 관련된 법체계도 발전하면서 근래에 이르러서는 국가의 단위를 넘어서는 영역을 규율대상으로 삼는 규칙들이 모색되고 있다.

이러한 시대적 흐름 속에서, 개인정보의 국가 간 이동이라는 문제에 대해 각 국가들이 취하고 있는 입장은 다양하다. 사실상 아무런 제한을 하지 않고 있는 국가도 여전히 존재하는 반면, 데이터 주권이라는 이름하에 개인정보의 국외 이전 자체를 원칙적으로 금지하는 법령을 제정하는 국가도 등장하기에 이르렀다.

우리는 일반법이라 할 수 있는 개인정보 보호법과 특정한 영역에서의 개인정보 보호와 이용을 규율하는 특별법령들에서 개인정보의 국가 간 이동을 포함한 개인정보의 이전에 대해 다루고 있다. 이에 더하여 우리 기업들의 활동무대가 전 세계로 확대됨에 따라 타국의 개인정보 보호에 관한 규제가 국내에 미치는 영향 또한 적지 않은 실정이며, 2018년 5월 시행된 유럽 개인정보 보호법(GDPR, General Data Protection Regulation)에 대한 세간의 관심이 이를 대변해 주고 있는 듯하다.[1]

이 글에서는 먼저 우리 법이 개인정보의 이전을 규율하는 방식 및 그 내용에

---

1) GDPR의 제정경위에 대해서는, 노현숙, "EU 개인정보 국외 이동 규정의 유용성", 법학논총 제36집, 숭실대학교 법학연구소, 2016, 180-185쪽 참조.

대해 살펴보기로 한다. 다음으로, 우리 법의 모체라고 할 수 있는 유럽의 개인정보
보호 규제에 대해 살펴본 후 최근의 데이터 국지화 논의에 관한 동향에 대해서도
간단히 언급해 보고자 한다.

II. 한국

A. 개인정보 이전의 유형

　　2011년 9월 30일 시행된 개인정보 보호법은 한국에서 개인정보 보호에 관한
일반법으로 자리매김하고 있다. 동법은 "업무를 목적으로 개인정보파일을 운용하기
위하여 스스로 또는 다른 사람을 통하여 개인정보를 처리하는 공공기관, 법인, 단체
및 개인"[2]으로 정의되어 있는 "개인정보처리자"가 개인정보를 수집 및 이용 등 처리
함에 있어 준수하여야 하는 원칙과 의무들을 규정하고 그 이행을 담보하기 위한
다양한 장치들을 함께 마련해 둠으로써 그 입법 목적의 달성을 모색하고 있다.

　　개인정보 보호법에서는 '개인정보의 제공'이라는 용어와 '개인정보의 처리위
탁'이라는 용어를 구분하여 사용하고 있다.[3] '개인정보의 이전'은 개인정보가 제3
자에게 제공되는 경우와 개인정보의 처리가 제3자에게 위탁되는 경우를 모두 포
괄하는 의미로 통상 이해되고 있는데,[4] 제공과 처리위탁 각각을 위해 준수하여야
하는 요건들이 다르게 규정되어 있고 위반 시 제재 또한 상이하기 때문에 실무상
양자를 구분하는 것은 매우 중요한 의미를 갖는다.

　　그럼에도 불구하고 개인정보 보호법에서는 '개인정보의 제공'과 '개인정보의
처리위탁'을 구별하는 기준에 대해 따로 정하고 있지 아니하여 그 구별에 대해 많
은 논의가 있는데,[5] 대법원은 이에 대해 다음과 같은 기준을 제시하였다.[6]

---

2)　개인정보 보호법 제2조 제5호.

3)　개인정보 보호법 제17조, 제26조 등.

4)　개인정보 보호법 제39조의12 제2항 본문 참조: "정보통신서비스 제공자등은 이용자의 개인정보를 국
　　외에 제공(조회되는 경우를 포함한다)·처리위탁·보관(이하 이 조에서 "이전"이라 한다)하려면 이용
　　자의 동의를 받아야 한다."

5)　예컨대, 개인정보 보호법의 해석에 있어 개인정보 보호위원회는 "업무위탁의 경우에는 개인정보처리
　　자의 업무처리 범위 내에서 개인정보 처리가 행해지고 위탁자인 개인정보처리자의 관리·감독을 받지
　　만, 제3자 제공은 제3자의 이익을 위해서 개인정보 처리가 행해지고 제3자가 자신의 책임 하에 개인
　　정보를 처리하게 된다."는 입장을 취하고 있음(개인정보 보호위원회, 개인정보보호 법령 및 지침·고

"(전략)···개인정보 보호법 제17조와 정보통신망법 제24조의2에서 말하는 개인 정보의 '제3자 제공'은 본래의 개인정보 수집·이용 목적의 범위를 넘어 정보를 제공받는 자의 업무처리와 이익을 위하여 개인정보가 이전되는 경우인 반면, 개인정보 보호법 제26조와 정보통신망법 제25조에서 말하는 개인정보의 '처리위탁'은 본래의 개인정보 수집·이용 목적과 관련된 위탁자 본인의 업무 처리와 이익을 위하여 개인정보가 이전되는 경우를 의미한다. 개인정보 처리위탁에 있어 수탁자는 위탁자로부터 위탁사무 처리에 따른 대가를 지급받는 것 외에는 개인정보 처리에 관하여 독자적인 이익을 가지지 않고, 정보제공자의 관리·감독 아래 위탁받은 범위 내에서만 개인정보를 처리하게 되므로, 개인정보 보호법 제17조와 정보통신망법 제24조의2에 정한 '제3자'에 해당하지 않는다. 한편 어떠한 행위가 개인정보의 제공인지 아니면 처리위탁인지는 개인정보의 취득 목적과 방법, 대가 수수 여부, 수탁자에 대한 실질적인 관리·감독 여부, 정보주체 또는 이용자의 개인정보 보호 필요성에 미치는 영향 및 이러한 개인정보를 이용할 필요가 있는 자가 실질적으로 누구인지 등을 종합하여 판단하여야 한다···(후략)"

즉, 대법원은 개인정보의 이전이 누구의 업무 처리와 이익을 위하여 이루어졌는지에 따라, 만약 제공받는 자의 업무 처리와 이익을 위한 것이라면 이는 '제공', 만약 위탁자―통상의 경우 이전하는 자―의 업무 처리와 이익을 위한 것이라면 이는 '처리위탁'에 해당한다고 판단하면서, 개인정보의 취득 목적과 방법, 이전 당사자들 사이에 대가가 수수되었는지 여부, 일방이 타방의 개인정보 처리에 대해 실질적인 관리·감독을 하였는지 여부, 정보주체 또는 이용자의 개인정보 보호 필요성에 미치는 영향 및 이러한 개인정보를 이용할 필요가 있는 자가 누구인지 등을 구체적인 고려요소로서 제시한 것으로 이해된다.

실제로 '제공'과 '처리위탁' 중 어느 쪽에 해당하는지 여부가 문제되는 때에는 위 판결이 제시한 기준 및 고려요소들을 기초로 사안별 분석을 해 보아야 하겠으

시 해설, 2020. 12, 205쪽).
6) 대법원 2017. 4. 7. 선고 2016도13263 판결.

나, 개인정보 보호법의 주무 행정기관인 개인정보 보호위원회가 제시하고 있는 아래의 '처리위탁' 및 "제3자 제공"의 예시들을 위 대법원 판례의 기준에 의하더라도 여전히 같은 유형에 해당하는 것으로 평가될 가능성이 높아 보인다.

[개인정보보호 법령 및 지침 · 고시 해설(2020년 12월), 206쪽]

> 업무위탁 예시: 배송업무 위탁, TM 위탁 등
> 제3자 제공 예시: 사업제휴, 개인정보 판매 등

B. 유형별 규제내용

1. 개인정보의 국외 제공

개인정보의 국외 제공과 관련하여 개인정보 보호법에서는, 개인정보처리자가 개인정보를 국외의 제3자에게 제공할 때에는 동법 제17조 제2항 각호에 따른 사항을 정보주체에게 알리고 동의를 받아야 하며 동법을 위반하는 내용으로 개인정보의 국외 이전에 관한 계약을 체결하여서는 아니 된다는 취지의 규정만을 두고 있다.7)

즉, 개인정보처리자는 통상적인 개인정보 제3자 제공의 경우와 마찬가지로, (ⅰ) 개인정보를 제공받는 자, (ⅱ) 개인정보를 제공받는 자의 개인정보 이용 목적, (ⅲ) 제공하는 개인정보의 항목, (ⅳ) 개인정보를 제공받는 자의 개인정보 보유 및 이용 기간, (ⅴ) 동의를 거부할 권리가 있다는 사실 및 동의 거부에 따른 불이익이 있는 경우에는 그 불이익의 내용 등을 정보주체에게 알리고 동의를 받는다면 특별한 제한 없이 개인정보를 국외의 제3자에게 제공할 수 있는 것이다.8)

---

7) 개인정보 보호법 제17조 제3항.
8) 참고로, 개인정보 보호법에서는 개인정보의 '제공'에 '공유'가 포함된다는 설명을 두고 있을 뿐(동법 제17조 제1항), '제공'의 정의에 대해서는 별도로 규정을 하고 있지 않으나, 개인정보 보호위원회의 고시인 표준 개인정보 보호지침 제7조 제1항에서는 개인정보의 제공을 "개인정보의 저장 매체나 개인정보가 담긴 출력물 · 책자 등을 물리적으로 이전하거나 네트워크를 통한 개인정보의 전송, 개인정보에 대한 제3자의 접근권한 부여, 개인정보처리자와 제3자의 개인정보 공유 등 개인정보의 이전 또는 공동 이용 상태를 초래하는 모든 행위"라고 규정하고 있다.

2. 개인정보 처리의 국외 위탁

개인정보 보호법에서는 개인정보의 처리를 국외로 위탁하는 경우에 관한 일반적인 별도의 규정은 두고 있지 않기 때문에, 개인정보 처리위탁에 관한 일반규정을 준수하면 국외로의 위탁 또한 가능한 것으로 해석되고 있다.9) 개인정보 보호법 제26조에서는 개인정보 처리업무를 위탁하려는 개인정보처리자가 준수하여야 하는 사항에 대해 규정하고 있는데, 그 주요내용은 다음과 같다.10)

- 위탁문서의 작성:11) 개인정보 보호법 제26조 제1항 및 동법 시행령 제28조 제1항 각호에 규정된 사항들이 포함된 문서에 의해 위탁을 해야 한다. 구체적으로 위탁문서에는 (1) 위탁업무 수행 목적 외 개인정보의 처리 금지에 관한 사항, (2) 개인정보의 기술적·관리적 보호조치에 관한 사항, (3) 위탁업무의 목적 및 범위, (4) 재위탁 제한에 관한 사항, (5) 개인정보에 대한 접근 제한 등 안전성 확보 조치에 관한 사항, (6) 위탁업무와 관련하여 보유하고 있는 개인정보의 관리 현황 점검 등 감독에 관한 사항, (7) 수탁자가 준수하여야 할 의무를 위반한 경우의 손해배상 등 책임에 관한 사항 등이 포함되어야 한다.

- 위탁현황의 공개:12) 정보주체가 쉽게 확인할 수 있도록, (i) 위탁하는 업무의 내용과 (ii) 수탁자를 공개하여야 한다. 구체적인 공개방법 또한 개인정보 보호법 및 동법 시행령에서 정하고 있는데,13) 인터넷 홈페이지를 통해 공개를 하는 것이 일반적이다.

---

9) 이창범, "한국의 개인정보 국외이전 법제 현황과 개정방향", 법학논총 제36권 제3호, 전남대학교 법학연구소, 2016, 375쪽 참조.
10) 참고로, 개인정보 보호법에서는 "처리"를 "개인정보의 수집, 생성, 연계, 연동, 기록, 저장, 보유, 가공, 편집, 검색, 출력, 정정, 복구, 이용, 제공, 공개, 파기, 그 밖에 이와 유사한 행위"라고 넓게 정의하고 있기 때문에(동법 제2조 제2호), 개인정보를 대상으로 하는 적극적인 이용, 분석 등의 행위를 외부업체에 맡기는 경우뿐만 아니라, 단순히 그 보관만을 맡기는 경우에도 '개인정보 처리위탁'에 해당할 수 있음.
11) 개인정보 보호법 제26조 제1항.
12) 동조 제2항.
13) 동조 제2항, 동법 시행령 제28조 제2항, 제3항.

- 위탁현황의 고지:14) 재화 또는 서비스를 홍보하거나 판매를 권유하는 업무를 위탁하는 때에는, 위 (i) 및 (ii)에 해당하는 사항을 서면, 전자우편, 팩스, 전화, 문자전송 또는 이에 상당하는 방법으로 정보주체에게 알려야 한다.

3. 정보통신서비스 제공자 등에 대한 특례

제1장에서도 보았다시피, 우리나라는 개인정보 보호에 대해 규율하는 법으로서 정보통신망 이용촉진 및 정보보호 등에 관한 법률("정보통신망법")이 먼저 제정되었고 2011년 뒤늦게 일반법인 개인정보 보호법이 제정되는 바람에, 정보통신서비스 제공자에 대해서는 정보통신망법상의 개인정보에 관한 규정들이 우선 적용되었다. 그러다가 2020년 개인정보 보호법의 개정과 함께 기존의 정보통신망법에 들어있던 아래의 개인정보 보호에 관한 규정들은 개인정보 보호법으로 이관이 되었다.15)

먼저 정보통신서비스 제공자등은 이용자의 개인정보를 국외에 이전하기16) 위하여는 이용자의 동의가 필요하다.17) 또한 위 동의를 받으려면 다음 사항들을 이용자에게 고지하여야 한다.18)

- 이전되는 개인정보 항목
- 개인정보가 이전되는 국가, 이전일시 및 이전방법
- 개인정보를 이전받는 자의 성명 (법인인 경우에는 그 명칭 및 정보관리책임자의 연락처)
- 개인정보를 이전받는 자의 개인정보 이용목적 및 보유 · 이용 기간

---

14) 동법 제26조 제2항, 동법 시행령 제28조 제4항.
15) 개인정보 보호법 제39조의3 내지 제39조의15.
16) 여기에는 제공(조회되는 경우를 포함) · 처리위탁 · 보관이 포함된다.
17) 개인정보 보호법 제39조의12 제2항 본문.
18) 개인정보 보호법 제39조의12 제3항.

　　한편, 이용자의 동의를 받아 개인정보를 국외로 이전하려는 정보통신서비스 제공자에게는, 개인정보보호를 위한 기술적·관리적 조치를 하여야 하고, 개인정보 보호를 위하여 필요한 조치에 관한 사항, 개인정보 침해에 대한 고충처리 및 분쟁해결에 관한 사항 등을 이전받는 자와 미리 협의하고 이를 계약내용 등에 반영하여야 하는 의무도 부과되어 있다.[19]

　　위와 같은 개인정보 국외이전 시 동의 원칙에 대한 예외로, 개인정보의 국외 처리위탁이나 보관의 경우, 정보통신서비스 제공자 등은 개인정보 국외 이전에 관한 사항을 개인정보 처리방침에 공개하거나 또는 전자우편 등의 방법에 따라 이용자에게 알린 경우 이용자의 동의 없이도 가능하다.[20] 과거 정보통신망법에 의하면 이용자의 동의없이 개인정보를 국외에 처리위탁이나 보관하기 위하여는 위와 같은 요건을 충족해야 할 뿐만 아니라 '정보통신서비스의 제공에 관한 계약을 이행하고 이용자 편의 증진 등을 위하여 필요한 경우'라는 요건을 추가로 충족해야 했으나,[21] 이 규정이 2020년 개인정보 보호법으로 이관되면서 '정보통신서비스의 제공에 관한 계약을 이행하고 이용자 편의 증진 등을 위하여 필요한 경우'라는 조건이 삭제된 것이다. 실무적으로는 구체적으로 어떤 경우가 위 "정보통신서비스의 제공에 관한 계약을 이행하고 이용자 편의 증진 등을 위하여 필요한 경우"에 해당되어 동의를 면제받을 수 있는지에 대해 명확한 기준이 제시되어 있지 않아서 논란이 많았던 요건이었다.

C. 보론: 환자정보와 전자의무기록

　　최근 각광을 받고 있는 클라우드 서비스의 도입과 관련하여, 의료기관이 환자에 관한 정보를 국외에서 처리하는 것이 가능한지에 대한 논의가 이루어지고 있다. 이는 앞서 살펴본 개인정보 보호법령상의 규제는 물론 의료법, 특히 전자의무기록의 관리와 관한 규정과도 관련이 있다. 주요 규정들은 아래와 같은바, 요컨대 전자의무기록을 의료기관 외부에 저장하는 것은 일정한 경우 허용되지만, 그 저장이 이루어지는 시스템의 물리적인 위치가 국외로 되어서는 안 된다는 취지로 이해된다.

---

19) 개인정보 보호법 제39조의12 제4항.
20) 개인정보 보호법 제39조의12 제2항 단서.
21) 구 정보통신망 이용촉진 및 정보보호 등에 관한 법률 제63조 제2항 단서.

> **의료법 제23조(전자의무기록)** ② 의료인이나 의료기관 개설자는 보건복지부령으로 정하는 바에 따라 전자의무기록을 안전하게 관리·보존하는 데에 필요한 시설과 장비를 갖추어야 한다.
>
> **동법 시행규칙 제16조(전자의무기록의 관리·보존에 필요한 시설과 장비)** ① 의료인이나 의료기관의 개설자는 법 제23조 제2항에 따라 전자의무기록을 안전하게 관리·보존하기 위하여 다음 각 호의 시설과 장비를 갖추어야 한다.
> 7. 의료기관(법 제49조에 따라 부대사업을 하는 장소를 포함한다) 외의 장소에 제1호에 따른 전자의무기록의 저장장비 또는 제3호에 따른 백업저장장비를 설치하는 경우에는 다음 각 목의 시설과 장비
>   가. 전자의무기록 시스템의 동작 여부와 상태를 실시간으로 점검할 수 있는 시설과 장비
>   나. 전자의무기록 시스템에 장애가 발생한 경우 제1호 및 제2호에 따른 장비를 대체할 수 있는 예비 장비
>   다. 폐쇄회로 텔레비전 등의 감시 장비
>   라. 재해예방시설
>
> **전자의무기록의 관리·보존에 필요한 시설과 장비에 관한 기준 제7조(의료기관 외의 장소 관리·보존시 추가적인 조치)** 전자의무기록 관리자가 의료기관 외의 장소에서 전자의무기록을 관리·보존하는 경우에는 규칙 제16조 제1항 제3호부터 제7호까지에 따른 시설과 장비에 대하여 별표에 따른 추가적인 조치를 하여야 한다.
>
> **동 기준 [별표] 의료기관 외의 장소에 전자의무기록 보관시 필요한 추가적인 조치 중 발췌**
>
> | 구분 | | 세부조치내용 |
> |---|---|---|
> | 전자의무기록 보존장소에 대한 물리적 접근방지시설과 장비 | 물리적 위치의 한정 | - 전자의무기록 시스템 및 그 백업장비의 물리적 위치는 국내로 한정한다. |

　　현행 규정상으로는 전자의무기록 자체의 경우는 별론으로 하더라도, 전자의무기록의 일부나 더 나아가 그 기록에 포함되어 있는 정보만을 국외의 제3자에게 이전하는 것은 허용될 수 있는지가 명확하지 않은 면이 있다. 전자의무기록은 전자서명법에 따른 전자서명이 기재된 전자문서임을 전제로 한다는 점에서,[22] 전자서명이 기재되어 있지 않은 문서나 정보에 대해서는 위 규제가 적용되지 않는다고 보는 것이 법문언의 해석상 타당하다고 생각되나, 이로 인해 위 의료법의 규정 취지를 저해하게 되는 면은 없을지 또한 면밀히 검토되어야 할 것으로 보인다.

---

22) 의료법 제23조 제1항.

III. 유럽

A. GDPR

1. 개요

2018년 5월 28일 발효된 유럽 개인정보 보호법(GDPR)은, 자동적으로 모든 회원국에 대해 법적 구속력을 가지게 되어 EU 역내에서의 개인정보 보호정책을 일관되고 통일적으로 실시할 수 있게 되는 시발점이 될 것으로 기대되고 있다.[23] 나아가, GDPR의 효력은 EU 내에 설립된 기업은 물론, EU 외의 지역에 설립되어 있는 기업에 대해서까지 미칠 수 있다는 점에서, EU와 관련된 사업 활동을 영위하고 있거나 향후 이를 영위하려는 기업들의 경우에도 많은 관심을 갖고 있는 상황이다.

GDPR에서는 개인정보의 처리근거 확보, 정보주체의 권리보장, 개인정보 영향평가의 수행, 정보보호 책임자의 지정, 개인정보 처리활동 기록의무 등 개인정보 보호와 관련된 다양한 분야에 대해 규율하고 있는데, 개인정보의 제3국으로의 이전에 대해서는 제5장에 관련 조항들을 두고 있다.

2. 역외 이전에 관한 규제

GDPR에서는 개인정보의 제3국으로의 이전은 GDPR 제5장에 규정된 방식으로만 이루어질 수 있다고 규정하고 있는바,[24] 이로 인하여 GDPR 시행은 EU 회원국들뿐만 아니라 예컨대 EU에서 사업을 하면서 소비자들의 개인정보를 자국에 있는 본사로 이전하려는 타국 기업들에 대하여도 큰 영향을 미치고 있다. 허용되는 방식은 크게 '적정성 결정에 따른 이전'과 '적절한 보호조치를 전제로 한 이전'으로 구별할 수 있다.

---

23) 함인선, "EU의 2016년 일반정보보호규칙(GDPR)의 제정과 그 시사점", 법학논총 제36권 제3호, 전남대학교 법학연구소, 2016, 445쪽.
24) GDPR 제44조.

먼저, 유럽위원회가 적정한 수준의 보호를 보장하고 있다고 결정한 제3국 또는 국제기구 등에 대해서는, 특별한 승인이 없더라도 개인정보의 이전이 가능하다.[25] 집행위원회는 정보 보호와 관련된 법령의 내용, 독립적 감독당국의 존부 및 역할 등을 고려하여 적정성 결정을 내리게 되는데,[26] 2021년 2월 현재 우리나라에 대해서는 아직 위 결정이 내려지지 않았으나 심사가 진행 중인 것으로 알려져 있다.

다음으로, '적절한 보호조치를 전제로 한 이전'으로, 이 유형은 다시 2가지 형태로 구분된다. 관할 감독 당국의 승인이 있어야 하는지 여부에 따른 차이인데, ① 구속력 있는 기업규칙(binding corporate rules), ② 유럽위원회가 채택/승인한 표준개인정보보호조항, ③ GDPR 제40조에 따라 승인된 행동강령(code of conduct), ⑥ GDPR 제42조에 따라 승인된 인증 등에 따른 이전의 경우에는 관할 감독 당국의 승인이 요구되지 않는 반면,[27] 위에 해당하지 않는 계약조항에 근거하여 이전을 하고자 하는 경우에는 관할 감독 당국의 승인이 요구된다.[28]

"적절한 보호조치를 전제로 한 이전" 가운데 보건의료 데이터를 과학적 연구 목적으로 EU 이외의 국가로 이전하는데 사용될 만한 것으로는 대개 제2항 c)호와 d)호의 "표준개인정보보호조항(standard contractual clause)"과 e)호의 "행동강령(code of conduct)"을 든다.[29]

"표준개인정보보호조항"이란 EU 집행위원회가 직접 제작하여 의결하였거나, 다른 감독기구가 제작한 것을 EU 집행위원회가 심의를 거쳐 승인한 계약 조항을 개인정보를 이전하는 정보처리자와 이를 이전 받는 상대방이 체결하는 계약의 일부로 그대로 편입함으로써 구속력을 부여하는 방식이다.[30] 그런데 2020년 EU 사법재판소(Court of Justice of the European Union)는 시민 운동가 Shrems가 페이스

---

25) GDPR 제45조 제1항.
26) GDPR 제45조 제2항.
27) GDPR 제46조 제2항.
28) GDPR 제46조 제3항.
29) M. Phillips, "International Data-Sharing Norms: From the OECD to the General Data Protection Regulation (GDPR)" *Human Genetics*, Vol. 137, No. 8 (2018), pp.575–582.
30) EU의 웹사이트에 가면 c)호에 따라 개인정보 보호위원회가 직접 의결한 "표준개인정보보호조항"의 전문을 확인할 수 있다. "표준개인정보보호조항"은 EU의 정보처리자가 EU 이외 국가의 정보처리자에게 정보를 이전하는 경우와, EU의 정보처리자가 EU 이외 국가의 정보처리 수탁자에게 정보를 이전하는 경우에 사용하는 것으로 나뉘어져 있다. https://ec.europa.eu/info/law/law-topic/data-protection/international-dimension-data-protection/standard-contractual-clauses-scc_en

북을 상대로 제기한 소위 "Shrems II"사건에서 EU 개인정보 보호위원회가 승인한 "표준개인정보보호조항"을 이용하여 EU 역외 지역으로 개인정보를 이전하기 위하여는 "표준개인정보보호조항"의 체결만으로는 부족하고 상대방 국가의 개인정보 보호제도가 적어도 GDPR에 상응하는 정도로 마련되어 있어야만 한다고 판시한 바 있다.31) 따라서 앞으로는 정보 이전 상대국의 개인정보 보호제도가 탄탄하지 않으면 "표준개인정보보호조항"에 근거하여 개인정보를 EU 역외로 이전하는 것은 용이하지 않을 것으로 예상된다.

"행동강령"은 국외 이전만을 위하여 고안된 장치는 아니고, 우리나라의 자율 규약과 마찬가지로 민간 영역에서 자신의 산업의 특성에 부합하는 개인정보 보호 방식을 스스로 마련할 수 있도록 규제의 융통성을 부여하기 위한 수단인데, 행동강령의 일부로 국외 이전에 관한 조항을 삽입할 수 있도록 한 것이다. 행동강령은 Directive 95/46/EC에서도 근거를 두고 있었지만 별로 활발하게 이용된 것으로 보이지 않는다.32) 역설적으로 우리나라는 개인정보 보호법상 자율규제가 어느 정도 활성화되어 있는데,33) 우리 개인정보 보호법상 자율규제의 모태가 된 유럽연합의 행동강령 제도는 거의 활성화가 되지 못한 셈이다. 다만 GDPR 실시 이후에는 행동강령을 만드는데 대한 유인책이 등장하는 등 더 활성화될 여지가 있으나, GDPR가 시행된 지 몇 년 되지 않았고 유럽 개인정보 보호위원회인 European Data Protection Board가 근래에 들어와서야 행동강령의 심사 기준을 발간했기 때문에, 실제로 인증을 받아 시행되는 행동강령이 나오기까지는 시간이 더 걸릴 것으로 예상된다. 그 가운데 의료 연구를 위한 개인정보 보호 강령 워킹 그룹이 준비 중인 "Code of Conduct for Health Research"이 보건의료 데이터를 활용하려는 연구자들에게 상당한 참고가 될 것이므로 이를 앞으로 지켜볼 필요가 있다.34)

---

31) Schrems and Facebook Ireland v Data Protection Commissioner, CJEU Case C−311/18(2020).

32) 한 웹사이트에 의하면 Directive 95/46/EC 체제 하에서 인증을 받은 행동강령은 텔레마케팅 업계의 협회인 Fedma (Federation of European Direct and Interactive Marketing)의 그것이 유일했는데, 규제당국의 승인을 받는데 무려 5년이 걸렸다고 한다. GDPR 체제 하에서는 규제당국이 행동강령 심사에 관한 기준을 근래에야 내놓았고, 아직 승인을 받은 행동강령은 없는 것으로 보인다. LexisNexis, https://mlexmarketinsight.com/insights−center/editors−picks/area−of−expertise/data−privacy−and−security/businesses−eyeing−gdpr−codes−of−conduct−should−get−clarity−in−2020

33) 현재 의약 분야에서는 대한병원협회, 대한의사협회, 대한약사회, 대한한방병원협회, 대한치과의사협회, 대한한의사협회 등 총 6개 단체가 각 영역별로 맞춤 제작된 자율 규약을 운영하고 있다. https://www.privacy.go.kr/selfImp/reg/selfOrganizationCon.do

34) 유럽의 바이오뱅킹 네트워크 조직인 BBMRI−ERIC이 이 의료분야 개인정보 보호 행동강령을 준비중

그런데 개인정보의 역외 이전은 EU 바깥의 국가로 이전하는 것이 문제되는 것뿐만 아니라, 연구자들의 콘소시엄과 같은 국제 조직으로 이전하는 것도 문제가 된다. GDPR은 개인정보를 제3국에 이전하는 경우뿐만 아니라 국제 조직으로 이전하는 것도 염두에 두고 개인정보 역외이전에 관한 제44조 내지 제50조에서 정보 이전의 상대방을 항상 "제3국 또는 국제 조직 (third countries or international organisation)"으로 지칭하고 있기 때문이다. 그런데 실제로는 개인정보 역외 이전에 관한 조항들이 국가나 다국적 기업을 염두에 두고 제정되었기 때문에 국제 조직에 적용하고자 해도 그렇게 하기 힘든 조항들이 다수 있고, 국제 조직에 대하여 국제법이 어떻게 적용되는지 불분명한 부분이 있기 때문에, 국제조직으로 개인정보를 역외 이전하는 것이 오히려 EU 이외의 국가로 역외 이전하는 것보다 더 어렵다는 분석이 있다.[35]

역외 이전에 관한 규제를 위반하는 경우 GDPR에서 규정하고 있는 가장 강한 제재라고 할 수 있는 2천만 유로 또는 전 세계 매출액의 4%에 해당하는 금액 중 더 큰 금액을 한도로 하는 과징금의 대상이 될 수 있기 때문에,[36] 국내 기업들로서는 GDPR의 보호범위에 포섭되는 개인정보를 우리나라로 이전함에 있어 어떠한 요건들을 준수해야 하는지에 대한 면밀한 검토를 수행할 필요가 있다.

B. EU - 미국 프라이버시 쉴드

개인정보 보호의 문제에 있어 유럽연합과 미국은 기본적으로 상이한 접근방법을 취하고 있기에, 그 사이에서 이루어지는 정보의 이동을 어떻게 규율하고 정보주체의 권리를 어떻게 보장할 것인지에 대한 논의가 계속되어 왔다.[37] 이러한 논의가 구체화된 것이 이른바 세이프 하버(Safe Harbor) 조약이었는데 이는 유럽사법재판소의 판결에 의해 무효화되었고, 그 자리를 2016년 8월 1일부터 시행되

에 있다. http://code-of-conduct-for-health-research.eu/

35) C. Mitchell, J. Ordish, E. Johnson, T. Brigden & A. Hall, "The GDPR and Genomic Data - the Impact of the GDPR and DPA 2018 on Genomic Healthcare and Research", PHG Foundation (2020), pp.107-109

36) GDPR 제83조 제5항 (c).

37) 윤재석, "유럽연합과 미국의 개인정보 이전 협약(프라이버시 쉴드)과 국내 정책 방향", 정보보호학회 논문지 제26권 제15호, 한국정보보호학회, 2016, 1270-1272쪽 참조.

고 있는 EU－미국 사이의 프라이버시 쉴드(Privacy Shield)가 대신해 왔다.[38]

프라이버시 쉴드에 근거하여 유럽에서 미국으로 개인정보를 이전하려는 기업들은 프라이버시 쉴드 참여 기업으로서는 준수하여야 하는 의무들을 이행하고 있다는 점을 자기인증(self－certify)하는 취지의 신청을 하여 미국 상무부(Department of Commerce)의 승인을 받아야 했다.[39] 프라이버시 쉴드는 기존의 세이프 하버와 대비하여 정보주체의 개인정보 보호에 더 강한 의무를 부과하고 있으며, 미국의 정부와 공공기관에 의한 접근에 대하여 명확한 안전성 조치와 투명성 의무 규정을 마련하였고, 정보주체의 권리구제에 효과적인 방안을 정하였다고 평가되고 있었다.[40] 그런데 앞에서 본 Shrems II 사건에서 유럽 사법재판소는 원고가 효력을 문제 삼은 EU－미국 간의 "EU－US Privacy Shield" 약정을 놓고, 미국 당국이 EU 시민의 개인정보를 쉽게 접근할 수 있으므로 무효라고 판단하였다. 따라서 EU에서 활동하는 미국 기업이 소비자들의 정보를 자국으로 이전하는 방법으로 더 이상 Privacy Shield를 활용할 수 없게 되었다.

Ⅳ. 데이터 국지화에 관한 논의

한국인터넷진흥원은 2018년도에 주목해야 할 개인정보 보호 이슈 중의 하나로 데이터 국지화(data localization) 등 자국민의 개인정보 보호 심화를 지적한 바 있다.[41] 데이터 국지화란 데이터의 국가 간, 지역 간 이동에 대해 여하한 제약을 두려는 움직임으로 이해되고 있는데,[42] 이는 자국민의 개인정보를 보호함과 아울러 법제 간의 차이에서 발생할 수 있는 자국의 이익을 지키고자 하는 데에서 그 원인을 짐작해 볼 수 있다.

일례로, 러시아의 경우 러시아 국민의 개인정보는 러시아의 국경 내에 서버

---

38) 이제희, "국경간 개인정보이동과 국가의 역할", 공법학연구 제18권 제4호, 한국비교공법학회, 2017, 243－245쪽 참조.
39) https://www.privacyshield.gov/
40) 차상욱, "EU 개인정보 보호법제의 최근 입법과 시사점", 정보법학 제21권 제1호, 한국정보법학회, 2017, 157－158쪽.
41) 한국인터넷진흥원, 2018 개인정보보호 7대 이슈 전망.
42) 허진성, "데이터 국지화(Data Localization) 정책의 세계적 흐름과 그 법제적 함의", 언론과 법 제13권 제2호, 한국언론법학회, 2014, 290쪽.

에 저장하도록 요구하고 있으며, 이를 위반한 소셜네트워크 사이트인 링크드인 (LinkedIn)의 웹사이트에 대해 실제로 접속 차단명령을 내리기도 하였다.[43] 한편, 2017년 6월 1일부터 시행되고 있는 중국의 네트워크 안전법에서는 주요 정보통신 기반시설 운영자에 대하여 중국 내에서 수집하고 생성한 개인정보를 반드시 중국 국경 내에 저장하도록 규정한 뒤, 업무상 필요에 의해 국외로 제공하고자 하는 경 우에는 중국 당국의 보안평가를 거치도록 하고 있다.[44]

앞서 설명한 GDPR상의 역외 이전에 관한 규제 또한 그 이전 자체를 원칙적 으로는 허용하지 않는 형태라는 점에서 데이터 국지화의 일환으로 이해될 수 있으 며, 우리나라 또한 적어도 부분적으로는 국외 이전을 금지하는 영역이 있는 등[45] 데이터의 국지화 경향을 특정 국가만의 현상으로 단언하기는 힘들다. 오히려 중요 한 것은 이러한 현상이 발생하게 된 원인과 지나친 국지화가 불러올 수 있는 부작 용에 대한 분석을 통해 정보의 이동이 가져다 줄 수 있는 이익을 놓치지 않으면서 도 정보주체의 개인정보와 권리에 대한 적절한 보호를 도모할 수 있는 방안을 모 색하는 것으로 생각된다.

V. 결론

전략적으로 추진되어야 할 빅데이터 산업이 개인정보 보호 문제로 인해 활성 화되지 못하고 있다는 지적이 계속되고 있다.[46] 개인정보 개념에 대한 원칙적인 정의규정만이 존재하며, 개인정보의 이전, 특히 개인정보의 제공에 있어 엄격한 동의 요건과 제한된 예외사유를 규정하고 있는 현행 개인정보 보호법령의 체제에 비추어 보면, 일응 수긍이 되는 면이 있다.

본 글에서 다룬 개인정보의 국가 간 이동에 관한 문제 또한 어떠한 규제가 이

---

43) "러시아 정부, 링크드인 차단… "개인정보보호법 위반"", itworld, 2016. 11. 18.
(http://www.itworld.co.kr/news/102160)
44) 박훤일, "개인정보의 현지화에 관한 연구", 경희법학 제23권 제2호, 경희대학교 법학연구소, 2017, 140쪽 이하 참조.
45) 예컨대, 금융위원회의 고시인 '금융회사의 정보처리 업무 위탁에 관한 규정' 제5조 제1항에서는 금융 회사가 개인고객의 고유식별정보(주민등록번호, 여권번호, 운전면허번호, 외국인등록번호)를 국외로 이전하는 것을 금지하고 있음.
46) "빅데이터, 개인정보보호에 발목…"당장 해결 안하면 시장 뺏긴다"", 아주경제, 2017. 2. 12.
(http://www.ajunews.com/view/20170212003428744)

루어지느냐에 따라 빅데이터로 대표되는 개인정보의 활용에 상당한 영향을 미치게 될 것으로 예상된다. 다만, 그로 인한 한계를 논의함과 동시에 데이터 국지화와 같은 정보의 자유이동과 반대되는 것으로 보이는 방향의 움직임이 태동되고 힘을 얻는 이유에 대한 고찰 또한 병행되어야 할 것이다.[47] 이는 결국 개인정보가 보호되어야 하는 당위는 무엇이고 그 범위는 어디까지인가라는 문제와도 연결될 수 있을 것이며, 더 나아가 기술이 지배하는 사회에서 개인들의 프라이버시가 허락될 한계에 대한 근본적인 성찰이 필요한 질문이다.

---

47) 박훤일, 앞의 논문, 132－139쪽 참조.

참고문헌

노현숙, EU 개인정보 국외 이동 규정의 유용성, 법학논총 제36집, 숭실대학교 법학연구소, 2016.

박훤일, "개인정보의 현지화에 관한 연구", 경희법학 제23권 제2호, 경희대학교 법학연구소, 2017.

방송통신위원회, 한국인터넷진흥원, 정보통신서비스 제공자를 위한 개인정보보호 법령 해설서, 2012.

윤재석, "유럽연합과 미국의 개인정보 이전 협약(프라이버시 쉴드)과 국내 정책 방향", 정보보호학회논문지 제26권 제5호, 한국정보보호학회, 2016.

이제희, "국경간 개인정보이동과 국가의 역할", 공법학연구 제18권 제4호, 한국비교공법학회, 2017.

이창범, "한국의 개인정보 국외이전 법제 현황과 개정방향", 법학논총 제36권 제3호, 전남대학교 법학연구소, 2016.

차상육, "EU 개인정보보호법제의 최근 입법과 시사점", 정보법학 제21권 제1호, 한국정보법학회, 2017.

함인선, "EU의 2016년 일반정보보호규칙(GDPR)의 제정과 그 시사점", 법학논총 제36권 제3호, 전남대학교 법학연구소, 2016.

허진성, "데이터 국지화(Data Localization) 정책의 세계적 흐름과 그 법제적 함의", 언론과 법 제13권 제2호, 한국언론법학회, 2014.

개인정보 보호위원회, 개인정보보호 법령 및 지침·고시 해설, 2020.

부록

보건의료 데이터 활용 가이드라인

보건의료 데이터 활용 가이드라인

2021. 1.

개인정보보호위원회
보 건 복 지 부

목 차
CONTENTS

Chapter Ⅰ
가이드라인 개요

1. 필요성 및 목적

○ 개정된 개인정보 보호법이 시행('20.8.5)됨에 따라, 데이터 활용의 핵심인 가명정보 활용에 대한 법적근거 마련(제3절 특례조항 신설)

- 개인정보처리자가 개인정보를 가명처리하여 통계작성, 과학적 연구, 공익적 기록보존 등의 목적으로 활용할 수 있는 기반 마련

○ 개인정보 보호법령 등에서 구체적으로 정하지 않은 가명처리, 가명정보의 처리 및 결합 활용 등에 있어 보건의료데이터의 특수성 고려 필요

- 보건의료데이터의 분야·유형·목적별 세부기준과 절차를 제시함으로써 현장 혼란을 최소화하고, 자료 오남용 방지

- 처리 과정 전반에 걸쳐 절차 및 거버넌스, 안전조치, 윤리적 사항 등을 정함으로써 정보 주체의 권익을 보호하는 한편 처리자 및 연구자의 법적 안정성 도모

  * 향후 개인정보처리자가 가명정보를 처리함에 있어 절차적으로, 기술적으로 적절한 노력을 다하였는지 판단하는 과정에서 준거로 활용 가능

2. 관련 근거

○ **관련 법령**

- 개인정보 보호법
  제2조(정의), 제3절 가명정보 처리에 관한 특례(제28조의2~6)

  * 가명정보 처리, 결합제한, 안전조치의무, 금지의무, 과징금부과 등

- 개인정보 보호법 시행령 제29조의2~제29조의6

- 생명윤리법 시행규칙 제13조제1항

◎ 고시 등

- 가명정보의 결합 및 반출 등에 관한 고시(개인정보 보호위원회, '20.9.1)

- 가명정보 처리 가이드라인(개인정보 보호위원회, '20.9월)

3. 주요내용

◎ **가명처리의 개념과 원칙**

- 가명처리, 가명정보의 처리, 가명정보의 결합 제한에 대한 개념 정의, 각 단계별 처리 원칙을 기술

◎ **가이드라인 적용 대상정보**

- 개인정보 보호법 제23조에 따른 민감정보 중 '건강'에 관한 정보로 데이터 유형에 따라 세분화하여 제시

◎ **가명처리 절차 및 방법**

- 추가정보와의 결합 없이는 특정 개인을 알아볼 수 없도록 식별자, 인적사항, 속성값에 대한 가명처리 방법과 절차 정의

◎ **가명정보의 처리(결합) 및 활용 절차**

- 가명정보를 내부 활용하거나 제3자에게 제공하는 경우 및 다른 개인정보처리자간 가명정보를 결합하는 경우 처리절차, 사례 제시

◎ **가명정보 처리시 안전·보호 조치 및 벌칙**

- 재식별 예방, 부적절한 절차에 의한 재제공 방지, 가명처리 정지요구 등 일반정보에 비해 강화된 추가 안전조치 기술 및 위반 시 벌칙 기재

4. 가이드라인의 적용 범위

◉ **(우선순위)** 보건의료 분야의 개인정보 가명처리 및 결합, 활용절차 등에 관해서는 동 가이드라인을 우선 적용

> **〈 개인정보 가명처리 가이드라인 〉中**
>
> ◇ 특정 산업 분야의 개인정보 가명처리에 관하여 보호위원회와 소관 부처가 공동으로 발간한 분야별 가이드라인이 있는 경우, **분야별 가이드라인을 우선하여 활용**할 수 있으며,
>   - 별도의 분야별 가이드라인이 없는 경우 본 가이드라인을 활용할 수 있음

* 개인정보 보호위원회 발간('20.9월)

◉ **(적용대상)** 보건의료데이터를 취급하는 의료기관, 연구자, 기업, 공공기관 등 개인정보처리자 전체

5. 용어의 정의·해설

◉ 개인정보

- 살아 있는 개인에 관한 정보로서 다음의 어느 하나에 해당하는 정보

> 가. 성명, 주민등록번호 및 영상 등을 통하여 개인을 알아볼 수 있는 정보
> 나. 해당 정보만으로는 특정 개인을 알아볼 수 없더라도 다른 정보와 쉽게 결합하여 알아볼 수 있는 정보. 이 경우 쉽게 결합할 수 있는지 여부는 다른 정보의 입수 가능성 등 개인을 알아보는 데 소요되는 시간, 비용, 기술 등을 합리적으로 고려하여야 한다.
> 다. 가목 또는 나목을 법 제1호의2에 따라 가명처리함으로써 원래의 상태로 복원하기 위한 추가정보의 사용·결합 없이는 특정 개인을 알아볼 수 없는 정보("가명정보")

◉ 개인정보처리자

- 업무를 목적으로 개인정보파일을 운용하기 위하여 스스로 또는 다른 사람을 통하여 개인정보를 처리하는 공공기관, 법인, 단체 및 개인 등

○ 처리

- 개인정보의 수집, 생성, 연계, 연동, 기록, 저장, 보유, 가공, 편집, 검색, 출력, 정정 (訂正), 복구, 이용, 제공, 공개, 파기(破棄), 그 밖에 이와 유사한 행위

○ 정보주체

- 처리되는 정보에 의하여 알아볼 수 있는 사람으로서 그 정보의 주체가 되는 사람

○ 가명정보

- 개인정보의 일부를 삭제하거나 일부 또는 전부를 대체하는 등의 방법으로 추가정보가 없이는 특정 개인을 알아볼 수 없도록 처리(이하, '가명처리')한 정보
- 이를 통해 원래의 상태로 복원하기 위한 추가정보의 사용 · 결합 없이는 특정 개인을 알아볼 수 없는 정보

○ 추가정보

- 개인정보의 전부 또는 일부를 대체하는 데 이용된 수단이나 방식(알고리즘 등), 가명 정보와의 비교 · 대조 등을 통해 삭제 또는 대체된 개인정보 부분을 복원할 수 있는 정보(매핑 테이블 정보, 가명처리에 사용된 개인정보 등) 등
  * 추가정보(원본정보와 알고리즘·매핑테이블 정보)와 가명정보는 관리적 또는 기술적으로 각각 분리하고, 접근권한을 분리하여야 함

○ 결합전문기관

- 서로 다른 개인정보처리자 간의 가명정보의 결합 등을 수행하기 위해 개인정보 보호 위원회 또는 중앙행정기관의 장이 지정한 전문기관

○ 분석공간

- 안전성 확보에 필요한 기술적·관리적 및 물리적 조치가 되어, 가명정보를 안전하게 분석할 수 있는 공간

◎ 익명정보

- 시간·비용·기술 등을 합리적으로 고려할 때 어떠한 다른 정보를 사용하여도 더 이상 개인을 알아볼 수 없는 정보

◎ 익명처리

- 개인정보를 익명정보로 변환하는 작업

◎ 적정성 검토

- 「가명정보 처리 가이드라인」(개인정보 보호위원회)의 절차를 기반으로 사전에 정의한 가명처리 기준에 따라 적절히 가명처리가 되었는지 확인하는 절차

◎ 재식별

- 추가정보 또는 행위자가 달리 보유하고 있는 다른 정보나 공개된 정보와의 결합 또는 대조·비교 등을 통해 특정 개인을 알게 되거나, 알아보려 하는 상태 또는 행위

◎ 식별자(Identifier)

- 전체 또는 특정 인구 집단 내에서 개인을 고유하게 구별하기 위해 부여한 기호 또는 번호, 기관 내·외에서 개인 간 상호 구별을 위해 부여한 번호, 기호 등을 통칭

  * (예시) 개인정보 보호법령상 고유식별번호(주민등록번호, 여권번호, 운전면허번호, 외국인등록번호), 보험 가입자번호, 환자번호, 이름, 웹사이트의 ID, 사원번호 등

◎ 통계작성

- 통계란 특정 집단이나 대상 등에 관하여 작성한 수량적인 정보를 의미

- 시장조사와 같은 상업적 목적의 통계 처리도 포함

  * 직접(1:1) 마케팅 등을 하기 위해 특정 개인을 식별할 수 있는 형태의 통계는 해당하지 않음

[통계 작성 예시]

지자체가 연령에 따른 편의시설 확대를 위해 편의시설(문화센터, 도서관, 체육시설 등)의 이용 통계(위치, 방문자수, 체류시간, 나이대, 성별 등)를 생성·분석하여 신규 편의시설 설치 지역을 선정하고자 하는 경우

253

◉ 공익적 기록보존

- 공공의 이익을 위하여 지속적인 열람 가치가 있는 정보를 기록 보존하는 것

- 처리 주제가 공공기관인 경우에만 공익적 목적이 인정되는 것은 아니며, 민간기업, 단체
  등이 일반적인 공익을 위하여 기록을 보존하는 경우도 공익적 기록보존 목적이 인정 가능

> **[공익적 기록보존 예시]**
>
> 연구소가 현대사 연구 과정에서 수집한 정보 중에서 사료가치가 있는 생존 인물에 관한 정보를
> 기록·보관하고자 하는 경우

◉ 과학적 연구

- 기술개발, 실증, 기초연구, 응용연구 및 민간 투자 연구 등 과학적 방법을 적용하는 연구

- 과학적 연구에는 자연과학적인 연구뿐만 아니라 과학적 방법을 적용하는 역사적 연구,
  공중보건 분야에서 공익을 위해 시행되는 연구 등은 물론, 새로운 기술·제품·서비스의
  연구개발 및 개선 등 산업적 목적의 연구 포함

> **[보건의료 분야 과학적 연구의 예시]**
>
> ▶ 약물을 개선·개발하거나, 기존 약물의 효과를 평가하기 위한 연구
> ▶ 의료기기를 개선·개발하거나, 기존 의료기기의 효과를 평가하기 위한 연구
> ▶ 진단·치료법을 개선·개발하거나, 기존 진단·치료법의 효과를 평가하기 위한 연구
> ▶ 진단·치료 등의 의료적 목적을 갖는 소프트웨어를 개선·개발하거나, 기존 의료적 목적을 갖는 소프트
>   웨어의 효과를 평가하기 위한 연구
> ▶ 건강상태 모니터링, 운동지도 등의 비의료적 건강관리 목적을 갖는 소프트웨어를 개선·개발하거나, 기존
>   비의료적 건강관리 목적을 갖는 소프트웨어의 효과를 평가하기 위한 연구
> ▶ 특정 질환을 갖고 있거나, 특정 치료제·치료법에 적합한 임상적 요건을 갖춘 환자의 수, 지역적·연령적
>   분포 등을 살피는 연구, 타 질환과의 연관성을 살피는 연구
> ▶ 다양한 약물, 치료법, 진단법 등 상호간의 의학적·사회적 효용을 비교하는 연구
> ▶ 인구집단 내 건강상태의 지역적·직업적 분포, 사회적 여건 등의 편차를 살피는 등의 연구
> ▶ 보건의료 데이터를 표준화하거나, 품질을 높이거나, 안전하게 보호하는 등 보건의료 데이터를 원활히
>   관리하기 위한 기술·소프트웨어를 개발하기 위한 연구

◉ 데이터 심의위원회 (이하 "심의위원회")

- 가명정보의 기관 내 활용, 기관 외 제공, 결합신청, 가명처리 적정성 검토 등을 실시
  할 수 있는 독립 위원회

Chapter Ⅱ
가명처리 개념 및 단계별 적용원칙

1. 가명처리 등 개념

◉ **(가명처리)** 개인정보의 일부를 삭제하거나 일부 또는 전부를 대체하는 등의 방법으로 추가정보가 없이는 특정 개인을 알아볼 수 없도록 처리하는 것을 의미

- 가명처리 시 가명정보 자체만으로 특정 개인을 알아볼 수 있는지와 추가정보 또는 다른 정보(개인정보처리자가 보유하는 정보 등)의 결합 가능성을 고려할 필요가 있음

  * 개인정보처리자가 보유한 다른 정보 등을 통해 개인이 식별 가능한 경우 가명처리가 잘못된 경우라고 할 수 있음

원 개인정보		가명정보
1. 성명, 주민등록번호 및 영상 등을 통해 개인을 알아볼 수 있는 정보 2. 해당정보만으로 특정 개인을 알아 볼 수 없더라도 다른 정보와 결합하여 알아볼 수 있는 정보	**가명처리**	추가정보의 사용, 결합 없이는 특정 개인을 알아볼 수 없는 정보

◉ **(가명정보의 처리)** 통계작성, 과학적 연구, 공익적 기록 보존 등을 위하여 정보 주체의 동의 없이 가명정보 처리 가능

- 가명정보를 제3자에게 제공하는 경우에는 특정 개인을 알아보기 위하여 사용될 수 있는 정보를 포함해서는 아니됨

◉ **(가명정보의 결합)** 서로 다른 개인정보처리자 간의 가명정보 결합은 지정된 전문기관에 한해서 수행가능

- 결합 전문기관은 개인정보 보호위원회 또는 관계 중앙행정기관의 장이 지정할 수 있음
- 보건의료분야 전문기관은 보건복지부 장관이 기관의 신청을 받아 지정기준을 충족하는 경우 지정할 수 있으며, 이는 3년간 유효함

〈 결합전문기관 지정 기준 〉

▲ (조직) 3명의 전문가(법률·기술 전문가 각 1인 이상)를 상시 고용한 8인 이상의 담당 조직의 구성·운영

▲ (공간·시설 및 시스템) 결합, 추가 가명·익명처리, 반출심사 등을 위한 공간 및 시설·시스템 구축, 데이터 및 네트워크에 대한 보안조치 마련

▲ (정책·절차) 결합, 가명처리등, 반출심사 등을 위한 정책 및 절차 마련, 개인정보의 안전성 확보조치 기준에 따른 내부관리계획 수립

▲ (재정) 자본금 50억원 이상(비영리법인의 경우 기본재산 또는 자본총계 50억원 이상)
   * 개인정보 보호법 제2조제6호 가목에 해당하는 공공기관은 적용 제외

▲ 최근 3년 이내 개인정보 보호법 제66조에 따라 공표된 적이 없을 것

---

* 「가명정보의 결합 및 반출 등에 관한 고시」(개인정보보호위원회고시 제2020-9호, 2020.9.1. 제정)

2. 처리단계별 적용 원칙

◇ 가명처리 단계별 처리원칙에 대해서는 「가명정보 처리 가이드라인」(개인정보 보호위원회)를 참고하되,
  – 보건의료 데이터와 관련하여 동 가이드라인에서 특별히 제시하고 있는 규정이 있는 경우, 이를 우선 적용할 것

① **사전준비**: 가명처리 목적의 적합성 검토 및 준비 단계

② **가명처리**: 가명처리의 수준을 정의하고 처리하는 단계

 · 대상선정: 활용목적 달성에 필요한 가명처리 대상 항목 선정
 · 위험도측정: 처리환경 검토, 처리정보 항목별 위험도 등 분석
 · 가명처리 수준 정의: 위험도 측정결과를 기반으로 필요한 수준 정의
 · 가명처리: 가명처리 수준 정의에 따른 가명처리 수행

③ **검토 및 추가처리**: 가명처리 수준 정의기준에 따라 적절한 처리 여부 확인하고, 재식별 가능성 등을 검토하는 단계

④ **사후관리**: 개인식별 가능성 증가 지속 모니터링 및 적절한 안전조치를 수행하는 단계

Chapter **Ⅲ**
대상정보 및 가명처리 방법

1. 적용 대상정보의 범위

◐ 개인정보 보호법 제23조에 따른 민감정보 중 '건강'에 관한 정보

  * 개인정보 보호법 외에 특별한 규정이 있는 경우를 제외하고, 동 가이드라인을 적용함

  - 다만, 정보 주체의 인권 및 사생활 보호에 중대한 피해를 야기할 수 있는 정보*에 대해서는 본인 동의를 받아 활용을 원칙으로 함

    * 정신질환 및 처방약 정보, 감염병예방법 제2조제10호에 따른 성매개감염병 정보, 후천성면역결핍증 정보, 희귀질환관리법 제2조제1호에 따른 희귀질환 정보, 학대 및 낙태 관련 정보 (질병분류코드 기준으로 T74, O04 그 외 의료진 판단 활용)

〈 건강정보 예시 (이에 한정되지는 않음) 〉

▶ 의료법상 진료기록부 및 전자의무기록, 그밖에 병원 내에서 생산되어 진료내역을 표시하고 있거나 쉽게 추정할 수 있는 기록 (진료내역을 담은 병원 영수증 등)

▶ 건강보험공단, 건강보험심사평가원, 기타 민간보험사 등에서 수집한 보험청구용 자료, 가입설계에 사용된 건강·질병·상해 등 관련 자료 및 그 부속자료

▶ 건강검진자료, 건강검진결과 정보

▶ 의사에 의해 진단되거나, 의료기기에 의해 계측되거나, 보험청구기록, 기타 알고리즘 등의 추정을 통해 파악·추정한 건강상태 정보

▶ 건강상태 또는 건강습관 여부·정도를 측정하기 위해 기기를 통해 수집한 정보
(예시 : 걸음 수, 심박 수, 산소포화도, 혈당, 혈압, 심전도)

▶ 특히, 일반적으로는 건강정보로 보기 어렵지만, 질환의 진단·치료·예방·관리 등을 위해 사용되는 정보는 건강정보로 봄

  * (예시) 음성녹음은 평시에는 건강정보가 아니지만, 이를 통해 각종 질환의 위험도를 예측할 경우 해당 음성녹음 파일도 건강정보로 봄

---

2. 가명처리 원칙

◎ 안전한 가명처리 방법이 있을 경우 가명정보로 변환하여 활용 가능

- 안전한 가명처리 방법이 현재 **개발되지 않은 정보의 경우** 가명처리 방법이 개발될 때까지는 **가명처리 가능여부를 판단할 수 없으며,** 이러한 정보는 **정보 주체 동의하에서만 활용이 가능함**

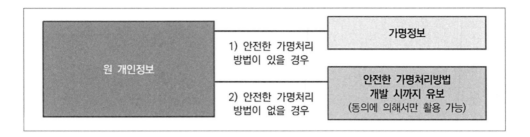

◎ 「데이터 심의위원회」(이하 "심의위원회")의 설치·운영

- **(기능)** 기관 내 가명정보 활용, 기관 외부로 가명정보 제공 여부 및 방법 등을 심의
- **(구성)** 위원은 5인 이상 15인 이하로 구성하되, 해당 기관에 소속되지 않은 위원(이하 "외부위원")이 과반수를 차지하고, 다음과 같은 위원을 반드시 포함해야 함

> ▶ 정보 주체를 대변하는 자 1인 이상 (정보 주체 예시 : 환자, 앱 사용자 등)
> ▶ 의료 분야 데이터 활용 전문가 1인 이상
> ▶ 정보보호 또는 법률 분야 전문가 1인 이상

* 개인정보처리자는 보건복지부가 지정한 기관에 데이터 심의위원회 구성에 필요한 전문가 등 외부 위원 명단 제공을 요청할 수 있다.

- **(심의업무 위탁)** 데이터심의위원회 심의업무를 내부 위원회(IRB 등) 또는 외부기관에 위탁할 수 있으며, 그 경우에도 위의 구성 원칙을 준수해야함
- **(기록보존)** 심의위원회 논의 내용은 데이터 활용이 종료된 시점을 기준으로 1년 이상 속기록 또는 녹취파일 등의 형태로 보관하여 정보 주체가 필요시에 열람할 수 있도록 하는 것을 권장
- **(정보공개)** 개인정보처리자는 심의위원회의 운영에 관한 사항*을 홈페이지 등 공개적인

　방법으로 공개할 것을 권장함

* 운영규정, 위원 명단, 위원 약력, 심의 안건 목록, 심의 결과 등

◉ **가명처리시 조치 사항**

- **(기본조치)** 개인정보처리자는 보유 중인 정보를 적절히 처리함으로써 추가정보 없이는 특정 개인을 알아볼 수 없도록 하는 것을 목표로 함

　· 가명처리 시 가명정보 자체만으로 특정 개인을 알아볼 수 있는지와 추가정보 또는 다른 정보(가명정보처리자가 보유하는 정보 등)의 결합가능성을 고려할 필요가 있음

　　* 가명정보처리자가 보유한 다른 정보 등을 통해 개인이 식별 가능한 경우 가명처리가 잘못된 경우라고 할 수 있음

- **(추가적 조치)** 악의적 의도를 가지고 재식별 시도를 하는 경우를 대비하여, 재식별 되었을 때 정보주체에게 중대한 정보인권침해가 우려될 때는 특정 항목 삭제 등 추가적 보호조치를 실시할 수 있음

- **(특이정보 제거)** 데이터 유형별 가명처리 후, 지나치게 특이한 개인의 정보 전체를 삭제하거나, 일부 속성을 삭제, 마스킹하는 작업 반드시 필요, 다만, 이는 개별 데이터 유형, 속성, 분표, 기술특성 등을 고려하여 실시되어야 하는 작업이므로, 원 개인 정보처리자 자체 규정 및 심의위원회의 검토에 따라 실시

◉ 특별한 보호가 필요한 데이터의 **예외적 활용**

- 건강정보 중 재식별이 될 경우 행위자 처벌과는 무관하게, 정보 주체의 인권 및 사 생활 보호에 중대한 피해를 야기할 수 있어 본인의 동의를 받아 활용하는 것을 원칙 으로 하는 정보는 아래와 같음

　▶ 정신질환 및 처방약 정보
　▶ 감염병예방법 제2조제10호에 따른 성매개감염병 정보
　▶ 후천성면역결핍증 정보
　▶ 희귀질환관리법 제2조제1호에 따른 희귀질환 정보
　▶ 학대 및 낙태 관련 정보 (질병분류코드 기준으로 T74, O04 그 외 의료진 판단 활용)

- 특별히 가명처리하여 연구 등 목적으로 활용해야 할 필요성이 인정되는 경우, 심의 위원회에 그 사유와 정보인권을 보호할 특별한 보호조치* 등의 실시계획을 보고한 뒤 승인을 득한 후 활용할 수 있음

* (예시) 원 개인정보처리자 내 분석공간 활용 등
※ 처리 목적, 처리자, 연구방법, 특별보호조치 등을 홈페이지 등에 공개

● 동 **가이드라인 외의 다른 방법을 활용한 가명처리** 방법

- 동 가이드라인에서 제시되는 방식 이외의 신기술 등 다른 방법 및 이를 채용한 소프트웨어 등을 활용하여 가명처리를 할 경우, **적절성·효과성·안전성** 등을 **외부 전문가**에게 **평가*** 받은 뒤 **심의위원회 승인**하에 실시

  * 외부 전문가로부터의 평가 보고서는 해당 기관이 보유한 개인정보의 정보주체가 널리 확인할 수 있는 방법으로 완전히 공개되어야 함

3. 데이터 유형별 가명처리 방법

◇ **(참고) 데이터 구조**

○ 데이터는 가장 통상적인 형태인 "식별자 × n − 속성값 × m"의 순서로 배치되어 있다고 가정함

〈 원 데이터 유형 예시 〉

식별자 1	식별자 2	식별자 3	속성값 1	속성값 2	속성값 3	속성값 4
...	...	...	...	...	...	...
...	...	...	...	...	...	...

- 식별자: 개인 또는 개인과 관련된 사물에 고유하게 부여된 값 또는 이름
- 속성값: 개인의 건강과 관련한 측정값 또는 의료인의 관찰·입력 정보 등으로 건강상태를 나타내는 값

1) 식별자 : 삭제 또는 일련번호로 대체

● 식별자는 직접 개인을 식별할 수 있으므로, 삭제하거나 일련번호 등 정보 주체 간 상호 구분을 위한 정보로 대체

- 하나의 데이터 파일 내에 여러 개의 식별자가 있을 경우 이들 모두는 일련번호 등 으로 대체되거나 삭제되어야 함

  * (예시) 개인정보 보호법령상 고유식별번호(주민등록번호, 여권번호, 운전면허번호, 외국인등록번호), 보험 가입자번호, 환자번호, 이름, 웹사이트의 ID, 사번 등

> ### 〈 식별자 관련 주요사항 해설 〉
>
> ◇ 사물식별자 : 사건·물건 등을 지칭하기 위한 기호 또는 번호*는 원칙적으로 개인에 대한 식별자가 아님
>   * 예 : 입원실에 비치된 의료기기 일련번호, 병실번호, 임대용 보조기기 번호 등
>
> ◇ 식별자로 분류되는 특별한 '사물의 식별자' : 아래 2가지 유형은 사물식별자이나, 개인에 대한 식별자로 간주됨
>   ① 연락처 정보 : 오프라인 상에서 특정되는 개인에게 연락하기 위해 사용되는 정보
>   * 예 : 정보주체의 e메일주소, 유·무선 전화번호 등
>   ② 특정 정보 : 법·제도상 그 정보주체가 특정인 또는 매우 적은 숫자의 사람들일 수 밖에 없는 정보
>   * 예 : 계좌번호, 공적증명서류의 일련번호, 개인통신기기의 일련번호(ex, IMSI) 등
>
> ◇ 타인의 식별자 : 정보주체 외 제3자를 지칭하는 식별자*도 식별자로 처리
>   * 예 : 의료기록 상 의사면허번호, 간호사 업무일지 기록 중 담당 환자 일련번호 등
>
> ◇ 식별자의 암호화 : 식별자를 양방향 암호화하거나, 알려진 일방 암호화 알고리즘(예:SHA, MD5)을
>   활용하여 암호화한 경우도 식별자로 해석됨. 따라서 가명처리 시 삭제 대상임
>   - 다만 제3자로부터 받은 난수 문자열과 식별자를 연결하여 함께 일방 암호화한 경우, 결합 목적으로
>   법 제28조의3에 따른 결합 전문기관에 보내는 경우에 한해 예외적으로 가명처리가 된 것으로 해석함.
>   * 다만 이는 결합전문기관에서 결합신청자에게 제공하는 경우에는 적용되지 않으며, 따라서 삭제되어야 함

2) 주요 인적사항

- 삭제하거나, 연구목적 상 유의미한 일부 정보를 발췌하는 방식으로 식별력을 충분히 낮춤 (아래 사항 외에는 심의위원회 검토)
  - 정보주체의 상세주소: 시군구까지만 남기고 읍면동 이하 상세주소 삭제
    * 기관주소 등 개인정보가 아닌 주소는 해당없음
  - 연령·생일: 연·월(예: 80년 1월생)까지만 남기고 일자는 삭제
  - 성별: 남, 여의 경우, 별도의 조치 불요
    * 남성 유방암과 같이 남성이 유방암에 걸리는 케이스가 많지 않아 성별로 개인식별 가능성이 높아지는 경우, 본의 동의를 받거나, 특이정보를 제거하여 활용 필요

3) 속성값 : 데이터 속성별 처리방법

① (측정수치* 정보) 별도의 조치 불요

* 물리적·화학적 측정 과정을 통해 정형화된 정보로써, 개인 식별자는 제외하거나 삭제하는 것을 전제로 함. 정형화되지 않은 자유입력 정보는 안전한 가명처리 방법이 개발될 때까지 가명처리 가능 여부를 유보함
* 예 : 체중, 키, 혈압, 혈당, 산소포화도, 각종 물질들의 혈중농도, 웨어러블에서 측정한 심박, 걸음수, 심전도 등

◇ 상세 해설
- 신체의 상태를 물리·화학적 방법을 통해 계측한 수치는, 같은 방법으로 같은 사람에게 측정을 하더라도 정확히 같은 숫자가 나온다는 보장이 없음
- 즉, 동일한 측정 사건의 두 기록을 위법하게, 의도적으로 결합하는 경우*를 제외하고는 개인이 식별될 가능성은 사실상 없음
  * 예: 한 사람으로부터 한날 한시에 측정한 혈압 측정정보를 두 군데에서 각자 갖고 있다가 둘을 결합하는 경우 등

◇ "정형화된 정보"의 정의
- 한 칸에 한 가지 의미와 제한된 양식을 갖는 정보만이 입력될 수 있는 방식으로 기록된 정보
  * 예: (체중) ##.#kg / 측정불가 / 미측정 … 세 가지 유형의 '체중'정보만 입력가능
    (수축기혈압) ###mmHg / 측정불가 / 미측정 … 세 가지 유형의 '혈압'정보만 입력가능
    (혈당) ###mg/dl / 측정불가 / 미측정 … 세 가지 유형의 '혈당'정보만 입력가능

② (의료인의 관찰·입력* 정보) 별도의 조치 불요

※ 의료 환경에서 의료인이 입력한 정보 중 정형화된 정보로써, 개인 식별자는 제외하거나 삭제하는 것을 전제로 함. 정형화되지 않은 자유입력 정보는 안전한 가명처리 방법이 개발될 때까지 가명처리 가능여부를 유보함
  * 예 : 진단코드, 주호소, 알레르기·과거력, 처방전 상 약제코드·용량·기간, 시술코드

◇ 상세 해설
- 의료인의 관찰·입력정보는 의료인이 환자와의 진료, 상담 등을 통해 기록한 정보로 볼 수 있음
- 즉, 동일한 입력정보를 위법하게, 의도적으로 결합하는 경우*를 제외하고는 개인이 식별될 가능성은 사실상 없음
  * 예: [처방전] 병원에서 발급 → 약국으로 전달 → A 회사가 약국으로부터 실명정보를, 병원으로부터 가명정보를 입수하여 둘을 대조하는 방법으로 재식별을 실시

③ (알고리즘이 생산*한 건강정보) 별도의 조치 불요
  * 기존에 수집된 다른 개인정보에 기반하여 알고리즘이 생산해낸 건강정보
  * 예 : X-ray 또는 맘모그램 등 의료영상에서 인공지능이 발견한 결절 위치 또는 그 가능성의 heatmap, 웨어러블 기기에서 측정된 고심박수 위험알림·심박변이(HRV) 등

④ (체외를 촬영한 영상*정보) 다음 각 조치를 모두 이행하여야 함
  * 신체의 외양을 정지영상·동영상으로 남긴 경우의 정보
  * 예 : 시술 전·후 비교사진, 외상사진, 행동상 증세를 기록한 비디오 등

- 눈, 코, 입, 문신, 기타 외양적 특징을 모두 삭제하거나 충분한 모자이크 처리 또는 마스킹 실시
- 영상 상에 환자번호·성명 등 식별자를 표시한 것을 삭제 또는 마스킹
- DICOM 헤더 등 메타데이터 상의 식별자 삭제

⑤ (체내를 촬영한 영상*정보) 다음 각 조치를 모두 이행하여야 함

  * 내시경, X-ray, 맘모그램, 일반적인 초음파 영상 등

- 영상 상에 환자번호·성명 등 식별자를 표시한 것을 삭제 또는 마스킹
- DICOM 헤더 등 메타데이터 상의 식별자 삭제

⑥ (단층촬영·3D이미지* 정보) 다음 각 조치를 모두 이행하여야 함

  * 예 : Brain MRI, Head CT, 복부 CT, 3차원 초음파 이미지 등

- 영상 상에 환자번호·성명 등 식별자를 표시한 것을 삭제 또는 마스킹
- DICOM 헤더 등 메타데이터 상의 식별자 삭제
- 영상정보 신체의 표면 가장자리(surface boundary)를 삭제하는 소프트웨어를 적용

◇ 상세 해설
- 일반적인 체내 영상은 그 자체로 개인의 식별이 어려우나, 신체의 내·외부를 함께 촬영한 단층촬영, 3차원 이미지의 경우 3차원 재건(3D Reconstruction)이라는 기술을 활용하면 체외 실루엣을 복구해낼 수 있음
- 이 과정에서 얼굴 사진이나 신체의 모양 등이 노출될 수 있으며 이는 특별한 추가정보 없이도 식별이 가능한 사례가 있을 수 있음
  * 예 : 연예인 등 유명인의 얼굴 실루엣 등
- 그러나 이미 시중에 단층촬영영상 비식별화 솔루션이 다수 판매 중인 것으로 확인되어, 이러한 소프트웨어가 적용된 경우에는 체내 영상과 동일하게 해석함

⑦ (음성정보) 가명처리 가능여부 유보 (본인 동의 기반으로만 사용 가능)

  * 예 : 진료 과정 음성녹음, 판독 과정 음성녹음, 환자 진단용 음성녹음 등

◇ 상세 해설
- 음성정보는 성문, 성조, 말투 등을 통해 개인을 유일하게 식별할 수 있는 요소가 남아있을 수 있기 때문에, 현재로서는 가명처리 가능성 여부를 유보함.
- 따라서 본인 동의 기반으로만 사용할 수 있음.

⑧ (유전체정보) 아래와 같은 몇 가지 예외적인 경우를 제외하고는 가명처리 가능여부 유보 (예외를 제외하고, 본인 동의 기반으로만 사용 가능)

※ 유전체 정보는 그 안에 담긴 정보의 내용을 모두 해석해내지 못하고 있고, 부모·조상·형제·자매·자손·친척 등의 제3자 정보를 담고 있을 수 있으므로 적절한 가명처리 방법이 개발될 때까지는 가명처리 가능여부 유보가 적절함

1) 널리 알려진 질병에 관한 유전자 변이 유·무 또는 변이 유형 :

- 구체적 변이정보(예:Loci)가 아닌 큰 단위의 유전자(gene) 단위 정보로 제공함 으로써 개인 재식별 가능성을 크게 낮춤

 * 예 : A항암제 사용 시 B유전자 변이 환자의 치료반응 연구

2) 생식세포 변이 정보를 제거한 신생물 고유(neoplasm)*의 신규변이 정보

- 생식세포 변이(정상조직 변이)를 제거한 신규 생성 변이 정보는 암의 원인이 되는 변이 정보만 포함하게 되므로 개인 식별 가능성 없음

 * 신생물(neoplasm): 세포의 이상증식 현상으로 종양(tumor)으로 알려져 있음

⑨ (유전체를 제외한 오믹스* 정보) 별도의 조치 불요

* 예 : 대사체, 단백체 등

- 유전체 정보와는 달리 대사체, 단백체 등은 유전체 정보를 복구해 내는 것이 불가능 하므로 별도의 조치가 불필요함. 다만, 전사체 등은 유전체 정보가 복구될 가능성이 있으므로 가명처리 가능여부를 유보함

⑩ (지문 등 생체인식정보) 가명처리 가능여부 유보(본인 동의 기반으로만 사용 가능)

* 의료영상 중 홍채 등 생체인식정보가 포함될 가능성이 있는 경우(홍채, 지문 등 생체인식정보가 드러날 수 있는 신체부위를 고해상도로 촬영한 경우 등) 마스킹 필요

⑪ (인종·민족에 관한 정보) 원칙적으로 별도의 조치는 불필요하나, 민감한 정보인 점을 고려하여 연구 목적 상 필요성을 심의위원회에서 살펴야 함

⑫ (국적정보) 별도의 조치를 취하지 않아도 가명처리가 된 것으로 봄. 단, 본국 총 인구가 10만명 미만인 국가·지역은 국적정보 삭제

※ 데이터 유형별 가명처리 방법에 포함되지 않은 데이터 유형의 경우, 「가명정보 처리 가이드라인」(개인정보 보호위원회)을 따를 것

* 가명처리 시 세부·구체적인 방법 등은 심의위원회에서 심의·검토 후 승인할 것

Chapter **Ⅳ**
가명정보의 처리(결합) 및 활용 절차

1. 가명정보 활용 원칙

1) 가명정보 처리시 고려사항

◎ 가명정보를 재제공*할 목적으로 제공받는 것은 금지됨

* 최초 개인정보를 보유한 자 A가 가명처리를 한 정보를 B에게 제공하고, B가 별도의 과학적 연구 등을
  수행하지 않고 C에게 정보를 제공하는 경우

◎ 가명정보를 최초 제공받을 당시 원 개인정보처리자에게 밝힌 목적(X) 외의 목적(Y)*
  으로 처리할 경우 내부 활용절차에 준하여 심의위원회의 심의를 받아야 함. 또한, 원
  개인정보처리자에게 고지할 것을 권장

* 이때, Y목적은 통계 작성, 과학적 연구, 공익적 기록보존 등으로 한정됨

  – 이에 대해 명확한 책임관계 등을 위해, 원 개인정보처리자와 가명정보를 제공받은 자 간
    계약* 등을 통해 고지의무, 책임관계 등을 명시할 것을 권장

    * 예 : 가명정보의 재제공 금지, 가명정보 재식별 금지, 가명정보의 안전성확보조치, 가명정보의 처리기록
      작성 및 보관, 가명정보의 파기, 재식별 시 손해배상 등 (붙임4 계약서(안) 참조)

◎ 가명정보 제공에 대응되는 대가를 받는 것은 금지되지 않으나*, **, 사회적인 통념
  등을 고려할 때 과도한 데이터 활용 대가는 지양할 것을 권장

* (개인정보 보호법 시행령 제29조의3제5항) 결합전문기관은 결합 및 반출 등에 필요한 비용을 결합신청자
  에게 청구할 수 있다.
** 이를 통해 수익이 발생할 경우 기관 내 자체 의학연구비, 분석환경 보강, 보안시스템 구축·강화, 정보
  주체 권익보호 등의 목적으로 사용할 것을 권장

◎ 다른 법령에서 건강정보 가명처리를 위해 별도의 개인 동의를 요구하는 경우에는 법령에
  따라 개인 동의 없이 가명처리 불가

* 단, 개인정보 보호법 제3조제7항에 따라, 안전한 처리를 위하여 가명·익명에 의하여 처리하는 경우를
  제한하는 것은 아님

◎ 법 취지 상 가명정보 활용 여부 결정은 개인정보처리자가 정보주체의 동의 없이 이루어지는
  결정인 점 등을 고려하여 신중한 판단 필요

2) 가명정보 결합시 고려사항

- 원래의 개인정보를 보유한 기관들 각각의 승인을 받은 뒤, 결합신청자는 개인정보 보호위원회 또는 보건복지부 지정 결합전문기관 중 하나*에 결합 신청

  * 보건의료 정보를 포함하는 결합의 경우 민감한 보건의료 정보의 특성, 안전성, 윤리성 등을 고려하기 위해 개인정보 보호위원회 또는 보건복지부 지정 결합전문기관에 신청할 것을 권장함

- 안전한 활용 및 실효적인 관리를 위해 결합된 데이터는 결합전문기관 내에 설치된 별도의 공간에서 결합신청자의 추가 가명처리를 거쳐 반출심사위원회 승인 후, 외부로 반출하거나 결합전문기관 분석환경에서 열람·분석 가능

3) 개인정보 보호 원칙 준수

- 개인정보 보호법 제3조 제7항에 따라 가능하면 가명정보 및 익명정보를 활용할 필요가 있음

> **제3조(개인정보 보호 원칙)** ⑦ 개인정보처리자는 개인정보를 익명 또는 가명으로 처리하여도 개인정보 수집목적을 달성할 수 있는 경우 익명처리가 가능한 경우에는 익명에 의하여, 익명처리로 목적을 달성할 수 없는 경우에는 가명에 의하여 처리될 수 있도록 하여야 한다.

- 데이터 제공 신청이 접수되었을 때, 동 신청 목적을 달성하는 데 있어 가명정보 수준이 적절한지, 익명정보 수준이 적절한지를 먼저 판단한 뒤 절차 진행

  - 예를 들어, 데이터 분석 대행 또는 협력연구 등을 통해 익명정보 반출만으로도 목적을 달성할 수 있을경우, 원 개인정보처리자가 이러한 작업을 수행할 것을 권장

2. 가명정보 처리 및 활용 절차

1) 내부 활용

> ◇ 예제 사례 1
> - A 병원 내 소속된 의사(P)가 A 병원의 진료기록부를 활용하여 연구를 수행하고자 하는 경우

① 데이터 활용신청서 작성 (P 의사)

- 심의위원회에서 과학적 연구 여부를 검토할 수 있도록 구체적인 연구목적 및 데이터 처리방법을 기재하여야 함

② A병원 데이터 담당부서에 데이터 활용신청 (P 의사)

- 연구계획서, 데이터 활용신청서 등을 담당부서에 제출

③ 심의위원회 심의 (A 병원 심의위원회)

- <u>연구계획의 충실성, 과학적 연구 등 여부, 데이터 활용방법의 안전성 등을 검토하여 활용승인여부를 심의</u>

- 필요시 연구자(P 의사)에게 추가 자료를 징구

④ 가명·익명처리 방법 및 활용환경 결정 (A 병원 심의위원회)

- 연구목적과 방법에 적합한 가명처리·익명처리 방법 및 활용환경을 결정

- P 의사가 연구목적에 비하여 과도한 정보를 요구하거나, 불필요하게 취약한 환경 (예 : 인터넷에 연결되는 연구자 개인PC 등)으로 자료반출을 요구할 경우, 조정 가능 (조건부 승인 등)

  ※ A 병원은 내외부 연구자의 편의를 위해 분석환경 등을 제공할 수 있으며, 이러한 환경의 운영은 의료법 시행규칙 제16조 및 개인정보 보호법 제26조에 따라 외부 위탁 가능

⑤ 가명·익명처리 실시 (A 병원 데이터 담당부서)

- 심의위원회에서 결정한 바와 같이 가명·익명처리를 실시하며, 이러한 작업을 용이하게 하기 위해 미리 가명처리된 데이터베이스를 운용하는 것도 가능

  ※ 연구 목적이 구체화되지 않은 상태에서 미리 가명처리된 데이터베이스를 운용할 경우 이는 원본 개인 정보와 동일한 기준으로 관리되어야 하며, 과학적 연구 등을 위한 연구용 데이터 추출용도로만 사용 되어야 함

  ※ 가명처리 과정에서 가명정보를 활용해 연구를 수행할 예정인 P가 직접 가명처리를 실시하지 않도록 유의

⑥ 가명·익명처리 적정성 검토 (A 병원 심의위원회)

- A병원 데이터 담당부서에서 처리한 가명처리 결과를 보고받고, 적정성을 평가하여 연구자에게 제공할 것을 승인할 수 있음

⑦ 기관생명윤리위원회(IRB) 심의·승인

  ※ P의 연구가 생명윤리법상 인간대상연구인 경우, 적정성 검토 이후 P의 연구계획에 대해 P의 소속기관 IRB 심의를 하되, 가명정보를 활용하는 연구의 경우 심의 및 동의 면제 대상이 될 수 있음

⑧ 연구자에게 데이터 제공, 또는 A 병원 내 분석환경 이용지원 (A 병원 데이터 담당부서)

　- A병원 데이터 담당부서는 연구자에게 분석환경을 제공하거나 심의위원회에서 승인
된 정보시스템 환경으로 자료를 제공

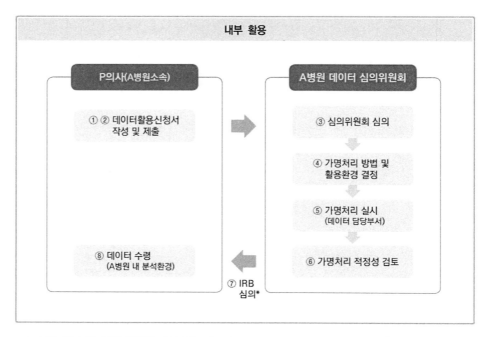

※ 동일 목적 및 동일 유형의 데이터를 기존 심의 사례와 동일하게 처리하는 경우*, 기관장의 재량 하
에 연구계획 검토 및 활용방법의 안전성, 가명처리 방법 및 활용환경 등 심의(③~⑤)를 생략하고, 가
명처리 적정성(⑥)만을 검토할 수 있다.

　* 예 : 시판 후 주기적으로 요청되는 의료기기 검사결과, 투약 결과 등

2) 제3자 제공

◇ 예제 사례 2
　- A 제약회사 연구원(P)이 B 병원의 진료기록부를 활용하여 연구를 수행하고자 하는 경우

① 데이터 활용 신청서 작성 (P 연구원) … 예제 사례 1과 동일

② A 사내 절차에 따라 외부 데이터 활용요구서 공문 발송 (P 연구원)

　- P 연구원 개인이 신청하는 것이 아닌, A 사내 절차에 따라 공문을 발송할 것을 권장

- 불가피할 경우 P 연구원 개인이 신청하는 것이 가능하나, B 병원에서 특별히 주의하여 심의할 것을 권장함

③ 심의위원회 심의 (B 병원 심의위원회) … 예제 사례 1과 동일

④ 가명처리 방법 및 활용환경 결정 (B 병원 심의위원회)

- 외부기관에서 자료제공을 요청한 만큼 제공수준(가명/익명), 가명처리 방법, 가명정보 제공 환경(분석환경 활용/자료 제공) 등을 신중하게 심의
- 승인될 경우, 양 기관 간에는 서면으로 책임관계 등을 명확히 할 것을 권장

⑤ 가명처리 실시 (B 병원 데이터 담당부서) … 예제 사례 1과 동일

⑥ 가명처리 적정성 검토 (B 병원 심의위원회) … 예제 사례 1과 동일

⑦ 기관생명윤리위원회(IRB) 심의·승인

※ P의 연구가 생명윤리법상 인간대상연구인 경우, 적정성 검토 이후 P의 연구계획에 대해 P의 소속기관 IRB 심의를 하되, 가명정보를 활용하는 연구의 경우 심의 및 동의 면제 대상이 될 수 있음

⑧ A 기업에게 데이터 제공, 또는 B 병원 내 분석환경 이용지원 (B병원 데이터 담당부서) … 예제 사례 1과 동일

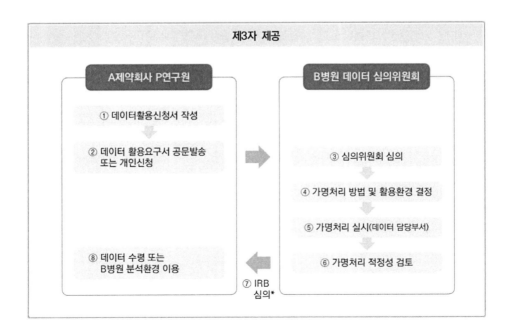

3. 가명정보의 결합 및 활용 절차

> ◇ 예제 사례 1
> - A 병원 내 소속된 의사(P)가 A 병원, B 병원, C 병원의 진료기록부 자료를 결합하여 연구를 수행하고자 하는 경우

① 데이터 활용 신청서 작성 (P 의사)
- A, B, C 병원 및 결합전문기관(X)의 심의위원회에서 과학적 연구 여부를 검토할 수 있도록 구체적인 연구목적 및 데이터 처리방법을 기재하여야 함

② A병원 담당부서에 데이터 활용신청 (P 의사)
- 연구계획서, 데이터 활용신청서 등을 담당부서에 제출

③ 심의위원회 심의 (A 병원 심의위원회)
- 연구계획의 충실성, 과학적 연구 등 여부, 결합 시 안전성, 데이터 활용방법의 안전성 등을 검토하여 활용승인여부를 심의
- 필요 시 연구자(P 의사)에게 추가 자료를 징구

④ B, C 병원에 대해서도 ②, ③ 절차 수행 (B, C 병원 심의위원회 각각)
- P 연구원 개인이 신청하는 것이 아닌, A 사내 절차에 따라 B, C 기관에 공문을 발송하고, A-B 및 A-C 간 기관 간 업무로 진행할 것을 권장
- 승인될 경우, A-B 및 A-C 기관 간에는 서면으로 책임관계 등을 명확히 할 것을 권장

⑤ 보건복지부 지정 결합전문기관(X)에 결합 신청서 제출 (A·B·C 병원)
- 연구계획서, A·B·C 병원의 승인서, 데이터 결합신청서 (양식 2)를 X의 담당부서에 제출

⑥ 결합 적정성 검토 (X 결합전문기관 심의위원회)
- 과학적 연구 등 여부, 결합 시 안전성, 데이터 활용방법의 안전성 등을 검토하여 결합승인여부를 심의
- 필요시 A 병원에게 추가 자료를 징구

⑦ X 결합전문기관에 데이터 제출 (A, B, C 병원 데이터 담당부서)
- X가 지정하는 키 제공기관(Y)로부터 부여받은 암호키를 활용, A·B·C 기관은 개인식별자는 암호화하고 나머지 속성들은 가명처리한 정보를 X에 송부*

⑧ 결합 수행 (X 결합전문기관 담당부서)

⑨ 데이터 반출여부 심의 (X 결합전문기관 반출심사위원회)

- 결합된 데이터의 처리환경 등을 고려하여 가명처리 적정성 여부를 살펴 제공여부 결정

    * (제공방법) 가명정보 반출 또는 익명정보* 반출, 결합전문기관 내 분석환경 활용
    * 결합신청자가 익명정보로 결과를 제공받기를 희망할 경우, 또는 가명정보의 제공 또는 열람이 부적절한 것으로 X의 심의위원회가 결정한 경우

⑩ 기관생명윤리위원회(IRB) 심의·승인

    ※ P의 연구가 생명윤리법상 인간대상연구인 경우, 적정성 검토 이후 P의 연구계획에 대해 P의 소속기관 IRB 심의를 하되, 가명정보를 활용하는 연구의 경우 심의 및 동의 면제 대상이 될 수 있음

⑪ 결합데이터(가명·익명정보) 반출 또는 X 결합전문기관 내 분석환경 이용 승인 (X결합전문기관)

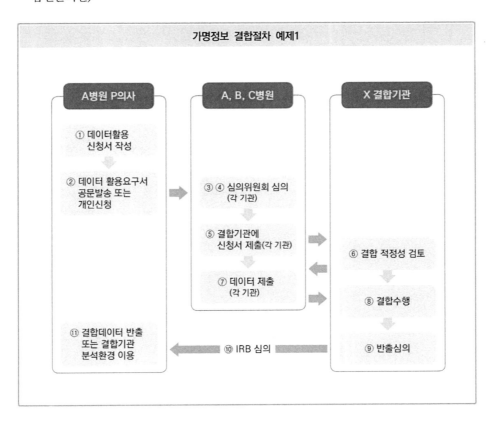

◇ 예제 사례 2
- A 제약회사 내 소속된 연구원(P)이 B 병원, C 병원의 진료기록부 자료와 건보공단 자료를 결합
하여 연구를 수행하고자 하는 경우

---

① 데이터 활용 신청서 작성 (P 연구원) ··· 예제 사례 1과 동일

② A 사내 절차에 따라 외부 데이터 활용요구서 공문 발송 (P 연구원)

  - P 연구원 개인이 신청하는 것이 아닌, A 사내 절차에 따라 공문을 발송할 것을 권장

  - 불가피할 경우 P 연구원 개인이 신청하는 것이 가능하나, B 병원에서 특별히 주의
    하여 심의할 것을 권장함

③ 심의위원회 심의 (B 병원 심의위원회) ··· 예제 사례 1과 동일

④ C 병원, 건보공단에 대해서도 ②, ③ 절차 수행 (C 병원, 건보공단 심의위원회 각각)
   ··· 예제 사례 1과 동일

⑤ 보건복지부 지정 결합전문기관(X)에 결합 신청서 제출 (B, C 병원 및 건보공단) ···
   예제 사례 1과 동일

⑥ 결합 적정성 검토 (X 결합전문기관 심의위원회) ··· 예제 사례 1과 동일

⑦ X 결합전문기관에 데이터 제출 (B, C 병원, 건보공단 데이터 담당부서) ··· 예제
   사례 1과 동일

⑧ 결합 수행 (X 결합전문기관 담당부서) ··· 예제 사례 1과 동일

⑨ 데이터 반출여부 심의 (X 결합전문기관 반출심사위원회) ··· 예제 사례 1과 동일

⑩ 기관생명윤리위원회(IRB) 심의·승인

  ※ P의 연구가 생명윤리법상 인간대상연구인 경우, 적정성 검토 이후 P의 연구계획에 대해 P의 소속기관 IRB
    심의를 하되, 가명정보를 활용하는 연구의 경우 심의 및 동의 면제 대상이 될 수 있음

⑪ 결합데이터(가명·익명정보) 반출 또는 X 결합전문기관 내 분석환경 이용 승인(X결합
   전문기관) ··· 예제 사례 1과 동일

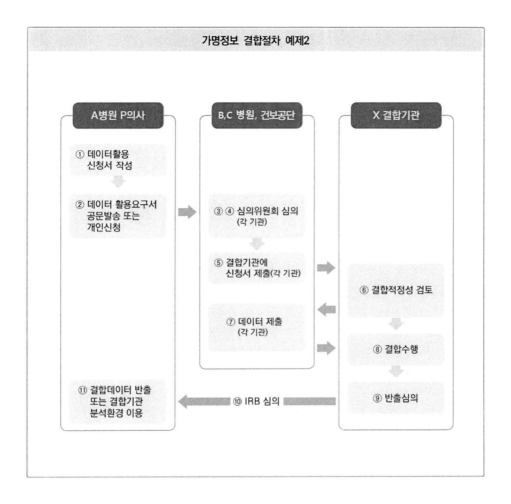

Chapter V
안전·보호조치 및 벌칙

1. 개요

◉ 가명정보는 법률 상 개인정보에 속하지만 동의가 면제되는 등 비교적 자유로운 활용이 가능한 만큼 일반 개인정보에 비해 추가적인 안전조치가 필요함

◉ 특히 다음과 같은 위험에 대비할 필요
 - 추가정보를 활용하여 특정 개인이 식별되는 경우
 - 과학적 연구 등 적법한 목적 외의 목적으로 활용되는 경우
 - 적절한 절차를 거치지 않고 제3자*에게 제공되는 경우
   * 원 개인정보처리자 → 1차 활용자 → 2차 활용자 (재제공)
 - 정보주체의 알 권리가 제대로 보장되지 않은 채로 가명처리되는 경우

◉ 아래 조치들은 개인정보처리자가 가명정보를 처리할 때 수많은 정보주체들의 동의 없이 정보를 활용하고 있다는 점을 염두에 둔 보호조치이며,
 - 이를 성실히 이행할 경우 건전한 가명정보 활용 문화가 정착될 것임

◉ 개인정보처리자는 가명정보를 처리하고자 하는 경우에는 아래 사항을 준수
 - 가명정보처리 내부관리계획을 수립하고, 시행하여야 함
 - 가명정보를 처리하거나, 제3자에게 제공할 경우 동 내용을 구체적으로 개인정보처리 방침에 반영, 공개하여야 함

2. 주요 조치사항

1) 재식별 예방

◎ 개인정보처리자는 가명정보를 처리하고자 하는 경우에는 아래 사항을 준수

- 가명정보와 그 밖의 모든 정보*를 상호 분리**된 시스템 내 공간에 두는 것을 권장

  * 종전에 보유하고 있던 개인정보, 제3의 경로로 입수한 다른 가명정보, 개인정보가 아닌 정보 등을 총칭
  ** (상호 분리) 정보시스템 내에 설정된 가상의 공간을 의미함. 기술적으로 구현하는 방식은 제한이 없으나, 경계선을 넘어 정보를 이관시키는 것을 방지할 수 있는 기능을 갖춰야 함

- 공간 간 경계선을 넘는 정보 이동*은 내부 관리절차에 따라 개인정보 보호책임자 승인을 거쳐 이루어져야 함

  * (경계선을 넘는 정보 이동) 가명정보 공간으로의 기타 정보의 반입, 기타 정보 공간으로의 가명정보의 반출, 가명정보 공간 간의 가명정보 이동 등
  ※ 동 조치는 가명정보 처리 과정에서의 책임성을 부여하고, 과실로 인한 재식별을 최소화하고자 부여되는 의무임

- 가명정보를 기반으로 처리하는 일체의 정보시스템 내 작업 기록(조회, 수정, 삭제, 복제 등)은 재현가능한 형태로 기관 내부관리계획에 따라 보유*하여야 함

  * 가명정보 파기 이후 2년 이상 기관장이 정하는 기간 동안 보유

- 가명정보를 다루는 개별 직원들을 기관 내부관리계획에 따라 정기적으로 교육하여야 함

- 가명정보를 재식별하려는 직원의 시도를 예방하는 소프트웨어를 도입하거나 시스템 구성을 개선하여 정보주체의 인권을 보호하기 용이하도록 구성하는 것이 권장됨

  ※ 이는 타 개인정보처리자로부터 가명정보를 제공받을 때 증빙자료로서 제출될 수 있으며, 이후 가명정보가 재식별되었을 경우 기관의 관리책임 이행여부를 고려할 때 이러한 기술적 조치 이행 여부가 고려될 수 있음

2) 적절한 절차를 거치지 않은 재제공 예방

◎ 개인정보처리자(A)는 가명정보를 제3자(B)에게 제공하고자 하는 경우에는 해당 가명정보를 생산하는 데 사용된 원 개인정보의 처리자(C)와 협의를 거쳐(또는 계약에 따라 승인을 받아), 원 개인정보의 수집목적, 정보의 내용, B가 수행하고자 하는 연구의 목적 등을 종합적으로 고려하고, 심의위원회 심의를 거쳐 제공여부를 결정하여야 함

◦ 개인정보처리자(A)는 보유 중인 개인정보를 가명처리하여 외부(B)에 제공할 경우, 서면으로 A, B의 책임 및 권한*을 명확히 할 것을 권장함

　＊ 활용목적, 활용방법, 보호방법, 재제공가능여부, 대가, 파기의무, 손해배상책임의 한계 등

　- 아울러 B가 재차 C에게 제공하는 경우의 절차 및 해당 시점에 B-C 간의 계약, 그 이후 C가 이후 추가적으로 재제공하고자 할 경우 등 담아야 하는 조건 등도 구체화할 것을 권장함

　- A-B 간에 가명정보를 최초로 제공 시, B로 하여금 재제공을 금지하는 내용의 계약을 맺는 것 또한 적절함

　　＊ 이 경우, 제3자(C)는 해당 가명정보가 필요할 때는 A에게 신청 가능

3) 투명성

◦ 개인정보처리자는 가명정보를 처리하고자 하는 경우에는 가명정보의 처리 목적, 제3자 제공 시 제공받는 자 등 가명정보의 처리 내용을 관리하기 위하여 관련 기록을 작성하여 보관하여야 함

　＊ 가명정보 처리의 목적, 가명정보한 개인정보의 항목, 가명정보의 이용내역, 제3자 제공 시 제공받는 자 등 (시행령 제29조의5, 2항)

◦ 한편, 법 제30조에 따라 개인정보처리방침의 일환으로 가명정보*에 대해서도 개인정보 처리방침에 다음 각 호의 사항을 적시하고, 공개하여야 함

　＊ 가명정보도 법 2조(정의)에 따라 개인정보에 포함됨

　1. 가명정보의 처리 목적
　2. 가명정보의 처리 및 보유 기간
　3. 가명정보의 제3자 제공에 관한 사항(해당되는 경우에만 정한다)
　4. 개인정보의 파기절차 및 파기방법
　5. 가명정보처리의 위탁에 관한 사항(해당되는 경우에만 정한다)
　6. 정보주체와 법정대리인의 권리·의무 및 그 행사방법에 관한 사항
　7. 법 제31조에 따른 개인정보 보호책임자의 성명 또는 개인정보 보호업무 및 관련 고충사항을 처리하는 부서의 명칭과 전화번호 등 연락처
　8. 인터넷 접속정보파일 등 개인정보를 자동으로 수집하는 장치의 설치·운영 및 그 거부에 관한 사항(해당하는 경우에만 정한다)
　9. 처리하는 가명정보의 항목

10. 시행령 제30조에 따른 개인정보의 안전성 확보 조치에 관한 사항

- 가명정보의 보관, 기술적·관리적·물리적 안전조치 등 내부관리계획을 수립하고, 개인 정보 처리방침의 일환으로 포함하여 공개하여야함

- 가명정보를 처리하는 과정을 외부에 위탁하거나, 분석환경 운영 등을 외부에 위탁 할 경우 이에 관한 사항*을 개인정보 처리방침의 일환으로 포함하여 공개하여야 함. 또한 법 제26조에 따른 처리위탁의 규정을 준수하여야 함

  * 수탁자, 계약조건, 보안·안전조치, 운영지침, 책임의 한계 등

◎ 개인정보처리자는 가명정보의 유상 제공에 관한 내부 규정을 정하고, 이를 개인정보 처리방침의 일환으로 포함하여 공개할 것을 권장함

- 아울러 유상 제공의 목록은 '개인정보 처리방침'의 3호(제3자 제공에 관한 사항)에 근거하여 공개하여야 하고, 유상제공임을 특별히 표시할 것이 권장됨

4) 가명처리 정지요구

◎ 정보 주체는 자신의 정보에 대한 가명처리 정지를 요구할 수 있음

- 개인정보처리자는 개인정보 보호법 시행령 제41조제2항("열람"은 "가명처리정지"로 봄)에 따라, 가명처리 정지요구 방법과 절차를 마련하고,

- 개인정보처리자가 가명처리 정지요구를 받은 경우, 개인정보 보호법 제37조에 따라 처리할 것(가명처리 대상에서 제외 등)

  ※ 다만 이미 가명처리되어 활용 중인 정보에 대해 가명처리 정지요구 이행(즉, 해당 정보주체 정보를 가명정보 중 삭제하는 행위)을 위해 재식별을 시도하는 행위는 금지됨

◎ 정보주체가 요구할 경우, 본인의 정보가 가명처리 되어 사용된 내역을 열람해줄 수 있도록 가명 정보별로 사용된 개인의 목록을 기관 내부 규정에 따른 기간 동안 (예: 3년) 보관할 것을 권장함

5) 윤리적 조치

◎ 개인정보처리자는 가명정보를 처리하고자 하는 경우에는 가명정보를 다루는 개별 직원들로 하여금 가명정보를 활용하기에 앞서 기관 내부관리계획에 따라 활용목적, 활용방법 등 활용계획을 개인정보 보호책임자에게 보고하도록 하여야 함

- 심의위원회의 심의를 받아 가명정보를 활용하더라도, 생명윤리법에 따라 연구의 취지 및 방법 등에 대해 IRB의 심의를 받아 연구를 수행하여야 함

  * 가명정보를 활용하는 연구의 경우 생명윤리법상 심의 및 동의 면제 대상이 될 수도 있으나, 면제 여부에 대해서는 IRB의 확인 필요

- 연구자는 연구 설계 시 연구의 과학적 타당성 외에 윤리적 연구 수행에 대하여 연구 대상에게 미치는 위험과 이익에 대한 고려를 해야함

- 취약한 환경의 연구대상자에 대한 이익과 연구 참여의 자율성이 확보되었는지, 예상 되는 위험을 최소화할 수 있는지 등에 더욱 주의하여 취약한 연구대상자들이 특별히 보호받을 수 있도록 연구를 설계해야 함

6) 기타

- 가명정보는 활용이 종료된 이후 파기할 것을 권장

  * 잠재적인 재식별 위험을 최소화하기 위해 권장

- 타 개인정보처리자로부터 제공받은 가명정보의 경우 서면계약에 파기 조항이 포함 되어 있으면 이에 따라야 함

- 가명정보 파일 유출·재식별 시 대응계획을 미리 수립하고, 훈련할 것

- 가명정보 제공 계약 시

  - 가명정보를 제공받은 기관이 인수되거나 합병될 경우 가명정보를 즉시 파기하거나 인수기업이 의무를 승계하도록 정할 것을 권장

  - 재식별 등 손해배상에 관한 내용, 배상보험 가입에 관한 내용을 담을 것을 권장

- 심의위원회 운영을 외부에 위탁할 경우, 정보시스템 운영, 데이터 관리·활용 등을 함께 위탁하지 않도록 유의

3. 벌칙

위반사항	벌칙 등
특정 개인을 알아보기 위한 목적으로 가명정보를 처리하는 경우(제28조의5제1항)	– 전체 매출액의 100분의 3 이하에 해당하는 금액에 해당하는 과징금 부과(제28조의6) * 매출액이 없거나 매출액의 산정이 곤란한 경우로서 대통령령으로 정하는 경우에는 4억원 또는 자본금의 100분의 3 중 큰 금액 이하로 과징금을 부과 – 5년 이하의 징역 또는 5천만원 이하의 벌금(제71조)
가명정보의 결합 제한을 위반하여 가명정보를 처리하거나 제3자에게 제공한 자 및 그 사정을 알면서도 영리 또는 부정한 목적으로 가명정보를 제공받은 경우(제28조의3)	– 5년 이하의 징역 또는 5천만원 이하의 벌금(제71조)
대통령령으로 정하는 바에 따라 안전성 확보에 필요한 기술적·관리적 및 물리적 조치를 하지 아니하여 가명정보를 분실·도난·유출·위조·변조 또는 훼손당한 자(제28조의4제1항)	– 2년 이하의 징역 또는 2천만원 이하의 벌금(제73조)
가명정보가 분실·도난·유출·위조·변조 또는 훼손되지 않도록 대통령령으로 정하는 바에 따라 안전성 확보에 필요한 기술적·관리적 및 물리적 조치를 하지 아니한 자(제28조의4제1항)	– 3천만원 이하의 과태료 부과(제75조제2항)
개인을 알아볼 수 있는 정보가 생성되었음에도 이용을 중지하지 아니하거나 이를 회수·파기하지 아니한 경우(제28조의5제2항)	– 3천만원 이하의 과태료 부과(제75조제2항)
가명정보의 처리 목적, 제3자 제공 시 제공받는 자 등 가명정보의 처리 내용을 관리하기 위하여 대통령령으로 정하는 사항에 대한 관련 기록을 작성하여 보관하지 아니한 자(제28조의4제2항)	– 1천만원 이하의 과태료 부과(제75조제4항)

붙임 1	개인정보 보호법 개정에 따른 생명윤리법 유권해석

□ (생명윤리법 시행규칙 제13조제1항, 기관위원회의 심의를 면제할 수 있는 인간대상연구) 연구로 인해 연구대상자에 미치는 신체적·심리적 피해가 통상적 수준이고 공공에 미치는 영향이 미미한 경우 연구계획에 대한 IRB(기관생명윤리위원회) 심의 면제 가능

"3. 연구대상자등에 대한 기존의 자료나 문서를 이용하는 연구" 관련 유권해석

※ 개정 개인정보 보호법('20.8.4.)의 가명화 조치 도입 등 의료데이터의 연구목적 활용에 대한 IRB 심의면제 및 연구대상자 동의면제 가능성

○ 개정 개인정보 보호법(이하 '개보법')의 '가명처리'[1]는 생명윤리법의 '익명화'[2]에 포함되는 것으로 해석됨

1) 가명처리 : 개인정보의 일부를 삭제하거나 일부 또는 전부를 대체하는 등의 방법으로 추가 정보가 없이는 특정 개인을 알아볼 수 없도록 처리하는 것 (개보법 제2조제1호다목)

2) 익명화 : 개인식별정보를 영구적으로 삭제하거나, 개인식별정보의 전부 또는 일부를 해당 기관의 고유식별 기호로 대체하는 것 (생명윤리법 제2조제19호)

○ 따라서, 의료기관에서 진료목적으로 수집된 의료데이터 등을 개보법 상의 가명처리를 통해 연구목적 등으로 이용하려는 경우,

– "연구대상자등에 대한 기존의 자료나 문서를 이용하는 연구"로 간주하고 기관 차원에서 가명처리가 확인된 경우 IRB 심의 및 동의를 면제할 수 있음

---

* (생명윤리정책과–2605) 개인정보 보호법 개정에 따른 「생명윤리법 관련 기관 운영지침」 일부 개정 추진 (2020.8.4.)

붙임 2 　개인정보 보호법 개정에 따른 의료법 지침 개정

□ 「의료기관 개설 및 의료법인 설립 운영 편람」(발췌)

 ### 개인정보 보호법과의 관계

1. 개인정보 보호법 제6조*

* 개인정보 보호법 제6조(다른 법률과의 관계) 개인정보 보호에 관하여는 다른 법률에 특별한 규정이 있는 경우를 제외하고는 이 법에서 정하는 바에 따른다.

- 개인정보 보호법 제6조에 따라, 의료기관이 보유하는 환자에 관한 기록(정보)에 대해 **의료법이 우선 적용**

2. 의료법 우선 적용

- <u>ⅰ) 의료기관이, ⅱ) 보유 중인 ⅲ) 환자에 관한 기록을 ⅳ) 제3자(외부자)에게, ⅴ) 열람 또는 사본 발급 등 그 내용의 확인을 제공하는 경우에</u> **개인정보 보호법을 적용하지 않고 의료법*을 적용함**

  * 의료법 제21조 또는 제21조의2 규정 등 적용

- 따라서 개인정보 보호법에서 제3자 제공이 허용되는 경우라도 의료법 제21조 또는 제21조의2에서 정하는 경우가 아니면 환자에 관한 기록과 관련한 정보를 제3자에게 제공 금지

3. 개인정보 보호법이 적용되는 경우(의료법 적용하지 않음)

- 가명처리하여 환자식별력이 없는 진료기록(정보)
- 의료기관이 아닌 자(또는 기관)가 보유하는 진료기록(정보)

  * 예시) 의료기관이 아닌 환자가 보관 중인 진료기록 사본을 제3자에게 주는 것은 개인정보 보호법 적용 사안이지 의료법과 관련 없음

붙임 3　　상위 법령 주요조문

○ 개인정보 보호법

제2조(정의) 이 법에서 사용하는 용어의 뜻은 다음과 같다.
1. "개인정보"란 살아 있는 개인에 관한 정보로서 다음 각 목의 어느 하나에 해당하는 정보를 말한다.
   가. 성명, 주민등록번호 및 영상 등을 통하여 개인을 알아볼 수 있는 정보
   나. 해당 정보만으로는 특정 개인을 알아볼 수 없더라도 다른 정보와 쉽게 결합하여 알아볼 수 있는 정보.
     이 경우 쉽게 결합할 수 있는지 여부는 다른 정보의 입수 가능성 등 개인을 알아보는 데 소요되는 시간,
     비용, 기술 등을 합리적으로 고려하여야 한다.
   다. 가목 또는 나목을 제1호의2에 따라 가명 처리함으로써 원래의 상태로 복원하기 위한 추가 정보의 사용
     ·결합 없이는 특정 개인을 알아볼 수 없는 정보(이하 "가명정보"라 한다)
   1의2. "가명처리"란 개인정보의 일부를 삭제하거나 일부 또는 전부를 대체하는 등의 방법으로 추가 정보가 없
     이는 특정 개인을 알아볼 수 없도록 처리하는 것을 말한다. (중략)
   8. "과학적 연구"란 기술의 개발과 실증, 기초연구, 응용연구 및 민간 투자 연구 등 과학적 방법을 적용하는
     연구를 말한다.

제3조(개인정보 보호 원칙) ④ 개인정보처리자는 개인정보의 처리 방법 및 종류 등에 따라 정보주체의 권리가
침해받을 가능성과 그 위험 정도를 고려하여 개인정보를 안전하게 관리하여야 한다.
⑤ 개인정보처리자는 개인정보 처리방침 등 개인정보의 처리에 관한 사항을 공개하여야 하며, 열람청구권 등
정보주체의 권리를 보장하여야 한다.
⑥ 개인정보처리자는 정보주체의 사생활 침해를 최소화하는 방법으로 개인정보를 처리하여야 한다.
⑦ 개인정보처리자는 개인정보를 익명 또는 가명으로 처리하여도 개인정보 수집목적을 달성할 수 있는 경우
익명처리가 가능한 경우에는 익명에 의하여, 익명처리로 목적을 달성할 수 없는 경우에는 가명에 의하여 처리
될 수 있도록 하여야 한다.
⑧ 개인정보처리자는 이 법 및 관계 법령에서 규정하고 있는 책임과 의무를 준수하고 실천함으로써 정보주체의
신뢰를 얻기 위하여 노력하여야 한다.

제15조(개인정보의 수집·이용) ③ 개인정보처리자는 당초 수집 목적과 합리적으로 관련된 범위에서 정보주체에게
불이익이 발생하는지 여부, 암호화 등 안전성 확보에 필요한 조치를 하였는지 여부 등을 고려하여 대통령령으로
정하는 바에 따라 정보주체의 동의 없이 개인정보를 이용할 수 있다.

제17조(개인정보의 제공) ④ 개인정보처리자는 당초 수집 목적과 합리적으로 관련된 범위에서 정보주체에게 불
이익이 발생하는지 여부, 암호화 등 안전성 확보에 필요한 조치를 하였는지 여부 등을 고려하여 대통령령으로
정하는 바에 따라 정보주체의 동의 없이 개인정보를 제공할 수 있다.

제28조의2(가명정보의 처리 등) ① 개인정보처리자는 통계작성, 과학적 연구, 공익적 기록보존 등을 위하여 정보
주체의 동의 없이 가명정보를 처리할 수 있다.
② 개인정보처리자는 제1항에 따라 가명정보를 제3자에게 제공하는 경우에는 특정 개인을 알아보기 위하여
사용될 수 있는 정보를 포함해서는 아니 된다.

제28조의3(가명정보의 결합 제한) ① 제28조의2에도 불구하고 통계작성, 과학적 연구, 공익적 기록보존 등을 위한 서로 다른 개인정보처리자 간의 가명정보의 결합은 보호위원회 또는 관계 중앙행정기관의 장이 지정하는 전문기관이 수행한다.

② 결합을 수행한 기관 외부로 결합된 정보를 반출하려는 개인정보처리자는 가명정보 또는 제58조의2에 해당하는 정보로 처리한 뒤 전문기관의 장의 승인을 받아야 한다.

③ 제1항에 따른 결합 절차와 방법, 전문기관의 지정과 지정 취소 기준·절차, 관리·감독, 제2항에 따른 반출 및 승인 기준·절차 등 필요한 사항은 대통령령으로 정한다.

제28조의4(가명정보에 대한 안전조치의무 등) ① 개인정보처리자는 가명정보를 처리하는 경우에는 원래의 상태로 복원하기 위한 추가 정보를 별도로 분리하여 보관·관리하는 등 해당 정보가 분실·도난·유출·위조·변조 또는 훼손되지 않도록 대통령령으로 정하는 바에 따라 안전성 확보에 필요한 기술적·관리적 및 물리적 조치를 하여야 한다.

② 개인정보처리자는 가명정보를 처리하고자 하는 경우에는 가명정보의 처리 목적, 제3자 제공 시 제공받는 자 등 가명정보의 처리 내용을 관리하기 위하여 대통령령으로 정하는 사항에 대한 관련 기록을 작성하여 보관하여야 한다.

제28조의5(가명정보 처리 시 금지의무 등) ① 누구든지 특정 개인을 알아보기 위한 목적으로 가명정보를 처리해서는 아니 된다.

② 개인정보처리자는 가명정보를 처리하는 과정에서 특정 개인을 알아볼 수 있는 정보가 생성된 경우에는 즉시 해당 정보의 처리를 중지하고, 지체 없이 회수·파기하여야 한다.

제28조의6(가명정보 처리에 대한 과징금 부과 등) ① 보호위원회는 개인정보처리자가 제28조의5제1항을 위반하여 특정 개인을 알아보기 위한 목적으로 정보를 처리한 경우 전체 매출액의 100분의 3 이하에 해당하는 금액을 과징금으로 부과할 수 있다. 다만, 매출액이 없거나 매출액의 산정이 곤란한 경우로서 대통령령으로 정하는 경우에는 4억원 또는 자본금의 100분의 3 중 큰 금액 이하로 과징금을 부과할 수 있다.

② 과징금의 부과·징수 등에 필요한 사항은 제34조의2제3항부터 제5항까지의 규정을 준용한다.

제28조의7(적용범위) 가명정보는 제20조, 제21조, 제27조, 제34조제1항, 제35조부터 제37조까지, 제39조의3, 제39조의4, 제39조의6부터 제39조의8까지의 규정을 적용하지 아니한다.

제58조의2(적용제외) 이 법은 시간·비용·기술 등을 합리적으로 고려할 때 다른 정보를 사용하여도 더 이상 개인을 알아볼 수 없는 정보에는 적용하지 아니한다.

제63조(자료제출 요구 및 검사) ① 보호위원회는 다음 각 호의 어느 하나에 해당하는 경우에는 개인정보처리자에게 관계 물품·서류 등 자료를 제출하게 할 수 있다.

1. 이 법을 위반하는 사항을 발견하거나 혐의가 있음을 알게 된 경우
2. 이 법 위반에 대한 신고를 받거나 민원이 접수된 경우
3. 그 밖에 정보주체의 개인정보 보호를 위하여 필요한 경우로서 대통령령으로 정하는 경우

② 보호위원회는 개인정보처리자가 제1항에 따른 자료를 제출하지 아니하거나 이 법을 위반한 사실이 있다고 인정되면 소속 공무원으로 하여금 개인정보처리자 및 해당 법 위반사실과 관련한 관계인의 사무소나 사업장에 출입하여 업무 상황, 장부 또는 서류 등을 검사하게 할 수 있다. 이 경우 검사를 하는 공무원은 그 권한을 나타내는 증표를 지니고 이를 관계인에게 내보여야 한다.

③ 관계 중앙행정기관의 장은 소관 법률에 따라 개인정보처리자에게 제1항에 따른 자료제출을 요구하거나 개인정보처리자 및 해당 법 위반사실과 관련한 관계인에 대하여 제2항에 따른 검사를 할 수 있다.

④ 보호위원회는 이 법을 위반하는 사항을 발견하거나 혐의가 있음을 알게 된 경우에는 관계 중앙행정기관의 장 (해당 중앙행정기관의 장의 지휘·감독을 받아 검사권한을 수행하는 법인이 있는 경우 그 법인을 말한다)에게 구체적인 범위를 정하여 개인정보처리자에 대한 검사를 요구할 수 있으며, 필요 시 보호위원회의 소속 공무원이 해당 검사에 공동으로 참여하도록 요청할 수 있다. 이 경우 그 요구를 받은 관계 중앙행정기관의 장은 특별한 사정이 없으면 이에 따라야 한다.

⑤ 보호위원회는 관계 중앙행정기관의 장(해당 중앙행정기관의 장의 지휘·감독을 받아 검사권한을 수행하는 법인이 있는 경우 그 법인을 말한다)에게 제4항에 따른 검사 결과와 관련하여 개인정보처리자에 대한 시정 조치를 요청하거나, 처분 등에 대한 의견을 제시할 수 있다.

⑥ 제4항 및 제5항에 대한 방법과 절차 등에 관한 사항은 대통령령으로 정한다.

⑦ 보호위원회는 개인정보 침해사고의 예방과 효과적인 대응을 위하여 관계 중앙행정기관의 장과 합동으로 개인정보 보호실태를 점검할 수 있다.

⑧ 보호위원회와 관계 중앙행정기관의 장은 제1항 및 제2항에 따라 제출받거나 수집한 서류·자료 등을 이 법에 따른 경우를 제외하고는 제3자에게 제공하거나 일반에 공개해서는 아니 된다.

⑨ 보호위원회와 관계 중앙행정기관의 장은 정보통신망을 통하여 자료의 제출 등을 받은 경우나 수집한 자료 등을 전자화한 경우에는 개인정보·영업비밀 등이 유출되지 아니하도록 제도적·기술적 보완조치를 하여야 한다.

제71조(벌칙) 다음 각 호의 어느 하나에 해당하는 자는 5년 이하의 징역 또는 5천만원 이하의 벌금에 처한다.

1. 제17조제1항제2호에 해당하지 아니함에도 같은 항 제1호를 위반하여 정보주체의 동의를 받지 아니하고 개인정보를 제3자에게 제공한 자 및 그 사정을 알고 개인정보를 제공받은 자

2. 제18조제1항·제2항(제39조의14에 따라 준용되는 경우를 포함한다), 제19조, 제26조제5항, 제27조제3항 또는 제28조의2를 위반하여 개인정보를 이용하거나 제3자에게 제공한 자 및 그 사정을 알면서도 영리 또는 는 부정한 목적으로 개인정보를 제공받은 자

4의2. 제28조의3을 위반하여 가명정보를 처리하거나 제3자에게 제공한 자 및 그 사정을 알면서도 영리 또는 부정한 목적으로 가명정보를 제공받은 자

4의3. 제28조의5제1항을 위반하여 특정 개인을 알아보기 위한 목적으로 가명정보를 처리한 자

제73조(벌칙) 다음 각 호의 어느 하나에 해당하는 자는 2년 이하의 징역 또는 2천만원 이하의 벌금에 처한다.

1. 제23조제2항, 제24조제3항, 제25조제6항 또는 제29조를 위반하여 안전성 확보에 필요한 조치를 하지 아니하여 개인정보를 분실·도난·유출·위조·변조 또는 훼손당한 자

제75조(과태료) ① 다음 각 호의 어느 하나에 해당하는 자에게는 5천만원 이하의 과태료를 부과한다.

1. 제15조제1항을 위반하여 개인정보를 수집한 자
2. 제22조제6항을 위반하여 법정대리인의 동의를 받지 아니한 자
3. 제25조제2항을 위반하여 영상정보처리기기를 설치·운영한 자

② 다음 각 호의 어느 하나에 해당하는 자에게는 3천만원 이하의 과태료를 부과한다.

1. 제15조제2항, 제17조제2항, 제18조제3항 또는 제26조제3항을 위반하여 정보주체에게 알려야 할 사항을 알리지 아니한 자
2. 제16조제3항 또는 제22조제5항을 위반하여 재화 또는 서비스의 제공을 거부한 자
3. 제20조제1항 또는 제2항을 위반하여 정보주체에게 같은 항 각 호의 사실을 알리지 아니한 자
4. 제21조제1항·제39조의6(제39조의14에 따라 준용되는 경우를 포함한다)을 위반하여 개인정보의 파기 등 필요한 조치를 하지 아니한 자
4의2. 제24조의2제1항을 위반하여 주민등록번호를 처리한 자
4의3. 제24조의2제2항을 위반하여 암호화 조치를 하지 아니한 자
5. 제24조의2제3항을 위반하여 정보주체가 주민등록번호를 사용하지 아니할 수 있는 방법을 제공하지 아니한 자
6. 제23조제2항, 제24조제3항, 제25조제6항, 제28조의4제1항 또는 제29조를 위반하여 안전성 확보에 필요한 조치를 하지 아니한 자
7의2. 제28조의5제2항을 위반하여 개인을 알아볼 수 있는 정보가 생성되었음에도 이용을 중지하지 아니하거나 이를 회수·파기하지 아니한 자
7의3. 제32조의2제6항을 위반하여 인증을 받지 아니하였음에도 거짓으로 인증의 내용을 표시하거나 홍보한 자
11. 제36조제2항을 위반하여 정정·삭제 등 필요한 조치를 하지 아니한 자
12. 제37조제4항을 위반하여 처리가 정지된 개인정보에 대하여 파기 등 필요한 조치를 하지 아니한 자
④ 6의2. 제28조의4제2항을 위반하여 관련 기록을 작성하여 보관하지 아니한 자
9. 제35조제3항·제4항, 제36조제2항·제4항 또는 제37조제3항을 위반하여 정보주체에게 알려야 할 사항을 알리지 아니한 자
⑤ 제1항부터 제4항까지의 규정에 따른 과태료는 대통령령으로 정하는 바에 따라 보호위원회와 관계 중앙행정기관의 장이 부과·징수한다. 이 경우 관계 중앙행정기관의 장은 소관 분야의 개인정보처리자에게 과태료를 부과·징수한다.

○ 개인정보 보호법 시행령

제14조의2(개인정보의 추가적인 이용·제공의 기준 등) ① 개인정보처리자는 법 제15조제3항 또는 제17조제4항에 따라 정보주체의 동의 없이 개인정보를 이용 또는 제공(이하 "개인정보의 추가적인 이용 또는 제공"이라 한다)하려는 경우에는 다음 각 호의 사항을 고려해야 한다.
1. 당초 수집 목적과 관련성이 있는지 여부
2. 개인정보를 수집한 정황 또는 처리 관행에 비추어 볼 때 개인정보의 추가적인 이용 또는 제공에 대한 예측 가능성이 있는지 여부
3. 정보주체의 이익을 부당하게 침해하는지 여부
4. 가명처리 또는 암호화 등 안전성 확보에 필요한 조치를 하였는지 여부

제18조(민감정보의 범위)
1. 유전자검사 등의 결과로 얻어진 유전정보
2. 「형의 실효 등에 관한 법률」 제2조제5호에 따른 범죄경력자료에 해당하는 정보
3. 개인의 신체적, 생리적, 행동적 특징에 관한 정보로서 특정 개인을 알아볼 목적으로 일정한 기술적 수단을 통해 생성한 정보
4. 인종이나 민족에 관한 정보

제29조의2(결합전문기관의 지정 및 지정 취소) ① 법 제28조의3제1항에 따른 전문기관(이하 "결합전문기관"이라 한다)의 지정 기준은 다음 각 호와 같다.
1. 보호위원회가 정하여 고시하는 바에 따라 가명정보의 결합·반출 업무를 담당하는 조직을 구성하고, 개인정보 보호와 관련된 자격이나 경력을 갖춘 사람을 3명 이상 상시 고용할 것
2. 보호위원회가 정하여 고시하는 바에 따라 가명정보를 안전하게 결합하기 위하여 필요한 공간, 시설 및 장비를 구축하고 가명정보의 결합·반출 관련 정책 및 절차 등을 마련할 것
3. 보호위원회가 정하여 고시하는 기준에 따른 재정 능력을 갖출 것
4. 최근 3년 이내에 법 제66조에 따른 공표 내용에 포함된 적이 없을 것
② 법인, 단체 또는 기관이 법 제28조의3제1항에 따라 결합전문기관으로 지정을 받으려는 경우에는 보호위원회가 정하여 고시하는 결합전문기관 지정신청서에 다음 각 호의 서류(전자문서를 포함한다. 이하 같다)를 첨부하여 보호위원회 또는 관계 중앙행정기관의 장에게 제출해야 한다.
1. 정관 또는 규약
2. 제1항에 따른 지정 기준을 갖추었음을 증명할 수 있는 서류로서 보호위원회가 정하여 고시하는 서류
③ 보호위원회 또는 관계 중앙행정기관의 장은 제2항에 따라 지정신청서를 제출한 법인, 단체 또는 기관이 제1항에 따른 지정 기준에 적합한 경우에는 결합전문기관으로 지정할 수 있다.
④ 결합전문기관 지정의 유효기간은 지정을 받은 날부터 3년으로 하며, 보호위원회 또는 관계 중앙행정기관의 장은 결합전문기관이 유효기간의 연장을 신청하면 제1항에 따른 지정 기준에 적합한 경우에는 결합전문기관으로 재지정할 수 있다.
⑤ 보호위원회 또는 관계 중앙행정기관의 장은 결합전문기관이 다음 각 호의 어느 하나에 해당하는 경우에는 결합전문기관의 지정을 취소할 수 있다. 다만, 제1호 또는 제2호에 해당하는 경우에는 지정을 취소해야 한다.
1. 거짓이나 부정한 방법으로 결합전문기관으로 지정을 받은 경우
2. 결합전문기관 스스로 지정 취소를 요청하거나 폐업한 경우
3. 제1항에 따른 결합전문기관의 지정 기준을 충족하지 못하게 된 경우
4. 결합 및 반출 등과 관련된 정보의 유출 등 개인정보 침해사고가 발생한 경우
5. 그 밖에 법 또는 이 영에 따른 의무를 위반한 경우

⑥ 보호위원회 또는 관계 중앙행정기관의 장은 제5항에 따라 결합전문기관의 지정을 취소하려는 경우에는 청문을 해야 한다.

⑦ 보호위원회 또는 관계 중앙행정기관의 장은 결합전문기관을 지정, 재지정 또는 지정 취소한 경우에는 이를 관보에 공고하거나 보호위원회 또는 해당 관계 중앙행정기관의 홈페이지에 게시해야 한다. 이 경우 관계 중앙행정기관의 장이 결합전문기관을 지정, 재지정, 또는 지정 취소한 경우에는 보호위원회에 통보해야 한다.

⑧ 제1항부터 제7항까지에서 규정한 사항 외에 결합전문기관의 지정, 재지정 및 지정 취소 등에 필요한 사항은 보호위원회가 정하여 고시한다.

제29조의3(개인정보처리자 간 가명정보의 결합 및 반출 등) ① 결합전문기관에 가명정보의 결합을 신청하려는 개인정보처리자(이하 "결합신청자"라 한다)는 보호위원회가 정하여 고시하는 결합신청서에 다음 각 호의 서류를 첨부하여 결합전문기관에 제출해야 한다.

1. 사업자등록증, 법인등기부등본 등 결합신청자 관련 서류
2. 결합 대상 가명정보에 관한 서류
3. 결합 목적을 증명할 수 있는 서류
4. 그 밖에 가명정보의 결합 및 반출에 필요하다고 보호위원회가 정하여 고시하는 서류

② 결합전문기관은 법 제28조의3제1항에 따라 가명정보를 결합하는 경우에는 특정 개인을 알아볼 수 없도록 해야 한다. 이 경우 보호위원회는 필요하면 한국인터넷진흥원 또는 보호위원회가 지정하여 고시하는 기관으로 하여금 특정 개인을 알아볼 수 없도록 하는 데에 필요한 업무를 지원하도록 할 수 있다.

③ 결합신청자는 법 제28조의3제2항에 따라 결합전문기관이 결합한 정보를 결합전문기관 외부로 반출하려는 경우에는 결합전문기관에 설치된 안전성 확보에 필요한 기술적·관리적·물리적 조치가 된 공간에서 제2항에 따라 결합된 정보를 가명정보 또는 법 제58조의2에 해당하는 정보로 처리한 뒤 결합전문기관의 승인을 받아야 한다.

④ 결합전문기관은 다음 각 호의 기준을 충족하는 경우에는 법 제28조의3제2항에 따른 반출을 승인해야 한다. 이 경우 결합전문기관은 결합된 정보의 반출을 승인하기 위하여 반출심사위원회를 구성해야 한다.

1. 결합 목적과 반출 정보가 관련성이 있을 것
2. 특정 개인을 알아볼 가능성이 없을 것
3. 반출 정보에 대한 안전조치 계획이 있을 것

⑤ 결합전문기관은 결합 및 반출 등에 필요한 비용을 결합신청자에게 청구할 수 있다.

⑥ 제1항부터 제5항까지에서 규정한 사항 외에 가명정보의 결합 절차와 방법, 반출 및 승인 등에 필요한 사항은 보호위원회가 정하여 고시한다.

제29조의4(결합전문기관의 관리·감독 등) ① 보호위원회 또는 관계 중앙행정기관의 장은 결합전문기관을 지정한 경우에는 해당 결합전문기관의 업무 수행능력 및 기술·시설 유지 여부 등을 관리·감독해야 한다.

② 결합전문기관은 제1항에 따른 관리·감독을 위하여 다음 각 호의 서류를 매년 보호위원회 또는 관계 중앙행정기관의 장에게 제출해야 한다.

1. 가명정보의 결합·반출 실적보고서
2. 결합전문기관의 지정 기준을 유지하고 있음을 증명할 수 있는 서류
3. 가명정보의 안전성 확보에 필요한 조치를 하고 있음을 증명할 수 있는 서류로서 보호위원회가 정하여 고시하는 서류

제29조의5(가명정보에 대한 안전성 확보 조치) ① 개인정보처리자는 법 제28조의4제1항에 따라 가명정보 및 가명정보를 원래의 상태로 복원하기 위한 추가 정보(이하 이 조에서 "추가정보"라 한다)에 대하여 다음 각 호의 안전성 확보 조치를 해야 한다.

　　1. 제30조 또는 제48조의2에 따른 안전성 확보 조치

　　2. 가명정보와 추가정보의 분리 보관. 다만, 추가정보가 불필요한 경우에는 추가정보를 파기해야 한다.

　　3. 가명정보와 추가정보에 대한 접근 권한의 분리. 다만, 「소상공인 보호 및 지원에 관한 법률」 제2조에 따른 소상공인으로서 가명정보를 취급할 자를 추가로 둘 여력이 없는 경우 등 접근 권한의 분리가 어려운 정당한 사유가 있는 경우에는 업무 수행에 필요한 최소한의 접근 권한만 부여하고 접근 권한의 보유 현황을 기록 으로 보관하는 등 접근 권한을 관리 · 통제해야 한다.

② 법 제28조의4제2항에서 "대통령령으로 정하는 사항"이란 다음 각 호의 사항을 말한다.

　　1. 가명정보 처리의 목적

　　2. 가명처리한 개인정보의 항목

　　3. 가명정보의 이용내역

　　4. 제3자 제공 시 제공받는 자

　　5. 그 밖에 가명정보의 처리 내용을 관리하기 위하여 보호위원회가 필요하다고 인정하여 고시하는 사항

제29조의6(가명정보 처리에 대한 과징금의 부과기준 등) ① 법 제28조의6제1항에 따른 매출액은 해당 개인 정보처리자의 직전 3개 사업연도의 연평균 매출액으로 한다. 다만, 해당 사업연도 첫날 현재 사업을 개시한지 3년이 되지 않은 경우에는 그 사업개시일부터 직전 사업연도 말일까지의 매출액을 연평균 매출액으로 환산한 금액으로 하며, 해당 사업연도에 사업을 개시한 경우에는 사업개시일부터 위반행위일까지의 매출액을 연매출액 으로 환산한 금액으로 한다.

② 법 제28조의6제1항 단서에서 "대통령령으로 정하는 경우"란 다음 각 호의 어느 하나에 해당하는 경우를 말한다.

　　1. 영업을 개시하지 않았거나 영업을 중단하는 등의 사유로 영업실적이 없는 경우

　　2. 재해 등으로 인하여 매출액 산정자료가 소멸되거나 훼손되는 등 객관적인 매출액의 산정이 곤란한 경우

③ 보호위원회는 제1항에 따른 매출액 산정을 위하여 재무제표 등의 자료가 필요한 경우에는 20일 이내의 기간을 정하여 해당 개인정보처리자에게 관련 자료의 제출을 요청할 수 있다.

④ 법 제28조의6제1항에 따른 과징금의 산정기준 및 산정절차는 별표 1과 같다.

제30조(개인정보의 안전성 확보 조치) ① 개인정보처리자는 법 제29조에 따라 다음 각 호의 안전성 확보 조치를 하여야 한다.

　　1. 개인정보의 안전한 처리를 위한 내부 관리계획의 수립 · 시행

　　2. 개인정보에 대한 접근 통제 및 접근 권한의 제한 조치

　　3. 개인정보를 안전하게 저장 · 전송할 수 있는 암호화 기술의 적용 또는 이에 상응하는 조치

　　4. 개인정보 침해사고 발생에 대응하기 위한 접속기록의 보관 및 위조 · 변조 방지를 위한 조치

　　5. 개인정보에 대한 보안프로그램의 설치 및 갱신

　　6. 개인정보의 안전한 보관을 위한 보관시설의 마련 또는 잠금장치의 설치 등 물리적 조치 (중략)

④ 제1항 또는 제2항에 따른 안전성 확보 조치에 관한 세부 기준은 보호위원회가 정하여 고시한다.

제62조의2(민감정보 및 고유식별정보의 처리) ① 보호위원회(제62조제3항에 따라 보호위원회의 권한을 위탁받은 자를 포함한다)는 다음 각 호의 사무를 수행하기 위하여 불가피한 경우 법 제23조에 따른 민감정보와 제19조에 따른 주민등록번호, 여권번호, 운전면허의 면허번호 또는 외국인등록번호가 포함된 자료를 처리할 수 있다.
1. 법 제7조의9제1항제4호부터 제6호까지의 규정에 따른 사항의 심의·의결에 관한 사무
2. 법 제24조의2제4항에 따른 주민등록번호 대체 방법 제공을 위한 시스템 구축 등 제반조치 마련 및 지원에 관한 사무
3. 법 제28조의6, 제34조의2 및 제39조의15에 따른 과징금의 부과 및 징수에 관한 사무
4. 법 제62조제3항에 따른 개인정보침해 신고센터의 업무에 관한 사무
5. 법 제63조제1항, 제2항 및 제7항에 따른 자료의 제출, 검사 및 점검에 관한 사무
② 분쟁조정위원회는 법 제45조 및 제47조에 따른 개인정보 분쟁 조정에 관한 사무를 수행하기 위하여 불가피한 경우 법 제23조에 따른 민감정보와 제19조에 따른 주민등록번호, 여권번호, 운전면허의 면허번호 또는 외국인등록번호가 포함된 자료를 처리할 수 있다.

제62조의3(규제의 재검토) ① 보호위원회는 다음 각 호의 사항에 대하여 다음 각 호의 기준일을 기준으로 3년마다 (매 3년이 되는 해의 기준일과 같은 날 전까지를 말한다) 그 타당성을 검토하여 개선 등의 조치를 해야 한다.
1. 제48조의6에 따른 개인정보 이용내역을 통지해야 하는 자의 범위, 통지해야 하는 정보의 종류 및 통지 주기와 방법: 2020년 8월 5일
2. 제48조의7에 따른 손해배상책임의 이행을 위한 보험 등 가입 대상자의 범위 및 기준: 2020년 8월 5일

제63조(과태료의 부과기준) 법 제75조제1항부터 제4항까지의 규정에 따른 과태료의 부과기준은 별표 2와 같다.

■ 개인정보 보호법 시행령 [별표 1]

과징금 산정기준과 산정절차 (제29조의6제4항 관련)

1. 과징금의 산정단계
   과징금은 법 제28조의6제1항에 따른 위반행위와 이에 영향을 미치는 행위를 종합적으로 고려
   하여 제2호가목에 따라 산정된 기준금액에 같은 호 나목에 따른 필수적 가중·감경, 같은 호
   다목에 따른 추가적 가중·감경을 순차적으로 거쳐 산정한다. 다만, 가중하는 경우에도 법
   제28조의6제1항에 따른 과징금 금액의 상한을 넘을 수 없다.

2. 과징금의 산정단계에 따른 산정방식과 고려사유
   가. 기준금액의 산정
      1) 기준금액은 제29조의6제1항에 따른 매출액에 위반행위의 중대성에 따라 다음과 같이
         구분된 과징금의 산정비율(부과기준율)을 곱하여 산출한 금액으로 한다.

위반행위의 중대성	부과기준율
매우 중대한 위반행위	1천분의 27
중대한 위반행위	1천분의 21
일반 위반행위	1천분의 15

      2) 제29조의6제2항 각 호의 어느 하나에 해당하는 경우에는 1)에도 불구하고 위반행위의
         중대성에 따라 기준금액을 다음과 같이 한다.

위반행위의 중대성	기준금액
매우 중대한 위반행위	3억 6천만원
중대한 위반행위	2억 8천만원
일반 위반행위	2억원

      3) 위반행위의 중대성은 고의·중과실 여부, 영리 목적의 유무, 위반행위로 인한 개인
         정보의 피해규모, 개인정보의 공중에 노출 여부 및 위반행위로 인하여 취득한 이익의
         규모 등을 종합적으로 고려하여 판단한다.

   나. 필수적 가중·감경
      위반행위의 기간과 횟수 등을 고려하여 기준금액의 100분의 50의 범위에서 가중하거나
      감경해야 한다.

   다. 추가적 가중·감경
      개인정보 보호를 위한 노력 정도, 위반행위에 대한 조사의 협조 여부, 위반행위의 주도
      여부 등을 종합적으로 고려하여 필수적 가중·감경을 거친 금액의 100분의 50의 범위
      에서 가중하거나 감경할 수 있다.

3. 세부 기준
   위반행위의 중대성 판단 기준, 필수적 가중·감경 및 추가적 가중·감경을 위한 세부 기준과
   그 밖에 과징금의 부과에 필요한 사항은 보호위원회가 정하여 고시한다.

■ 개인정보 보호법 시행령 [별표 2]

과태료의 부과기준 (제63조 관련)

1. 일반기준

가. 위반행위의 횟수에 따른 과태료의 가중된 부과기준은 최근 3년간 같은 위반행위로 과태료 부과처분을 받은 경우에 적용한다. 이 경우 기간의 계산은 위반행위에 대하여 과태료 부과처분을 받은 날과 그 처분 후 다시 같은 위반행위를 하여 적발된 날을 기준으로 한다.

나. 가목에 따라 가중된 부과처분을 하는 경우 가중처분의 적용 차수는 그 위반행위 전 부과처분 차수(가목에 따른 기간 내에 과태료 부과처분이 둘 이상 있었던 경우에는 높은 차수를 말한다)의 다음 차수로 한다.

다. 부과권자는 다음의 어느 하나에 해당하는 경우에는 제2호의 개별기준에 따른 과태료의 2분의 1 범위에서 그 금액을 줄일 수 있다. 다만, 과태료를 체납하고 있는 위반행위자에 대해서는 그렇지 않다.

1) 위반행위가 사소한 부주의나 오류로 인한 것으로 인정되는 경우

2) 위반의 내용·정도가 경미하다고 인정되는 경우

3) 위반행위자가 법 위반상태를 시정하거나 해소하기 위하여 노력한 것이 인정되는 경우

4) 위반행위자가 「중소기업기본법」 제2조에 따른 중소기업자인 경우

5) 그 밖에 위반행위의 정도, 위반행위의 동기와 그 결과 등을 고려하여 줄일 필요가 있다고 인정되는 경우

라. 부과권자는 다음의 어느 하나에 해당하는 경우에는 제2호의 개별기준에 따른 과태료의 2분의 1 범위에서 그 금액을 늘려 부과할 수 있다. 다만, 늘려 부과하는 경우에도 법 제75조제1항부터 제4항까지의 규정에 따른 과태료 금액의 상한을 넘을 수 없다.

1) 위반의 내용·정도가 중대하여 소비자 등에게 미치는 피해가 크다고 인정되는 경우

2) 법 위반상태의 기간이 3개월 이상인 경우

3) 그 밖에 위반행위의 정도, 위반행위의 동기와 그 결과 등을 고려하여 과태료를 늘릴 필요가 있다고 인정되는 경우

2. 개별기준

(단위: 만원)

위반행위	근거 법조문	과태료 금액		
		1회 위반	2회 위반	3회 이상 위반
가. 법 제15조제1항을 위반하여 개인정보를 수집한 경우	법 제75조 제1항제1호	1,000	2,000	4,000
나. 법 제15조제2항, 제17조제2항, 제18조제3항 또는 제26조제3항을 위반하여 정보주체에게 알려야 할 사항을 알리지 않은 경우	법 제75조 제2항제1호	600	1,200	2,400
다. 법 제16조제3항 또는 제22조제5항을 위반하여 재화 또는 서비스의 제공을 거부한 경우	법 제75조 제2항제2호	600	1,200	2,400
라. 법 제20조제1항 또는 제2항을 위반하여 정보주체에게 같은 항 각 호의 사실을 알리지 않은 경우	법 제75조 제2항제3호	600	1,200	2,400

위반행위	근거 법조문	과태료 금액		
		1회 위반	2회 위반	3회 이상 위반
마. 법 제21조제1항·제39조의6(제39조의14에 따라 준용되는 경우를 포함한다)을 위반하여 개인정보의 파기 등 필요한 조치를 하지 않은 경우	법 제75조 제2항제4호	600	1,200	2,400
바. 법 제21조제3항을 위반하여 개인정보를 분리하여 저장·관리하지 않은 경우	법 제75조 제4항제1호	200	400	800
사. 법 제22조제1항부터 제4항까지의 규정을 위반하여 동의를 받은 경우	법 제75조 제4항제2호	200	400	800
아. 법 제22조제6항을 위반하여 법정대리인의 동의를 받지 않은 경우	법 제75조 제1항제2호	1,000	2,000	4,000
자. 법 제23조제2항, 제24조제3항, 제25조제6항, 제28조의4제1항 또는 제29조를 위반하여 안전성 확보에 필요한 조치를 하지 않은 경우	법 제75조 제2항제6호	600	1,200	2,400
차. 법 제24조의2제1항을 위반하여 주민등록번호를 처리한 경우	법 제75조 제2항제4호의2	600	1,200	2,400
카. 법 제24조의2제2항을 위반하여 암호화 조치를 하지 않은 경우	법 제75조 제2항제4호의3	600	1,200	2,400
타. 법 제24조의2제3항을 위반하여 정보주체가 주민등록번호를 사용하지 않을 수 있는 방법을 제공하지 않은 경우	법 제75조 제2항제5호	600	1,200	2,400
파. 법 제25조제1항을 위반하여 영상정보처리기기를 설치·운영한 경우	법 제75조 제2항제7호	600	1,200	2,400
하. 법 제25조제2항을 위반하여 영상정보처리기기를 설치·운영한 경우	법 제75조 제1항제3호	1,000	2,000	4,000
거. 법 제25조제4항을 위반하여 안내판 설치 등 필요한 조치를 하지 않은 경우	법 제75조 제4항제3호	200	400	800
너. 법 제26조제1항을 위반하여 업무 위탁 시 같은 항 각 호의 내용이 포함된 문서에 의하지 않은 경우	법 제75조 제4항제4호	200	400	800
더. 법 제26조제2항을 위반하여 위탁하는 업무의 내용과 수탁자를 공개하지 않은 경우	법 제75조 제4항제5호	200	400	800
러. 법 제27조제1항 또는 제2항을 위반하여 정보주체에게 개인정보의 이전 사실을 알리지 않은 경우	법 제75조 제4항제6호	200	400	800
머. 법 제28조의4제2항을 위반하여 관련 기록을 작성하여 보관하지 않은 경우	법 제75조 제4항제6호의2	200	400	800
버. 법 제28조의5제2항을 위반하여 개인을 알아볼 수 있는 정보가 생성되었음에도 이용을 중지하지 않거나 이를 회수·파기하지 않은 경우	법 제75조 제2항제7호의2	600	1,200	2,400
서. 법 제30조제1항 또는 제2항을 위반하여 개인정보 처리방침을 정하지 않거나 이를 공개하지 않은 경우	법 제75조 제4항제7호	200	400	800
어. 법 제31조제1항을 위반하여 개인정보 보호책임자를 지정하지 않은 경우	법 제75조 제4항제8호	500		
저. 법 제32조의2제6항을 위반하여 인증을 받지 않았음에도 거짓으로 인증의 내용을 표시하거나 홍보한 경우	법 제75조 제2항제7호의3	600	1,200	2,400
처. 법 제34조제1항을 위반하여 정보주체에게 같은 항 각 호의 사실을 알리지 않은 경우	법 제75조 제2항제8호	600	1,200	2,400

위반행위	근거 법조문	과태료 금액		
		1회 위반	2회 위반	3회 이상 위반
커. 법 제34조제3항을 위반하여 조치 결과를 신고하지 않은 경우	법 제75조 제2항제9호	600	1,200	2,400
터. 법 제35조제3항을 위반하여 열람을 제한하거나 거절한 경우	법 제75조 제2항제10호	600	1,200	2,400
퍼. 법 제35조제3항·제4항, 제36조제2항·제4항 또는 제37조제3항을 위반하여 정보주체에게 알려야 할 사항을 알리지 않은 경우	법 제75조 제4항제9호	200	400	800
허. 법 제36조제2항을 위반하여 정정·삭제 등 필요한 조치를 하지 않은 경우	법 제75조 제2항제11호	600	1,200	2,400
고. 법 제37조제4항을 위반하여 처리가 정지된 개인정보에 대하여 파기 등 필요한 조치를 하지 않은 경우	법 제75조 제2항제12호	600	1,200	2,400
노. 법 제39조의3제3항(제39조의14에 따라 준용되는 경우를 포함한다)을 위반하여 서비스의 제공을 거부한 경우	법 제75조 제2항제12호의2	600	1,200	2,400
도. 법 제39조의4제1항(제39조의14에 따라 준용되는 경우를 포함한다)을 위반하여 이용자·보호위원회 및 전문기관에 통지 또는 신고하지 않거나 정당한 사유 없이 24시간을 경과하여 통지 또는 신고한 경우	법 제75조 제2항제12호의3	600	1,200	2,400
로. 법 제39조의4제3항을 위반하여 소명을 하지 않거나 거짓으로 한 경우	법 제75조 제2항제12호의4	600	1,200	2,400
모. 법 제39조의7제2항(제39조의14에 따라 준용되는 경우를 포함한다)을 위반하여 개인정보의 동의 철회·열람·정정 방법을 제공하지 않은 경우	법 제75조 제2항제12호의5	600	1,200	2,400
보. 법 제39조의7제3항(제39조의14에 따라 준용되는 경우와 제27조에 따라 정보통신서비스 제공자등으로부터 개인정보를 이전받은 경우를 포함한다)을 위반하여 필요한 조치를 하지 않은 경우	법 제75조 제2항제12호의6	600	1,200	2,400
소. 법 제39조의8제1항 본문(제39조의14에 따라 준용되는 경우를 포함한다)을 위반하여 개인정보의 이용내역을 통지하지 않은 경우	법 제75조 제2항제12호의7	600	1,200	2,400
오. 법 제39조의9제1항을 위반하여 보험 또는 공제 가입, 준비금 적립 등 필요한 조치를 하지 않은 경우	법 제75조 제3항제1호	400	800	1,600
조. 법 제39조의11제1항을 위반하여 국내대리인을 지정하지 않은 경우	법 제75조 제3항제2호		2,000	
초. 법 제39조의12제2항 단서를 위반하여 같은 조 제3항 각 호의 사항 모두를 공개하지 않거나 이용자에게 알리지 않고 이용자의 개인정보를 국외에 처리위탁·보관한 경우	법 제75조 제3항제3호	400	800	1,600
코. 법 제39조의12제4항(같은 조 제5항에 따라 준용되는 경우를 포함한다)을 위반하여 보호조치를 하지 않은 경우	법 제75조 제2항제12호의8	600	1,200	2,400
토. 법 제63조제1항에 따른 관계 물품·서류 등 자료를 제출하지 않거나 거짓으로 제출한 경우	법 제75조 제4항제10호			
1) 자료를 제출하지 않은 경우		100	200	400
2) 자료를 거짓으로 제출한 경우		200	400	800
포. 법 제63조제2항에 따른 출입·검사를 거부·방해 또는 기피한 경우	법 제75조 제4항제11호	200	400	800
호. 법 제64조제1항에 따른 시정명령에 따르지 않은 경우	법 제75조 제2항제13호	600	1,200	2,400

붙임 4	가명정보 제공 및 활용 계약서(안)

본 계약서(안)은 「개인정보 보호법」 제28조에 따라 가명정보를 제공함에 있어 안전한 가명정보 처리 및 활용에 관하여 문서로 정하여야 하는 최소한의 사항을 표준적으로 제시한 것으로서, 위탁계약이나 위탁업무의 내용 등에 따라 세부적인 내용은 달라질 수 있습니다.

가명정보를 제공하거나 위탁업무에 가명정보 제공이 포함된 경우에는 본 계약서(안)의 내용을 계약서에 첨부하거나 반영하여 사용하실 수 있습니다.

가명정보 제공 및 활용 계약서(안)

○○○(이하 "제공자"이라 한다)과 △△△(이하 "수령자"이라 한다)는 "제공자"가 보유한 개인정보를 개인정보보호법 제2조에 따른 방법으로 가명처리한 정보(이하 "가명정보"라 한다)를 "수령자"에게 제공함에 있어 다음과 같은 내용으로 본 가명정보 제공 및 활용 계약(이하 "본 계약"이라 한다)을 체결한다.

제1조 (목적)

본 계약은 "제공자"가 "가명정보"를 "수령자"에게 제공하고, "수령자"는 이를 수령하여 "수령자"의 책임 아래 성실하게 처리하도록 하는데 필요한 사항을 정함을 목적으로 한다.

제2조 (개별 계약과의 관계)

본 계약상 "제공자"가 "수령자"에게 제공할 대상인 "가명정보"의 범위, 처리 목적, 비용의 지급 등 세부적인 사항은 부속합의서 등 별첨의 개별 계약에서 정할 수 있으며, 이러한 개별 계약은 본 계약의 일부로서 효력을 발생한다.

제3조 (용어의 정의)

본 계약에서 아래 각 호와 같이 별도로 정의하지 아니한 용어는 「개인정보 보호법」, 같은 법 시행령 및 시행규칙, 「개인정보의 안전성 확보조치 기준」(개인정보보호위원회 고시 제2020-2호) 및 「표준 개인정보 보호지침」(개인정보보호위원회 고시 제2020-1호)에서 정의한 바에 따른다.

1. 추가 정보: 개인정보의 전부 또는 일부를 대체하는 데 이용된 수단이나 방식(알고리즘 등), 가명정보와의 비교, 대조 등을 통해 삭제 또는 대체된 개인정보 부분을 복원할 수 있는 정보 등

제4조 (계약 기간)

본 계약은 20 년 월 일부터 20 년 월 일까지 유효하며, "수령자"는 본 계약기간 동안에만 "제공자"로부터 수령한 "가명정보"를 제5조의 목적 범위 내에서 처리할 수 있다.

제5조 (제공 대상 및 방식 등)

① "제공자"가 "수령자"에게 제공할 "가명정보"의 종류 및 그 제공 방식은 부속합의서에서 정하는 바에 따른다.

② "수령자"는 부속합의서에서 정한 처리 목적의 범위 내에서 "가명정보"를 처리하여야 한다.

제6조 (비용의 지급)

① "수령자"는 "제공자"에게 부속합의서에서 정한 방법 등에 따라 비용을 지급한다.

② "제공자"는 본 조 제1항에 따라 "수령자"로부터 수령한 금원을 "제공자"의 연구 활동비, 정보 보호 및 보안 시스템과 분석 시스템 등 정보시스템의 구축과 보완, 정보주체의 권익보호 등에 사용한다.

제7조 (준수 사항 및 확인 등)

① "제공자"와 "수령자"는 본 계약에 따른 "가명정보" 처리 과정에서 다음 각 호의 사항을 준수하여야 한다.

1. 양 당사자는 "가명정보" 처리 과정에서 「개인정보 보호법」제23조제2항, 제28조의4 제1항 및 제29조, 같은 법 시행령의 관련 규정에 따라 개인정보의 안전성 확보에 필요한 기술적·관리적·물리적 조치를 취하여야 한다.

2. "제공자"는 수령자에게 특정 개인을 알아볼 수 있는 정보 또는 추가 정보와 함께 (또는 별도로) "가명정보"를 제공하여서는 아니 된다.

3. 수령자"는 해당 가명정보와 결합하여 특정 개인을 알아볼 수 있는 다른 정보와 "가명정보"를 각각 분리하여 보관하여야 한다.

4. "수령자"는 "가명정보"를 수령한 후 특정 개인을 알아보려는 조치를 취하여서는 아니 되고, "가명정보" 처리 과정에서 특정 개인을 알아볼 수 있는 정보가 생성된 경우 즉시 그 처리를 중단한 후 그 사실을 "제공자"에게 통지하고, 해당 정보를 파기하여야 한다.

5. "수령자"는 "제공자"로부터 제공받은 "가명정보"를 제3자에게 제공하지 아니 한다.

6. "수령자"는 본 조 준수 사항 및 관련 법령에 대한 교육 등을 통해 가명정보 처리 담당자가 본 계약상 의무를 준수하도록 조치를 취해야 한다.

7. 양 당사자는 본 조에서 명시적으로 정한 사항 이외에도 「개인정보보호법」 및 「생명윤리 및 안전에 관한 법률」 등 "가명정보"의 처리와 관련하여 적용될 수 있는 제반 법령을 준수해야 한다.

② "제공자"는 다음 각 호의 사항을 확인하기 위해 "수령자"에게 서면 자료 제출을 요청할 수 있으며, "수령자"는 정당한 사유가 없는 한 이에 응해야 한다.

1. 본 조 제1항 각 호의 사항
2. "가명정보"의 목적 외 처리 여부
3. "가명정보" 접근 권한자 및 접근 현황
4. 그 밖에 개인정보의 보호를 위하여 필요한 사항

③ 본 조 제2항의 확인 결과, "가명정보"의 유출 또는 목적 외 사용 등 본 계약 또는 관련 법령 위반 사항이 발견된 경우 "제공자"는 "수령자"에게 그 시정을 요구할 수 있으며, "수령자"는 정당한 사유가 없는 한 이에 응하여야 한다.

제8조 (정보유출 사고 발생시 조치)

"수령자"는 "가명정보"가 제3자에 유출되거나 유출이 의심되는 경우에는 즉시 "제공자"에게 해당 사실을 통지하고, 유출을 방지하거나 유출 사고의 재발을 방지하는 조치 및 그로 인한 손해 발생을 최소화하는 조치를 취하여야 한다.

제9조 (비밀 유지 의무)

① "수령자"는 "제공자"로부터 제공받은 "가명정보"에 대해 본 계약이 종료된 이후에도 비밀을 유지하며, 제3자 등에게 공개, 제공, 유출, 누설하여서는 아니 된다.

② "수령자"는 관련 법령의 근거에 따라 제공자로부터 받은 "가명정보"를 제3자에게 제공할 수 있다. 다만, "수령자"는 그 제공 이전에 제공의 법령상 근거, 제공요청기관, 제공일시 및 내용 등을 "제공자"에게 서면 통지하여야 한다.

③ "수령자"는 "가명정보"에 접근권한이 있는 정보처리 담당자로 하여금 비밀유지 서약서를 작성하도록 하여야 하고, "제공자"가 해당 서약서 사본의 제출을 요구할 경우 이에 응하여야 한다.

제10조 (보증사항 등)

"제공자"는 "가명정보"를 적법하게 보유, 제공할 권리를 가지고 있고, "가명정보"의 생성 과정에서 제3자의 지식재산권을 침해하지 않으며, 「개인정보 보호법」기타 관련 법령을 준수하였음을 보증한다.

제11조 (권리의 귀속)

① "수령자"는 "가명정보"를 처리함에 따라 새롭게 또는 2차적으로 발생하는 연구

결과의 이용권한을 가진다.

② "수령자"가 "가명정보"를 처리함에 따라 발생하는 발명, 고안, 창작 및 영업비밀 등에 대한 지식재산권은 "수령자"에게 귀속된다.

③ "본 계약"으로 인해 "제공자"가 보유하는 "가명정보"를 처리할 권리는 제한되지 아니한다.

제12조 (계약의 해지)

① 당사자 일방은 상대방에게 다음 각 호의 사유가 발생하는 경우 서면 통지로 본 계약을 즉시 해지할 수 있다.

1. 상대방이 금융기관으로부터 거래정지 처분, 어음, 수표의 부도, 제3자에 의한 강제집행(가압류, 가처분 포함)을 받거나 받을 우려가 있는 때

2. 상대방이 감독관청으로부터 영업 취소, 정지 등의 처분을 받거나 받을 우려가 있는 경우

3. 상대방이 파산 신청, 회사 정리, 회생 신청을 하는 등 본 계약을 유지할 수 없는 사유가 발생한 경우

4. 상대방이 제3자와 합병 또는 인수되는 경우

② 당사자 일방은 상대방이 본 계약을 위반한 경우 상대방에게 서면으로 일정한 기간을 정하여 시정을 최고하고, 그 기간 내 이를 시정하지 않는 때에는 본 계약을 해지할 수 있다.

③ 본 계약의 해지는 이미 발생한 권리, 의무 및 손해배상의 청구에 영향을 미치지 아니한다.

제13조 (손해배상 등)

① 당사자 일방이 귀책사유로 본 계약상 의무를 위반 또는 불이행하여 본 계약의 상대방에게 손해가 발생한 경우 그에 대한 손해배상책임을 부담한다.

② 당사자 일방이 귀책사유로 본 계약상 의무를 위반 또는 불이행하여 제3자(정보주체 등 포함)에게 손해가 발생한 경우 그에 대한 손해배상책임을 부담한다.

③ 본 조 제2항에 따라 당사자 일방이 귀책사유가 없음에도 불구하고 손해를 입은 제3자에게 그 손해의 전부 또는 일부를 배상한 경우에는 귀책사유가 있는 당사자에게 이를 구상할 수 있다.

제14조 (책임의 제한)

① 본 계약과 관련된 각 당사자의 관련 법령 위반, 위법행위로 인한 법적 책임은 스스로 부담함을 원칙으로 한다.

② "수령자"는 "가명정보" 처리와 관련하여 제3자와의 사이에 법적 분쟁이 발생한 경우에는 즉시 "제공자"에게 서면으로 통지하여야 하고, "제공자"는 해당 분쟁의 해결을 위해 "수령자"와 합리적인 범위에서 협력하여야 한다.

제15조 (불가항력)

① 당사자 일방에게 천재지변, 노동쟁의, 전쟁 기타 예측불가능하고 합리적 통제를 벗어나는 원인(불가항력)으로 인해, 계약상 채무를 이행함에 있어 장애가 발생한 경우 이에 대한 책임을 지지 아니한다.

② 제1항의 사유로 인해 본 계약을 이행하지 못하게 된 당사자는 상대방에게 불가항력 사유를 통지하고 본 계약을 이행하기 위한 합리적인 노력을 하여야 한다.

③ 제1항의 사유로 인해 채무이행의 장애가 60일 이상 지속되는 경우에는 일방 당사자는 상대방에 대한 서면 통지로써 본 계약을 즉시 해지할 수 있다.

제16조 (가명정보의 파기 등)

① "수령자"는 본 계약이 해지되거나 또는 본 계약 기간이 만료된 경우 보유하고 있는 "가명정보"를 「개인정보 보호법」시행령 제16조 및「개인정보의 안전성 확보조치 기준」(개인정보보호위원회 고시 제2020-00호)에 따라 즉시 파기하거나 "제공자"에게 반환하여야 한다.

② 제1항에 따라 "수령자"가 가명정보를 파기한 경우 지체없이 "제공자"에게 파기방식 및 파기사실을 보증하는 내용을 기재하여 서면으로 통보하여야 한다.

제17조 (계약의 변경)

본 계약은 양 당사자의 서면 합의에 의해서만 변경, 수정할 수 있다.

제18조 (권리·의무의 양도 제한)

"수령자"는 "제공자"의 사전 서면 동의를 얻은 경우를 제외하고 "제공자"와의 계약상 권리와 의무의 전부 또는 일부를 양도할 수 없다.

제19조 (분쟁의 해결)

본 계약과 관련하여 양 당사자간 분쟁이 발생한 경우 상호 신의성실에 따라 합의하여 해결하되, 합의에 의해 분쟁이 해결되지 않는 경우에는 소송에 의해 해결한다. 이 경우 소송을 제기할 경우 관할법원은 _____로 한다.

제20조 (기타 사항)

① 당사자 일방이 상대방의 본 계약 위반사실을 알면서 제12조제2항에 따른 최고를

하지 않은 경우라도 해당 위반과 관련된 상대방의 의무나 책임을 면제하는 것이 아니다.

② 본 계약에서 정하지 않은 사항은 「개인정보보호법」, 「생명윤리 및 안전에 관한 법률」 등 관련 법령과 일반 상관습에 따른다.

　본 계약의 내용을 증명하기 위하여 계약서 2부를 작성하고, "제공자"와 "수령자"가 서명 또는 날인한 후 각 1부씩 보관한다.

20 ． ． ．

제공자		수령자	
주　소 :		주　소 :	
기관(회사)명 :		기관(회사)명 :	
대표자 성명 :	(인)	대표자 성명 :	(인)

[별첨]

부 속 합 의 서

본 부속합의서는 가명정보 제공 및 활용 계약과 관련하여 아래와 같이 구체적 사항을 정함을 목적으로 한다.

1. 제공 대상이 되는 "가명정보"의 종류
①
②
③

2. "가명정보" 처리 목적
①
②

3. "가명정보"의 제공 방법
파일 전송 방식 등 기재

4. "가명정보" 제공 비용 및 지급 방법
① 비용: 금_____원정

② 지급 방법: 일시불/월단위 지급 또는 러닝개런티//송금 등 구체적 지급 방법 기재

제공자   수령자
주 소 :   주 소 :
기관(회사)명 :   기관(회사)명 :
대표자 성명 :   (인)   대표자 성명 :   (인)

붙임 5   FAQ

NO	질문
1	의료데이터를 가명조치할 경우, 활용가능한 범위?
2	희귀질환 대상의 연구를 할 경우 가명처리하여 활용 가능한가?
3	가명정보 제공받은 이후에 재제공 또는 일부 가공 후 재제공할 수 있는지?
4	"과학적 연구"인지 여부는 누가 판단하는가?
5	"과학적 연구"에 산업적 연구가 포함되는가?
6	가명정보는 개인정보에 포함되는지?
7	가명정보의 제공은 의무사항인지?
8	재식별 관련 오남용 예방장치는?
9	가명정보를 제공받는 자를 한정할 수 있는가?
10	심의위원회 심의 기준으로 활용 가능한 "(재)식별가능성"은 어떻게 판단하는가?
11	기존 암호화 대상이 된 개인정보 중에 가명 처리된 가명정보는 암호화 보관 대상인가?
12	가명처리 절차에 따라 반출되어 활용된 가명정보가 재식별할 수 있게 되었다면 그 책임은 누구에게 있는가?
13	제공받은 데이터의 활용이 끝난 후(처리목적 달성후)에도 가명정보를 지체 없이 파기하도록 되어있는데, 예외적으로 보관이 가능한가?
14	가명 처리된 정보의 철회 요구는 가능한가?
15	가명처리에 대한 기술적 유보는 해당 속성 정보만을 삭제하고 이용해도 되는 것인지 또는 처리해서는 안 되는 것인지?
16	본 가이드라인에서 개인정보 보호법과, 의료법, 생명윤리 및 안전에 관한 법률(이하 생명윤리법)과의 관계는?
17	타법(의료법, 생명윤리법)에 의해 데이터를 처리할 경우 본 가이드라인을 따르지 않아도 되는지?
18	가명처리 가능 여부가 유보되었지만, 신기술의 발전으로 기술적으로 가명처리가 가능한 경우 어떻게 가능여부를 인정받을 수 있는지?
19	본 가이드라인의 안전·보호조치를 성실히 따랐지만, 악의적인 해커의 공격으로 데이터 유출 또는 재식별이 될 경우 제공기관은 면책이 가능한지?
20	데이터의 결합과 반출 신청 후 제공까지 시간과 비용이 얼마나 드는지?
21	다른 사업자에게 영업을 양도하게 되어서 가명 정보의 이전이 필요한 경우 어떤 조치를 취해야 하는지?
22	동일 EMR시스템 사용 기관의 가명정보 활용 건에 대해 매번 데이터심의위원회 필요한지?
23	다수의 연구기관이 가명정보를 활용한 공동(단일)연구를 수행할 때 기관생명윤리위원회 심의절차를 간소화 할 수 있는지?
24	생명윤리법 적용을 받아 이미 진행 중인 연구에서 진료목적으로 수집된 의료데이터 등을 가명처리할 때 개인정보 보법상 가명처리 특례규정 적용이 가능한지?

Q1 의료데이터를 가명 조치할 경우, 활용 가능한 범위?

✱ 답 변

- (가명정보 활용범위) 가명정보는 "① 통계작성 ② 과학적 연구 ③ 공익적 기록보존 등" 세 가지 목적으로 "처리*"가능
  - * 처리 : 수집, 생성, 연계, 연동, 기록, 저장, 보유, 가공, 편집, 검색, 출력, 정정(訂正), 복구, 이용, 제공, 공개, 파기(破棄) 등
- (과학적 연구) 기술의 개발과 실증, 기초연구, 응용연구 및 민간 투자 연구* 등 과학적 방법을 적용하는 연구

> **제28조의2(가명정보의 처리 등)** ① 개인정보처리자는 통계작성, 과학적 연구, 공익적 기록보존 등을 위하여 정보주체의 동의 없이 가명정보를 처리할 수 있다.
>
> **제2조(정의)** 이 법에서 사용하는 용어의 뜻은 다음과 같다.
>   8. "과학적 연구"란 기술의 개발과 실증, 기초연구, 응용연구 및 민간 투자 연구 등 과학적 방법을 적용하는 연구를 말한다.

Q2 희귀질환 대상의 연구를 할 경우 가명 처리하여 활용 가능한가?

✱ 답 변

- 재식별이 될 경우 행위자 처벌과는 무관하게, 정보주체의 인권 및 사생활 보호에 중대한 피해를 야기할 수 있는 아래의 정보에 대해서는 본인의 동의를 받아 활용하는 것을 원칙으로 함

> - 정신질환 및 처방약 정보
> - 감염병예방법 제2조제10호에 따른 성매개감염병 정보
> - 후천성면역결핍증 정보
> - 희귀질환관리법 제2조제1호에 따른 희귀질환 정보
> - 학대 및 낙태 관련 정보 (질병분류코드 기준으로 T74, O04 그 외 의료진 판단 활용)

- 그럼에도 불구하고, 위 정보를 특별히 가명처리하여 연구 등 목적으로 활용하는 등 필요성이 인정되는 경우, 심의위원회에 그 사유와 정보인권을 보호할 특별한 보호조치* 등을 보고한 뒤 승인을 얻어 활용할 수 있음
  - * (예시) 원 개인정보처리자 내 분석공간 활용 등
  - * 처리 목적, 처리자, 연구방법, 특별보호조치 등을 홈페이지 등에 공개

Q3 가명정보 제공받은 이후에 재제공 또는 일부 가공 후 재제공할 수 있는지?

＊ 답 변

- 개인정보처리자(A)는 가명정보를 제3자(B)에게 제공하고자 하는 경우에는 해당 가명정보를 생산하는 데 사용된 원 개인정보의 처리자(C)와 협의를 거쳐(또는 계약에 따라 승인을 받아), 원 개인정보의 수집목적, 정보의 내용, B가 수행하고자 하는 연구의 목적 등을 종합적으로 고려하고, 심의위원회 심의를 거쳐 제공여부를 결정하여야 함
- 가명 정보의 일부분 가공 후 재제공은 가능하지만 적절한 절차에 따라 재제공 여부를 결정하여야 함

Q4 "과학적 연구"인지 여부는 누가 판단하는가?

＊ 답 변

- 가명정보를 처리할 자가 자신의 처리 목적이 "과학적 연구" 인지 여부에 대한 입증 책임을 지되, 원 개인정보처리자가 가명정보의 활용 여부를 최종적으로 결정하여야 함
  * 가명정보를 재제공할 경우, 재제공하는 자가 결정

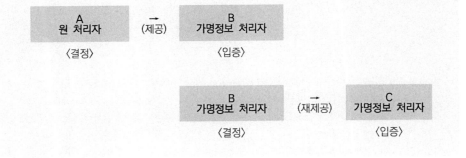

Q5 "과학적 연구"에 산업적 연구가 포함되는가?

＊ 답 변

- 과학적 연구는 기술의 개발과 실증, 기초연구, 응용연구 및 민간 투자 연구 등 과학적 방법을 적용하는 연구를 의미

- 과학적 연구에는 자연과학적인 연구분만 아니라 과학적 방법을 적용하는 역사적 연구, 공중보건 분야에서 공익을 위해 시행되는 연구 등은 물론, 새로운 기술·제품·서비스의 연구개발 및 개선 등 산업적 목적의 연구 포함

Q6 가명정보는 개인정보에 포함되는지?

＊ 답 변

- 가명정보는 법률 상 개인정보에 속하지만 동의가 면제되는 등 비교적 자유로운 활용이 가능한 만큼 일반 개인정보에 비해 추가적인 안전조치가 필요함

- 따라서 가명정보에 대해서도 개인정보 보호법 상 개인정보 관리 관련 각종 안전장치 및 절차가 모두 적용됨

제2조(정의) 이 법에서 사용하는 용어의 뜻은 다음과 같다.
  1. "개인정보"란 살아 있는 개인에 관한 정보로서 다음 각 목의 어느 하나에 해당하는 정보를 말한다.
    가. 성명, 주민등록번호 및 영상 등을 통하여 개인을 알아볼 수 있는 정보
    나. 해당 정보만으로는 특정 개인을 알아볼 수 없더라도 다른 정보와 쉽게 결합하여 알아볼 수 있는 정보. 이 경우 쉽게 결합할 수 있는지 여부는 다른 정보의 입수 가능성 등 개인을 알아보는 데 소요되는 시간, 비용, 기술 등을 합리적으로 고려하여야 한다.
    다. 가목 또는 나목을 제1호의2에 따라 가명처리함으로써 원래의 상태로 복원하기 위한 추가 정보의 사용·결합 없이는 특정 개인을 알아볼 수 없는 정보(이하 "가명정보"라 한다)
  1의2. "가명처리"란 개인정보의 일부를 삭제하거나 일부 또는 전부를 대체하는 등의 방법으로 추가 정보가 없이는 특정 개인을 알아볼 수 없도록 처리하는 것을 말한다.

Q 7 가명정보의 제공은 의무사항인지?

✳ 답변

- 가명정보의 제공은 의무사항이 아니며, 개인정보처리자의 재량 범위에 있음

- 다만 공공기관의 경우 공공기관이 보유한 데이터의 편리하고 보편적인 이용·활용을 위해 노력할 의무를 규정한 "공공데이터법*"을 함께 고려하여 정책을 수립할 필요
  * 「공공데이터의 제공 및 이용 활성화에 관한 법률」

〈공공데이터의 제공 및 이용 활성화에 관한 법률〉

제2조(정의) 이 법에서 사용하는 용어의 뜻은 다음과 같다. 〈개정 2016. 1. 6.〉
  2. "공공데이터"란 데이터베이스, 전자화된 파일 등 공공기관이 법령 등에서 정하는 목적을 위하여 생성 또는 취득하여 관리하고 있는 광(光) 또는 전자적 방식으로 처리된 자료 또는 정보로서 다음 각 목의 어느 하나에 해당하는 것을 말한다. (중략)

제3조(기본원칙) ① 공공기관은 누구든지 공공데이터를 편리하게 이용할 수 있도록 노력하여야 하며, 이용권의 보편적 확대를 위하여 필요한 조치를 취하여야 한다.
  ② 공공기관은 공공데이터에 관한 국민의 접근과 이용에 있어서 평등의 원칙을 보장하여야 한다.
  ③ 공공기관은 정보통신망을 통하여 일반에 공개된 공공데이터에 관하여 제28조제1항 각 호의 경우를 제외하고는 이용자의 접근제한이나 차단 등 이용저해행위를 하여서는 아니 된다.
  ④ 공공기관은 다른 법률에 특별한 규정이 있는 경우 또는 제28조제1항 각 호의 경우를 제외하고는 공공데이터의 영리적 이용인 경우에도 이를 금지 또는 제한하여서는 아니 된다. (중략)

제28조(공공데이터의 제공중단) ① 공공기관의 장은 다음 각 호의 어느 하나에 해당하는 경우 공공데이터의 제공을 중단할 수 있다.
  1. 이용자가 제19조에 따라 공표된 공공데이터의 이용요건을 위반하여 공공기관 본래의 업무수행에 상당한 지장을 초래할 우려가 있는 경우
  2. 공공데이터의 이용이 제3자의 권리를 현저하게 침해하는 경우
  3. 공공데이터를 범죄 등의 불법행위에 악용하는 경우 (후략)

Q8 재식별 관련 오남용 예방장치는?

✱ 답변

- 가명정보와 그 밖에 모든 정보*를 상호 분리**된 시스템 내 공간에 두는 것을 권장
  * 종전에 보유하고 있던 개인정보, 제3의 경로로 입수한 다른 가명정보, 개인정보가 아닌 정보 등을 총칭
  ** (상호 분리) 정보시스템 내에 설정된 가상의 공간을 의미함. 기술적으로 구현하는 방식은 제한이 없으나, 경계선을 넘어 정보를 이관시키는 것을 방지할 수 있는 기능을 갖춰야 함

- 공간 간 경계선을 넘는 정보 이동*은 내부 관리절차에 따라 개인정보 보호책임자 승인을 거쳐 이루어져야 함
  * (경계선을 넘는 정보 이동) 가명정보 공간으로의 기타 정보의 반입, 기타 정보 공간으로의 가명정보의 반출, 가명정보 공간 간의 가명정보 이동 등

- 재식별 금지, 재식별 시 처리중지·회수·파기, 위반 시 과징금 등

제28조의2(가명정보의 처리 등) ② 개인정보처리자는 제1항에 따라 가명정보를 제3자에게 제공하는 경우에는 특정 개인을 알아보기 위하여 사용될 수 있는 정보를 포함해서는 아니 된다.

제28조의4(가명정보에 대한 안전조치의무 등) ① 개인정보처리자는 가명정보를 처리하는 경우에는 원래의 상태로 복원하기 위한 추가 정보를 별도로 분리하여 보관·관리하는 등 해당 정보가 분실·도난·유출·위조·변조 또는 훼손되지 않도록 대통령령이 정하는 바에 따라 안전성 확보에 필요한 기술적·관리적 및 물리적 조치를 하여야 한다.

② 개인정보처리자는 가명정보를 처리하고자 하는 경우에는 가명정보의 처리 목적, 제3자 제공 시 제공받는 자 등 가명정보의 처리 내용을 관리하기 위해 대통령령으로 정하는 사항에 대한 관련 기록을 작성하여 보관하여야 한다.

제28조의5(가명정보 처리 시 금지의무 등) ① 누구든지 특정 개인을 알아보기 위한 목적으로 가명정보를 처리해서는 아니 된다.

② 개인정보처리자는 가명정보를 처리하는 과정에서 특정 개인을 알아볼 수 있는 정보가 생성된 경우에는 즉시 해당 정보의 처리를 중지하고, 지체 없이 회수·파기하여야 한다.

제28조의6(가명정보 처리에 대한 과징금 부과 등) ① 보호위원회는 개인정보처리자가 제28조의5제1항을 위반하여 특정 개인을 알아보기 위한 목적으로 정보를 처리한 경우 전체 매출액의 100분의 3 이하에 해당하는 금액을 과징금으로 부과할 수 있다. 다만, 매출액이 없거나 매출액의 산정이 곤란한 경우로서 대통령령으로 정하는 경우에는 4억원 또는 자본금의 100분의 3 중 큰 금액 이하로 과징금을 부과할 수 있다.

② 과징금의 부과·징수 등에 필요한 사항은 제34조의2제3항부터 제5항까지의 규정을 준용한다.

Q9 가명정보를 제공받는 자를 한정할 수 있는가?

✱ 답 변

- 가명정보 제공 시 제공받는 자에 제한을 둘 수 있는 규정은 없음
- 다만, 원 개인정보처리자는 가명정보를 제공받은 자가 (그들의 주장과 달리) '과학적 연구 등'을 실시하지 않고 다른 목적으로 이용할 가능성이 있는지 등에 대해 살펴 제공하지 않을 권리는 있음

Q10 심의위원회 심의 기준으로 활용 가능한 "(재)식별가능성"은 어떻게 판단하는가?

✱ 답 변

- '식별가능' 여부는 배경지식*에 따라 그 수준이 크게 달라지고, 실제로 식별되기 전까지는 식별이 될 수 있을지를 예측하기 어려움
  * 가명정보를 처리하고 있는 개인정보처리자가 해당 개인정보 외에 보유한 모든 정보
- 따라서 '식별가능성'의 수준은 절대적 또는 상대적으로 평가하기는 어려우며, 가명정보를 입수하는 사람 또는 가명정보가 처리되는 환경이 접할 수 있는 배경지식을 적절하게 통제하였는지, 식별에 사용될 가능성이 있는 정보를 충실히 삭제·배제하고, 식별을 어렵게 하는 기술적·관리적·물리적 조치*를 충실히 다하였는지 등을 평가함으로써 식별가능성이 적절하게 관리·최소화되는지 여부를 살피는 것이 적절함
  * 관계 법령 및 본 가이드라인 내용에 따른 조치·절차

Q11 기존 암호화 대상이 된 개인정보 중에 가명 처리된 가명정보는 암호화 보관 대상인가?

✳ 답 변

- 개인정보 보호법 제2조에 따라 '가명정보' 역시 개인정보에 해당
- 개인정보 보호법 시행령 제30조 제1항 3호에 따른 '개인정보의 안전성 확보 조치'에 따라 가명정보는 안전하게 저장·전송할 수 있는 암호화 기술의 적용 또는 이에 상응하는 조치를 하여야 함

> **제2조(정의)** 이 법에서 사용하는 용어의 뜻은 다음과 같다.
> 1. "개인정보"란 살아 있는 개인에 관한 정보로서 다음 각 목의 어느 하나에 해당하는 정보를 말한다. (중략)
>> 다. 가목 또는 나목을 제1호의2에 따라 가명처리함으로써 원래의 상태로 복원하기 위한 추가 정보의 사용·결합 없이는 특정 개인을 알아볼 수 없는 정보(이하 "가명정보"라 한다)

> **제30조(개인정보의 안전성 확보 조치)** ① 개인정보처리자는 법 제29조에 따라 다음 각 호의 안전성 확보 조치를 하여야 한다.(중략)
> 3. 개인정보를 안전하게 저장·전송할 수 있는 암호화 기술의 적용 또는 이에 상응하는 조치

Q12 가명처리 절차에 따라 반출되어 활용된 가명정보가 재식별 할 수 있게 되었다면 그 책임은 누구에게 있는가?

✳ 답 변

- 개인정보처리자(A)는 보유 중인 개인정보를 가명처리하여 외부(B)에 제공할 경우, 서면으로 A, B의 책임 및 권한*을 명확히 할 것을 권장함
  - * 활용목적, 활용방법, 보호방법, 재제공가능여부, 대가, 파기의무, 손해배상책임의 한계 등
- 정해진 활용목적 이외 특정 개인을 식별하는 행위를 하는 경우 해당 행위자가 처벌받음

> **제28조의5(가명정보 처리 시 금지의무 등)** ① 누구든지 특정 개인을 알아보기 위한 목적으로 가명정보를 처리해서는 아니 된다.
> ② 개인정보처리자는 가명정보를 처리하는 과정에서 특정 개인을 알아볼 수 있는 정보가 생성된 경우에는 즉시 해당 정보의 처리를 중지하고, 지체 없이 회수·파기하여야 한다.

Q13 제공받은 데이터의 활용이 끝난 후(처리목적 달성후)에도 가명정보를 지체 없이 파기하도록 되어있는데, 예외적으로 보관이 가능한가?

✳ 답변

- 개인정보처리자는 가명정보의 처리 목적이 달성되거나 가명정보 보유 기간이 경과한 때에는 그 가명정보를 지체 없이 파기할 것을 권장

Q14 가명 처리된 정보의 철회 요구는 가능한가?

✳ 답변

- 이미 가명처리된 가명정보의 경우 재식별할 수 없도록 규정하고 있고, 가명정보를 통해 식별이 불가능하므로 개인정보의 처리 정지요구를 거절할 수 있음
- 처리정지를 거절할 경우 정보주체에게 지체 없이 그 사유를 알려야 함

Q15 가명처리에 대한 기술적 유보는 해당 속성 정보만을 삭제하고 이용해도 되는 것인지 또는 처리해서는 안 되는 것인지?

✳ 답변

- 기술적 유보가 필요한 해당 속성 정보만을 삭제하고 이용 가능

Q16 본 가이드라인에서 개인정보 보호법과, 의료법, 생명윤리 및 안전에 관한 법률(이하 생명윤리법)과의 관계는?

✱ 답 변

- 개정 개인정보 보호법의 '가명처리'는 생명윤리법의 '익명화'에 포함되는 것으로 해석됨
- 따라서, 연구자가 의료기관에서 진료목적으로 수집된 의료데이터 등을 개보법 상의 가명처리를 통해 연구목적 등으로 이용하려는 경우, "연구대상자등에 대한 기존의 자료나 문서를 이용하는 연구"로 간주하고 기관 차원에서 가명처리가 확인된 경우 연구자의 연구계획에 대한 IRB 심의 및 동의를 면제할 수 있음

Q17 타법(의료법, 생명윤리법)에 의해 데이터를 처리할 경우 본 가이드라인을 따르지 않아도 되는지?

✱ 답 변

- 의료기관이 보유하는 환자에 관한 기록 및 정보(의료법), 인간대상연구(생명윤리법)는 해당법을 따르며, 개인정보를 통계작성, 과학적 연구, 공익적 기록보존 등의 목적으로 가명처리하여 활용하고자 하는 경우 본 가이드라인 적용 가능

Q18 가명처리 가능 여부가 유보되었지만, 신기술의 발전으로 기술적으로 가명처리가 가능한 경우 어떻게 가능 여부를 인정받을 수 있는지?

✱ 답 변

- 동 가이드라인에서 제시되는 방식 이외의 신기술 등 다른 방법 및 이를 채용한 소프트웨어 등을 활용하여 가명처리를 할 경우, 적절성·효과성·안전성 등을 외부 전문가에게 평가*받은 뒤 심의위원회 승인 하에 실시
  * 외부 전문가로부터의 평가 보고서는 해당 기관이 보유한 개인정보의 정보주체가 널리 확인할 수 있는 방법으로 완전히 공개되어야 함

Q19 본 가이드라인의 안전·보호조치를 성실히 따랐지만, 악의적인 해커의 공격으로 데이터 유출 또는 재식별이 될 경우 제공기관은 면책이 가능한가?

✱ 답변

- 본 가이드라인은 가명정보의 처리 과정 전반에 걸쳐 절차 및 거버넌스, 안전조치, 윤리적 사항 등을 정함으로써 정보주체를 보호하는 한편 처리자 및 연구자의 법적 안전성을 도모하고자 제정
- 개인정보처리자가 가명정보를 처리함에 있어 절차적으로, 기술적으로 적절한 노력을 다하였는지 판단 하는 과정에서 면책의 여부가 결정됨

Q20 데이터의 결합과 반출 신청 후 제공까지 시간과 비용이 얼마나 드는지?

✱ 답변

- 결합하고자 데이터 양, 유형 등에 따라 소요되는 시간과 비용이 상이하며, 비용의 경우 데이터 결합 및 반출에 따른 심의위원회 운영, 데이터 처리 등에 따른 실비 수준 책정

Q21 다른 사업자에게 영업을 양도하게 되어서 가명 정보의 이전이 필요한 경우 어떤 조치를 취해야 하는지?

✱ 답변

- 가명정보를 제공받은 기관이 인수되거나 합병될 경우 가명정보를 즉시 파기하거나 인수기업이 의무를 승 계하도록 정할 것을 권장
- 재식별 등 손해배상에 관한 내용, 배상보험 가입에 관한 내용을 양도 조건에 담을 것을 권장

Q22 동일 EMR시스템 사용 의료기관의 가명정보 활용 건에 대해 매번 데이터심의위원회 필요한지?

✱ 답변

- 데이터심의위원회는 개인정보처리자별로 해당 기관의 가명정보 처리 및 활용 시 심의를 거치도록 하고 있으므로, 의료기관별로 심의를 하는 것이 원칙임
- 다만, 동일 EMR 시스템을 사용하고 있는 의료기관의 경우 동일 유형의 데이터를 보유하고 있으므로, 동일 연구에서 동일 목적으로 다수 의료기관의 데이터가 활용되는 경우 일괄 심의가 가능함

Q23 다수의 연구기관이 가명정보를 활용한 공동(단일)연구를 수행할 때 기관생명윤리위원회 심의절차를 간소화 할 수 있는지?

✱ 답변

- 원칙적으로 생명윤리법에 따른 심의는 연구계획서를 중심으로 연구책임자가 속한 기관의 기관생명윤리위원회가 심의하므로 심의는 연구책임자 및 연구계획서 단위로 일괄 심의가 가능하나,
  - 다수의 연구기관들이 동일한 연구목적으로 연구시, 생명윤리법 제12조제2항에 따라 각각의 소관 기관생명윤리위원회 중 하나의 기관을 대표로 선정하여, 해당 연구를 심의하게 할 수 있음
- 이와 별개로, 의료기관에서 EMR에 대한 관리 책임은 해당 기관의 장에게 있으며 생명윤리법 상 규정사항은 아니므로 반드시 기관위원회 심의를 통해 해당 연구에 활용되는 가명정보의 활용 및 제공 여부를 승인받아야 하는 것은 아니나, 개별기관의 내부 지침 또는 관행에 따라 가명정보 제공 여부에 대한 기관 자체의 기관생명윤리위원회 심의를 요구할 수 있음. 다만, 이 절차는 해당 기관에서 요구하는 절차로 생명윤리법에 명시된 절차는 아니며, 해당 기관장의 결정으로 간소화될 수 있음

Q24 생명윤리법 적용을 받아 이미 진행 중인 연구에서 진료목적으로 수집된 의료데이터 등을 가명처리할 때 개인정보법상 가명처리 특례규정 적용이 가능한지?

✱ 답변

- 원칙적으로, 생명윤리법 적용을 받아 이미 진행중인 연구는 당초 기관생명윤리위원회 심의를 받은 연구계획의 내용에 따라 수행되어야함
- 연구 진행 도중에 개보법상 가명처리를 하는 것은 생명윤리법상 익명화 수행 차원에서 검토되는 사항이며, 당초 심의받은 연구계획 내용과 달라지는 내용을 포함하게 될 경우에는 기관생명윤리위원회에 연구계획 변경에 관한 심의를 받아 연구를 진행해야 함

찾아보기

[ㅎ]

[판례색인]

저자 소개

1. 구태언

저자 구태언은 사법시험 합격 후 서울지방검찰청 컴퓨터수사부와 서울중앙지방검찰청 첨단범죄수사부에서 사이버범죄, 기술유출범죄, 디지털 포렌식 수사 전문검사로 일했다. 김앤장법률사무소에서 6년간 IT, 지식재산권, 디지털 포렌식 전문변호사로 일했다. 기술법 전문 로펌 테크앤로 설립 후 고려대학교 정보보호대학원에서 정보보호 석사를 취득했다. 옥션 개인정보 유출 사고, 농협 전산파괴 공격, 신용카드 3사 개인정보 유출 사고 등 굵직한 정보보안 사건 변론을 경험했다. 금융감독원 금융IT감독자문위원 및 제재심의위원, 개인정보보호위원회 2기 위원, 행정안전부, 금융위원회, 방송통신위원회, 과학기술정보통신부 자문변호사를 맡으며 정부규제 시스템의 문제점을 두루 경험했다. 창조적 파괴를 도모하는 혁신가들을 도와 핀테크, 블록체인 산업, 디지털 헬스케어 산업의 발전을 위한 규제 해소에 노력하고 있다.

2. 이원복

저자 이원복은 이화여자대학교 법학전문대학교 교수로서 의생명과학산업의 법률 인프라를 개선하는 연구에 천착하고 있다. 서울대학교 의과대학 졸업 후 사법시험에 합격한 뒤 김&장 법률사무소에서 변호사로 근무하였고, Harvard Law School에서 법학 석사와 박사 학위를 취득하였다. 보건의료 규제와 생명과학 분야 지적재산권에 관한 다수의 논문을 국내외 학술지에 게재하였다.

3. 신수용

저자 신수용은 성균관대학교 삼성융합의과학원 디지털헬스학과 교수이다. 서울대 컴퓨공학과에서 기계학습을 전공하고 현재 보건의료데이터와 관련된 연구를 하고 있다. 삼성서울병원 디지털혁신센터 부센터장, 연구자원표준화센터 센터장으로 병원 업무를 하고 있으며, 대한의료정보학회/대한의료인공지능학회 등 관련 학회 이사, 4차산업혁명위원회 디지털헬스케어특위 거버넌스 분과 위원장 등의 정부 자문 활동을 하고 있다.

4. 김병필

저자 김병필은 KAIST 기술경영학부 교수이다. 대학에서 전기공학을 전공하고 프로그래머로 근무하다 법에 흥미를 느껴 변호사가 되었다. 법과 기술이 다면적으로 상호작용하는 영역에 관심이 많다. 특히 데이터 보호 및 프라이버시 규제, 알고리즘의 윤리적 활용, 인공지능 법률 서비스 및 컴플라이언스 업무를 주로 연구하고 있다. "인공지능과 법", "인공지능 윤리와 거버넌스"를 공저로 저술하였고, 한국인공지능법학회와 개인정보보호법학회 이사로 활동하면서 여러 정책 쟁점에 관한 자문도 수행하고 있다.

4. 이동진

저자 이동진은 서울대학교 법학전문대학원 교수이다. 사법연수원을 수료한 후 판사로 재직하다가 학교로 옮겨 계약법, 불법행위법, 가족법, 의료법, 정보법 등을 연구하고 가르치고 있다. 이 책에 수록된 글과 관련된 저술로 "개인정보 비식별화 방법론 – 보건의료정보를 중심으로 –"와 "개인정보 보호의 법과 정책"을 공저하였고, 관련된 논문으로 "개인정보 보호법 제18조 제2항 제4호, 비식별화, 비재산적 손해 – 이른바 약학정보원 사건을 계기로 –", "개정 정보통신망법 제32조의2의 법정손해배상: 해석론과 입법론"이 있고, 여러 관련 연구용역과 자문회의에 참여하고 있다.

5. 이우진

저자 이우진은 김·장 법률사무소의 변호사로서 보건의료, 제약, 의료기기 및 소비자제품 분야에서 특화된 법률자문을 제공하고 있다. 서울대학교 의과대학을 졸업한 후 변호사 자격을 취득하였으며 이후 Harvard Law School에서 법학석사 학위를 받았다. 의약품 허가 절차를 통한 독점권에 대한 논문으로 Harvard Law School에서 우수 논문상을 받았으며, 보건의료 분야에서 실무적으로 발생하는 제 문제에 관하여 연구하고 있다.

6. 최재혁

저자 최재혁은 변호사로서 보건의료분야를 전문으로 하고 있다. 의료전문로펌에서 근무하면서 의료 관련 민사·형사·행정소송 및 법률자문 업무를 담당하였고, 현재는 삼성서울병원에서 법무팀장으로 근무하면서 보건의료현장에서 의료법, 의료기기법, 국민건강보험법, 생명윤리법, 개인정보보호법 등 보건의료법령 관련 업무 및 컴플라이언스 업무를 담당하고 있다.

7. 박웅양

저자 박웅양은 성균관대학교 의과대학 분자세포생물학교실 교수와 삼성서울병원 삼성유전체연구소 소장을 겸직하면서 질병에 대한 유전체정보를 분석하는 연구를 하고 있다. 서울대학교 의과대학을 졸업하고 기초의학인 생화학을 전공하여 서울대학교에서 의학박사학위를 받았고, 미국 록펠러대학교에서 박사후연구원으로 종양면역에 대한 연구를 하였다. 환자의 유전체정보를 분석해서 진단과 치료에 활용하는 기술을 개발하였고, 단일세포 수준에서 유전체를 분석해 초정밀의료를 구현하는 일을 하고 있다.

8. 김현준

저자 김현준은 삼성전자 CTO전략실 및 종합기술원에서 지능형 소프트웨어 및 인공지능 기술을 10 년간 연구하였으며, 2014년 말 의료분야의 인공지능 기반 진단 보조 기술을 개발하는 주식회사 뷰노를 공동 창업하였다. 2018년 국내 최초로 인공지능 기반 진단소프트웨어를 식품의약품안전처로부터 인허가받았으며, 동사의 CEO(대표집행임원)으로 지금까지 여러 종류의 인공지능 기반 진단 기술의 개발 및 상용화에 매진하고 있다. 식품의약품안전처의 AI가이드라인 편찬에 참여하였으며, 현재 한국의료기기산업협회 및 벤처기업협회 이사로 활동하고 있기도 하다.

9. 이인환

저자 이인환은 김·장 법률사무소 변호사로서, 프라이버시 및 정보보호 관련 업무를 담당하고 있다. 국내·외 기업들을 대상으로 개인정보 보호 및 정보보안 관련 법규에 관한 법률자문을 제공하고 있으며, 한국의 법제에 관한 다수의 기고문을 함께 썼다. 자동차·제약·IT산업 등에 있어서 개인정보의 보호와 활용 등에 대해 주로 관심을 갖고 있으며, Certified Information Privacy Professional(미국, 유럽) 자격을 보유하고 있다

보건의료와 개인정보

초판발행	2021년 10월 29일
중판발행	2022년 10월 20일
지은이	이화여자대학교 생명의료법연구소
펴낸이	안종만 · 안상준
편 집	윤혜경
기획/마케팅	이영조
표지디자인	박현정
제 작	고철민 · 조영환
펴낸곳	(주) **박영사**
	서울특별시 금천구 가산디지털2로 53, 210호(가산동, 한라시그마밸리)
	등록 1959. 3. 11. 제300-1959-1호(倫)
전 화	02)733-6771
f a x	02)736-4818
e-mail	pys@pybook.co.kr
homepage	www.pybook.co.kr
ISBN	979-11-303-3442-4 93360

정 가   23,000원